财务管理
（修订版·知识图谱版）

主　编　朱盈盈
副主编　吴晓娟　宋满琴　冯文龙
参　编　刘婷婷　杨　艳

北京理工大学出版社
BEIJING INSTITUTE OF TECHNOLOGY PRESS

内 容 简 介

本书基于课程团队多年积累的教学成果和实践经验编写而成,本着"理论与实务相结合、价值观与方法论相统一"的原则,将财务管理的知识体系与企业经营管理实践相结合,以企业高质量发展为根本目标,全面、系统地介绍了财务管理的基本理论、基本方法及应用。在继承第1版精髓的基础上,本次修订运用前沿AI技术,引入课程知识图谱,构建了立体化教学资源库,提供个性化学习路径,打造适应多元化学习场景需求的新形态教材。

本书力图通过内容的精心编撰、形式的精巧设计和数字手段的创新运用,不仅传授财务管理的基本理论框架与核心方法,而且引领读者深刻洞察新时代企业经营模式重塑与财务转型变革,提升应对新情况、解决新问题的能力。

本书具有定位准确、理论适中、知识系统、案例鲜活、文字生动、贴近实际等特点,既可作为高等院校管理类、经济学类各专业的教学用书,也可作为广大实务工作者的参考用书。

图书在版编目（CIP）数据

财务管理：知识图谱版 / 朱盈盈主编. --修订版.

北京：北京理工大学出版社，2024.7.

ISBN 978-7-5763-4391-5

Ⅰ. F275

中国国家版本馆 CIP 数据核字第 2024VN4879 号

责任编辑： 申玉琴   **文案编辑：** 申玉琴
责任校对： 刘亚男   **责任印制：** 李志强

出版发行 / 北京理工大学出版社有限责任公司
社　　址 / 北京市丰台区四合庄路 6 号
邮　　编 / 100070
电　　话 / (010) 68914026 (教材售后服务热线)
　　　　　　 (010) 68944437 (课件资源服务热线)
网　　址 / http://www.bitpress.com.cn

版 印 次 / 2024 年 7 月第 1 版第 1 次印刷
印　　刷 / 涿州市新华印刷有限公司
开　　本 / 787 mm×1092 mm　1/16
印　　张 / 21.25
彩　　插 / 1
字　　数 / 499 千字
定　　价 / 119.00 元

前言

党的二十大报告对中国式现代化的中国特色和本质要求作出深刻阐述，强调要加快构建新发展格局，着力推动高质量发展，促进人与自然和谐共生。当前中国已全面进入数智化时代，新一代数字技术的快速发展及智能化深度运用正在重塑社会的形态与结构，深刻改变着人们的生产和生活。财务管理是企业管理的中心环节，是企业实现高质量发展的重要基础和保障。在经济新常态与数字经济蓬勃兴起的交汇点，财务管理作为驱动企业稳健前行的关键引擎，正经历着前所未有的革新与挑战。

时代是出卷人，我们是答卷人。本次《财务管理》教材修订①，旨在积极响应时代召唤，践行教育强国使命，适应高质量发展背景下企业财务管理的需要，助力培养能够在复杂多变环境中有效管理财务资源、具有数智素养的应用型商科人才。我们本着"理论与实务相结合、价值观与方法论相统一"的原则，将财务管理的知识体系与企业经营管理实践相结合，以企业高质量发展为根本目标，全面、系统地介绍了财务管理的基本理论、基本方法及其应用。

在继承第1版精髓的基础上，本次修订全面落实立德树人根本任务，立足"新文科"教育理念，充分利用数智技术优势，开展智慧教与学的探索，引入课程知识图谱，提供个性化学习路径，打造适应数字经济时代多元化学习场景需求的新形态教材。具体体现在以下几个方面：

1. 价值引领，学思结合。为切实发挥教材铸魂育人功能，本次修订在每章开篇就规划了"价值塑造"目标，使学习者不仅明确学什么，而且明确为什么学。同时，新增"拓一思一悟"专栏，提供与本章知识点和财务管理实际应用以结合的拓展阅读材料，引导学习者深入体察与反思，在"硬知识"中体验"真价值"，实现知识传授与价值引领的有机融合，推进社会主义核心价值观落地深植。此外，与本教材关联的课程知识图谱也配套了丰富的思政学习资源。

2. AI 赋能，智慧学习。团队与全球大型学分课程运营服务平台——智慧树网通力合作，运用前沿 AI 技术赋能教育数智化转型，构建课程知识图谱，将碎片化的知识关联起来，形成系统的学习网络和直观的学习路径，实现财务管理课程知识体系的结构化表达、

① 本书第一版于 2017 年 8 月在西南财经大学出版社出版，ISBN：978-7-5504-3053-2。

可视化呈现。学习者借助知识图谱，可快速掌握各章节知识点之间的内在逻辑关系，构建课程知识结构、知识体系的整体认知；还可实时与 AI 助教互动，进行智能问答与智能搜索，在满足个性化学习需要的同时，实现智慧学习。本书融合的知识图谱课程已上线智慧树网全国第一批智慧共享课程，学习者可以登录平台官网（https://coursehomenew.zhihuishu.com/courseHome/curriculum?courseId=1100000227），在线学习。

3. 以生为本，自主探索。为了促进学生自主学习、主动学习，有效服务和支持个性化学习，团队秉持"以学生为中心"的教育理念，利用融媒体手段，开发了形式多样的立体化教学资源库，以文本、图像、视频、二维码等形式呈现，向学生提供"阅读+视听"的学习体验。重要知识点配套了微课视频，以适应混合式教学、线上教学的需求；每节均设置了"即测即评"模块，以便学生获得即时的学习反馈，及时调整学习策略，强化薄弱环节。基于在线课程知识图谱和立体化教学资源的联动交互，学生可以选择适合自己的学习资源，自主探索高效的个性化学习路径。

4. 迭代升级，与时俱进。本次修订在保持第 1 版特色的基础上，围绕"高质量发展"这一主线，结合财务管理理论与实务的最新进展，对教学内容进行了更新、调整和优化：更新了全部章节的引导案例和案例分析；补充了科创板、期权投资、股权激励等相关内容；删除了原专题篇的财务危机管理、企业并购两章（通常在"高级财务管理"课程中讲授）。鉴于近两年影响企业财务管理特别是上市公司监管的法律法规发生重大变化，如2023 年 2 月中国资本市场迎来全面注册制，新修订的公司法将于 2024 年 7 月施行等，本次修订依据最新的政策法规调整了相关表述，以充分反映财务管理法律环境的新变化。

本书具有定位准确、理论适中、知识系统、案例鲜活、文字生动、贴近实际等特点，既可作为高等院校管理类、经济学类各专业的教材，也可作为广大实务工作者系统学习财务管理知识的参考用书。

本书由成都大学朱盈盈教授担任主编并负责整体框架设计，各章具体分工如下：朱盈盈教授负责第四章、第五章，合作编写第七章；吴晓娟博士负责第一章、第六章；宋满琴老师负责第二章、第三章；冯文龙副教授负责第八章，合作编写第七章；刘婷婷副教授参与了第一章、第三章的部分修订工作。此外，朱盈盈教授，吴晓娟博士和高级会计师、四川省会计高端人才、西南联合产权交易所财务总监杨艳共同撰写全书"拓—思—悟"专栏，宋满琴老师编写各章"即测即评"模块。全书由朱盈盈教授统稿审订。

本书是四川省线上线下混合式一流本科课程"财务管理"和四川省首批地方普通本科高校应用型示范课程"财务管理"的重要建设成果，也是成都大学国家级一流本科专业建设点"会计学"的建设成果之一。本书的修订出版得到了成都大学教务处的大力支持，特表示衷心感谢！

在修订过程中，我们参阅了大量财务学领域的经典著作和文献，吸收了国内外众多专家学者的思想观点和研究成果，并参考了同类优秀教材，在此，对有关作者一并表示感谢！

尽管我们付出了不懈的努力，几经推敲，几易其稿，但限于水平和时间，疏漏和不当之处难免，恳请广大读者批评指正，以期再版时改进。

朱盈盈

2024 年 6 月

目 录

第一章　财务管理概论

学习目标

知识目标：

1. 定义企业资金运动、企业财务活动和企业财务关系，阐释企业财务管理的概念。

2. 解释企业目标与财务管理目标之间的关系，分析和比较不同财务管理目标理论的主要观点并评估其适用性。

3. 描述财务管理的环境，能够对影响企业财务管理的外部环境和内部环境因素进行归类。

能力目标：

1. 能够针对具体情景或案例，运用财务管理目标理论，为企业设定财务管理目标提出合理建议，初步具备制定财务管理目标的实践能力。

2. 能够评估内外部环境变化对企业财务管理的影响，并据此调整财务策略，初步具备识别和应对企业财务管理环境变化的能力。

价值塑造：

1. 通过对企业财务管理目标与多边利益协调的学习，认识有效协调相关者利益冲突的重要性，增强社会责任感，培养职业道德意识。

2. 通过分析环境变化对企业财务管理的影响，深刻体会高质量发展、绿色发展的重要意义，深入理解美丽中国、数字中国战略的基本内涵和核心理念。

📝 **知识图谱**

财务管理概论

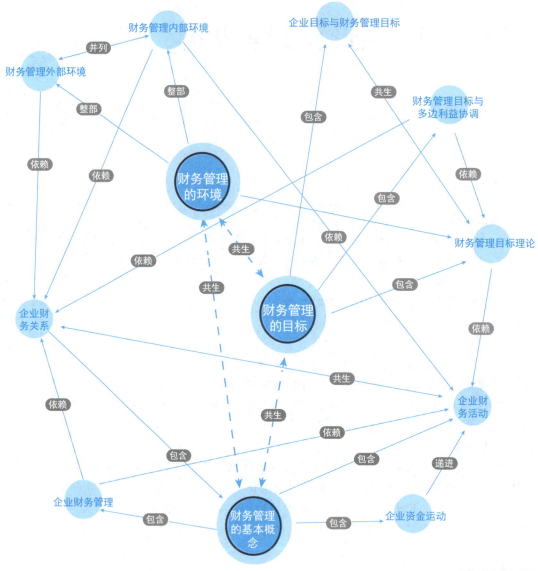

财务管理概论

引导案例

"双碳"目标与企业财务管理转型①

2020 年，基于推动实现可持续发展的内在要求和构建人类命运共同体的责任担当，我国正式提出力争 2030 年前实现碳达峰、2060 年前实现碳中和的战略目标(简称"双碳"目标)愿景。习近平总书记强调，要把碳达峰、碳中和纳入生态文明建设整体布局，要推动绿色低碳技术实现重大突破，抓紧部署低碳前沿技术研究，加快推广应用减污降碳技术，建立完善绿色低碳技术评估、交易体系和科技创新服务平台。在这样的背景下，我国经济发展模式必然发生根本性转变，企业也必须走上绿色转型之路。企业应适时转变财务管理理念，及时调整财务管理战略，在财务活动中充分考虑低碳环境的影响，采取相应的低碳策略以适应低碳经济，推动企业健康可持续发展。

思考与讨论：

1. 影响企业财务管理目标的外部环境有哪些？
2. 请思考企业社会责任与企业发展的关系。
3. "双碳"目标下，企业应当如何打好绿色转型攻坚战？

第一节　财务管理的基本概念

一、企业资金运动

在企业的生产经营过程中，物质资料的购买、加工和销售固然非常重要，但是，作为物质资料的货币表现形式，资金的作用不可替代。企业的资金流动是企业生产经营活动的价值体现，是以价值的形式反映企业的生产经营过程。

伴随着企业购买、投资、生产、销售和分配等生产经营活动的不断进行，企业资金也处于不断运动的状态，从货币资金形态开始，依次经历生产储备资金、未完工产品资金、产成品资金、应收账款资金形态，最终又回到货币资金形态。从货币资金形态为起点，经过不同的资金形态变化，最终回到货币资金形态的运动过程，称为资金循环，如图 1-1 所示。周而复始的资金循环形成了资金的运动。

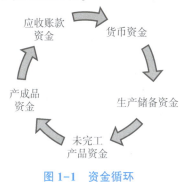

图 1-1　资金循环

---

① 资料来源：作者根据公开资料整理编写。

资金作用的体现不仅在于资金的数量，更在于资金的质量。决定企业资金运用质量的重要因素是资金的流动，只有流动的资金才能促使企业价值的形成和增值。企业资金运动的形式包括资金的流入、资金的流出和资金的结存三方面。

（一）资金的流入

资金的流入主要是企业为满足不同生产经营状态下筹资、投资或经营需要，通过发行股票、长期股权投资、销售商品等方式，从投资者或债权人处获得的资金增量。

（二）资金的流出

资金的流出往往是企业在不同生产经营状态下因筹资、投资或经营需要，由于偿还到期的本息、对外投资、购买原材料或商品等引起的资金减少。

（三）资金的结存

资金的结存是指以各类存货、固定资产、对外投资等实物形式或库存现金、银行存款等货币形式存在于企业的资金。相比较而言，货币形式的资金流动性和安全性较强。

二、企业财务活动

企业的财务活动是企业生产经营过程中以现金收支为主的资金运动的总称。市场经济条件下，几乎所有的物质资料都具有一定的价值，资金是物质资料内在价值的外在货币表现。资金也是企业开展各项经济活动的必要条件。以制造业企业为例，其生产经营活动主要表现为物质资料的采购、生产和销售等环节，伴随着资金的筹集、投入、营运和回收等资金运动。因此，企业的经营活动不断进行，也就会不断产生资金的收支。企业的资金运动构成了企业经济活动的一个独立方面，即企业的财务活动。

企业的资金运动涉及筹集、投入、营运和回收等过程，所以企业财务活动也主要由筹资、投资、经营和分配等四方面构成。

（一）企业筹资引起的财务活动

企业从事生产经营，必须从各种渠道筹集必需的资金，这是企业进行正常生产经营活动的前提，也是财务管理的起点。在筹资过程中，企业可以通过发行股票、发行债券、吸收直接投资等方式筹集资金，形成企业资金的收入；而企业偿还借款、支付利息、股利以及付出各种筹资费用等，形成企业资金的支出。这种因为资金筹集而产生的资金运动，便是由企业筹资而引起的财务活动。

企业筹资所要解决的问题是如何取得所需要的资金。具体而言，财务人员首先应明确以什么方式筹集资金，例如，是通过发行股票取得资金还是向债权人借入资金，两种资金占总资金的比例应为多少等。假设企业决定借入资金，还要进一步考虑是发行债券还是从银行借入资金，是借入长期资金还是短期资金，资金的偿付是固定的还是可变的，等等。财务人员面对这些问题时，一方面要保证筹资总规模能满足企业经营与投资的需要，另一方面通过筹资渠道和筹资方式确定合理的筹资结构，降低筹资成本和风险。一个企业运用融入的资金所产生的现金流量若能与偿还负债所需的现金流量相匹配，就能使融资风险最小化，并将企业使用借入资金的能力最大化。

（二）企业投资引起的财务活动

企业投资是指企业将筹集的资金投入生产经营活动以获得盈利，不断增加企业价值。

企业把筹集到的资金投资于企业内部购置流动资产、固定资产、无形资产等，便形成企业的对内投资；企业把筹集到的资金用于购买其他企业的股票、债券，或与其他企业联营进行投资，以及收购另一个企业等，便形成企业的对外投资。企业无论对内投资还是对外投资，都需要支出资金。当企业变卖其对内投资的各种资产或收回其对外投资时，则会产生资金的收入。这种因企业投资而产生的资金运动，便是由投资而引起的财务活动。

在进行投资活动时，由于企业的资金是有限的，因此应尽可能将资金投放于能带给企业最大收益的项目。同时，当前的投资通常在未来才能获得回报，因此财务人员在分析投资方案时，不仅要分析投资方案的资金流入与流出，还要分析企业为获得相应的报酬需要等待多久。显然，获得回报越早的投资项目越好。此外，投资项目很少是没有风险的，一个新的投资项目可能成功，也可能失败。因此，财务人员需要找到一种方法对这些风险因素加以计量，从而判断选择哪个方案，放弃哪个方案，或者是将哪些方案进行组合。

(三)企业经营引起的财务活动

在正常的经营过程中，企业会发生一系列资金收支活动。首先，企业要采购原材料或商品，以便从事生产和销售活动，同时还要支付工资和其他营业费用；其次，企业售出产品后，便可取得收入，收回资金；最后，如果企业现有资金不能满足企业经营的需要，还要采取短期借款等方式来筹集所需资金，或者当出现暂时闲置的资金时，也可以购买短期债券，以获得一定的报酬。上述各种活动都会产生企业资金的运动，这属于企业经营引起的财务活动。

在日常理财活动中，主要涉及的都是流动资产与流动负债的管理问题。流动资金的周转与生产经营周期具有一致性，在一定时期内，资金周转越快，就可以利用相同数量的资金生产出越多的产品，取得越多的收入，获得越多的报酬。因此，如何加速资金的周转，提高资金利用效率，是财务人员在这类财务活动中需要考虑的问题。

(四)企业分配引起的财务活动

企业在经营过程中会产生利润，也可能会因对外投资而分得利润，这表明企业有了资金的增值或取得了投资报酬。企业的利润要按规定的程序进行分配。首先，要依法纳税；其次，要用来弥补亏损，提取公积金、公益金；最后，要向投资者分配利润。这种因利润分配而产生的资金运动，就是由企业分配引起的财务活动。

在分配活动中，财务人员需要确定利润支付率的高低，即多大比例的税后利润用来支付给投资人。过高的利润支付率会使较多的资金流出企业，从而影响企业再投资的能力。一旦企业遇到较好的投资项目，将有可能因为缺少资金而错失良机。而过低的利润支付率又有可能引起投资人不满，对于上市企业而言，这种情况可能导致股价的下跌，从而使企业价值下降。因此财务人员要根据企业自身的具体情况确定最佳的分配政策。

上述企业财务活动的四个方面，不是相互割裂、互不相关的，而是相互联系、相互依存的。正是这互相联系而又有所区别的四个方面，构成了完整的企业财务活动。

三、企业财务关系

市场经济条件下，企业的生产经营活动中必然同其他经济单位和个人发生经济上的联系。企业的财务活动不仅仅是一种物质资料的运动或资金的增减变化，也体现着人与人之间的经济关系。企业在筹资、投资、经营和分配等财务活动过程中，与相关利益各方发生的经济利益关系，称为财务关系。企业的利益相关者主要有投资者(股东)、债权人、受资者、债务人、企业内部各单位、企业职工(高级管理人员和员工)和税务机关等。企业的财务关系主要包括以下几个方面。

（一）企业与投资者间的财务关系

企业与投资者间的财务关系是指投资者向企业投入资金，企业向投资者支付投资报酬所形成的经济关系。企业的投资者主要有四类：国家、法人单位、个人和外商。企业的投资者要按照投资合同、协议或章程的约定履行出资义务，以便及时形成资本金，出资后投资者成为企业的所有者；作为经营者，企业利用资本金进行经营并实现利润后，也要按出资比例或合同、章程的规定，向投资者分配利润。按照现代企业制度的要求，企业的经营者与企业所有者之间是委托方与受托方的委托代理关系。因此，企业与投资者之间的财务关系体现着所有权的性质，反映着经营权和所有权的关系。

（二）企业与债权人间的财务关系

企业与债权人间的财务关系是指债权人根据契约或合同向企业提供资金，企业按照约定向债权人按时支付利息和偿付本金所形成的经济关系。企业生产经营活动需要大量的资金，除了利用资本金进行经营活动之外，通常还需要借入一定数量的资金。企业的债权人主要有：贷款银行、债券持有者、商业信用提供者和其他出借资金给公司的单位或个人。企业与债权人之间的财务关系体现的是债务与债权关系。

（三）企业与受资者间的财务关系

企业与受资者间的财务关系是指企业将其闲置资金以购买股票或直接投资的形式，向其他企业投资并取得投资收益所形成的经济关系。投资企业向被投资企业提供股权资本，被投资企业向投资企业分配利润。这些被投资的企业就是受资者，企业与受资者间的财务关系就是对外投资和分享投资收益的关系，体现的是所有权性质的投资与受资的关系。

（四）企业与债务人间的财务关系

企业与债务人间的财务关系是指企业将其资金以购买债券、提供借款或商业信用等形式出借给其他企业所形成的经济关系。企业向其他企业提供债权资本，有权要求其债务人按约定的条件支付利息和偿付本金。企业与债务人之间的财务关系体现的是债权与债务关系。

（五）企业内部各单位间的财务关系

企业内部各单位间的财务关系是指企业内部各单位在生产经营各环节中相互提供产品或劳务所形成的经济关系。在实行内部经济核算制度的条件下，企业内部的供、产、销各部门以及各生产单位之间，相互提供产品和劳务要进行计价结算。这种在企业内部形成的资金结算关系，体现了企业内部各单位之间的利益关系。

（六）企业与职工间的财务关系

企业与职工间的财务关系是指企业向职工支付劳动报酬的过程中所形成的经济关系。企业要用自身的产品销售收入，根据职工为企业提供的劳动，向职工支付工资、津贴、奖金等，即按照职工提供的劳动数量和质量支付劳动报酬。企业与职工之间的财务关系体现了两者在劳动成果上的分配关系。

（七）企业与税务机关间的财务关系

企业与税务机关间的财务关系主要是指企业作为纳税主体必须依法纳税，从而与政府税务机关所形成的经济关系。政府是社会的管理者，而税收则是政府财政收入的主要来源。任何企业都有义务按照国家税法的规定向政府缴纳各种税款，以保证国家财政收入的实现，来满足社会各方面的需要。及时、足额纳税是企业对国家的贡献，也是对社会应尽的义务。因此，企业与税务机关之间的财务关系反映的是依法纳税和依法征税的权利义务关系。

企业的财务活动是持续的动态过程，在此过程中形成企业与利益相关者之间的财务关系。企业财务包括财务活动和财务关系，它们共同构成企业财务管理的对象。

四、企业财务管理

财务管理是基于企业再生产过程中客观存在的财务活动和财务关系而产生的，是企业组织财务活动、处理财务关系的一项经济管理工作。企业财务管理的表象是组织财务活动，实质是处理财务关系。要准确理解企业财务管理的概念，需要把握以下几层含义。

（1）企业财务管理的核心是价值管理。财务管理区别于企业其他管理活动的特点在于它是一种价值管理，即对企业再生产过程中价值运动所进行的管理。

（2）企业财务管理的对象是企业的财务活动和财务关系。财务管理是基于企业再生产过程中客观存在的财务活动和财务关系而产生的，是组织企业财务活动、协调企业同各方面财务关系的一项管理活动。

（3）企业财务管理的基本内容包括筹资管理、投资管理、营运资金管理和利润分配管理。企业的基本活动可以分为筹资、投资、经营和分配四个方面。与之相适应，企业财务管理的基本内容包括筹资管理、投资管理、营运资金管理和利润分配管理四个部分。

（4）企业财务管理的导向是企业的财务管理目标。财务管理是有意识的管理活动，财务管理目标是企业财务管理活动的导向，它决定着财务管理主体的行为模式。

（5）企业财务管理在整个企业经营管理中处于核心地位，是企业经营管理不可或缺的重要组成部分。财务管理渗透到企业的各个领域、各个环节之中，直接关系到企业的生存与发展。

【微课视频】财务管理的基本概念

【即测即评】财务管理的基本概念

第二节　财务管理的目标

一、企业目标与财务管理目标

企业是以营利为目的而从事生产经营活动的经济组织。在市场经济的风浪中，企业必须生存下去，才能获利；只有不断发展，才能求得生存；只有能够获利，才有生存的价值。目标是系统希望实现的结果，作为市场主体的企业，其目标可以概括为生存、获利和发展。上述三个目标相辅相成，共同决定企业的兴衰成败。其中，生存是获利与发展的基础，获利是生存与发展的动力，而发展又是获利与生存得以持续的保障。

财务管理目标是企业进行财务管理所要达到的根本目的，它是财务管理工作的行动指南。财务管理的目标是企业目标在财务管理中的体现，与企业目标最终是一致的，但又受到财务管理自身特点的制约。科学地设置财务管理目标，对优化理财行为、实现财务管理的良性循环有重要意义。

二、财务管理目标理论

财务管理目标是在特定的理财环境下形成的，随着政治、经济、金融环境等的变化，企业的财务管理目标也不断发展。在财务管理理论发展过程中，关于企业财务管理目标最具代表性的观点是：利润最大化、股东财富最大化和企业价值最大化。

（一）利润最大化

这种观点认为：利润代表了企业新创造的财富，利润越多则说明企业的财富增加得越多，越接近企业的目标。基于此，企业应当通过合法经营，采取有效的经营和财务策略，谋求企业在一定期间利润的最大化。

以利润最大化为理财目标有其合理的一面。原因在于：

（1）企业生存发展的最终目标就是获利，而利润代表着企业一定时期经营活动的综合成果，利润越多意味着投资者的财富增加得越多。因此，利润最大化目标是与企业的基本目标一致的，也反映了投资者的要求。

（2）利润体现了经济效益的高低，企业追求利润最大化，就必须重视经济核算，加强管理，改进技术，提高劳动生产率，降低产品成本。这些措施都有利于资源的合理配置，有利于经济效益的提高。

（3）利润是增加投资者收益、提高员工劳动报酬的来源，也是企业补充资本积累，扩大经营规模的源泉，利润最大化目标下能够同时实现各相关利益主体的利益。

（4）只有每个企业都最大限度地创造利润，整个社会的财富才可能实现最大化，从而带来社会的进步和发展。

但是，以利润最大化作为财务管理目标存在以下缺陷。

（1）没有考虑利润实现的时间和资金时间价值。比如，甲、乙两企业均获利润 2 000 万元，根据利润最大化目标，两企业的经营财务管理目标实现效果相同；然而，如果甲、乙两企业分别是今年、去年实现的 2 000 万元，两企业的利润实现时间不同，资金的时间

价值也不一样，倘若认为两企业财务管理实现效果相同显然不合理。

（2）没有考虑风险因素，可能导致企业忽略对风险的控制而一味地追求高利润。例如，甲企业为了实现高的利润，销售环节大肆采用赊销方式，导致取得的收入中应收账款占比偏高，虽然利润水平较高，但是也蕴藏着较高的风险。

（3）没有考虑投入产出比。利润是绝对数，不能反映创造的利润与投入资本之间的关系。例如，甲、乙两家企业今年都赚取了 2 000 万元利润，并且取得的都是现金收入，单纯依靠利润指标很难判断两企业财务管理目标的实现效果；如果还知道甲企业的投资额为 2 亿元，而乙企业的投资额为 5 亿元，就能说明甲企业的理财目标实现得更好。

（4）利润是一个会计指标，会受到人为因素的影响；并且利润指标通常按年计算，可能导致企业短期财务决策倾向，影响企业长远发展。

（二）股东财富最大化

股东财富最大化，或称股东价值最大化，是指企业通过合法经营，采取有效的经营和财务策略，为股东带来最多的财富。对上市公司而言，股东财富是由其所拥有的股票数量和股票市场价格两方面决定的。比如，某股东持有企业股票 2 万股，当时每股市场价格为 8 元，则该股东财富的当时价值为 16 万元。在有效市场假设条件下，股票价格能够及时、全面反映价格相关信息，成为价值的最好表现，是衡量股东财富的最有力指标。所以，股东财富最大化又演变为股票价格最大化。

与利润最大化相比，股东财富最大化目标有其积极的方面。

（1）考虑了货币时间价值，因为股票的内在价值是未来股息收益的折现值，既取决于企业未来现金流量水平，也受到现金流入时间的影响。

（2）考虑了风险因素，因为风险的高低会对股票价格产生重要影响。

（3）考虑了利润与投入资本的关系，因为股票价格是对每股股份的标价，反映的是单位投入资本的市场价格。

（4）能够在一定程度上克服企业追求短期利益的行为，因为不仅当前的利润会影响股票价格，预期未来的利润同样会对股价产生重要影响。

（5）股东财富最大化目标比较容易量化，便于考核和奖惩。

但应该看到，股东财富最大化目标还存在一些不足。

（1）适用范围偏窄。股东财富最大化目标只适合于上市公司，非上市公司难以应用，因为非上市公司无法像上市公司一样随时准确地获得公司股价。而上市公司无论在我国还是在其他国家，都只占全部企业的极少一部分。

（2）利益导向上有失偏颇。股东财富最大化目标将股东利益作为企业财务目标的最终归属，而忽视了其他利益相关者的利益，这样会导致股东利益与其他相关者利益之间的冲突，反过来也会影响股东利益的实现。比如，在人力资本对企业产出贡献较大的高科技企业，如果企业的财务活动仅仅能满足股东的利益需求，而不考虑核心技术人员的利益需求，将会极大地挫伤人力资本所有者的积极性，进而阻碍企业的发展。

（3）对股东财富的衡量缺乏科学的标准。股票市价受众多因素包括非经济因素的影响，有些还可能是非正常因素，波动性很大，难以准确体现股东财富。特别是在如我国这样新兴的资本市场，股价不能真实、准确地反映企业财务管理状况，以股价作为评价管理层经营业绩的标准会打击管理层的主动性和积极性。

（三）企业价值最大化

企业价值最大化是指企业通过合法经营，采取有效的经营和财务策略，谋求企业全部资产的市场价值实现最大。企业价值主要有两种度量方式：一是等于其所有者权益和债权人权益的现行市场价值之和，即按企业股票和负债的现行市价计算的总市值；二是等于其未来现金流量的折现价值，即预测企业未来现金流入和现金流出以及现金净流量，并采用适当的折现率进行折现计算后的现值。

以企业价值最大化作为财务管理目标，延续了股东财富最大化的优点：考虑了货币的时间价值和风险因素；考虑了利润与投入资本的关系；能在一定程度上克服企业的短期行为等。

然而，以企业价值最大化作为财务管理目标也有一些问题。

（1）计量上存在困难。对于非上市公司，只有对企业进行专门的评估才能确定其价值，而在评估企业的资产时，由于受评估标准和评估方式的影响，很难做到客观和准确。

（2）企业价值过于理论化，不易操作。与利润相比较，企业价值过于抽象，难以被一般企业所理解和接受。

实际上，要实现企业价值最大化，一方面，依托企业的可持续发展，这受企业研发能力、营销能力、成本管理能力和员工素质的影响；另一方面，取决于企业的经营成果。基于此，将企业价值最大化作为财务管理目标，应当从以下三方面入手考察。

（1）坚持利润导向，并重视考核利润形成中各因素的影响。理由是：①利润可以直接反映企业创造的价值；②利润在一定程度上反映经济效益的高低；③关注利润形成中各因素的影响，有利于明确责任并实施针对性的管理。

（2）辅助考核现金流量。现金流量能够在一定程度上反映利润的质量，为企业具体财务管理提供指引。

（3）辅助考核经济增加值（EVA）。EVA能够度量企业获得的超过正常利润的额外利润，反映经营活动的增加值。考核EVA的原因有：①EVA度量的是资本的超额利润，反映了资本追逐超额收益的天性；②影响EVA的因素有企业税后净营业利润、资本占用和加权平均资本成本率，更能体现管理的本质属性。

【微课视频】财务管理目标（上）

三、财务管理目标与多边利益协调

各国公司法都规定，股东权益是剩余权益，是在其他相关者利益得到满足后的剩余权益，只有满足了其他方面的利益之后才会有股东的利益。企业只有在向供应商支付了货款，给职工发了工资、给债权人支付了利息，向政府支付了税金之后，才可以向股东支付收益。可见，其他利益相关者的要求先于股东被满足。所以，这种满足必须是有限度的，否则股东就不会有"剩余"了。股东创办企业的目的是增加财富，并在企业的日常经营过程中承担着最大的义务和风险。如果企业不能为股东创造价值，他们就不会为企业提供资本。离开了股东的投入，企业就不复存在，其他利益相关者的要求也就无从实现。因此，无论企业的财务管理目标是利润最大化，还是企业价值最大化，都要以股东财富最大化为基础，协调好各种利益相关者的利益关系，化解他们之间的利益冲突。

协调相关者的利益冲突，要把握的原则是：尽可能使企业相关者的利益分配在数量上和时间上达到动态协调平衡。而在所有的利益冲突协调中，所有者与经营者、所有者与债权人、大股东与中小股东的利益冲突协调至关重要。

（一）所有者与经营者的利益冲突与协调

股东作为企业的所有者，委托经营者管理企业，期望经营者代表他们的利益工作，实现所有者财富最大化；而经营者努力工作创造的财富不能由其单独享有，而是由全体股东分享，二者的目标会经常不一致。经营者和所有者的主要利益冲突，就是经营者希望在创造财富的同时，能够获取更多的报酬、更多的闲暇时间，同时避免风险；而所有者则希望以较小的代价（支付较少的报酬）实现更多的财富。

为了协调所有者与经营者的利益冲突，防止经营者背离所有者目标，一般可以通过激励和监督机制解决。

1. 激励

激励就是将经营者的报酬与其绩效直接挂钩，让经营者分享企业增加的财富，鼓励他们自觉采取符合所有者利益最大化的措施。激励通常有两种方式：股票期权、绩效股。

（1）股票期权。即允许经营者在未来某一时期以约定的价格购买预先约定数量的本企业股票，股票的市场价格高于约定价格的部分就是经营者所得的报酬。经营者为了获得更大的股票涨价益处，就必然主动采取能够提高股价的行动，从而增加所有者财富。

（2）绩效股。企业运用每股收益、资产收益率等业绩评价指标评价经营者绩效，并视其绩效大小给予经营者数量不等的股票作为报酬。如果经营者绩效未能达到规定目标，经营者将丧失原先持有的部分绩效股。这种方式使经营者不仅为了多得绩效股而采取实质行动提高经营绩效，而且会运用各种方法保持股票市价的稳定上升，两者都会增加所有者财富。

然而，激励也是有成本的。如果所有者支付给经营者的报酬过高，激励成本过大，将不能实现自己的最大利益；如果报酬过低，不足以激励经营者，所有者也不能获得最大利益。所以，激励可以减少经营者违背所有者意愿的行为，但不能解决全部问题。

2. 监督

经营者背离所有者目标的条件是双方信息不对称，经营者了解的企业信息比所有者要多，从而产生"内部人控制"。解决这一问题的出路是所有者获取更多的信息，对经营者进行监督。当经营者背离股东目标时，减少其各种形式的报酬，甚至解雇他们。经营者为了不被解聘就需要努力工作，为实现企业的财务管理目标服务。

但是，由于所有者得不到充分的信息，全面监督在实际上是行不通的，而且其代价高昂，很可能超过所能带来的收益。因此，即使所有者支付审计费聘请注册会计师，也仅限于审计财务报表，而不是全面审查经营者的所有管理行为。受到监督成本的限制，所有者也不可能事事都监督。所以，监督可以减少经营者违背所有者意愿的行为，但不能解决全部问题。

通常，企业会同时采取监督和激励两种方式来协调所有者和经营者的利益冲突。尽管如此，仍不可能使经营者完全按所有者的意愿行动，经营者仍然可能采取一些对自己有利而不符合所有者利益最大化的决策，并由此给所有者带来一定的损失。监督成本、激励成本和偏离所有者目标的损失三者之间此消彼长，相互制约。所有者要权衡轻重，力求找出能使三项之和最小的解决办法。

（二）所有者与债权人的利益冲突与协调

当公司向债权人借入资金后，两者也形成一种委托代理关系。但是，股东在获得债权人的资金后，在实施其财富最大化目标时会在一定程度上损害债权人的利益。例如，所有者可能未经债权人同意，要求经营者投资风险更高的项目，这会增加偿债风险，降低债权人的负债价值，造成债权人风险与收益的不对称。因为高风险的项目一旦成功，额外的利润就会被所有者独享；但若失败，债权人却要与所有者共同负担由此而造成的损失。再如，所有者可能在未征得现有债权人同意的情况下，要求经营者举借新债，这会增大企业的破产风险，使原有债权的价值降低，损害债权人的利益。

为了协调所有者与债权人的利益冲突，防止所有者背离债权人目标，一般可以通过以下机制解决。

1. 限制性条款

债权人通过事先在借款合同中加入限制性条款，如规定资金的用途、规定不得发行新债或限制发行新债的数额等，使所有者不能通过以上两种方式削弱债权人的债权价值。

2. 收回借款或停止借款

当债权人发现企业有侵蚀其债权价值的意图时，采取提前收回借款或不再提供新的借款的措施，拒绝进一步合作，从而保护自身权益。

（三）大股东与中小股东的利益冲突与协调

大股东通常是指控股股东，他们持有企业大多数股份，能够影响股东大会和董事会的决议，往往委派企业的最高管理者，从而掌握企业的重大经营决策，拥有对企业的控制权。中小股东人数众多但持股数量较少，几乎无法参与企业的经营管理，与控股股东间存在着严重的信息不对称，他们的权利很容易被控股股东以各种形式侵害。大股东侵害中小股东利益的表现形式有：①大股东利用关联交易转移上市公司的利润；②发布虚假信息，操纵股价，欺骗中小股东；③利用不合理的股利政策，掠夺中小股东的既得利益；④为大股东委派的高级管理者支付较高的报酬和特殊津贴。

为了协调大股东与中小股东的利益冲突，防止大股东侵害中小股东利益，一般可以通过如下两种方式解决。

1. 改善公司治理

完善上市公司的治理结构，保障股东大会、股东会和监事会有效运行，构建相互制衡的公司治理机制。例如，增强中小股东的投票权、知情权和裁决权，提高董事会中独立董事的比重，充分发挥监事会的监督职能等。

2. 规范信息披露

完善上市公司的信息披露制度，确保信息的及时性、真实性和完整性。

【微课视频】财务管理目标(下)

【即测即评】财务管理的目标

第二节　财务管理的环境

任何事物总是与一定的环境相联系而产生、存在和发展，是一个与其环境相互作用、相互依存的系统，财务管理也不例外。企业的财务管理环境又称理财环境，是对企业财务活动与财务管理产生影响和作用的企业内外各种条件或因素的统称。不同时期、不同国家、不同领域的财务管理需要面对不同的理财环境。在这个环境中，优胜劣汰，适者生存。企业只有实时了解理财环境，最大程度地适应理财环境，才能使决策和管理工作避害趋利，为实现企业财务管理目标服务。如果不能适应复杂多变的财务管理环境，企业就难以生存。

财务管理内部环境，也称为微观理财环境，包括企业的组织形式和发展阶段等，一般只对特定企业的财务管理产生影响。财务管理的外部环境，即宏观理财环境，如国家的政治形势、经济发展水平、法律法规的完善程度、金融市场状况等，一般对各类企业的财务管理均会产生影响。

一、财务管理内部环境

(一)企业组织形式

企业的组织形式会影响企业的财务管理决策。典型的企业组织形式有三种：个人独资企业、合伙企业以及公司制企业。

1. 个人独资企业

个人独资企业是由一个自然人投资，全部资产和经营所得为投资人个人所有，全部债务由投资者个人承担的经营实体。

个人独资企业的优点表现为结构简单、开办容易、独自经营、利润独享、限制较少、费用较低；缺点表现为规模有限、企业生命周期有限、业主需要对企业债务承担无限责任、筹资困难等。

2. 合伙企业

合伙企业是指由两个或两个以上的自然人订立合伙协议，共同出资、合伙经营、共享收益、共担风险，并对合伙企业债务承担无限连带责任的营利性组织。根据承担责任的不同，合伙人分为普通合伙人和有限合伙人。普通合伙人对合伙企业债务承担无限连带责任，有限合伙人以其认缴的出资额为限对合伙企业债务承担责任。由普通合伙人组成的合伙企业称为普通合伙企业，由普通合伙人和有限合伙人组成的合伙企业称为有限合伙企业。

合伙企业的优点主要表现为设立程序简单、设立费用较低、筹资渠道较多；缺点表现为责任无限、权力分散、决策缓慢、产权转让困难等。

3. 公司制企业

公司制企业是指由两个或两个以上投资人（自然人或法人）依法出资组建的，具有独立法人财产，自主经营，自负盈亏的法人企业。与个人独资企业和合资企业相比，公司制企业实现了所有权和经营权的分离。

公司制企业的优点包括：①所有权易于转让。公司的所有者权益被划分为若干股权份额，每个份额可以单独转让给新的所有者。②有限债务责任。公司债务是法人的债务，不是所有者的债务。所有者对公司承担的责任以其出资额为限。当公司资产不足以偿还其所欠债务时，股东无须承担连带清偿责任。③可以无限存续。由于公司的经营者和它的所有者相分离，某一所有者的死亡或撤出并不会影响公司的存续，一个公司在最初的所有者和经营者退出后仍然可以继续经营。④筹资渠道更多，筹资能力更强，容易筹集所需资金，扩大经营规模。

公司制企业这种组织形式也存在一定的不足：①组建公司的手续复杂、成本高。公司法对于设立公司的要求比设立独资或合伙企业复杂，并且需要提交一系列法律文件，花费的时间较长。公司成立后，政府对其监管比较严格，需要定期提交各种报告。②存在代理问题。所有者和经营者分开以后，所有者成为委托人，经营者成为代理人，筹资权、投资权、人事权等都掌握在公司的经营者即代理人手中，股东很难对其行为进行有效的监督。代理人可能为了自身利益而伤害委托人利益，导致"内部人控制"问题的产生。③双重课税。公司作为独立的法人，其利润需缴纳企业所得税；企业利润分配给股东后，股东还需缴纳个人所得税。

在我国，公司分为有限责任公司和股份有限公司两种。有限责任公司是指股东以其认缴的出资额为限对公司承担责任，公司以其全部资产为限对公司的债务承担责任的企业法人。股份有限公司是指其全部资本划分为等额股份，股东以其认购的股份为限对公司承担责任，公司以其全部资产对公司的债务承担责任的企业法人。

有限责任公司和股份有限公司的主要区别在于：①公司的设立条件不同。有限责任公司由50个以下股东出资设立；设立股份有限公司，应当有2人以上200人以下为发起人，其中半数以上的发起人在中国境内有住所。设立有限责任公司只能向发起人筹资，设立股份有限公司可以向社会公开募集资金。②股东的股权表现形式不同。有限责任公司的权益总额不作等额划分，股东的股权是通过投资人所拥有的比例来表示的；股份有限公司的权益总额平均划分为相等的股份，股东的股权是用持有多少股份来表示的。③股份转让限制不同。有限责任公司不发行股票，对股东只签发一张出资证明书，出资证明书不能转让、流通，股东转让出资需要经股东大会讨论通过；股份有限公司可以发行股票，股票可以自由转让和流通。

企业组织形式的不同，首先会直接影响企业承担的财务责任。不同组织形式的企业应当以什么样的方式来承担责任，这是由国家法律所规定的。比如，我国的有限责任公司和股份有限公司承担的财务责任以其资产总额为限，而个人独资企业和合伙企业承担的财务责任则不以其资产总额为限。其次，企业组织形式的不同，还会影响到企业的筹资、投资和利润分配等各个方面。例如，股份有限公司可以通过发行股票来融资，而非股份有限公司则不行。又如，有限责任公司和股份有限公司的重大投资决策需要通过股东会或股东大会来表决，而个人独资企业和合伙企业则不存在股东大会这样的组织机构。再如，股份有限公司可以通过发放股票股利的形式来分配利润，而非股份有限公司则不能采取这种分配方式。

(二)企业的发展阶段

每个企业的发展都要经历一定的发展阶段。一般而言，企业会经过四个阶段，分别为初创期、扩张期、稳定期和衰退期。企业应当根据自身所处的不同发展阶段，采取相应的财务管理战略，如表1-1所示。

表1-1　企业不同发展阶段的财务管理战略

发展阶段	特征	战略
初创期	现金需求量很大，筹资方式以债务筹资为主，财务风险很高	股票股利政策扩张型财务战略
扩张期	现金需求较高，但是增幅较小，财务风险较高	低现金股利政策扩张型财务战略
稳定期	现金需求有所降低，企业可能有现金结余，财务风险较低	现金股利政策稳健型财务战略
衰退期	现金需求量持续降低，可能出现亏损，财务风险较低	低现金股利政策防御收缩型财务战略

二、财务管理外部环境

这部分主要介绍对企业财务活动产生重要影响的几种外部宏观环境，即经济环境、金融环境、法律环境、社会文化环境以及技术环境。

(一)经济环境

财务管理的经济环境是指影响企业财务管理的各种经济因素，如经济周期、经济发展水平、宏观经济政策、通货膨胀水平等。在影响财务管理的各种外部环境中，经济环境是最为重要的。

1. 经济周期

在市场经济条件下，经济运行通常具有一定的波动性，大体上经历复苏、繁荣、衰退和萧条四个阶段的循环，这种循环叫做经济周期。

经济周期是客观存在的一种现象，各经济周期阶段对产业和企业的影响方式和影响程度存在差异。在不同的经济周期，企业应采用不同的财务管理战略。财务学者探讨了企业在经济周期中的财务管理战略，如表1-2所示。

表1-2　经济周期与财务管理战略

复苏	繁荣	衰退	萧条
1. 增加厂房设备	1. 扩充厂房设备	1. 停止扩张	1. 建立投资标准
2. 实行长期租赁	2. 继续增加存货	2. 出售多余设备	2. 保持市场份额
3. 增加存货	3. 提高产品价格	3. 停产不良产品	3. 缩减管理费用
4. 开发新产品	4. 开展营销规划	4. 停止长期采购	4. 放弃次要利益
5. 增加劳动力	5. 增加劳动力	5. 削减存货	5. 削减存货
—	—	6. 停止扩招雇员	6. 裁减雇员

经济周期性对企业财务管理有重要影响。一般而言，在萧条阶段，由于整个宏观环境的不景气，企业很可能处于紧缩状态中，产量和销售量下降，现金流入量减少；同时，企业原有非现金支出难以减少，未完成的固定资产投资仍需要大量的现金继续流出，从而造成资金紧张。此时，市场筹资环境往往也不理想，筹资成本加大，如何灵活地调度资金、保持现金流转顺畅就成为这个时期财务管理的重点。在繁荣时期，由于市场需求旺盛，企业的销售额大幅度上升。企业为了扩大生产，就要增加投资，以增添机器设备、存货和劳动力。在这种情况下，企业财务人员就要加大筹资力度，迅速筹集资金以满足生产经营的需要。总之，面对周期性的经济波动，财务人员必须进行预测和分析，并适时调整财务政策。

2. 经济发展水平

经济发展水平是一个相对概念，世界上各个国家间的经济发展水平千差万别，粗略地划分，可以分为发达国家、发展中国家和不发达国家三类。

财务管理的发展水平是和经济发展水平密切相关的，经济发展水平越高，财务管理水平也越高。原因在于：财务管理水平的提高，将推动企业降低成本、改进效率、提高效益，从而促进经济发展水平的提高；而经济发展水平的提高，将改变企业的财务战略、财务理念、财务管理模式和财务管理的方法手段，从而促进企业财务管理水平的提高。财务管理应当以经济发展水平为基础，以宏观经济发展目标为导向，从业务工作角度保证企业经营目标和经营战略的实现。

3. 宏观经济政策

一个国家的经济政策，如经济发展计划、国家的产业政策、财税政策、金融政策、外汇政策、货币政策以及政府的行政法规等，对企业的理财活动有重大影响。如金融政策中的货币发行量、信贷规模会影响企业投资的资金来源和投资的预期收益；财税政策会影响企业的资金结构和投资项目的选择等；价格政策会影响资金的投向和投资的回收期及预期收益；会计制度的改革会影响会计要素的确认和计量，进而对企业财务活动的事前预测、决策及事后的评价产生影响。

顺应经济政策的导向，可以给企业带来经济上的利益。因此，财务人员应该认真研究政府的经济政策，按照政策导向行事。例如，当国家采取鼓励或限制某些产业发展的政策时，无疑是给企业指明了投资方向，此时企业应从受限制的产业抽回资金，转而投放到受

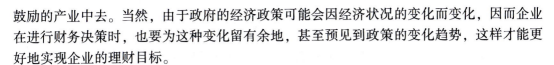

鼓励的产业中去。当然，由于政府的经济政策可能会因经济状况的变化而变化，因而企业在进行财务决策时，也要为这种变化留有余地，甚至预见到政策的变化趋势，这样才能更好地实现企业的理财目标。

4. 通货膨胀水平

通货膨胀不仅降低了消费者的购买力，也给企业理财带来了很大困难。通货膨胀对企业财务活动的影响通常表现在以下几个方面：引起资金占用的大量增加，从而增加企业资金需求；引起企业利润虚增，造成企业资金由于利润分配而流失；引起利率上升，加大企业的资金成本；引起有价证券价格下跌，增加企业的筹资难度；引起资金供应紧张，增加企业的筹资困难。

为了减轻通货膨胀对企业造成的不利影响，企业应当采取措施予以防范。在通货膨胀初期，货币面临着贬值的风险，这时企业应进行投资，以避免风险、实现资本保值；与客户签订长期购货合同，以减少物价上涨造成的损失；取得长期负债，以保持资本成本的稳定。在通货膨胀持续期，企业可以采用比较严格的信用条件，减少企业债权；调整财务政策，防止和减少企业资本流失，等等。

(二)金融环境

财务管理的金融环境是指企业资金融通提供场所的金融市场、作为交易手段的金融工具和参与交易的金融机构等。金融环境是企业重要的财务管理环境因素之一，企业资金的取得与投放都与金融环境密不可分。

1. 金融市场

金融市场是指资金供应者和资金需求者双方通过一定的金融工具进行交易而融通资金的场所。金融市场的基本构成要素一般包括市场参与者、金融工具、交易价格和组织方式，其中市场参与者和金融工具是构成金融市场的两个最基本要素。金融市场为企业融资和投资提供了场所，具有调节资金余缺的功能，可以帮助企业实现长、短期资金转换，引导资本流向和流量，提高资本利用效率。

根据交易期限的不同，可以将金融市场分为货币市场和资本市场。货币市场是指交易期限在一年及一年以内的资金交易市场，也称为短期资金市场。货币市场交易的主要是短期有价证券，具有期限短、流动性高、风险低和收益低等特点。货币市场主要包括短期信贷市场、票据承兑和贴现市场、银行间同业拆借市场和短期证券市场等。资本市场是指交易期限在一年以上的资金交易市场，也称为长期资金市场。资本市场主要包括银行长期信贷市场、股票市场和债券市场等。2021年11月15日，北京证券交易所正式开市，这是我国多层次资本市场体系建设的重要里程碑。

金融市场对企业财务管理活动的影响主要体现在如下三个方面。

(1)金融市场为企业筹资和投资提供场所，具有调节资金余缺的功能。金融市场上存在多种多样、方便灵活的筹资方式。企业需要资金时，可以到金融市场上选择合适的筹资方式筹集所需资金，以保证生产经营的顺利进行。当企业有多余的资金时，又可以到金融市场选择适当的投资方式，为资金寻找出路。金融市场的资金供求关系直接影响企业筹资活动能否顺利进行。如果金融市场资金供不应求，利率上升，则企业发行股票、债券以及向银行借款都会比较困难，资金成本提高；如果金融市场资金供过于求，利率下降，则企业筹资活动就会比较顺利，资金成本降低。

（2）金融市场可以帮助企业实现长、短期资金的相互转换。企业持有的长期债券和股票，可以在金融市场随转手变现，成为短期资金；远期票据通过贴现，可以变为现金；大额可转让远期存单，也可以在金融市场卖出，成为短期资金。与之相反，企业的短期资金同样能够在金融市场上转变为股票、长期债券等长期资产。

（3）金融市场为企业理财提供有意义的信息。比如，货币市场的利率变动，反映资金的供求状况；资本市场的股票行情，反映投资人对企业经营状况和盈利水平的评价。这些信息是企业进行财务管理的重要依据，财务人员应随时关注。

2. 金融工具

金融工具是指资金供需双方在金融市场上进行资金交易、转让的工具。金融工具是金融市场上交易的主要对象，是投资者实现证券投资的主要途径。借助金融工具，资金从供给方转移到需求方。

金融工具按其与实际金融活动的关系，可以分为原生金融工具和衍生金融工具。

（1）原生金融工具。原生金融工具是在实际信用活动中出具的能证明债权债务关系或所有权关系的合法凭证，主要有商业票据、债券等债权债务凭证和股票、基金等所有权凭证。

根据《中华人民共和国票据法》，票据是指汇票、本票和支票。汇票是出票人签发的，委托付款人在见票时或者在指定日期无条件支付确定的金额给收款人或者持票人的票据。本票是出票人签发的，承诺自己在见票时无条件支付确定的金额给收款人或者持票人的票据。支票是出票人签发的，委托办理支票存款业务的银行或者其他金融机构在见票时无条件支付确定的金额给收款人或者持票人的票据。

债券是指企业为筹措债务资本而在证券市场上发行，承诺在一定期限内向债权人还本付息的有价证券。发行债券是公司筹措债务资本的重要方式。

股票是股份有限公司为筹措股权资本而在证券市场上发行的，证明股东所持股份的有价证券。股票持股人即公司的股东，股票是股东在公司中享有股份所有权的凭证。公司股东依照其投入的资本额分享公司的资产收益、行使相应的权利，同时以其所持股份为限对公司承担相应的责任。

（2）衍生金融工具。衍生金融工具又称派生金融工具，是指在原生金融工具的基础上衍化和派生的，通过特定技术设计形成的新的融资工具，如各种远期合约、互换、掉期、期货、资产支持证券等。随着人们投资偏好的变化和金融知识的丰富，衍生金融工具种类繁多、交易增多，具有高风险、高杠杆效应的特点。

金融工具的特点主要表现为可分割性、流动性、风险性和收益性等。可分割性是指金融工具能够进行分割交易，这解决了企业大额资金需求与社会零散资金供给间的矛盾，保障了企业筹资活动的开展。流动性是指金融工具能够在短期内、不受严重损失的情况下转变为现金的性质，这为企业分散金融风险、解决短期资金盈余提供条件。风险性是指投资金融工具后可能会面临的不确定性，因此企业在进行金融工具投资时应当充分考虑自身的风险承受能力，谨慎选择。收益性是指投资金融工具后可以定期或不定期获得投资收益的特征。

不同的金融工具获得的资金在性质、规模、期限和法律效力等方面存在差异，用以满足不同风险偏好和收益要求。企业无论是应对融资需求还是满足投资需要，在选择金融工具时，应当充分考虑自身的具体情况和承受能力，谨慎地选择适当的金融工具，满足企业

的财务管理需要。

3. 金融机构

金融机构是金融市场的参与主体之一，能够为企业提供金融服务。金融机构可分为银行金融机构和非银行金融机构。随着信息技术在金融领域应用的不断拓展，金融科技已经成为金融机构提升自身竞争力和服务企业运营的重要手段。金融机构将大数据应用于风险控制、信用评估等业务场景，将人工智能应用于智能客服、智能营销等业务场景，将云计算应用于金融信息技术基础设施部署，将区块链技术应用于贸易融资、供应链金融、支付及清结算等业务场景。

(1)银行金融机构。按照功能和地位，银行金融机构可以分为中央银行、商业银行和政策性银行三类。

我国的中央银行即中国人民银行，其职责主要体现在：制定和执行国家的金融政策、汇率政策和货币政策；发行人民币和管理人民币流通；持有、管理和经营国家外汇储备和黄金储备；经理国库；管理征信业务，推动建立社会信用体系等。

商业银行在金融市场中具有重要的地位，特别是对证券市场不发达的国家，商业银行是金融市场的主要参与者。商业银行经营一般遵守安全性、流动性和效益性原则。企业的财务活动主要与商业银行关系密切。基于存贷业务，商业银行吸纳社会闲散资金，为有资金需求的企业提供融资服务。

政策性银行是指由政府设立、参股或保证，不以盈利为目的，专门从事政策性金融业务的银行。政策性银行不开办存款业务，资金主要来源于财政拨款和发行政策性金融债券，业务经营主要考虑国家的整体利益。

(2)非银行金融机构。非银行金融机构主要包括保险公司、证券公司、基金公司、财务公司和金融租赁公司等。

保险公司是指经营保险业务的金融机构。保险公司将投保人的钱汇集起来，一旦被保险人发生保险条款所列的事项时，保险公司便根据保险合同进行赔偿或给付。保险公司汇集投保人缴纳的保费，用于各种投资活动，成为企业资金的重要来源。

证券公司是指专门经营证券业务的金融机构。证券公司在金融市场中发挥着举足轻重的作用。在我国，证券公司承担投资银行业务，任何公司发行债券或股票，都需要借助证券公司。

基金公司是指主要从事证券投资基金管理业务的金融机构。一般而言，基金发起人通过发行基金证券筹集一定数量的资金，委托专业的投资机构进行投资管理，投资者根据出资比例分享投资收益，同时共同承担投资风险。基金公司是金融市场的主要机构投资者之一，是企业通过金融市场筹集资金的重要来源。

财务公司是指由大型企业集团出资设立，以母公司及其客户、股东为主要服务群体的非银行金融机构。财务公司设立的目的主要是优化企业集团内部资金管理，服务企业供产销活动和资金运作。

金融租赁公司是指办理融资租赁业务的非银行金融机构。金融租赁公司的主要业务包括动产和不动产的租赁、转租赁和回租租赁等。

(三)法律环境

财务管理的法律环境是指影响企业财务活动的有关法律法规和规章制度，主要包括

《中华人民共和国公司法》（以下简称《公司法》）、《中华人民共和国证券法》（以下简称《证券法》）、《中华人民共和国民法典》（以下简称《民法典》）、《企业财务通则》、《企业内部控制基本规范》和税法等。市场经济是法制经济，企业财务活动作为一种社会行为，在很多方面会受到法律规范的约束和保护。

法律环境对企业的影响范围涉及企业组织形式、公司治理结构、投资和融资活动、日常经营、收益分配等多方面。比如，根据法律规定，企业可以采用独资、合伙、公司制等企业组织形式。企业组织形式不同，则业主（股东）权利责任、企业投融资、收益分配、纳税、信息披露等就不同，公司治理结构也不同。

按照相关法律法规对财务管理内容的影响，可以分为以下几类。

（1）影响企业筹资的各种法规。主要有《公司法》《证券法》《民法典》等，这些法规从不同方面规范或制约企业的筹资活动。

（2）影响企业投资的各种法规。主要有《证券法》《公司法》《企业财务通则》等，这些法规从不同角度规范或制约企业的投资活动。

（3）影响企业收益分配的各种法规。主要有《公司法》《企业财务通则》及税法等，这些法规从不同方面规范或制约企业的收益分配。

上述不同种类的法律法规和规章制度，分别从不同方面约束企业的经济行为，影响企业财务管理活动。

（四）社会文化环境

社会文化环境是指企业所处社会的社会结构、社会风俗和习惯、信仰和价值观念、行为规范、生活方式、文化传统、人口规模与地理分布等因素的形成和变动。任何企业都处于一定的社会文化环境中，企业的财务管理活动不可避免地会受到所在社会文化环境的影响和制约。但是，社会文化环境的不同方面对企业财务管理的影响程度是不尽相同的，有的具有直接影响，有的只有间接影响，有的影响比较明显，有的影响微乎其微。

例如，教育水平是企业财务管理水平的重要保障，随着财务管理工作的内容越来越丰富，社会整体的教育水平将显得非常重要。事实表明，在教育落后的情况下，为提高财务管理水平所做的努力往往收效甚微。再如，科学的发展对财务管理理论的完善也起着至关重要的作用。经济学、数学、统计学、计算机科学等诸多学科的发展，都在一定程度上丰富和促进了财务管理理论的发展。又如，社会的诚信状况也在一定程度上影响财务管理活动。当社会诚信程度较高时，企业间的信用往来就会加强，会促进彼此之间的合作，并将减少企业的坏账损失。

对于那些在不同的文化背景中经营的企业，还应重视文化差异对员工的影响，并且在有条件的情况下寻求相关专家的帮助。忽视文化因素对企业财务活动的影响，将会给企业的财务管理带来严重的问题。

（五）技术环境

技术环境是财务管理得以实现的技术手段和技术条件，它决定着财务管理的效率和效果。随着新一代大数据以及网络信息技术的高速发展，创新中国从"互联网+"挺进"数据要素×"，及产业融合的进一步深入，中国社会正进入一个全面感知、可靠传输、智能处理、精准决策的万物智联时代。在此基础上，企业财务管理也迎来了变革契机，在大数据以及人工智能等新技术的助推下，企业财务管理能力不断提升。

1. 大数据技术

"十四五"时期，我国数字经济转向高质量发展，步入健康发展新阶段，要素链、产业链、价值链、制度链在相互融合中走向深度耦合。在此背景下，党的二十大明确指出，要加快建设网络强国、数字中国。2022年，国务院印发《"十四五"数字经济发展规划》，为"十四五"时期推动数字经济健康发展提供了重要指引。

数字经济以数据为核心驱动。2024年，国家数据局、中央网信办、科技部、工业和信息化部等17部门联合印发的《"数据要素×"三年行动计划（2024—2026年）》正式公布，要求充分利用中国海量数据资源、丰富应用场景等优势，以数据流引领技术流、人才流、物资流等，实现知识扩散、价值倍增，催生新产业、新模式，为推动高质量发展、推进中国式现代化提供有力支撑。数字经济背景下，企业将以大数据等网络新技术为先导，建立企业独有的数据中心和平台，全方位收集企业内外部信息并转化为可分析的数据，然后充分挖掘数据内在价值，企业的大数据中心和平台将促使企业完善信息化业财融合系统，更好地整合财务、业务与战略决策，提升企业的财务管理能力。但是，数智化转型过程中，企业财务管理数据量激增，数据体系更加庞大，数据分析处理系统更加强大，需要更加关注财务数据的安全问题。

2. 人工智能

人工智能是让计算机去完成以往需要人的智力才能胜任的工作。在移动互联网、大数据、超级计算、传感网等新理论新技术以及经济社会发展强烈需求的共同驱动下，人工智能加速发展，已进入新的发展阶段，给世界带来巨大机遇。在当前我国经济从高速增长向高质量发展的重要阶段，以人工智能为代表的新一代信息技术，已经逐步成为推动经济高质量发展、建设创新型国家，实现新型工业化、信息化、城镇化和农业现代化的重要技术保障和核心驱动力之一。党的二十大报告提出，构建新一代人工智能等一批新的增长引擎。我国"十四五"规划纲要对"十四五"及未来十余年我国人工智能的发展目标、核心技术突破、智能化转型与应用，以及保障措施等多个方面都做出了部署。

随着人工智能技术飞速发展，智能化、智慧化的生产运作模式成为企业经济高质量发展的助推器，也同时推动了智能财务管理的形成。人工智能不仅能够自动化、智能化地替代财务管理人员对简单、重复、烦琐而冗余且高度结构化的工作进行集中处理，还能够通过人工智能技术对财务机器人进行赋能，使其具备与人类相似甚至同等的智慧，智慧性地对相关的数据进行高度精准化的捕捉、处理和分析，并基于人类赋予的智慧模拟人类进行智能化、智慧化的决策和预测，从而达到提高企业财务决策效率和预测精度的目的。

除上述技术外，与企业财务管理有关的前沿技术还有许多，包括云计算和云存储、区块链以及物联网等。企业财务人员要积极学习、掌握和运用这些前沿技术，将这些前沿技术与财务管理融合，促进财务管理效率和效果的提升。

 【微课视频】财务管理的环境

【即测即评】财务管理的环境

拓—思—悟

拓展阅读：

关于中央企业加快建设世界一流财务管理体系的指导意见

为深入开展对标世界一流管理提升行动，指导中央企业立足新发展阶段要求和信息技术变革大势，加快提升财务管理能力水平，更好支撑企业实现高质量发展，2022年2月，国务院国资委研究制定了《关于中央企业加快建设世界一流财务管理体系的指导意见》（国资发财评规〔2022〕23号）（以下简称《指导意见》）。

《指导意见》指出，财务管理是企业管理的中心环节，是企业实现基业长青的重要基础和保障。要求各中央企业以习近平新时代中国特色社会主义思想为指导，深入贯彻落实习近平总书记关于国有企业改革发展和党的建设重要论述，全面贯彻党的十九大和十九届历次全会精神，完整、准确、全面贯彻新发展理念，服务构建新发展格局，以高质量发展为主题，以深化供给侧结构性改革为主线，以更好履行经济责任、政治责任、社会责任为目标，坚定不移做强做优做大国有资本和国有企业，推动财务管理理念变革、组织变革、机制变革、手段变革，更好统筹发展和安全，更加注重质量和效率，更加突出"支撑战略、支持决策、服务业务、创造价值、防控风险"功能作用，以"规范、精益、集约、稳健、高效、智慧"为标准，以数字技术与财务管理深度融合为抓手，固根基、强职能、优保障，加快构建世界一流财务管理体系，有力支撑服务国家战略，有力支撑建设世界一流企业，有力支撑增强国有经济竞争力、创新力、控制力、影响力、抗风险能力。通过5年左右的努力，中央企业整体财务管理水平明显跃上新台阶，通过10~15年的努力，绝大多数中央企业建成与世界一流企业相适应的世界一流财务管理体系，一批中央企业财务管理水平位居世界前列。

《指导意见》共分五个部分，主体内容是"1455"框架，即围绕一个目标，推动四个变革，强化五项职能，完善五大体系。围绕一个目标，即加快构建世界一流财务管理体系；推动四个变革，即推动财务管理理念变革、组织变革、机制变革、功能手段变革，系统阐述新时期中央企业财务管理工作的底层逻辑，这是推进财务管理转型升级的"思想开关"和理论基础；强化五项职能，以财务管理主要对象"票、账、表、钱、税"为维度，强化核算报告、资金管理、成本管控、税务管理、资本运作五项职能，这是推进财务管理转型升级的抓手和切口；完善五大体系，即全面预算、合规风控、财务数智化、财务管理能力评价、财务人才队伍建设体系，这是支撑财务管理职能落地、实现财务管理体系有效运行的根本保障，也是推进财务管理转型升级的主线和重点。

资料来源：节选自《关于中央企业加快建设世界一流财务管理体系的指导意见》，国务院国有资产监督管理委员会官方网站，http：//www.sasac.gov.cn/n2588030/n16436136/

c23471965/content. html.

思考：如何认识世界一流财务管理体系的基本内涵和要求？企业应从哪些方面优化财务管理行为，提高财务管理水平？

体悟：目标明确、争创一流。

本章小结

企业财务活动是企业生产经营过程中以现金收支为主的资金运动的总称，主要由筹资、投资、经营和分配等四方面构成。企业在财务活动过程中，与相关利益各方发生的经济利益关系，称为财务关系。企业财务包括财务活动和财务关系，它们共同构成企业财务管理的对象。

企业财务管理是企业管理的重要组成部分，它是企业以特定的财务管理目标为导向，组织财务活动、处理财务关系的一种价值管理活动。企业财务管理的基本内容包括筹资管理、投资管理、营运资金管理和利润分配管理四个部分。

财务管理目标是企业进行财务管理所要达到的根本目的，它是财务管理工作的行动指南。关于企业财务管理目标最具代表性的观点是：利润最大化、股东财富最大化和企业价值最大化。同时，企业在财务管理的过程中，还应考虑财务管理目标与多边利益的协调问题。

财务管理环境又称理财环境，是对企业财务活动和财务管理产生影响和作用的企业内外各种条件或因素的统称。其中，财务管理内部环境包括企业的组织形式和发展阶段等，一般只对特定企业的财务管理产生影响。财务管理的外部环境如国家的政治形势、经济发展水平、金融市场状况、法律法规的完善程度以及技术变革等，一般对各类企业的财务管理均会产生影响。在影响财务管理的各种外部环境中，经济环境是最为重要的。

案例分析

——产业政策对宁德时代经营管理的影响分析[1]

一、案例资料

2016 年，国务院印发的《"十三五"国家战略性新兴产业发展规划》指出，战略性新兴产业代表新一轮科技革命和产业变革的方向，是培育发展新动能、获取未来竞争新优势的关键领域。"十四五"时期，国家将着眼于抢占未来产业发展先机，培育先导性和支柱性产业，推动战略性新兴产业融合化、集群化、生态化发展，战略性新兴产业增加值占 GDP 比重超过 17%。

新能源汽车产业是战略性新兴产业之一。根据汽车工业协会公布的数据显示，我国新能源汽车销量从 2009 年的 0.52 万辆持续增长到 2020 年的 136.7 万辆。截至 2020 年，我国新能源汽车年产销量已经连续六年位居全球第一，新能源汽车产业总体发展较快。宁德时代新能源科技有限公司(下文简称"宁德时代")是新能源汽车行业的龙头企业，拥有生

---

　① 作者根据公开资料整理编写。

产清洁能源汽车电池的核心技术，动力电池市场份额占比从 2017 年的 27% 增长到 2020 年的 50%，发展势头良好。宁德时代之所以能够迅速崭露头角，得益于国家对新能源汽车产业的有力扶持和一系列产业政策的积极推动，这些政策为公司的成长提供了坚实的发展基础和广阔的市场空间。

（一）公司简介

宁德时代于 2011 年成立于福建省宁德市，是全球领先的锂离子电池提供商，专注于新能源汽车动力电池系统、储能系统的研发、生产和销售，致力于为全球新能源应用提供一流解决方案。宁德时代在电池材料、电池系统、电池回收等产业链关键领域拥有核心技术优势及可持续研发能力，主要产品包括动力电池系统、储能系统、锂电池材料，形成了全面、完善的生产服务体系，并通过商业模式创新推动锂离子电池作为优质能源储存载体的广泛应用。

2014 年起，宁德时代开始着手全球布局，与宝马、奔驰和大众汽车等世界领先的汽车制造商进行深度合作，建立了稳定的供应关系。2018 年 6 月 11 日，宁德时代在深圳创业板正式上市，股票代码 300750，上市首日总市值近 800 亿元。截至 2021 年 7 月 8 日，宁德时代总市值近 1.31 万亿元，成为新能源汽车行业的龙头企业。

（二）相关产业政策

1. 电池回收业务相关政策

自 2014 年起，国家先后推出了《电动汽车动力蓄电池回收利用技术政策（2015 年版）》《新能源汽车废旧动力蓄电池综合利用行业规范条件》《新能源汽车废旧动力蓄电池综合利用行业规范公告管理暂行办法》《关于加快推进再生资源产业发展的指导意见》等政策，积极支持电池回收产业发展。

2. 动力电池业务相关政策

2016 年 12 月颁布的《关于调整新能源汽车推广应用财政补贴政策的通知》在提高补贴门槛的同时也下调了补贴幅度，将新能源汽车购置补贴资金由事前拨付改为事后清算；将系统能量密度增列为补贴参考标准之一。2017 年公布的《汽车动力电池行业规范条件》提出，锂离子动力电池单体企业年产能力不低于 80 亿瓦时；系统企业年产能力不低于 80 000 套或 40 亿瓦时；生产多种类型的动力电池单体企业、系统企业，其年产能力需分别满足上述要求。

3. 储能业务相关政策

自 2017 年起，我国先后出台了《关于促进储能技术与产业发展的指导意见》《关于开展"风光水火储一体化""源网荷储一体化"的指导意见》《关于有序推动工业通信企业复工复产的指导意见》等政策。

（三）产业政策对宁德时代经营管理的影响分析

1. 有助于确定业务发展战略

产业政策能够使企业了解国家产业发展的方向，引导企业及时调整并做出合理的投资决策。宁德时代跟随政策指引，调整经营策略。一是持续加大对储能电池业务项目的投资，提升公司产品质量；二是加大对回收循环利用领域的研发投入，申请多项专利。近年来，在补贴政策的引导下，宁德时代确立适宜的业务发展战略，推动企业快速发展。

2. 有利于提升研发创新能力

产业政策为符合条件的企业提供支持，使其有更多的资源去进行研发创新；并通过持续调整扶持范围，减少企业对于扶持政策的过度依赖；同时也引导企业确定研发投入方向，提升企业研发创新能力。2016—2020年，宁德时代持续进行符合产业政策发展方向的研发投入，获得多笔政策扶持资金并用于研发创新，专利产出不断增长。

3. 有助于实现产品多元化

在产业政策支持下，宁德时代的产品种类不断增加，能够更好地满足客户多元化需求。2018—2020年，宁德时代新能源车型由3 800种持续增加到6 800种，配套动力电池种类由1 100种持续增加至3 400种。

4. 有助于提升市场占有率

在产业政策的支持下，宁德时代的研发能力以及生产能力显著提升，获得了消费者的广泛认可，市场占有率大幅提升。据中国汽车动力电池产业创新联盟相关数据显示，2017—2020年，宁德时代动力电池行业市场份额占比一直位居新能源汽车行业的首位，2019年和2020年的市场份额占比达到50%。

二、问题提出

1. 新能源汽车行业面临的机遇和挑战有哪些？
2. 政策环境对于新能源汽车企业的经营管理有哪些影响？
3. 在新能源汽车行业政策滑坡背景下，宁德时代应当如何应对？

同步训练

一、单项选择题

1. 以现金收支为主的企业资金收支活动的总称被称为（　　）。

A. 企业财务管理　　　　　　　　　B. 企业财务活动
C. 企业财务关系　　　　　　　　　D. 企业财务运营

2. 不属于"企业价值最大化"财务管理目标的优点的是（　　）。

A. 考虑了货币时间价值和风险因素　　B. 考虑了利润与投入资本的关系
C. 能够克服企业短期行为　　　　　　D. 容易量化，便于考核和奖惩

3. 企业同投资者之间的财务关系反映的是（　　）。

A. 经营权与所有权关系　　　　　　　B. 债权债务关系
C. 投资与受资关系　　　　　　　　　D. 债务债权关系

4. 某上市公司针对经常出现中小股东质询管理层的情况，拟采取措施协调所有者与经营者的矛盾。下列各项中，不能实现上述目的的是（　　）。

A. 强化内部人控制
B. 解聘总经理
C. 加强对经营者的监督
D. 将经营者的报酬与其绩效挂钩

5. 财务管理的外部环境不包括（　　）。

A. 经济环境　　　　B. 企业组织形式　　　C. 法律环境　　　D. 金融环境

6. 在经济繁荣阶段，市场需求旺盛，企业不应该（　　）。

A. 扩大生产规模　　B. 增加投资　　　　C. 减少投资　　　D. 增加存货

二、判断题

1. 股东与管理层双方目标存在差异，因此不可避免地会产生冲突，一般来说，这种冲突可以通过一套激励和监督机制来协调解决。（　　）

2. 当存在控股股东时，企业常常会出现中小股东与大股东之间的代理冲突。（　　）

3. 一项负债期限越长，债权人承受的不确定因素越多，承担的风险也越大。（　　）

4. 通货膨胀会引起企业利润虚增、利率水平下降。（　　）

5. 在影响财务管理的各种外部环境中，法律环境是最为重要的。（　　）

第二章 财务估值基础

🎯 学习目标

知识目标:

1. 定义货币时间价值的概念,阐释货币时间价值的计算方法。

2. 定义风险与收益的概念,阐释风险与收益的度量方法,准确描述资本资产定价模型。

3. 识别影响证券价值的关键因素,描述债券和股票的估值模型,阐释收益率的计算方法,说明证券组合管理的特点和方法。

能力目标:

1. 能够针对具体情景或案例,计算和比较不同支付模式下的现值和终值,初步具备资金管理的实践能力。

2. 能够运用适当的估值模型,分析和评估债券和股票的内在价值,初步具备证券估值的实践能力。

价值塑造:

1. 通过对复利终值与现值、年金终值与现值的对比计算,感受货币的时间价值,明确日积月累、积少成多的重要性。

2. 通过对风险与收益的学习,理解风险与收益对等原则,提升个人风险意识。

📱 财务估值基础

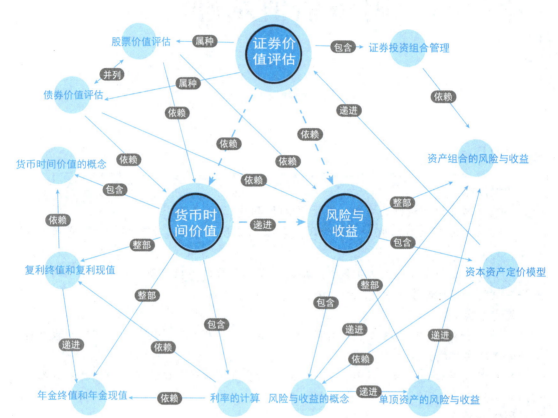

财务估值基础

引导案例

富兰克林的遗嘱①

富兰克林是美国18世纪著名的科学家，也是美国开国元勋，于1790年逝世。去世前他留下了一份遗嘱，向他的出生地波士顿捐赠1 000英镑，用于建立一个信托基金，但必须等他死后200年方能使用。他写道："我将1 000英镑赠送给波士顿的居民，如果他们接受了这1 000英镑，那么这笔钱就应托付给一些挑选出来的公民管理，他们得把这些钱按每年5%的利率借给一些年轻的手工业者去生息。""如果这个计划得以成功执行，100年后这些钱将增加到131 000英镑。我希望那时用100 000英镑来建造一座公共建筑物，剩下的31 000英镑则继续用于生息100年。如果不出现意外，在第二个100年末，这笔钱将达到4 061 000英镑，其中的1 061 000英镑还是由波士顿的居民来支配，而其余的3 000 000英镑就让马萨诸塞州的公众来管理吧。"

富兰克林的这份遗嘱，听起来似乎不可思议，却真的实现了。在第一个100年结束时，人们用部分资金建立了本杰明·富兰克林理工学院；到1990年，富兰克林的波士顿信托基金已经积累了近5 000 000美元。

这样绝妙的主意，富兰克林是怎么想到的呢？原来，他在一位法国数学家的帮助下，认识并利用了复利的神奇力量。爱因斯坦曾说：世界上最厉害的武器不是原子弹，而是"时间+复利"，复利堪称世界第八大奇迹。富兰克林仅仅1 000英镑的捐款，因为复利的威力，最后变成了几百万英镑。因此，懂得复利的重要性，并且坚持行动，不以善小而不为，哪怕你只挤出100元钱来，经过日复一日的积累，也可以成为慈善家。

思考与讨论：

1. 区区1 000英镑的遗产，富兰克林竟立下了几百万英镑的财产分配遗嘱，请你认真地想一想，该遗嘱是否"言而有据"？

2. 本案例体现了哪些财务管理的基本原理？对你有什么启发？

第一节 货币时间价值

一、货币时间价值的概念

(一)货币时间价值的概念

如果银行存款年利率为10%，我们将今天的1元钱存入银行，一年以后就会是1.10元。可见，经过一年时间，这1元钱发生了0.1元的增值。货币时间价值的实质是资金周转使用后的增值部分。

货币时间价值是指一定量货币资本在不同时点上的价值量差额，即货币经历一段时间的投资和再投资后所增加的价值。货币的时间价值来源于货币进入社会再生产过程后的价值增值。当货币作为资本投入生产经营之后，经过一定时间的投资和再投资，其数额会随

---

① 资料来源：作者根据公开资料整理编写。

着时间的推移不断增长，这是一种客观的经济现象。通常情况下，货币时间价值是既没有风险也没有通货膨胀情况下的社会平均利润，是利润平均化规律发生作用的结果。根据货币时间价值理论，可以将某一时点的货币价值金额折算为其他时点的价值金额。

（二）货币时间价值的表现形式

货币的时间价值有两种表现形式，相对数形式和绝对数形式。相对数形式即时间价值率，就是在没有风险和没有通货膨胀条件下的社会平均资金利润率，也叫利率或贴现率。绝对数形式即时间价值额，是资金在生产经营过程中带来的真实增值额，等于一定数额的资金与时间价值率的乘积，也就是利息。

二、复利终值和复利现值

利息的计算有单利和复利两种方法。单利是在任一个计息期均仅按照初始本金计算利息，当期产生的利息在下一期不作为本金，不重复计算利息。银行存款多用这种计息方式。相对的，复利是在任一个计息期均按照本息和计算利息，即不仅本金要计算利息，利息也要计算利息。银行贷款多用这种计息方式。

（一）单利终值和现值的计算

1. 单利终值

$$FV = PV \times (1 + n \times i)$$

其中，$(1 + n \times i)$ 为单利终值系数。

2. 单利现值

$$PV = \frac{FV}{(1 + n \times i)}$$

其中，$1/(1 + n \times i)$ 为单利现值系数。

（二）复利终值和现值的计算

复利计算方法是指每经过一个计息期，要将该期所派生的利息加入本金再计算利息，逐期滚动计算，俗称"利滚利"。这里所说的计息期，是相邻两次计息的间隔，如年、月、日等。除非特别说明，计息期一般为一年。

1. 复利终值

复利终值是指一定量的货币按复利计算的若干期后的本利总和。复利终值的计算公式为：

$$FV = PV \times (1 + i)^n$$

其中，i 为每期利率；n 为计息期；$(1 + i)^n$ 为复利终值系数，记作 $(F/P, i, n)$，可直接查阅"复利终值系数表"。

【例2-1】锦辰公司将100 000元存入银行，年利率为4%，求这笔钱3年后的终值。

$$FV = PV \times (1 + i)^n = 100\,000 \times (F/P, 4\%, 3)$$
$$= 100\,000 \times 1.124\,9 = 112\,490(元)$$

2. 复利现值

复利现值是指未来某期一定量的货币，按复利计算的现在价值。复利现值的计算公式为：

$$PV = \frac{FV}{(1 + i)^n}$$

其中，i 为每期利率；n 为计息期；$1/(1+i)^n$ 为复利现值系数，记作 $(P/F, i, n)$，可直接查阅"复利现值系数表"。

【例2-2】锦辰公司准备6年后从银行取得300 000元，在年利率4%的情况下，请问他当前应存入的金额。

$$PV = FV/(1+i)^n = 300\ 000 \times (P/F, 4\%, 6)$$
$$= 300\ 000 \times 0.790\ 3 = 237\ 090(元)$$

 【微课视频】货币时间价值（上）

 【即测即评】复利终值、现值

三、年金终值和年金现值

年金就是系列间隔时间相同、金额相等的现金流入或者流出。这里的间隔时间可以不等于（大于或小于）一年，例如，每季末等额支付的债权利息也是年金。

年金包括普通年金（后付年金）、先付年金（预付年金）、递延年金、永续年金等形式。递延年金和永续年金是派生出来的年金。

（一）普通年金

普通年金又叫后付年金，是指从第一期开始每期期末发生等额收付。现实中这种年金最为常见，是年金的最基本形式。

1. 普通年金终值

普通年金终值是指一定时期内按相同时间间隔每期期末等额收付的系列款项的复利终值之和。也就是将每一期的金额，按复利换算到最后一期期末的终值，然后加总，就是年金终值。其计算公式为：

$$FVA = A \times \frac{(1+i)^n - 1}{i}$$
$$= A \times (F/A, i, n)$$

其中，A 为每期年金金额；i 为每期利率；n 为年金期数；$\frac{(1+i)^n - 1}{i}$ 称为"年金终值系数"，记作 $(F/A, i, n)$，可直接查阅"年金终值系数表"。

普通年金的终值示意如图2-1所示。

【例2-3】锦辰公司同某银行签订了连续8期的分期还款，协议规定锦辰公司每期期末还款40 000元。假定每期利率为4%，则锦辰公司还款在协议到期时相当于多少钱？

$$FVA = 40\ 000 \times (F/A, 4\%, 8) = 40\ 000 \times 9.214\ 2 = 368\ 568(元)$$

2. 普通年金现值

普通年金现值是指在一定时期内按相同时间间隔每期期末等额收付的系列款项，折算到第一期期初的复利现值之和。其计算公式为：

$$PVA = A \times \frac{1 - (1 + i)^{-n}}{i}$$

$$= A \times (P/A, \ i, \ n)$$

其中，A 为每期年金金额；i 为每期利率；n 为年金期数；$\dfrac{1 - (1 + i)^{-n}}{i}$ 称为"年金现值系数"，记作 $(P/A, \ i, \ n)$，可直接查阅"年金现值系数表"。

普通年金的现值示意如图 2-2 所示。

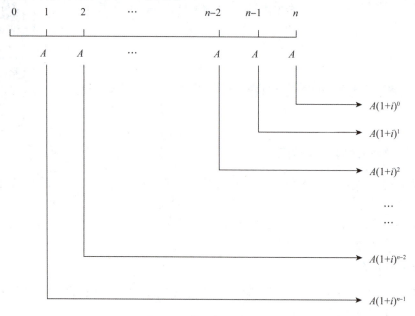

图 2-1　普通年金的终值

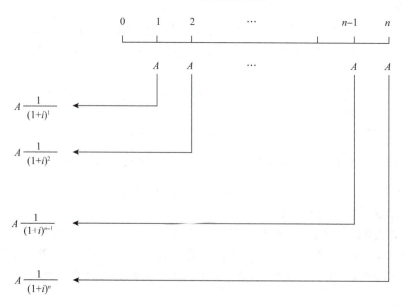

图 2-2　普通年金的现值

【例2-4】锦辰公司计划分期买入某品牌电脑，每期期末需要支付30 000元，每期利率为8%，总共6期，请问锦辰公司支付总额的现值是多少？

$$PVA = 30\ 000 \times (P/A，8\%，6) = 30\ 000 \times 4.622\ 9 = 138\ 687(元)$$

(二)先付年金

先付年金又叫即付年金或者预付年金，是指从第一期开始每期期初发生等额收付。

1. 先付年金终值

先付年金终值是指一定时期内按相同时间间隔每期期初等额收付的系列款项的复利终值之和。先付年金终值与后付年金终值的关系如图2-3所示。

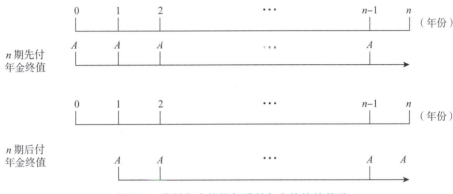

图2-3　先付年金终值与后付年金终值的关系

先付年金终值的计算公式为：

$$FVA = A \times [(F/A，i，n+1) - 1]$$

先付年金终值的计算也可以采用另一种方法：

$$FVA = A \times (1+i) + A \times (1+i)^2 + \cdots + A \times (1+i)^n$$

等式两边同时乘 $(1+i)^{-1}$ 可以得到：

$$FVA \times (1+i)^{-1} = A + A \times (1+i) + \cdots + A \times (1+i)^{n-1}$$

即

$$FVA \times (1+i)^{-1} = A \times (F/A，i，n)$$

则

$$先付年金终值 FVA = A \times (F/A，i，n) \times (1+i)$$

【例2-5】张越涛正在为给自己买房准备资金，连续5年于每年年初存入银行40 000元。若银行存款利率为4%，则张越涛在第五年年末能一次取出本利多少钱？

方法一：

$$FVA = A \times [(F/A，i，n+1) - 1] = 40\ 000 \times [(F/A，4\%，6) - 1]$$
$$= 40\ 000 \times (6.633 - 1) = 225\ 320(元)$$

方法二：

$$FVA = A \times (F/A，i，n) \times (1+i) = 40\ 000 \times (F/A，4\%，5) \times (1 + 4\%)$$
$$= 40\ 000 \times 5.416\ 3 \times 1.04 = 225\ 318(元)$$

2. 先付年金现值

先付年金现值是指在一定时期内按相同时间间隔在每期期初等额收付的系列款项，折算到第一期期初的复利现值之和。先付年金现值与后付年金现值的关系如图2-4所示。

先付年金现值的计算公式为：

$$PVA = A \times [(P/A, i, n-1) + 1]$$

同理，先付年金现值也可以采用另一种方法：

$$PVA = A \times (P/A, i, n) \times (1 + i)$$

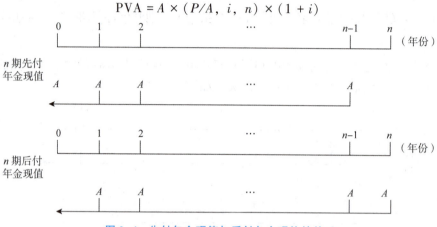

图 2-4　先付年金现值与后付年金现值的关系

【例2-6】李浩同学为了在4年后出国，计划每年年初在银行存入80 000元，银行的年利率为4%。请问这些存款的现值是多少？

方法一：

$$PVA = 80\,000 \times [(P/A, 4\%, 3) + 1]$$
$$= 80\,000 \times (2.775\,1 + 1) = 302\,008(元)$$

方法二：

$$PVA = 80\,000 \times (P/A, 4\%, 4) \times (1 + 4\%)$$
$$= 80\,000 \times 3.629\,9 \times 1.04 = 302\,008(元)$$

（三）递延年金

递延年金又叫延期年金，是从若干期以后才发生系列等额收付，如图2-5所示。

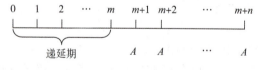

图 2-5　递延年金示意

从图中可见，前 m 期未发生收付，称为递延期。从第 $m+1$ 期到第 $m+n$ 期在每期期末发生等额收付。

1. 递延年金终值

递延年金的终值计算与普通年金的终值计算一样，其计算公式为：

$$FVA = A \times (F/A, i, n)$$

注意上式中"n"表示的是"A"的期数，与递延期无关。

2. 递延年金现值

递延年金现值是指间隔一定时期后每期期末或期初等额收付的系列款项，折算到第一期期初的复利现值之和。

递延年金现值有两种计算方法。

计算方法一：先将递延年金视为 n 期普通年金，求出在年金发生第一年期初（m 期期末）的普通年金现值，然后折算到第一期期初，即 0 时刻。基本思路如图 2-6 所示。

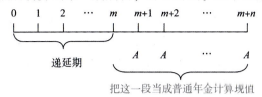

图 2-6　递延年金现值计算方法一

计算公式为：

$$PVA = A \times (P/A, i, n) \times (P/F, i, m)$$

其中，m 为递延期数；n 为连续收付的期数，即年金期数。

计算方法二：先假设递延期内每期都有等额的收付 A，计算 $m+n$ 期年金现值，再减去多算的前 m 期年金的现值。基本思路如图 2-7 所示。

图 2-7　递延年金现值计算方法二

计算公式为：

$$PVA = A \times \left[(P/A, i, n + m) - (P/A, i, m) \right]$$

其中，m 为递延期数；n 为年金期数。

【例 2-7】锦辰公司向银行借入一笔款项，银行贷款的年利率为 8%。银行规定前 10 年不用还本付息，但从第 11 年至第 20 年需在每年年末偿还本息 500 万元。请问锦辰公司向银行借了多少钱。

方法一：

$$PVA = A \times (P/A, 8\%, 10) \times (P/F, 8\%, 10)$$
$$= 500 \times 6.710\ 1 \times 0.463\ 2 = 1\ 554.06（万元）$$

方法二：

$$PVA = A \times \left[(P/A, 8\%, 20) - (P/A, 8\%, 10) \right]$$
$$= 500 \times (9.818\ 1 - 6.710\ 1) = 1\ 554（万元）$$

（四）永续年金

永续年金是指无限期收付、没有终止期限的年金。例如，优先股的固定股利、没有到期日的国债利息等，都可以视为永续年金。因为永续年金没有终止的时间，所以没有终值，只有现值。

1. 永续年金现值

永续年金的现值可以看成是一个 n 无穷大时普通年金的现值，其计算公式为：

$$PVA = A/i$$

【例2-8】锦辰公司准备成立一个奖学金基金，买入年利率4%的长期国债，每年将年底的利息8万元用作学生们的奖学金。则此基金需要投入的本金为多少？

$$PVA = 8/4\% = 200（万元）$$

2. 永续增长年金现值

永续增长年金是指永远以固定增长率增长的年金。假设增长型永续年金第一年年末的现金流为 A，第二年为 $A(1 + g)$，第三年为 $A(1 + g)^2$，…，第 n 年为 $A(1 + g)^{n-1}$，同时假定贴现率为 i，如果满足年金增长率 g 小于贴现率 i，则永续增长年金现值的计算公式为：

$$PVA = \frac{A}{i - g}$$

其中，A 为每期年金金额；i 为贴现率；g 为年金增长率。

【例2-9】假设例2-8中，锦辰公司成立的这个奖学金基金，买入年利率4%的长期国债，第一年将年底的利息8万元用作学生们的奖学金，以后每年奖学金要增加2%。则此基金需要投入的本金为多少？

$$PVA = 8/(4\% - 2\%) = 400（万元）$$

【即测即评】年金终值、现值

四、利率的计算

（一）实际利率与名义利率

在前面的计算中，为了计算简便，假定贴现率都是扣除了通货膨胀之后的实际利率。然而在现实生活中，当我们使用一个贴现率的时候需要特别注意，因为它通常是一个名义利率而不是实际利率，没有考虑通货膨胀因素。

例如，以8%的名义利率向银行存入10 000元，那么1年后就可以得到10 800元。但这并不意味着投资价值真的增加了8%。假设这一年的通货膨胀率也为8%，那么就意味着去年价值10 000元的商品其成本也增加了8%，即变为10 800元。因此存款的实际终值变为：

$$FV_r = \frac{10\ 000 \times (1 + 8\%)}{(1 + 8\%)} = 10\ 000（元）$$

公式中，分子上的利率是名义利率，分母上的利率是通货膨胀率。可以看出，该投资实际上一分钱都没赚。也就是说，名义利率为8%，但实际利率却是0。

一般地，设 i_n 为名义利率，i_r 为实际利率，i_i 为通货膨胀率，则实际利率的计算可以通过以下公式得到：

$$1 + i_r = \frac{1 + i_n}{1 + i_i}$$

需要注意的是，实务中还会出现计息期小于一年（每年多次付息）的情况。此时，应根据以下公式确定每个计息期的利率，即期间利率：

期间利率 = 名义利率 ÷ 每年计息次数

(二)插值法

在前面计算现值和终值时，利率都是给定的，但是在理财实务中，经常会遇到已知计息期数、终值和现值，求贴现率的问题。一般来说，求贴现率可以分为两步走：第一步求出换算系数，第二步根据换算系数和有关系数表用插值法求贴现率。插值法的公式为：

$$i = i_1 + \frac{B - B_1}{B_2 - B_1} \times (i_2 - i_1)$$

其中，i 为所求利率；B 为 i 对应的终值或者现值系数；B_1、B_2 为年金现值(终值)系数表中与 B 相邻的系数；i_1、i_2 为 B_1、B_2 对应的利率。

【例2-10】老李即将退休，现在向银行存入 60 000 元作为养老备用，在利率为多少时，才能保证在今后 10 年中每年年末都得到 8 000 元？

$$年金现值系数(P/A, i, n) = \frac{60\ 000}{8\ 000} = 7.5$$

查年金现值系数表，当利率为5%时，系数为7.721 7；当利率为6%时，系数为7.360 1。所以利率范围应为5%~6%，可以用插值法计算。

$$i = 5\% + \frac{7.721\ 7 - 7.5}{7.721\ 7 - 7.360\ 1} \times (6\% - 5\%) = 5.61\%$$

   【微课视频】货币时间价值(下)

【即测即评】利率的计算

第二节 风险与收益

一、风险与收益的概念

(一)风险的概念

如果一项行动有多种可能的结果，其将来的财务后果是不确定的，就叫有风险。如果这项行动只有一种后果，就没有风险。例如，现在将一笔款项存入银行，可以确知一年后得到的本利和，几乎没有风险。但这种情况在企业投资中非常罕见。

1. 风险的含义

风险是收益的不确定性。虽然风险的存在可能意味着收益的增加，但人们考虑更多的则是损失发生的可能性。

从财务管理的角度来看，风险就是企业在各项财务活动过程中，由于各种难以预料或者无法控制的因素作用，使企业的实际收益与预计收益发生背离，从而蒙受经济损失的可能性。例如，当我们预计一个投资项目的未来收益时，不可能十分精确，也没有百分之百的把握，价格、销量、成本等可能发生我们预想不到并且无法控制的变化。

风险是事件本身的不确定性，具有客观性。例如，无论企业还是个人，投资于国债，其收益的不确定性较小；如果投资于股票，则收益的不确定性大得多。这种风险是"一定条件下"的风险，在什么时间、买哪一种或哪几种股票、各买多少，风险是不一样的。这些问题一旦决定下来，风险大小就无法改变了。这就是说，特定投资的风险大小是客观的，投资者是否去冒风险及冒多大风险，是可以选择的，是主观决定的。

风险的大小随时间延续而变化，是"一定时期内"的风险。我们对一个投资项目的成本，事先的预计可能不很准确，越接近完工则预计越准确。随着时间的延续，事件的不确定性在缩小，事件完成，其结果也就完全确定了。因此，风险总是"一定时期内"的风险。

风险可能给投资者带来超出预期的收益，也可能带来超出预期的损失。一般来说，投资者对意外损失的关切，比对意外收益要强烈得多。因此人们研究风险时主要从不利的方面来考察风险，侧重于如何减少损失。

2. 风险的分类

(1)从个别投资主体的角度来看，风险分为市场风险和企业特有风险。

市场风险是指由某种全局性的因素变动引起的，对市场上所有的企业都会产生不利影响的风险，如战争、经济衰退、通货膨胀等。这类风险涉及所有的投资对象，不能通过多元化投资来减少或消除，故又称为不可分散风险或系统风险。例如，企业投资股票，无论购买哪一种股票，在经济衰退时各种股票的价格都要不同程度下跌，都要承担市场风险。

企业特有风险是指由某一特殊的因素引起的，只对某个或某些企业产生不利影响的风险，如诉讼、罢工、新产品开发失败等。这些事件造成的随机损失在企业之间是不相关的，因而可以通过多元化投资来分散，故又称为可分散风险或非系统风险。例如，企业投资股票的时候，买几只不同的股票，比只买一只股票的风险要小。

(2)从企业本身的角度来看，风险分为经营风险和财务风险。

经营风险是指因生产经营方面的原因给企业目标带来不利影响的可能性。如：由于销售决策失误带来的风险；由于原材料供应不稳定或价格上升带来的风险；由于生产安全管理不严格、发生设备事故带来的风险等。经营风险是任何商业活动都有的，又叫商业风险。

财务风险是指由于举债而给企业目标带来不利影响的可能性，这是筹资决策带来的风险，也叫筹资风险。如果不借钱，企业全部使用股东的资本，那么该企业没有财务风险，只有经营风险。如果经营是确定的(实际上总有经营风险)，例如，肯定能赚10%，那么负债再多也不要紧，只要利率低于10%。财务风险只是加大了经营风险。那么，应不应该借钱经营呢？应当借多少钱？那要看风险有多大，冒风险预期得到的收益有多少，以及企业愿意还是不愿意冒风险。

(二)收益的概念

1. 资产的收益和收益率

资产的收益是指资产的价值在一定时期的增值。通常有两种表述资产收益的方式。

(1)以绝对数表示的资产价值的增值量，称为资产的收益额，一般以资产价值在一定

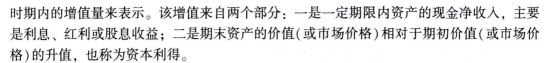

时期内的增值量来表示。该增值来自两个部分：一是一定期限内资产的现金净收入，主要是利息、红利或股息收益；二是期末资产的价值（或市场价格）相对于期初价值（或市场价格）的升值，也称为资本利得。

（2）以相对数表示的资产价值的增值率，称为资产的收益率或报酬率，是资产增值量与期初资产价值（价格）的比值。该收益率包括两部分：一是利息（股息）的收益率，二是资本利得的收益率。由于以相对数表示的收益便于不同规模资产之间的收益比较，故在现实生活中，通常是以资产的收益率来表示资产的收益情况。

$$单期资产收益率 = 资产价值（价格）的增值 ÷ 期初资产价值（价格）$$
$$= （利息或股息收益 + 资本利得）÷ 期初资产价值（价格）$$
$$= 利息或股息收益率 + 资本利得收益率$$

另外，由于收益率是相对于特定期限的，它的大小要受计算期限的影响，但是计算期限往往不一定是一年。为了便于比较和分析，对于计算期限短于或者长于一年的资产，在计算收益率时一般要将不同期限的收益率转化成年收益率。

因此，如果不作特殊说明的话，资产的收益率指的就是资产的年化收益率，又称资产的报酬率。

【例2-11】锦辰公司一年前的股票价格为11元，一年内发放的税后股息为0.5元，现在的市价为12元。那么，在不考虑交易费用的情况下，一年内该股票的收益率是多少？

股票收益额 = 0.5 + （12 - 11）= 1.5（元）

其中，股息收益为0.5元，资本利得为1元。

股票的收益率 = （0.5 + 12 - 11）÷ 11 = 4.55% + 9.09% = 13.64%

其中，股息收益率为4.55%，资本利得收益率为9.09%。

2. 资产收益率的类型

在实际的财务工作中，由于工作角度和出发点不同，收益率可以有以下一些类型。

（1）实际收益率。实际收益率又称为真实收益率，是指已经实现的或确定能够实现的资产收益率，包括已实现的或确能实现的利息（股息）收益率与资本利得收益率之和。如果存在通货膨胀，还应剔除通货膨胀因素的影响。

（2）名义收益率。名义收益率是名义收益与本金额的比率，名义收益率未剔除通货膨胀因素的影响。

（3）预期收益率。预期收益率是指在不确定的条件下，投资者根据已知信息预测未来能获得的收益率。

（4）必要收益率。必要收益率也称"必要报酬率"或"投资者要求的最低收益率"，是投资者对某项资产要求的最低收益率。在投资实务中，如果资产的预期收益率≥投资者要求的必要收益率，则该项投资可行；如果资产的预期收益率<投资者要求的必要收益率，则该项投资不可行。

必要收益率与资产的风险程度有关。如果某项资产的风险较大，则投资者会对该资产要求较高的收益率，该资产的必要收益率就高；反之，如果风险较小，投资者就会要求较低的收益率，该资产的必要收益率就低。必要收益率由无风险收益率和风险收益率两部分构成。

①无风险收益率，也称无风险利率，是指无风险资产的收益率，它的大小由资金的时间价值和通货膨胀补贴两部分组成。完全无风险的资产在现实情况下是不存在的，为了方

便起见，通常用短期国库券的利率近似地代替无风险收益率。

②风险收益率，是指某项资产的持有者因承担该资产的风险而要求的超过无风险收益率的额外收益，它等于必要收益率与无风险收益率之差。风险收益率衡量了投资者将资金从无风险资产转移到风险资产而要求得到的"额外补偿"，它的大小取决于以下两个因素：一是风险的大小，二是投资者对风险的偏好。

二、单项资产的风险与收益

风险的衡量，需要使用概率和统计方法。其主要指标有收益率的方差、标准差和变异系数等。

（一）概率

在经济活动中，某一事件在相同的条件下可能发生也可能不发生，这类事件称为随机事件。概率就是用来表示随机事件发生可能性大小的数值。通常，把必然发生的事件的概率定为1，把不可能发生的事件的概率定为0，而一般随机事件的概率是介于0与1之间的一个数。概率越大就表示该事件发生的可能性越大。

将随机事件的所有可能结果按一定的规则进行排列，并且列示出每种结果出现的相应概率，这样的完整描述就构成了概率分布。

【例2-12】锦辰公司有两个投资机会，B投资机会是一个高科技项目，该领域竞争很激烈，如果经济发展迅速并且该项目搞得好，取得较大市场占有率，利润会很大；否则，利润很小甚至亏本。C项目是一个老产品并且是必需品，销售前景可以准确预测出来。假设未来的经济有繁荣、正常、衰退三种情况，有关的概率分布如表2-1所示。

表2-1　不同经济情况下的项目投资收益

经济情况	发生概率	B项目预期收益	C项目预期收益
繁荣	0.3	80%	30%
正常	0.4	20%	20%
衰退	0.3	−40%	10%
合计	1.0		

在这里，概率表示每一种经济情况出现的可能性，同时也就是各种不同期望收益率出现的可能性。例如，未来经济繁荣的可能性有0.3，假如这种情况真的出现，B项目可获得高达80%的收益率，也就是说，采纳B项目获利80%的可能性是0.3。当然，收益率作为一种随机变量，受多种因素的影响，本书为了简化，假设其他因素都相同，只有经济情况这一个因素影响收益率。

（二）期望值

将随机变量的各个取值，以相应的概率为权数的加权平均数，叫做随机变量的期望值（数学期望或均值），它反映随机变量取值的平均化。期望收益率反映的就是预期收益的平均化，在各种不确定因素影响下，它代表着投资者的合理预期。期望收益率的计算公式为：

$$E(R) = \sum_{i=1}^{n} R_i \times P_i$$

式中 $E(R)$——期望收益率；

P_i——第 i 种可能结果出现的概率；

R_i——第 i 种可能结果的收益率；

n——所有可能结果的数目。

【例 2-13】接例 2-12，请计算 B、C 两个项目的期望收益率。

根据期望收益率的计算公式，有：

B 项目的期望收益率 $= 0.3 \times 80\% + 0.4 \times 20\% + 0.3 \times (-40\%) = 20\%$

C 项目的期望收益率 $= 0.3 \times 30\% + 0.4 \times 20\% + 0.3 \times 10\% = 20\%$

计算结果表明，这两个项目的期望收益率相同，那是否可以认为它们的风险是相同的呢？为了定量地衡量风险的大小，还需要使用统计学中衡量概率分布离散程度的指标，包括方差、标准差、变异系数等。

(三) 方差

方差是用来表示随机变量的各种可能值与其期望值之间的离散程度的一个数值。资产收益率的方差表示实际收益率与期望收益率之间的偏离程度，是量化风险的重要指标之一。资产收益率方差的计算公式为：

$$\sigma^2 = \sum_{i=1}^{n} \left[R_i - E(R) \right]^2 \times P_i$$

式中 σ^2——收益率的方差；

$E(R)$——期望收益率；

P_i——第 i 种可能结果出现的概率；

R_i——第 i 种可能结果的收益率；

n——所有可能结果的数目。

【例 2-14】接例 2-12，请计算 B、C 两个项目的方差。

根据方差的计算公式，计算得 B 项目的方差为 0.216，C 项目的方差为 0.006，它们定量地说明 B 项目的风险大于 C 项目。

(四) 标准差

标准差也叫均方差或标准离差，等于方差的平方根。它也是反映随机变量的各种可能值与其期望值之间的离散程度的指标。资产收益率标准差的计算公式为：

$$\sigma = \sqrt{\sum_{i=1}^{n} \left[R_i - E(R) \right]^2 \times P_i}$$

式中 σ——收益率的标准差；

$E(R)$——期望收益率；

P_i——第 i 种可能结果出现的概率；

R_i——第 i 种可能结果的收益率；

n——所有可能结果的数目。

【例 2-15】接例 2-12，请计算 B、C 两个项目的标准差。

根据标准差的计算公式，计算得 B 项目的标准差为 0.464 8，C 项目的标准差为 0.077 5，同样说明 C 项目的风险小于 B 项目。

标准差和方差都是用绝对指标来衡量资产的风险大小，在期望收益率相同的情况下，标准差或方差越大，则风险越大；标准差或方差越小，则风险也越小。标准差或方差指标衡量的是单项资产的风险大小，如果要比较不同资产风险的大小，只能用来比较期望收益率相同的资产的风险程度，但无法比较具有不同期望收益率的资产的风险。

（五）变异系数

对于期望收益率不同的资产的风险比较，我们可以用变异系数来衡量。

变异系数是指标准差对期望值的比例，其计算公式为：

$$变异系数 = \frac{标准差\ \sigma}{期望值\ E(R)} \times 100\%$$

变异系数是一个相对指标，它表示某资产每单位期望收益中所包含的风险的大小。一般情况下，变异系数越大，资产的相对风险越大；相反，变异系数越小，资产的相对风险越小。变异系数指标可以用来比较期望收益率不同的资产之间的风险大小。因此，在比较不同方案的风险程度时，应该通过它们的变异系数来比较分析。

【例2-16】例2-12中，由于两个项目的期望收益率相等，可以用两个项目的标准差或者方差来比较两个项目的风险。如果现在有两个期望收益率不等的项目，A项目的期望收益率为40%，标准差为0.2，B项目的期望收益率为30%，标准差为0.12，我们只能用变异系数判断。

A项目的变异系数 = 0.2/40% = 0.5

B项目的变异系数 = 0.12/30% = 0.4

A项目的变异系数大于B项目，因此A项目风险程度比B项目大。

三、资产组合的风险与收益

在投资实务中，投资者一般不会把所有资金投资于单一资产，而是同时持有多种资产。资产组合是指两个或者两个以上资产所构成的集合。资产组合的风险和收益具有与单项资产不同的特征。

（一）资产组合的期望收益率

资产组合的期望收益率，就是组成资产组合的各种资产的期望收益率的加权平均数，其权数等于各种资产在整个组合中所占的价值比例。即：

$$R_P = \sum_{i=1}^{n} W_i \times R_i$$

式中　R_P——资产组合的期望收益率；

　　　R_i——组合内第i项资产的期望收益率；

　　　W_i——第i项资产在整个组合中所占的价值比例。

【例2-17】甲、乙、丙三种股票构成一个投资组合，甲在组合中占40%，乙占50%，丙占10%，甲、乙、丙的收益率分别为15%、10%和-6%。求该投资组合的期望收益率。

该投资组合的期望收益率R_P = 40% × 15% + 50% × 10% + 10% × （－6%） = 10.4%

（二）资产组合风险的度量

1. 两项资产组合的风险

两项资产组合的收益率的方差满足以下关系式：

$$\sigma_P^2 = \omega_1^2 \sigma_1^2 + \omega_2^2 \sigma_2^2 + 2\omega_1 \omega_2 \rho_{1,2} \sigma_1 \sigma_2$$

其中，σ_P 表示资产组合的标准差，用于衡量资产组合的风险；σ_1 和 σ_2 分别表示组合中两项资产的标准差；ω_1 和 ω_2 分别表示组合中两项资产所占的价值比例；$\rho_{1,2}$ 反映两项资产收益率的相关程度，即两项资产收益率之间相对运动的状态，称为相关系数。理论上，相关系数处于区间 $[-1, 1]$ 内。

当 $\rho_{1,2} = 1$ 时，表明两项资产的收益率具有完全正相关的关系，即它们的收益率变化方向和变化幅度完全相同，这时 σ_P^2 达到最大。组合的风险等于组合中各项资产风险的加权平均值。当两项资产的收益率完全正相关时，资产组合不能降低任何风险。

当 $\rho_{1,2} = -1$ 时，表明两项资产的收益率具有完全负相关的关系，即它们的收益率变化方向和变化幅度完全相反。这时 σ_P^2 达到最小，甚至可能是零。因此，当两项资产的收益率具有完全负相关关系时，资产组合就可以最大程度地抵消风险。

现实中的大多数情况是 $-1 < \rho_{1,2} < 1$，因此，会有 $0 < \sigma_P < (\omega_1 \sigma_1 + \omega_2 \sigma_2)$，即资产组合的标准差小于组合中各资产标准差的加权平均值，也即资产组合的风险小于组合中各资产风险之加权平均值，因此资产组合才可以分散风险，但不能完全消除风险。

【例 2-18】现有甲、乙两种证券，及它们各占 50% 比重构成的投资组合，两种证券及其组合从 2020—2024 年的收益率情况如表 2-2 所示。

表 2-2 甲、乙证券收益率情况

年度	甲证券/%	乙证券/%	甲、乙投资组合/%
2020	40	-10	15
2021	-10	40	15
2022	35	-5	15
2023	-5	35	15
2024	15	15	15

要求：

(1)计算甲、乙证券及其投资组合的期望收益率。

(2)计算甲、乙证券及其投资组合的收益率标准差。

(3)判断甲证券与乙证券的相关系数。

根据上述资料，分析计算如下。

(1)计算期望收益率。

甲证券的期望收益率 = 15%

乙证券的期望收益率 = 15%

甲、乙证券投资组合的期望收益率 = 15%

(2)计算标准差。

甲证券的标准差 $= \sqrt{\sum_{i=1}^{n} [R_i - E(R)]^2 \times P_i} = 22.6$

乙证券的标准差 $= \sqrt{\sum_{i=1}^{n} [R_i - E(R)]^2 \times P_i} = 22.6$

甲、乙证券投资组合的标准差 $= \sqrt{\sum_{i=1}^{n} [R_i - E(R)]^2 \times P_i} = 0$

（3）甲、乙证券的相关系数为 -1，因为甲、乙投资组合的标准差为 0，说明两项资产的收益率具有完全负相关的关系，即它们的收益率变化方向和变化幅度完全相反。

2. 多项资产组合的风险

随着资产组合中资产个数的增加，资产组合的风险会逐渐降低。但当资产的个数增加到一定程度时，资产组合的风险程度将趋于平稳。这个关系如图 2-8 所示。

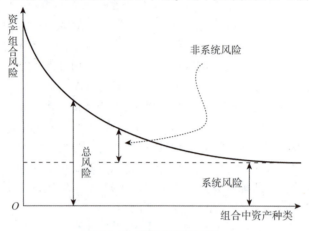

图 2-8　投资组合的风险

那些只反映资产本身特性，由方差表示的各资产本身的风险，会随着组合中资产个数的增加而逐渐减小，当组合中资产的个数足够大时，这部分风险可以被完全消除。我们将这些随着资产种类增加而降低直至最终消除的风险称为非系统风险。

而另一些风险是由影响整个市场的风险因素所引起的，它们始终存在，并不能随着组合中资产数目的增加而消失，这些无法最终消除的风险称为系统风险。

3. 单项资产和资产组合的 β 系数

单项资产和资产组合受系统风险的影响程度，可以用 β 系数（系统风险系数）来衡量。

（1）单项资产的 β 系数。单项资产的 β 系数，是指可以反映单项资产收益率与市场平均收益率之间变动关系的一个量化指标。它表示单项资产收益率的变动受市场平均收益率变动的影响程度。换句话说，就是相对于市场组合的平均风险而言，单项资产的风险是市场平均风险的多少倍。β 系数的定义式为：

$$\beta_i = \frac{\mathrm{COV}(R_i,\ R_m)}{\sigma_m^2} = \frac{\rho_{i,m}\,\sigma_i\,\sigma_m}{\sigma_m^2} = \rho_{i,m} \times \frac{\sigma_i}{\sigma_m}$$

式中　$\rho_{i,m}$——第 i 项资产的收益率与市场组合收益率的相关关系；

σ_i——第 i 项资产收益率的标准差，反映该资产的风险大小；

σ_m——市场组合收益率的标准差，反映市场组合的风险；

$\mathrm{COV}(R_i,\ R_m)$——第 i 项资产收益率与市场组合收益率的协方差，等于上述三个指标的乘积 $\rho_{i,m}\,\sigma_i\,\sigma_m$。

如果一只股票的 β 系数是 1.5，就意味着当市场风险收益率上升 10% 时，该股票风险收益率上升 15%；而市场风险收益率下降 10% 时，该股票的风险收益率亦会下降 15%。在实务中，β 系数一般是通过对同一时期市场的收益情况和单项资产的收益率数据进行统计分析，采用线性回归的方法获得的。一些投资咨询机构会定期公布证券的 β 系数。

(2)市场组合。市场组合是指由市场上所有资产组成的组合。它的收益率就是市场平均收益率，实务中通常用股票价格指数的收益率来代替。而市场组合的方差则代表了市场整体的风险。由于包含了所有的资产，因此市场组合中的非系统风险已经被消除，所以市场组合的风险就是市场风险或系统风险，市场组合相对于它自己的 β 系数为1。

当某资产的 β 系数等于1时，说明该资产的收益率与市场平均收益率呈同方向、同比例的变化，该资产的系统风险与市场组合的风险一致；当某资产的 β 系数大于1时，说明该资产收益率的变动幅度大于市场组合收益率的变动幅度，因此其系统风险大于市场组合的风险；当某资产的 β 系数小于1时，说明该资产收益率的变动幅度小于市场组合收益率的变动幅度，因此其系统风险小于市场组合的风险。

需要注意的是，实务中绝大多数资产的 β 系数是大于零的。也就是说，它们收益率的变化方向与市场平均收益率的变化方向是一致的，只是变化幅度不同。个别资产的 β 系数是负数，表明这类资产与市场平均收益的变化方向相反，当市场平均收益增加时，这类资产的收益却在减少。例如一些金融衍生工具，如看跌期权可以有较大的负 β 系数。

(3)资产组合的 β 系数。对于资产组合来说，其系统风险的大小也可以用 β 系数来衡量。资产组合的 β 系数是所有单项资产 β 系数的加权平均数，权数为各种资产在资产组合中所占的价值比例。其计算公式为：

$$\beta_p = \sum_{i=1}^{n} (W_i \times \beta_i)$$

式中 β_p ——资产组合的风险系数；

W_i ——第 i 项资产在组合中所占的价值比例；

β_i ——第 i 项资产的 β 系数。

由于单项资产的 β 系数不尽相同，因此通过替换资产组合中的资产或改变不同资产在组合中的价值比例，可以改变资产组合的风险特性。

四、资本资产定价模型

资本资产定价模型(Capital Asset Pricing Model，CAPM)是由美国学者威廉·夏普(William Sharpe)、约翰·林特纳(John Lintner)、杰克·特里诺(Jack Treynor)和简·莫辛(Jan Mossin)等人在投资组合理论的基础上发展起来的，是现代金融市场价格理论的支柱，广泛应用于投资决策和公司理财领域。

众所周知，投资者只有在预期收益足以补偿其承担的投资风险时才会购买风险性资产。从风险与收益的均衡原则可知，风险越高，投资者要求的必要收益率也就越高。那么，为了补偿某一特定程度的风险，投资者应该获得多大的必要收益率呢？市场又是怎样决定必要收益率的呢？资本资产定价模型将风险和收益率联系在一起，把收益率表示成风险的函数，进而研究资本市场如何决定股票的收益率，如何决定股票的价格。

(一)资本资产定价模型的假设条件

资本资产定价模型建立在一系列严格的假设基础上。尽管有些假设条件与现实有所偏离，但是它们简化了建模的过程。而且后来的研究发现，即使放宽这些假设条件，CAPM 模型的基本观点依然正确。

1. 市场是完备的

首先，市场是完全竞争的。市场上有大量的投资者，与所有投资者的总财富相比，每个投资者的财富都微不足道。因此，每个投资者都是价格接受者，没有人能影响市场价格。其次，市场是无摩擦的。所谓摩擦，是指对市场上的资本和信息自由流动的阻碍。没有摩擦，意味着市场上不存在佣金、印花税等与买卖证券有关的交易费用和成本，也不存在对红利收入、利息收入以及资本利得征税。最后，投资者之间是信息对称的，信息向市场里的每个人自由、及时地传递，所有投资者可以免费获得充分的市场信息。

2. 投资者都是理性的

所有投资者都是理性人，他们通过考察证券的期望收益率和风险对证券进行估值，并且每一个投资者都是风险厌恶者，在风险相同时，他将选择期望收益率较高的投资组合，而在期望收益率相同时，他将选择风险较小的投资组合。

3. 所有投资者都有一致的预期

所有的投资者对于每一种证券收益率概率分布的看法一致，对期望收益率、方差和协方差都有完全相同的估计，这就意味着市场上的效率边界只有一条，所有的投资者都有相同的无差异曲线，均值和标准差包含着现存的与该种证券相关的所有信息。

4. 存在无风险资产

投资者可以在无风险利率的水平下无限制地自由借入或贷出资金。

5. 单一的投资期限

单一的投资期限是指所有投资者都在相同的单一时期中计划他们的投资。所谓单一时期，是指资本市场上投资的机会成本未发生变化的一段时间。在单一时期期初，投资者计划实施投资，在期末，获得红利与资本收益。这一假设排除了连续时间投资行为。

上述假设条件所设定的资本市场是一个完全市场，投资者在相同经济环境下有相同的投资机会、相同的预期。这个市场上的投资者都是理性的，严格按照马科维茨模型的规则进行多样化的投资，并将从有效边界的某处选择投资组合。有了这一前提，我们就能将注意力从考察个别投资者如何投资转移到考察证券价格的变化上，从而进一步研究每一种资产或资产组合的风险与收益的均衡关系。

（二）资本资产定价模型的基本原理

1. 资本资产定价模型公式

$$R_i = R_f + \beta_i(R_m - R_f)$$

式中　R_i——资产 i 的必要收益率；

　　　R_f——无风险收益率；

　　　β_i——资产 i 的 β 系数；

　　　R_m——市场组合的平均收益率。

无风险收益率 R_f 通常以短期国债的利率来近似替代，市场组合的平均收益率 R_m 通常用股票价格指数收益率的平均值或所有股票的平均收益率来替代。

$R_m - R_f$ 称为市场风险溢价或市场风险收益率，即市场平均收益率与无风险收益率之差。市场风险溢价是投资者由于承担了市场平均风险所要求获得的风险补偿，它反映的是市场作为一个整体对风险的平均"容忍"程度，或者说是市场对风险的厌恶程度。市场对风险越是厌恶和回避，要求的风险补偿就越高，市场风险溢价的数值就越大。反之，如果市场抗风险能力强，则对风险的厌恶和回避就不是很强烈，要求的风险补偿就越低，市场风险溢价就越小。

β 系数描述了资产的不可分散风险，可以用于衡量资产收益率对于市场变动的敏感程度，或者说，资产相对于市场的风险程度。如果一项资产对市场变化越敏感，则 β 值越高。

$\beta_i(R_m - R_f)$ 称为资产的风险溢价或风险收益率，它是投资者由于承担了特定资产的风险所要求获得的风险补偿。

【例 2-19】锦辰公司的 β 系数为 2，市场组合的平均收益率为 10%，无风险收益率为 6%。则该公司股票的必要收益率为：

$$R_i = R_f + \beta_i(R_m - R_f) = 6\% + 2 \times (10\% - 6\%) = 14\%$$

也就是说，只有在锦辰公司股票的预期收益率达到或超过 14% 时，投资者方肯进行投资，否则投资者不会购买锦辰公司的股票。

【例 2-20】锦辰公司拟进行股票投资，计划购买亿纬锂能（300014）、南都电源（300068）、先导智能（300450）三种股票，并分别设计了甲、乙两种投资组合。

已知三种股票的 β 系数分别为 2、1 和 0.7，它们在甲种投资组合中的投资比重为 50%、30% 和 20%；乙种投资组合的风险溢价为 4.5%。同期市场上所有股票的平均收益率为 12%，无风险收益率为 3%。

要求：

(1)根据三种股票的 β 系数，分别评价这三种股票相对于市场投资组合而言的投资风险大小。

(2)按照资本资产定价模型计算亿纬锂能股票的必要收益率。

(3)计算甲种投资组合的 β 系数和必要收益率。

(4)计算乙种投资组合的 β 系数和必要收益率。

(5)比较甲、乙两种投资组合的 β 系数，评价它们的投资风险大小。

根据上述资料，分析计算如下。

(1)亿纬锂能股票的 β 系数为 2>1，说明亿纬锂能股票的风险大于市场投资组合的风险；南都电源股票的 β 系数为 1，说明南都电源股票的风险等于市场投资组合的风险；先导智能股票的 β 系数为 0.7<1，说明先导智能股票的风险小于市场投资组合的风险。所以亿纬锂能股票相对于市场投资组合的投资风险大于南都电源股票，南都电源股票相对于市场投资组合的投资风险大于先导智能股票。

(2)计算亿纬锂能股票的必要收益率。

$$R_i = R_f + \beta_i(R_m - R_f) = 3\% + 2 \times (12\% - 3\%) = 21\%$$

(3)计算甲种投资组合的 β 系数和必要收益率。

$$\beta_p = \sum_{i=1}^{n}(W_i \times \beta_i) = 2 \times 50\% + 1 \times 30\% + 0.7 \times 20\% = 1.44$$

$$R_i = R_f + \beta_i(R_m - R_f) = 3\% + 1.44 \times (12\% - 3\%) = 15.96\%$$

(4)计算乙种投资组合的 β 系数和必要收益率。

$$\beta_p = 4.5\% / (12\% - 3\%) = 0.5$$

$$R_i = R_f + \beta_i(R_m - R_f) = 3\% + 4.5\% = 7.5\%$$

（5）甲种投资组合的β系数大于乙种投资组合的β系数，说明甲种组合的投资风险大于乙种组合的投资风险。

【例2-21】锦辰公司持有由湘财股份（600095）、科大讯飞（002230）、中山公用（000685）三种股票组成的证券组合，三种股票的β系数分别是3、1和0.8，它们的投资额分别是1 000万元、800万元和200万元。股票市场平均收益率为12%，无风险收益率为5%。

要求：

（1）确定证券组合的必要收益率。

（2）若公司为了降低风险，改变股票投资金额，使得三种股票在证券组合中的投资额分别变为200万元、800万元和1 000万元，其余条件不变。试计算此时的风险收益率和必要收益率。

根据上述资料，分析计算如下。

（1）确定证券组合的必要收益率。

①首先计算各股票在组合中的比例。

湘财股份股票的比例 = 1 000/（1 000 + 800 + 200）= 50%

科大讯飞股票的比例 = 800/（1 000 + 800 + 200）= 40%

中山公用股票的比例 = 200/（1 000 + 800 + 200）= 10%

②计算证券组合的β系数。

证券组合的β系数 = 3 × 50% + 1 × 40% + 0.8 × 10% = 1.98

③计算证券组合的风险收益率。

证券组合的风险收益率 = 1.98 ×（12% − 5%）= 13.86%

④计算证券组合的必要收益率。

证券组合的必要收益率 = 13.86% + 5% = 18.86%

（2）调整组合中各股票的比例后。

①计算各股票在组合中的比例。

湘财股份股票的比例 = 200/（200 + 800 + 1 000）= 10%

科大讯飞股票的比例 = 800/（200 + 800 + 1 000）= 40%

中山公用股票的比例 = 1 000/（200 + 800 + 1 000）= 50%

②计算证券组合的β系数。

证券组合的β系数 = 3 × 10% + 1 × 40% + 50% × 0.8 = 1.1

③计算证券组合的风险收益率。

证券组合的风险收益率 = 1.1 ×（12% − 5%）= 7.7%

④计算证券组合的必要收益率。

证券组合的必要收益率 = 7.7% + 5% = 12.7%

2. 证券市场线

根据资本资产定价模型，单一证券的风险与收益之间的关系可以用证券市场线（Security Market Line，SML）来描述，如图2-9所示。

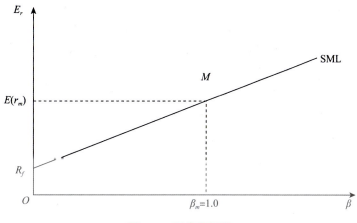

图 2-9　证券市场线

证券市场线说明了证券的必要收益率与不可分散风险 β 系数之间的关系。由图可知，风险资产的收益率由两部分构成：一是无风险收益率 R_f；二是风险收益率 $\beta_i(R_m - R_f)$。

证券市场线表明：①风险资产的收益率高于无风险资产的收益率。②只有系统风险需要补偿，非系统风险可以通过投资多样化减少甚至消除，因而不需要补偿。③风险资产实际获得的风险溢价取决于 β_i 的大小。β_i 值越大，则风险收益率就越大；反之，β_i 越小，风险收益率就越小。在图 2-9 中，β_m 表示市场组合的 β 系数，即 $\beta_m = 1$。

证券市场线还反映了投资者回避风险的程度。直线越陡峭，斜率越大，意味着在同样的风险水平上，投资者要求的收益率越高，即越倾向于回避风险。

第三节　证券价值评估

一、债券价值评估

债券是一种有价证券，是社会各类经济主体为筹集资金而向债券投资者出具的、承诺按一定利率定期支付利息并到期偿还本金的债权债务凭证。

（一）债券的基本要素

1. 债券的票面价值

债券的票面价值是债券票面标明的货币价值，是债券发行人承诺在债券到期日偿还给债券持有人的金额。债券面值包括两个基本内容：一是币种，二是票面金额。首先，要规定币种。币种的选择主要考虑债券的发行对象。一般来说，在本国发行，通常采用本国货币；在国际市场发行，通常采用发行地货币或国际通用货币。此外，还要考虑发行者本身对币种的需要。其次，规定债券的票面金额。根据债券的发行对象、市场资金供给情况及债权发行费用等因素综合考虑。比如美国公司发行的大多数债券面值是 1 000 美元，而我国公司发行的债券面值大多为 100 元人民币。

2. 债券的到期期限

债券的到期期限是指债券从发行之日起到偿清本息之日止的时间，也是债券发行人承诺履行合同义务的全部时间。确定债券期限的考虑因素有：①资金使用方向。弥补临时资金周转，可以发行短期债券；满足长期资金需求，发行中长期债券。②市场利率变化。一般地说，当未来市场利率趋于下降时，应选择发行期较短的债券，可以避免市场利率下跌后仍须支付较高的利息；反之，则发行期限较长的债券，能保持较低的利息负担。③债券的变现能力。如果债券流通市场发达，债券容易变现，长期债券就能被投资者接受；如果债券流通市场不发达，债券不易变现，长期债券的销售就可能不如短期债券。

3. 债券的票面利率

债券的票面利率也称名义利率，是债券年利息与债券票面价值的比率，通常用百分数表示。票面利率有多种形式：单利、复利、贴现利率。其影响因素有：①借贷资金市场利率水平。市场利率较高时，票面利率较高；反之较低。②筹资者的资信水平。发行人资信好，信用等级高，投资者风险小，票面利率可以定得低一些；反之定高一些。③债券期限长短。一般来说，期限较长的债券流动性差，风险相对较大，票面利率应定得高些；反之应定得低些。但是，有时也会出现短期债券票面利率高而长期债券票面利率低的现象。

4. 债券发行人名称

债券发行人名称指明债务主体，既明确了债券发行人应履行对债权人偿还本息的义务，也为债权人到期追索本金和利息提供了依据。

（二）债券估值模型

进行债券投资，必须对债券的价值进行评估，以便和债券的现实价格进行比较后做出正确的投资决策。

债券价值是由其未来的现金流入量的现值决定的，其未来的现金流入量由未来的利息收入和到期偿还的本金组成。所以，债券可以按下面的计算公式进行估值，此为债券的一般估值模型。

$$V = \sum_{t=1}^{n} \frac{I_t}{(1+r)^t} + \frac{M}{(1+r)^n}$$

式中　V ——债券价值；

　　　I_t ——第 t 期的利息；

　　　M ——债券面值；

　　　r ——市场利率或投资人要求的必要收益率；

　　　n ——付息期数。

注意：上式中的 n 为付息期数。如果每年付息一次，则利率为年利率，n 为债券发行年限；如果每年付息多次，就需要对利率和付息期数进行调整，式中的利率应为期间利率，n 为债券发行年限乘以每年计息次数。

【例2-22】丰泰公司债券面值为 100 元，票面利率为 4.8%，期限为 8 年，每半年付息一次。锦辰公司拟对这种债券进行投资，当前的市场利率为 4%，问债券的价格为多少锦辰公司才能进行投资？

根据债券的一般估值模型，丰泰公司债券的价值为：

$$V = 100 \times 2.4\% \times (P/A, 2\%, 16) + 100 \times (P/F, 2\%, 16)$$
$$= 2.4 \times 13.577\ 7 + 100 \times 0.728\ 4 = 105.43 (元)$$

即该债券的价格必须低于或等于 105.43 元时，锦辰公司才能购买。

（三）债券的收益率

债券投资的收益包括两个部分：一是按票面价值和票面利率支付的利息；二是债券买卖的差价收益。

债券投资收益的高低，通常用债券收益率（年化收益率）来表示。债券收益率是一定时期内债券投资收益与投资额的比率，它是衡量债券投资是否可行的重要指标。债券投资收益率主要是指持有期收益率和到期收益率两个概念。

1. 持有期收益率的计算

债券的持有期收益率是指投资者从买入债券到卖出债券这段持有期限里获得的年化收益率。持有期收益率既考虑了持有期间利息收益，也考虑了买卖差价，是投资者获得的现实收益率。

债券的持有期是指从买入债券至售出债券或者债券到期清偿之间的期间，通常以"年"为单位表示。根据债券持有期长短和计息方式不同，债券持有期收益率的计算公式存在差异。

若债券持有时间较短（不超过 1 年），可以直接按债券持有期间的收益额除以买入价计算持有期收益率：

$$K = \frac{I + (P_1 - P_0)}{P_0} \times \frac{360}{n}$$

式中　K ——持有期收益率（年化）；

I ——持有期间的利息收入；

P_0 ——债券买入价；

P_1 ——债券卖出价；

n ——持有天数。

若债券的持有时间较长（超过 1 年），持有期收益率的计算应考虑货币的时间价值，并按照每年复利一次来计算，即计算使债券投资产生的现金流量净现值为零的贴现率。

【例2-23】锦辰公司于 2023 年 2 月 1 日以 95.68 元的价格购买一张面值为 100 元的债券，期限为 10 年，票面利率为 2.85%，每年 6 月 1 日付息，该债券于 2023 年 7 月 31 日按市价 98.37 元卖出，则该债券的持有期年化收益率为：

$$K = \frac{100 \times 2.85\% + (98.37 - 95.68)}{95.68} \times \frac{360}{180} = 11.58\%$$

2. 到期收益率的计算

一般情况下，投资者在决策投资时不太关心债券的未来价格变化，而是更关心债券未来的利息收入以及到期值与当前市价的差额所揭示的收益水平，即到期收益率。到期收益率又称为债券的内部收益率，是指按当前市场价格购入债券并持有至到期所能获得的预期收益率。如果到期收益率大于或等于投资者要求的必要收益率，则以现价购入有利可图，否则应该放弃。

在具体计算时，债券的到期收益率是使从债券上获得的未来现金流的现值等于债券当前市场价格的贴现率，即用当前债券市场价格 P 代替债券估值公式中的 V 计算出来的贴现率，记为 y。

由定义知道，到期收益率 y 应该满足下列方程：

$$P = \sum_{t=1}^{n} \frac{I}{(1+y)^t} + \frac{M}{(1+y)^n}$$

式中　y——到期收益率；

　　　P——债券市场价格；

　　　其他字母含义同前。

【例 2-24】锦辰公司的债券面值为 100 元，票面利率为 4%，目前市价为 108 元，还有 5 年到期，请计算该债券的到期收益率。

根据到期收益率的定义式，有：

$$108 = \sum_{t=1}^{5} \frac{4}{(1+y)^t} + \frac{100}{(1+y)^5}$$

通过插值法可以计算出，该债券的到期收益率 $y = 2.29\%$。

在债券估值公式中，r 是市场收益率或投资者要求的必要收益率，将其与到期收益率 y 比较，显然，如果 $r < y$，则说明该债券的到期收益率大于必要收益率，投资者应该购买债券；反之，$r > y$，则说明该债券的到期收益率小于必要收益率，投资者不应该购买债券；$r = y$，则说明该债券的到期收益率等于必要收益率，投资者可以买也可以不买债券。

 【微课视频】债券价值评估

二、股票价值评估

股票是股份有限公司发行的，用以证明投资者的股东身份和权益，并据以获取股息和红利的凭证。股票一经发行，购买股票的投资者即成为公司的股东。股票实质上代表了股东对股份公司的所有权，股东凭借股票可以获得公司的股息和红利，参加股东大会并行使自己的权力，同时也承担相应的责任与风险。

（一）股票的特征

1. 收益性

收益性是股票最基本的特征，它是指持有股票可以为持有人带来收益的特性。股票的收益主要有两类：一是来自股份公司的股息和红利。股票持有者对发行公司享有经济权益，可从公司领取股息和分享公司的红利。股息和红利的多少取决于股份公司的经营能力和盈利水平。二是来自股票流通的资本利得。当股票的市场价格高于买入价格时，卖出股票就可以赚取价差收益，这种价差收益称为资本利得。

2. 风险性

风险性是指持有股票可能产生经济利益损失的特性。股票风险的内涵是预期收益的不确定性，即最终实现的实际收益可能会偏离投资者原来的预期收益。一方面，股东能否获得预期的股息和红利取决于公司的盈利情况。利大多分，利小少分，无利不分；公司亏损时股东要承担有限责任；公司破产时可能血本无归。另一方面，股票的市场价格也会受各种因素的影响而变化，如果股价下跌，股票持有者会因股票贬值而蒙受损失。

3. 流动性

流动性是指股票可以依法自由地进行交易的特征。股票持有人虽然不能直接从股份公司退股，但可以在股票市场上很方便地卖出股票来变现，在收回投资的同时，将股票所代表的股东身份及其各种权益让渡给受让者。

4. 永久性

永久性是指股票所载有权利的有效性是始终不变的，因为它是一种无期限的法律凭证。股票的有效期与股份公司的存续期间相联系，两者是并存的关系。这种关系实质上反映了股东与股份公司之间稳定的经济关系。对于股份公司而言，由于股东不会要求公司退股，所以通过发行股票筹集到的资金，在公司存续期间是一笔稳定的自有资本。

5. 参与性

参与性是指股票持有人有权参与公司重大决策的特性。股票持有人作为股份公司的股东，有权出席股东大会，通过选举公司董事来实现其参与权。权利大小取决于其持有股票数额的多少，如果某股东持有的股票数额达到决策所需的有效多数时，就能实质性地影响公司的经营方针。

(二)股票估值模型

1. 股利贴现模型

股票的估值即股票内在价值的估算。其基本模型是股利贴现模型，即求未来每股股利的现值之和。

最常见的几种股票估值模型，是根据持有股票的期限及对未来股利增长率的不同假设构造出来的。

(1)短期持有股票、未来准备出售的股票估值模型。

在一般情况下，投资者投资股票，不仅希望得到股利收入，还希望在未来出售股票时从股票价格的上涨中得到好处。此时的股票估值模型为：

$$V = \sum_{t=1}^{n} \frac{d_t}{(1+K)^t} + \frac{V_n}{(1+K)^n}$$

式中　V——股票内在价值；

　　　V_n——预计未来出售时的股票价格；

　　　K ——投资人要求的必要收益率；

　　　d_t ——第 t 期的预期股利；

　　　n ——预计持有股票的期数。

（2）长期持有股票、股利稳定不变的股票估值模型。

假设每年股利稳定不变，投资人持有期限很长时，股利支付过程是一个永续年金，则股票的估值模型为：

$$V = \frac{D}{K}$$

式中　V ——股票内在价值；

　　　D ——每年固定股利；

　　　K ——投资人要求的必要收益率。

【例 2-25】丰泰公司每年分配股利 2 元，锦辰公司的必要收益率是 10%，则对锦辰公司而言，丰泰公司的股票价值为：

$$V = \frac{2}{10\%} = 20（元）$$

这就是说，如果丰泰公司每年分配股利 2 元，在锦辰公司的必要收益率为 10% 时，它相当于投资 20 元的收益，所以其价值为 20 元。如果市价高于 20 元，说明市场对其高估，锦辰公司不能购买，否则说明市场对其低估，应当购买。

（3）长期持有股票、股利固定增长的股票估值模型。

如果一个公司的股利不断增长，投资人的投资期限又非常长，则股票的估值就更困难了，只能计算近似值。

设本期（基期）股利为 D_0，预期第 1 年的股利为 D_1，未来各期股利相对于上年的增长率为 g，则股票估值模型为：

$$V = \frac{D_0(1 + g)}{K - g} = \frac{D_1}{K - g}$$

【例 2-26】锦辰公司准备购买丰泰股份有限公司的股票，丰泰公司本期每股股利为 1 元，预计以后每年以 5% 的增长率增长，锦辰公司经分析，认为必须得到 12% 的收益率，才能购买丰泰公司的股票，则该股票的内在价值为：

$$V = \frac{1 \times (1 + 5\%)}{12\% - 5\%} = 15（元）$$

即丰泰的股票价格在 15 元以下时，锦辰公司才值得购买。

（4）长期持有股票、股利非固定增长的股票估值模型。

事实上，大多数股份公司的股利都是非固定或非固定增长的。通常可能是在起初时以一个比较高的增长率增长，然后再以一个比较低的增长率增长，这时，股票的价值则要分段计算。

【例 2-27】丰泰公司普通股当前的股利为每股 3 元，预计未来 2 年以 15% 的增长率增长，然后恢复正常增长，增长率为 10%，锦辰公司的必要收益率为 14%。计算分析丰泰公司股票在何种价格时锦辰公司才能进行投资。

分别计算前 2 年的股利现值，得到：

$PV_1 = 3 \times (1 + 15\%) \times (P/F, 14\%, 1) = 3 \times 1.15 \times 0.877\,2 = 3.026（元）$

$PV_2 = 3 \times (1 + 15\%)^2 \times (P/F, 14\%, 2) = 3 \times 1.15^2 \times 0.7695 = 3.053(元)$

因此，前 2 年的股利现值合计为 3.026+3.053＝6.079(元)，然后计算第 2 年年末该企业普通股的内在价值为：

$$V_2 = \frac{3 \times (1 + 15\%)^2 \times (1 + 10\%)}{14\% - 10\%} = 109.11(元)$$

V_2的现值＝$V_2 \times (P/F, 14\%, 2)$＝109.11×0.7695＝83.96(元)

该股票的内在价值＝6.079+83.96＝90.04(元)

即丰泰公司股价低于或等于 90.04 元时，锦辰公司才能进行投资。

上面的计算中，首先将股利增长分为两个阶段，第一阶段以 15% 的速度增长，计算其股利的现值；然后以第 2 年为起点，以 10% 的增长率计算第二阶段的收益现值(内在价值)，两个阶段的现值之和，即为股票的价值。

2. 市盈率模型

市盈率模型即根据行业平均市盈率来评估股票价值的模型，其计算公式为：

$$股票价值 = 行业平均市盈率 \times 普通股每股收益$$

$$普通股每股收益 = \frac{净利润 - 优先股股利}{普通股股数}$$

$$市盈率 = \frac{每股市价}{每股收益}$$

【例 2-28】丰泰公司 2024 年的每股收益为 1 元，行业平均的市盈率为 20 倍，按此方法计算丰泰公司股票在何种价格时，锦辰公司才能进行投资？

丰泰公司股票的内在价值为：

股票价值 = 20 × 1 = 20(元)

丰泰公司股票在低于 20 元时，锦辰公司才能进行投资。

(三) 股票的收益率

企业进行股票投资的目的有两个：一是获利，即作为一般的证券投资，获取股利收入及股票买卖差价；二是控股，即通过购买某一企业的大量股票达到控制该企业的目的。在第一种情况下需要计算其投资收益率。

股票投资没有票面收益率和到期收益率，只有本期收益率和持有期收益率。

1. 本期收益率

本期收益率是指投资者获得的现金股利与本期股票价格的比率，表明持有期内某年的收益水平。用下列公式表示：

$$本期收益率 = \frac{年现金股利}{股票买入价格} \times 100\%$$

计算本期收益率一般不是为了进行投资决策，而只是投资管理的一个环节。

2. 持有期收益率

持有期收益率是指投资者从买入股票到卖出股票这一段时间获得的年化收益率，该指标一般用于总结股票投资的成效。

(1)短期股票投资的收益率。如果投资者持有股票时间不超过 1 年，不用考虑资金的时间价值，其持有期收益率可以按如下公式计算：

$$K = \frac{D + (P_1 - P_0)}{P_0} \times \frac{360}{n}$$

式中　K——持有期收益率（年化）；

D——持有期间获得的现金股利；

P_0——股票买入价格；

P_1——股票卖出价格；

n——持有天数。

【例2-29】2023年2月9日，锦辰公司购买丰泰公司每股市价为26.21元的股票，2023年5月，锦辰公司每股获现金股利1元。2023年6月9日，锦辰公司将该股票以每股28.08元的价格出售。计算锦辰公司投资丰泰公司股票的持有期收益率为多少？

按持有期收益率公式计算：

$$K = \frac{1 + 28.08 - 26.21}{26.21} \times \frac{360}{120} = 32.85\%$$

（2）长期股票投资的收益率。企业进行长期股票投资，每年获得的股利是经常变动的，当企业出售股票时，也可收回一定资金。此外，长期股票投资，因为涉及的时间较长，所以投资收益率的计算要考虑货币资金时间价值因素，显得比较复杂。其计算公式为：

$$P_0 = \sum_{i=1}^{n} \frac{D_i}{(1+K)^i} + \frac{P_n}{(1+K)^n}$$

式中　P_0——股票的购买价格；

P_n——股票的出售价格；

D_i——各年获得的股利；

n——投资期限；

K——股票投资收益率。

【例2-30】锦辰公司在2021年4月1日投资510万元购买某种股票100万股，在2022年、2023年和2024年的3月31日，每股各分得现金股利0.5元、0.6元和0.7元，并于2024年3月31日以每股6元的价格将股票全部出售，试计算该项投资的收益率。

根据以上公式有：

$$5.1 = \frac{0.5}{(1+K)} + \frac{0.6}{(1+K)^2} + \frac{0.7}{(1+K)^3} + \frac{6}{(1+K)^3}$$

采用插值法来进行计算，得到$K = 16.57\%$。

 【微课视频】股票价值评估

三、证券组合管理

证券组合管理理论最早由美国著名经济学家哈里·马科维茨（Harry Markowitz）于1952年提出。在此之前，有人曾在论文中提出过组合的概念，但经济学家和投资管理者一般仅

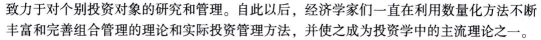

致力于对个别投资对象的研究和管理。自此以后，经济学家们一直在利用数量化方法不断丰富和完善组合管理的理论和实际投资管理方法，并使之成为投资学中的主流理论之一。

这里的"组合"一词通常指个人或机构投资者所拥有的各种资产的总称，通常包括各种类型的债券、股票及存款单等。证券投资者构建投资组合的目的是降低非系统风险。投资者可以通过投资组合在投资收益与风险中找到一个平衡点，即在风险一定的条件下实现收益的最大化，或在收益一定的条件下使风险最小化。

（一）证券组合管理的意义和特点

证券组合管理的意义在于采用适当的方法选择多种证券作为投资对象，以达到在保证预定收益的前提下使投资风险最小或在控制风险的前提下使投资收益最大化的目标，避免投资过程的随意性。

证券组合管理特点主要表现在两方面。

1. 投资的分散性

证券组合理论认为，证券组合的风险随着组合所包含证券数量的增加而降低，只要证券收益之间不是完全正相关，分散化就可以有效地降低非系统风险，使证券组合的投资风险趋于市场平均风险水平。因此，组合管理强调构成组合的证券应多元化。

2. 风险与收益的匹配性

证券组合理论认为，投资收益是对承担风险的补偿。承担风险越大，收益越高。承担风险越小，收益越低。因此，组合管理强调投资的收益目标应与风险的承受能力相适应。

（二）证券组合管理的方法和步骤

1. 证券组合管理的方法

根据组合管理者对市场效率的不同看法，其采用的管理方法可大致分为被动管理和主动管理两种类型。

所谓被动管理方法，是指长期稳定持有模拟市场指数的证券组合以获得市场平均收益的管理方法。采用此种方法的管理者认为，证券市场是有效率的市场，凡是能够影响证券价格的信息均已在当前证券价格中得到反映。也就是说，证券价格的未来变化是无法估计的，以致任何企图预测市场行情或挖掘定价错误证券，并借此频繁调整持有证券的行为无助于提高期望收益，而只会浪费大量的经纪佣金和精力。因此，他们坚持买入并长期持有的投资策略。但这并不意味着他们无视投资风险而随便选择某些证券进行长期投资。恰恰相反，正是由于承认存在投资风险并认为组合投资能够有效降低公司的个别风险，所以他们通常购买分散化程度较高的投资组合，如市场指数基金或类似的证券组合。

所谓主动管理方法，是指经常预测市场行情或寻找定价错误证券，并借此频繁调整证券组合以获得尽可能高的收益的管理方法。采用此种方法的管理者认为，市场不总是有效的，加工和分析某些信息可以预测市场行情趋势和发现定价过高或过低的证券，进而对买卖证券的时机和种类做出选择，以实现尽可能高的收益。

2. 证券组合管理的基本步骤

证券组合管理通常包括以下几个步骤：①确定证券投资政策。②进行证券投资分析。③构建证券投资组合。④投资组合修正。⑤投资组合业绩评估。

 **【即测即评】证券估值**

拓—思—悟

拓展阅读：

探索建立具有中国特色的估值体系

11月21日，证监会主席易会满在2022金融街论坛年会上谈及上市公司结构与估值问题时表示，探索建立具有中国特色的估值体系，促进市场资源配置功能更好发挥。

易会满表示，我国资本市场具有明显的新兴加转轨特征，上市公司结构也体现出与经济体制演进变化、产业结构转型升级相适应的趋势。我们始终坚持"两个毫不动摇"，支持各种所有制经济利用资本市场发展壮大。目前国有上市公司和上市国有金融企业市值占比将近一半，体现了国有企业作为国民经济重要支柱的地位；民营上市公司数量占比超过三分之二，近几年新上市公司中民企占到八成以上；外商控股上市公司市值占比约4%。多种所有制经济并存、覆盖全部行业大类、大中小企业共同发展的上市公司结构，既是我国资本市场的一大特征，也是一大优势。我们要深刻认识我们的市场体制机制、行业产业结构、主体持续发展能力所体现的鲜明中国元素、发展阶段特征，深入研究成熟市场估值理论的适用场景，把握好不同类型上市公司的估值逻辑，探索建立具有中国特色的估值体系，促进市场资源配置功能更好发挥。

他指出，估值高低直接体现市场对上市公司的认可程度。上市公司尤其是国有上市公司，一方面，要"练好内功"，加强专业化战略性整合，提升核心竞争力；另一方面，要进一步强化公众公司意识，主动加强投资者关系管理，让市场更好地认识企业内在价值，这也是提高上市公司质量的应有之义。

资料来源：中国新闻网，《证监会主席易会满：探索建立具有中国特色的估值体系》，2022-11-21，https：//www.chinanews.com.cn/cj/2022/11-21/9899158.shtml

思考：中国资本市场有哪些特点？结合这些特点，谈一谈对中国特色估值体系的认识和理解。

体悟：中国道路和中国方案。

本章小结

货币时间价值是指一定量货币资本在不同时点上的价值量差额，即货币经历一段时间的投资和再投资后所增加的价值。货币时间价值有两种表现形式，相对数形式即时间价值率，绝对数形式即时间价值额。

利息的计算有单利和复利两种方法。年金就是系列间隔时间相同、金额相等的现金流入或者流出。年金包括普通年金(后付年金)、先付年金(预付年金)、递延年金、永续年金等形式。

如果一项行动有多种可能的结果,其将来的财务后果是不确定的,就叫有风险。从个别投资主体的角度看,风险分为市场风险和企业特有风险两类。从企业本身的角度来看,风险分为经营风险和财务风险两类。

资产的收益是指资产的价值在一定时期的增值。通常有两种表述资产收益的方式:资产收益额和资产收益率。资产收益率可分为实际收益率、名义收益率、预期收益率、必要收益率等不同类型。

衡量单项资产的风险,主要采用收益率的方差、标准差和变异系数。

资本资产定价模型(CAPM)是在投资组合理论和资本市场理论基础上形成发展起来的,主要研究资本市场中资产的预期收益率与风险之间的关系,以及均衡价格是如何形成的。共计算公式为:

$$R_i = R_f + \beta_i(R_m - R_f)$$

债券价值是由其未来的现金流入量的现值决定的,债券的一般估值模型:

$$V = \sum_{t=1}^{n} \frac{I_t}{(1+r)^t} + \frac{M}{(1+r)^n}$$

最基本的股票估值模型是股利贴现模型。常见的几种股票估值模型,是根据持有股票的期限及对未来股利增长率的不同假设构造出来的。包括:①短期持有股票、未来准备出售的股票估值模型;②长期持有股票、股利稳定不变的股票估值模型;③长期持有股票、股利固定增长的股票估值模型;④长期持有股票、股利非固定增长的股票估值模型。

案例分析

贵州茅台:上市 20 年的"封神"之路[①]

一、案例资料

(一)公司概况

贵州茅台酒股份有限公司是由中国贵州茅台酒厂有限责任公司、贵州茅台酒厂技术开发公司等八家公司共同发起,并经过贵州省人民政府黔府函(1999)291 号文件批准设立的股份有限公司,注册资本为 12.56 亿元。

茅台公司主要业务是茅台酒及系列酒的生产与销售。主导产品"贵州茅台酒"是世界三大蒸馏名酒之一,也是集国家地理标志产品、有机食品和国家非物质文化遗产于一身的白酒品牌。

伴随着改革开放的深入,白酒行业自 1988 年起迅速发展。贵州茅台也在 2000 年左右启动了大量的改造工程,包括营销网络建设、生产线改扩建、厂房修建、技术改进等。2001 年 8 月 27 日,贵州茅台在上交所挂牌上市。当日收盘,总市值定格在 88.88 亿元。这个数字似乎注定不凡。2003 年,茅台酒产量突破 1 万吨。此后,贵州茅台迎来了发展黄

---

① 资料来源:作者根据贵州茅台历年年报及相关新闻报道等公开资料整理编写。

金期。自 2005 年起，贵州茅台在总市值、净利润、主要产品市场零售价及出厂价、营业收入等多个方面开始逐步赶超五粮液；2013 年，贵州茅台对五粮液实现全面超越，"酒王"的称号自此易主。2021 年 2 月 9 日，贵州茅台的总市值突破 3 万亿元。

（二）公司业绩

贵州茅台 2018—2023 年报数据显示，茅台酒的营业收入占总营业收入的比重皆在 85% 以上，可谓"一枝独秀"，具体如表 2-3 所示。

表 2-3　贵州茅台 2018—2023 年营业收入构成　　　　　　金额单位：亿元

年份		2018 年	2019 年	2020 年	2021 年	2022 年	2023 年
营业收入		736.4	854.4	949.2	1 061.9	1 241	1 476.94
茅台酒收入及占比	收入	654.9	758.0	848.3	934.6	1 078.34	1 265.90
	占比	88.93%	88.72%	89.37%	88.01%	86.89%	85.71%
其他系列酒收入		80.8	95.4	99.9	126	159.39	206.3
其他收入		0.7	1	1	1.3	3.28	4.74

从发展能力来看，近年来贵州茅台增长态势良好。2018 年营业收入为 736.4 亿元，此后逐年递增，2023 年达到 1 476.94 亿元；2018 年净利润为 378.30 亿元，2023 年增长至 775.21 亿元，营业收入和净利润均实现倍增。各年净利润增长率分别为 30.42%、16.23%、12.63%、12.52%、17.33%、18.58%，一直保持较高水平。贵州茅台 2018—2023 年营业收入和净利润及其增长率情况如图 2-10、图 2-11 所示。

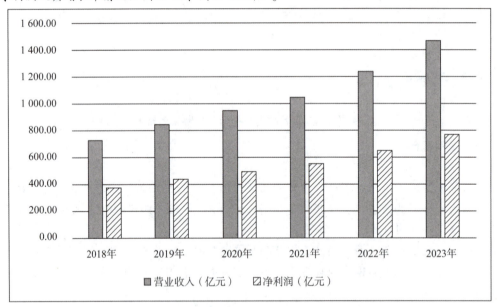

图 2-10　贵州茅台 2018—2023 年营业收入和净利润

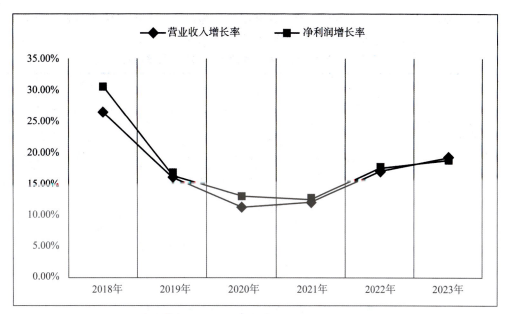

图 2-11　贵州茅台 2018—2023 年营业收入增长率和净利润增长率

从盈利能力来看，贵州茅台的各项指标也让投资者极为满意。其中，毛利率都在 90% 以上，而且非常稳定；净利率均达到 50% 以上；净资产收益率也基本保持在 30% 左右（见图 2-12）。盈利能力指标体现了一家企业的经营效率，在中国 A 股市场，纵观毛利率、净利率、净资产收益率三项，茅台的盈利能力可谓出类拔萃，这说明贵州茅台对于投入资本的使用效率优于其他企业。

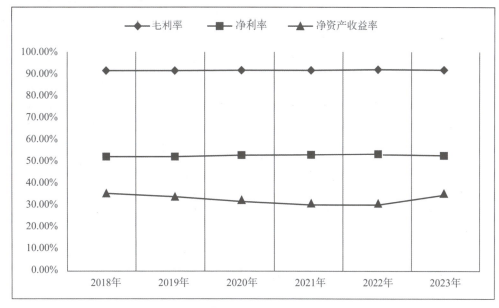

图 2-12　贵州茅台 2018—2023 年盈利能力指标

值得一提的是，在此期间，贵州茅台的管理层几经变动，甚至发生了三次换帅（见表 2-4），然而这些变动对其经营业绩几乎没有产生影响。由此也许可以推断，贵州茅台的价值创造能力，可能并不是因为其管理层具有某些特殊能力，而是因为其品牌、酿酒工艺以及得天独厚的生产环境。

表 2-4　贵州茅台 2018—2023 年董事长变更情况

姓名	职务	任期起始日期	任期终止日期
袁仁国	董事长	2010 年 5 月 27 日	2018 年 5 月 11 日
李保芳	董事长	2018 年 5 月 11 日	2020 年 3 月 20 日
高卫东	董事长	2020 年 3 月 20 日	2021 年 9 月 24 日
丁雄军	董事长	2021 年 9 月 24 日	—

（三）利润分配情况

2018—2023 年，贵州茅台延续了其一如既往的高派现政策，不断加大现金分红力度，成为有名的"现金奶牛"。持续的高额现金分红不仅彰显了良好的财务状况和强劲的实力，也提升了公司的市场形象和股东满意度，提振了投资者信心。具体分红情况如表 2-5 所示。

表 2-5　贵州茅台 2018—2023 年现金股利分配

分红年度	每 10 股派息数（含税）/元	现金分红数额（含税）/亿元
2018	145.39	182.64
2019	170.25	213.87
2020	192.93	242.36
2021	216.75	272.28
2022	259.11	325.49
2023	308.76	387.86

（四）"封神"：20 年 380 倍

贵州茅台上市并不算早。1994 年 1 月，山西汾酒作为第一个白酒企业登陆资本市场。1998 年 4 月，五粮液上市，5 年间净利润稳居白酒行业第一，是当时享有盛名的"酒王"。

2001 年 8 月 27 日，贵州茅台在上海证券交易所上市，股票代码 600519，发行价格 31.39 元。当天，五粮液总市值为 190.37 亿元，贵州茅台市值收于 88.88 亿元，五粮液市值是贵州茅台的 2 倍多。可见，贵州茅台上市之初，其股价并未显山露水。

从 2003 年开始，中国白酒行业开启了黄金十年，贵州茅台成了这个时期的主角。

2005 年 6 月，贵州茅台总市值首次超过五粮液；同年，净利润超过五粮液。2006 年，飞天茅台市场零售价超过经典五粮液，次年，出厂价又超过了经典五粮液。2008 年，贵州茅台营业收入首次超过五粮液。2013 年，贵州茅台实现了全面超越，五粮液正式让位，居第二。

此时，贵州茅台的"封神"之路才刚刚开始。

2018 年 1 月 15 日，贵州茅台总市值首次突破万亿元；2019 年 6 月 27 日，股价首次突破 1 000 元，成为 A 股首只千元股；2019 年 11 月 21 日，总市值超过工商银行，成为 A 股"股王"；2020 年 7 月 6 日，总市值突破 2 万亿元；2021 年 2 月 9 日，总市值又突破了 3 万亿元。

在这期间，一瓶难求的飞天茅台，也成了消费品、投资品、奢侈品的结合体。

（五）跌落

截至 2021 年 8 月 27 日，贵州茅台上市整整 20 年。其市值在 2021 年 2 月 10 日达到顶峰，高达 32 673.7 亿元，当日收盘价为 2 601 元/股。半年后的 8 月 27 日，其市值跌落至 20 049 亿元，收盘价为 1 596.03 元/股。此后两年多时间，股价基本处于横盘整理状态，2024 年 5 月 31 日，收盘价为 1 648.45 元/股，总市值又回到 2 万亿的水平。

历经风雨 20 余年的茅台未来又将走向何方？是否能回归巅峰，甚至再创新高？让我们拭目以待……

二、问题提出

1. 回顾贵州茅台的涨跌史，分析贵州茅台股票价格波动的影响因素。

2. 根据股票估值知识，分析贵州茅台股票的内在价值是多少？目前股票市场价格是否合理？你预期未来股价将如何变动？

同步训练

一、单项选择题

1. 如果某单项资产的系统风险小于整个市场投资组合的风险，则可以判定该项资产的 β 值（　　）。

A. 等于 1　　　　　B. 小于 1　　　　　C. 大于 1　　　　　D. 等于 0

2. 已知某种证券收益率的标准差为 0.3，当前的市场组合收益率的标准差为 0.5，两者之间的相关系数为 0.6，则该证券的 β 系数为（　　）。

A. 0.04　　　　　B. 0.36　　　　　C. 0.25　　　　　D. 0.09

3. 两种股票完全正相关时，把二者组合在一起（　　）。

A. 能适当分散风险　　　　　　　　B. 不能分散风险

C. 能分散掉一部分风险　　　　　　D. 能分散掉全部风险

4. 下列关于资本资产定价原理的说法中，错误的是（　　）。

A. 股票的必要收益率与 β 值线性相关

B. 资产的必要收益率等于无风险收益率加风险收益率

C. 风险资产的必要收益率不可能低于无风险收益率

D. 若投资组合的 β 值等于 1，表明该组合没有市场风险

5. 某优先股的每股股利为 1.5 元，贴现率为 10%，该优先股股票的价值为（　　）。

A. 10 元　　　　　B. 1.5 元　　　　　C. 15 元　　　　　D. 5 元

6. 对于任意两个项目，能比较二者风险的指标是（　　）。

A. 方差　　　　　B. 标准差　　　　　C. β 系数　　　　　D. 期望收益

二、判断题

1. 货币时间价值就是一定量的资金经过一段时间后增加的价值。　　　　　（　　）

2. 普通年金就是间隔相同时间，每期期初首付相同金额的一系列资金。　　（　　）

3. 现值就是未来某一时点的一定数量的资金折合为现在的价值。　　　　　（　　）

4. 股票价格的波动比债券波动大，所以风险比债券高。　　　　　　　　　（　　）

5. 只要组合的资产足够多，就可以把风险降为零。　　　　　　　　　　　（　　）

三、计算题

1. 假设你打算在年初买一套公寓，总房款为 100 万元。如果首付 20%，年利率为 8%，银行提供 20 年按揭贷款，每年年末还款一次，则每年的还款额是多少？

2. 锦辰公司发行债券，面值 100 元，票面利率为 10%，期限为 5 年，每年付息一次，到期一次还本。假定投资者要求的必要收益率分别为 12%、10%、8%，请分别计算该债券的价值。

3. 某公司今年业务量高增长，业绩也伴随着高增长，本期每股股利为 2 元，据估计，未来 3 年内，股利以每年 30% 的速度增长。3 年后转为年增长率 6% 的正常增长。假设投资者要求的必要收益率为 13%，请估计该公司的股票价值。

第三章 财务分析

知识目标：

1. 识别不同主体财务分析的目的，列举财务分析的作用，描述财务分析的主要方法。

2. 解释反映企业偿债能力、营运能力、盈利能力、发展能力的各项财务指标及其决策意义，计算上市公司特殊财务指标。

3. 阐释企业财务综合分析方法。

能力目标：

1. 能够通过财务指标的计算和分析，评价企业的偿债能力、营运能力、盈利能力、发展能力，判断企业的财务风险。

2. 能够运用杜邦分析法和沃尔评分法，对企业的财务状况进行综合分析与评价。

价值塑造：

1. 通过对财务分析目的的学习，明确财务分析的决策有用性，树立爱岗敬业意识。

2. 通过对财务指标分析和财务综合分析方法的学习，识别企业的财务造假行为，认识诚信的重要性。

🔍 财务分析

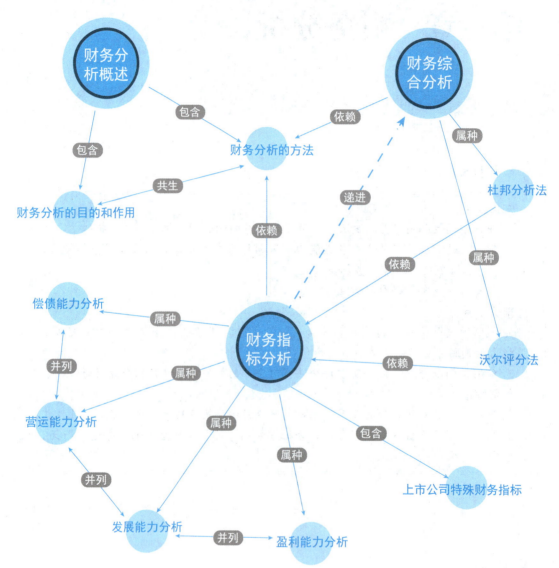

财务分析

 **引导案例**

宜华生活财务造假被罚 3 885 万元①

2020 年 4 月，中国证券监督管理委员会依法对宜华生活科技股份有限公司(以下简称"宜华生活")涉嫌信息披露违法违规立案调查。宜华生活财务造假案，成为首批适用新证券法惩处的恶性案件。

2021 年 1 月，证监会通报调查结果，揭示了宜华生活的违法事实：2016—2019 年，宜华生活通过虚构境内销售业务、高报出口货物销售额等方式虚增营业收入约 71 亿元，虚增利润 27.78 亿元；通过财务不记账、虚假记账、伪造银行单据等方式虚增货币资金 80 多亿元；未按规定披露与关联方资金往来 300 余亿元，年度报告存在重大遗漏。

2021 年 10 月 18 日，证监会下发《行政处罚决定书》和《市场禁入决定书》，对宜华生活给予警告，处以 600 万元罚款，并分别对实际控制人刘绍喜等 19 名责任人员给予警告、罚款，全案违法主体合计罚款 3 885 万元。刘绍喜除被罚款 930 万元外，终身禁入证券市场。

宜华生活财务造假案件的曝光，离不开财务分析。财务分析是了解和评价公司财务状况的重要途径，是利益相关者进行管理、投资决策和监管的重要依据，也是识别财务造假的重要手段。诚信是企业的立身之本，要想企业持续稳定地发展，就必须把诚信放在第一位，杜绝财务造假。

思考与讨论：

1. 宜华生活财务造假的动机是什么？
2. 财务分析的主体有哪些？
3. 从宜华生活的巨额罚款案例出发，请你谈一谈我们可以通过哪些途径加强会计诚信建设，助力经济高质量发展。

第一节　财务分析概述

一、财务分析的目的和作用

(一)财务分析的内涵

企业在生产经营中，应当按照会计规范的要求进行会计核算，并编制财务报告。财务报告是企业对外提供的，反映某一特定时点或会计期间的企业财务状况、经营成果和现金流量等方面的会计信息的主要文件。财务报告包括财务报表和其他应当在财务报告中披露的相关信息，其中财务报表由报表本身(资产负债表、利润表、现金流量表和所有者权益变动表)和附注两部分组成。

---

① 资料来源：作者根据《中国证监会行政处罚决定书(宜华生活科技股份有限公司及其 19 名责任人员)》等公开资料整理编写。

然而，财务报告主要是通过列示的方式呈现各类会计信息，缺乏一定的综合性，无法深入地揭示企业的综合能力，无法有效地反映企业的发展趋势。因此，还需要对会计信息做进一步的加工和处理，以提高会计信息的利用程度，深入和全面地反映企业各项财务能力和综合实力。财务分析就是对会计信息进行深加工的重要途径。

财务分析的主体是多元的，股权投资者、经营管理者、债权人、审计师和政府部门等都可能对企业进行分析，成为财务分析主体。财务分析的客体是财务活动，即筹资活动、投资活动、经营活动和分配活动。财务分析的基础主要以财务信息为主。通过分析资产负债表，财务分析主体可以了解公司的财务状况，对公司的偿债能力、资本结构是否合理、流动资金是否充足等做出判断。通过分析利润表，财务分析主体可以了解公司的盈利能力、盈利状况、经营效率，对公司在行业中的竞争地位、持续成长能力做出判断。通过分析现金流量表，财务分析主体可以了解和评价公司获取现金和现金等价物的能力，并据以预测公司未来现金流量。再有，通过分析所有者权益变动表，财务分析主体能够了解所有者权益变动的影响因素和内部结构，反映公司净资产的实力。

综上所述，财务分析是以企业财务报告及其他相关资料为基础，运用一系列专门的财务分析技术和方法，对企业财务活动的效率进行分析和评价，为财务分析主体的经营决策、管理控制和监督管理提供有用信息的过程。

（二）财务分析的目的

财务分析的目的与财务分析主体的目标相关。财务分析的主体是多元的，不同主体的财务分析目的也存在差异。

1. 企业所有者进行财务分析的目的

股权投资者将资金投入企业后，成为企业的所有者。他们进行财务分析的根本目的主要是分析企业的盈利能力状况，因为盈利能力是评估股票价值或企业价值的关键，是进行有效投资决策的依据。此外，股权投资者为确保资本保值增值，还关心企业的权益结构、偿债能力和营运能力。只有股权投资者认为企业的发展前景较好，他们才会保持或者增加股权投资；否则会抛售股权。另外，股权投资者进行财务分析有助于恰当地评价经营者的经营业绩，通过行使所有者权利，为企业未来发展指明方向。

2. 企业经营者进行财务分析的目的

经营者是企业经营管理人员，对企业的财务状况、营运能力、偿债能力、盈利能力和未来发展能力都非常关注。作为企业所有者的受托人，企业经营者关心的不单单是盈利的结果，同时也关注盈利的原因及过程，以便及时发现生产经营中的问题与不足，及时采取改进措施，使企业的盈利能力能够保持持续增长。

3. 债权人进行财务分析的目的

企业的债权人包括借款给企业的金融机构、购买企业债券的法人与个人等。无论企业的业绩多么优秀，债权人可获得的报酬仅为固定的利息；然而，企业一旦发生亏损或经营困难，债权人可能无法及时收回本息。因此，债权人进行财务分析的目的主要是关注其贷款的安全性，即偿债能力；同时也关注企业的收益状况与风险程度是否相适应，即将偿债能力与盈利能力相结合分析。

4. 其他主体进行财务分析的目的

其他财务分析主体主要有审计师、与企业经营有关的企业和政府部门等。审计师进行财务分析的目的主要是在一定程度上确保财务报表的编制符合公认会计准则，没有重大错误和不规范的会计处理。与企业经营有关的企业包括材料供应商和产品购买者，其进行财务分析的目的主要是搞清企业在商业上和财务上的信用状况。国家部门主要包括财政、工商、税务等部门，其进行财务分析的目的主要是更好地了解宏观经济的运行情况、监督检查企业对法律法规的执行情况，为制定相关政策提供可靠的信息。

(三)财务分析的作用

从财务分析的服务对象看，财务分析不仅为企业的内部经营管理提供重要的信息，而且为企业外部投资者的投资、贷款等提供决策依据。综合而言，财务分析的作用主要体现在如下三方面。

(1)借助财务分析，能够全面了解和评价企业的财务能力，包括偿债能力、盈利能力、营运能力、发展能力和综合能力等，有助于发现企业经营活动中的问题与不足，为企业改进和提高经营管理水平提供信息。

(2)借助财务分析，能够为企业的外部投资者、债权人和其他分析主体系统、完整地了解企业的财务状况、经营情况提供会计信息，为其投资决策、信贷决策等提供依据。

(3)借助财务分析，能够为企业管理者监督和考核各职能部门完成经营计划和实现经营业绩情况提供参考，有利于企业建立和完善业绩评价体系，保障企业财务目标的顺利实现。

二、财务分析的方法

财务分析的方法主要有两种：比率分析法和比较分析法。

(一)比率分析法

比率分析法的实质是将同一时期财务报表中影响财务状况的相关项目进行对比，通过计算一系列财务比率，揭示企业的财务状况。比率分析法的优点主要是简单、明了、可比性较强。财务比率主要包括结构比率、效率比率和相关比率三类。

1. 结构比率

结构比率是反映某个项目的各个组成部分与总体之间关系的财务比率，可以反映部分与整体间的关系，用以考察总体中的各个组成部分的安排是否合理。其计算公式可以表示为：

$$结构比率 = \frac{某个构成部分数值}{总体数值} \times 100\%$$

例如，流动资产、固定资产和无形资产等在资产总额的百分比，可以反映企业资产的构成，长期负债与流动负债在负债总额的占比能够反映负债构成。

2. 效率比率

效率比率是反映某项经济活动的投入与产出之间关系的财务比率，能够反映经济活动的经济效益，揭示企业的盈利能力状况。例如，资产利润率用以反映资产总额与利润间的关系。

3. 相关比率

相关比率是反映经济活动中两个或两个以上具有相关关系的项目间关系的财务指标，能够考察企业相互关联的业务安排是否合理，揭示企业财务状况。例如，流动比率可以反映流动资产与流动负债间的相关关系。

比率分析法是财务分析中最基本和最重要的方法，但在应用比率分析法时必须意识到该方法所存在的局限性。第一，比率的变动可能仅仅被解释为两个相关因素之间的变动；第二，比率分析法难以综合反映比率与财务报表之间的联系。

（二）比较分析法

比较分析法是将同一企业不同时期或不同企业同一时期的财务状况进行对比，反映企业财务状况变化和差异。

1. 根据比较对象分类

根据比较对象的不同，比较分析法可以分为纵向趋势分析法、横向比较分析法和预算差异分析法三种类型。

（1）纵向趋势分析法，是将同一企业不同时期的财务状况进行对比分析，反映企业某个项目的增减变化方向和程度，揭示企业财务状况的变化情况。一般而言，如果是同一企业两期的财务状况进行对比，可称为水平分析法或规模分析法；如果是同一企业多期的财务状况进行对比，可称为趋势分析法。

（2）横向比较分析法，是将目标企业财务状况与其他企业同期的财务状况进行对比分析，反映目标企业的差异及其程度，揭示该企业各指标的优势和劣势。利用横向比较分析法对不同企业的财务状况进行对比时，一定要注意可比性问题。

（3）预算差异分析法，是将目标企业当期的财务会计信息同预算数据进行对比，反映企业实际财务状况同预算间的差异。

2. 根据分类比较内容

根据比较内容的不同，比较分析法可以分为重要财务指标的比较、会计报表的比较和会计报表项目构成的比较三种方式。

（1）重要财务指标的比较，是将不同时期的财务指标进行纵向比较，通过指标的增减变动情况，考察发展趋势，预测发展前景。重要财务指标比较的方法主要有定基动态比率和环比动态比率两种。

定基动态比率，是以某一时期的数据作为固定的基期数据，计算报告期的相应比率。

$$定基动态比率 = \frac{报告期数额}{固定基期数额} \times 100\%$$

环比动态比率，是以报告期的前一期数据作为基期数据，计算报告期的相应比率。

$$环比动态比率 = \frac{报告期数额}{前一期数额} \times 100\%$$

（2）会计报表的比较，是将连续多期的会计报表的金额并列起来，对比各指标在不同期间的增减变动情况，反映企业财务状况和经营成果变化。会计报表的比较包括资产负债表比较、利润表比较和现金流量表比较等。

（3）会计报表项目构成的比较，是评价会计报表中总体项目结构的变化，通过比较各个项目在总体项目中占比的增减变化，揭示有关财务活动的变化趋势。

3. 比较分析法的注意事项

运用比较分析法时，应当注意如下问题：①进行比较的各时期的财务指标或不同公司的财务指标，计算口径必须统一；②比较分析法主要是用以反映正常生产经营状况下的差异和变化，因此应当剔除偶发性项目的影响；③比较分析法的最终目标是揭示企业财务状况和经营状况中存在的问题，因此，对于重点项目或变动比较显著的项目应当重点分析，研究其产生的原因，以便有针对性地应对。

【即测即评】财务分析概述

第二节 财务指标分析

一、偿债能力分析

偿债能力是指企业偿还各类到期债务的能力，反映企业偿还到期债务的承受能力或保证程度。根据企业负债的偿还期的长短，偿债能力分析可分为短期偿债能力分析和长期偿债能力分析。

(一)短期偿债能力分析

短期偿债能力是企业偿还流动负债的能力。一般而言，流动负债需要用流动资产偿还，因此，短期偿债能力取决于流动资产的流动性，即资产转换成现金的速度。企业流动资产的流动性强，相应的短期偿债能力也强。因此，通常使用流动比率、速动比率、现金比率和现金流量比率衡量短期偿债能力。

1. 流动比率

流动比率，是企业流动资产与流动负债的比率，表示每一元流动负债有多少流动资产作为偿还的保证，即反映企业流动资产对流动负债的保障程度。其计算公式表示为：

$$流动比率 = \frac{流动资产合计}{流动负债合计}$$

流动资产用资产负债表中的期末流动资产总额表示，流动负债用资产负债表中的期末流动负债总额表示。一般情况下，该指标越大，表明公司短期偿债能力越强。根据西方的经验，制造业企业的流动比率一般应不低于2。但是，单凭经验判断太过片面，流动比率较高并不意味着偿债能力一定很强。如果某一公司流动比率很高，只有可能是存货积压或产品滞销造成的，掩盖了短期偿债能力不足的现状。同时，企业很容易借助该指标粉饰短期偿债能力。因此，应用流动比率指标分析企业的短期偿债能力时，还应结合存货的规模大小、周转速度、变现能力和变现价值等指标进行综合分析。

【例3-1】锦辰公司2023年年初与年末的流动资产分别为3 850 008万元和4 459 741

万元，流动负债分别为 592 494 万元和 796 762 万元，请计算流动比率。

年初流动比率＝3 850 008 ÷ 592 494＝6.50

年末流动比率＝4 459 741 ÷ 796 762＝5.60

锦辰公司的年初、年末流动比率均大于 2，说明企业具有较强的偿还短期借款的能力。

2. 速动比率

速动比率是企业速动资产与流动负债的比率。流动比率在评价企业短期偿债能力时，存在一定的局限性，如果流动比率较高，但流动资产的流动性较差，则企业的短期偿债能力仍然不强。在流动资产中，存货的流动性相对较差，这主要是因为存货需经过销售才能转变为现金，若存货滞销，则其变现就成问题。一般来说，流动资产扣除存货后称为速动资产。其计算公式为：

$$速动比率 = \frac{流动资产合计 - 存货净额}{流动负债合计}$$

一般情况下，该指标越大，表明公司短期偿债能力越强。在一般制造业企业中，存货价值约为流动资产价值的一半，所以该指标应大于 1 较好。

【例 3-2】锦辰公司 2023 年年初与年末的流动资产分别为 3 850 008 万元和 4 459 741 万元，存货分别为 809 149 万元和 870 085 万元。流动负债分别为 592 494 万元和 796 762 万元，请计算速动比率。

年初速动比率＝（3 850 008-809 149）÷ 592 494＝5.13

年末速动比率＝（4 459 741-870 085）÷ 796 762＝4.51

无论是年初还是年末，锦辰公司的速动比率都保持在较高水平，说明该公司的短期偿债能力较强。

需要指出的是，应收账款的变现能力会影响速动比率的可信度。如果企业的应收账款中不易收回的部分占了较高比重，成为坏账的可能性较大，那么速动比率反映短期偿债能力的真实性较差。因此，在运用速动比率分析公司短期偿债能力时，应结合应收账款的规模、周转速度和其他应收款的规模，以及它们的变现能力进行综合分析。

3. 现金比率

现金比率，表示每一元流动负债有多少现金及现金等价物作为偿还的保证，反映公司可用现金及变现方式清偿流动负债的能力。其计算公式为：

$$现金比率 = \frac{货币资金 + 交易性金融资产}{流动负债合计}$$

现金比率可以反映企业的直接偿付能力，该指标剔除了应收账款对偿债能力的影响，能真实地反映公司实际的短期偿债能力，该指标值越大，反映公司的短期偿债能力越强。但是，现金比率过高，又意味着企业的资产没有得到有效的运用，持有过多盈利能力较低的现金类资产。经验研究表明，高于 0.2 的现金比率就可以接受。

【例 3-3】接上例，锦辰公司 2023 年年初货币资金为 2 238 211 万元，交易性金融资产为 3 520 万元，2023 年年末货币资金为 2 637 419 万元，交易性金融资产为 41 050 万元，请计算现金比率。

年初现金比率＝（2 238 211+3 520）÷ 592 494＝3.78

年末现金比率＝（2 637 419+41 050）÷ 796 762＝3.36

该公司年初、年末现金比率都较高，若按现金比率评价公司的短期偿债能力，锦辰公司短期偿债能力很强。但这一指标过高，也表明了锦辰公司通过负债筹集到的流动资金未得到充分利用，导致现金类资产比例较大。

4. 现金流量比率

现金流量比率是企业经营活动中所产生的现金净流量与流动负债的比率。其计算公式可以表示为：

$$现金流量比率 = \frac{经营活动中产生的现金净流量}{流动负债合计}$$

流动比率、速动比率和现金比率是从静态的角度反映企业现存的资产对短期债务偿还的保障程度。现金流量比率则是从动态视角反映本期经营活动产生的现金流量净额对短期偿付能力的保障程度。

【例3-4】接上例，锦辰公司2023年年初和年末经营活动的现金流量净额分别为79 457万元和669 107万元，请计算现金流量比率。

年初现金流量比率 = 79 457 ÷ 592 494 = 0.13

年末现金流量比率 = 669 107 ÷ 796 762 = 0.84

锦辰公司2023年年末的现金流量比率较年初有所上升，但无论是期初、期末该指标都小于1，说明依靠生产经营活动产生的现金流量难以满足偿债的需要，公司必须以其他方式取得现金，才能保证债务的及时清偿。

(二)长期偿债能力分析

长期偿债能力是指企业偿还长期负债的能力。长期偿债能力是反映企业财务安全和稳定程度的重要标志。反映企业长期偿债能力的财务指标主要有资产负债率、权益乘数、产权比率、偿债保障比率、利息保障倍数和现金利息保障倍数等。

1. 资产负债率

资产负债率是负债总额和资产总额之比值，表明债权人所提供的资金占企业全部资产的比重。其计算公式为：

$$资产负债率 = \frac{负债总额}{资产总额} \times 100\%$$

资产负债率反映总资产中有多大的比例是通过负债取得的，可以衡量企业清算时资产对债权人权益的保障程度。资产负债率越高，意味着企业偿还债务的能力越差，财务风险越大；反之，偿还债务的能力越强。

在分析资产负债率时，不同的利益主体对该指标的要求不同。从债权人立场看，他们最关心的是贷给企业款项的安全程度，他们希望企业的资产负债率越低越好；从投资者角度看，由于企业通过举债筹措的资金与投资者投入的资金在经营中发挥同样的作用，所以，投资者所关心的是全部资本利润率是否超过借入款项利息；从经营者的立场看，如果负债过大，超出债权人心理承受能力，企业就借不到钱，因此，经营者会寻求资产负债率的适当比值，即要能保持长期偿债能力，又要最大限度地利用外部资金。

【例3-5】锦辰公司2023年年初、年末的负债总额分别为607 579万元和820 147万元，年初、年末的资产总额分别为4 640 887万元和5 254 663万元，请计算资产负债率。

年初资产负债率 = 607 579 ÷ 4 640 887 × 100% = 13.09%

年末资产负债率=820 147÷5 254 663×100%=15.61%

锦辰公司的资产负债率有所上升，表明企业的负债水平升高，然而年初和年末的资产负债率总体水平较低，长期偿债能力较强。但是，企业的偿债能力的强弱还需结合行业水平进一步分析。

2. 权益乘数

权益乘数是总资产和股东权益的比值，反映资产总额是股东权益总额的多少倍数。其计算公式为：

$$权益乘数 = \frac{总资产}{股东权益}$$

权益乘数反映了企业财务杠杆的大小，表明股东每投入一元钱可实际拥有和控制的企业资产数额。权益乘数越大，说明股东投入的资本在总资产中的比重越小，财务杠杆越大。

3. 产权比率

产权比率又称资本负债率，是负债总额与所有者权益之比，是企业财务结构稳健与否的重要标志。其计算公式为：

$$产权比率 = \frac{负债总额}{所有者权益} \times 100\%$$

产权比率反映了债权人所提供资金与股东所提供资金的对比关系，揭示了所有者权益对债权人权益的保障程度，是衡量企业长期偿债能力的重要指标。产权比率越低，表明企业长期财务状况良好，债权人贷款的安全性和保障程度越高，企业的财务风险越小。

【例3-6】接上例，锦辰公司2023年年初、年末的负债总额分别为607 579万元和820 147万元，年初、年末的所有者权益分别为4 033 308万元和4 434 516万元，请计算产权比率。

年初产权比率=607 579÷4 033 308×100%=15.06%

年末产权比率=820 147÷4 434 516×100%=18.49%

由计算可知，锦辰公司年末的产权比率提高，表明年末该公司举债经营程度提高，财务风险加大。在分析公司产权比率的同时，应结合该行业的平均水平。

4. 偿债保障比率

偿债保障比率是负债总额与经营活动现金净流量的比值，反映企业经营活动产生的现金流量净额偿还长期债务所需要的时间，也称为债务偿还期。其计算公式为：

$$偿债保障比率 = \frac{负债总额}{经营活动产生的现金流量净额} \times 100\%$$

偿债保障比率能够揭示企业通过经营活动所获得的现金偿还企业债务的能力。在其他情况一定的条件下，该指标越低，意味着企业长期偿债能力越强。

【例3-7】接上例，锦辰公司2023年年初、年末的负债总额分别为607 579万元和820 147万元，年初和年末经营活动的现金流量净额分别为79 457万元和669 107万元，请计算偿债保障比率。

年初偿债保障比率=607 579÷79 457×100%=764.66%

年末偿债保障比率=820 147÷669 107×100%=122.57%

由计算可知，锦辰公司年末的偿债保障比率下降，表明该公司经营获得的现金流量对负债的保障程度提高。

5. 利息保障倍数

利息保障倍数是企业经营收益与利息费用之比，反映企业经营活动偿付利息费用的能力。经营收益即企业纳税付息前收益，也称息税前利润，其计算公式为：

$$利息保障倍数 = \frac{息税前利润}{全部利息费用}$$

其中，息税前利润=净利润+利润表中的利息费用+所得税。

企业生产经营活动创造的收益，是企业支付利息的资金保证。利息保障倍数越大，意味着企业偿付利息的能力越强。例如，利息保障倍数为5，说明企业经营收益相当于5倍的利息支出。一般而言，企业的利息保障倍数至少应大于1，否则就难以偿付债务及其利息费用。在分析时应比较企业连续多个会计年度的利息保障倍数，以考察企业付息能力的稳定性。

【例3-8】若锦辰公司2023年年初、年末的利润总额分别为801 592万元和828 749万元，年初、年末的财务费用(假设财务费用就是全部利息费用)分别为65 778万元和73 211万元，请计算利息保障倍数。

年初利息保障倍数=(801 592+65 778)÷65 778=13.19

年末利息保障倍数=(828 749+73 211)÷73 211=12.32

由计算可知，锦辰公司年初、年末的利息保障倍数较高，反映出企业经营活动偿付利息费用的能力较强。

6. 现金利息保障倍数

现金利息保障倍数用以反映企业用经营所得现金偿付债务利息的能力。计算公式可以表示为：

$$现金利息保障倍数 = \frac{经营活动产生的现金流量净额 + 现金利息支出 + 付现所得税}{现金利息支出} \times 100\%$$

现金利息保障倍数揭示了企业经营所获得的现金是现金利息支出的多少倍，它更明确地反映了企业实际支付利息的能力。该指标越高，说明企业的偿付能力越强。

(三)影响偿债能力的其他因素

1. 可动用的银行授信额度

可动用的银行授信额度是指银行授予企业的贷款指标，对于这种授信额度企业可以随时使用，快捷地获得银行借款。银行授信额度信息不在财务报表内反映，却可以随时增加企业的支付能力，因此可以提高企业偿债能力。

2. 或有负债

或有负债是指企业过去交易或者事项形成的潜在义务，或有负债不会列示在资产负债表中。但是将来一旦转化为企业的真实负债，就会加重企业的偿债义务。例如，如果企业存在债务担保或未决诉讼等或有事项，未来一旦转化为企业债务，就会影响企业的财务状况，加大企业的财务风险。

3. 资产质量

在财务报表内反映的资产金额为资产的账面价值，但由于财务会计的局限性，资产的账面价值与实际价值可能存在差异，如资产可能被高估或低估，一些资产无法计入财务报表等。此外，资产的变现能力也会影响偿债能力。如果企业存在很快变现的长期资产，会增加企业的短期偿债能力。

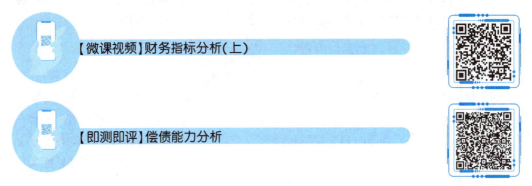

【微课视频】财务指标分析（上）

【即测即评】偿债能力分析

二、营运能力分析

营运能力主要指资产运用、循环效率的高低，反映企业的营业状况和经营管理水平。一般而言，资金周转速度越快，说明企业的资金管理水平越高，资金使用效率越高。资金只有经过一次完整的供、产、销环节，才能完成一次资金周转。因此，可以使用产品销售情况与企业资产占用量反映企业的资产周转状况，体现企业的营运能力。企业营运能力主要包括三个方面：流动资产营运能力、固定资产营运能力和总资产营运能力。

（一）流动资产营运能力分析

反映流动资产营运能力的主要指标有应收账款周转率、存货周转率和流动资产周转率。

1. 应收账款周转率

应收账款周转率是企业一定时期的赊销收入净额与应收账款平均余额的比率，表明一定时期内应收账款平均收回的次数。应收账款周转率能够反映应收账款的收款速度，是评价企业应收账款变现速度和管理效率的指标。

$$应收账款周转率（次数）= \frac{赊销收入净额}{应收账款平均余额}$$

$$= \frac{赊销收入净额}{（期初应收账款 + 期末应收账款）/2}$$

赊销收入净额是指企业销售收入净额中扣除现销收入后的余额。然而，赊销收入净额作为企业的内部信息并不对外披露，所以，外部财务分析者难以获得赊销收入净额的资料。因此，在计算应收账款周转率时常使用销售收入净额代替赊销收入净额。

一般而言，应收账款周转率较高，应收账款的收账速度快，就能够节约营运资金，减少坏账损失的可能性和额度，减少收账费用，说明企业的营运能力强。但是，应收账款周转率过高，也有可能是由于企业实行了较严格的信用政策，这会制约企业销售量的增长，进而影响企业的盈利水平。

应收账款周转期是衡量应收账款周转速度的另一个指标。应收账款周转期是计算期天数和应收账款周转率的比率，反映应收账款每周转一次需要的天数。其计算公式为：

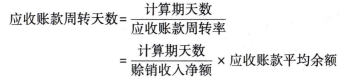

$$应收账款周转天数 = \frac{计算期天数}{应收账款周转率}$$

$$= \frac{计算期天数}{赊销收入净额} \times 应收账款平均余额$$

上式中的计算期天数,从理论上讲应使用计算期间的实际天数,但是为了计算方便,一般全年按 360 天计算,季度按 90 天计算,月度按 30 天计算。

应收账款周转率越高,每周转一次所需天数越短,表明公司收账越快,发生坏账的可能越小。反之,则表明公司应收账款的变现过于缓慢以及应收账款的管理缺乏效率。

【例 3-9】锦辰公司 2023 年的销售净收入为 2 165 929 万元,应收账款年末数为 12 295 万元,年初数为 10 696 万元。2023 年该公司应收账款周转率指标计算如下:

$$应收账款周转率(次数) = \frac{2\ 165\ 929}{(12\ 295 + 10\ 696)/2} = 188(次)$$

$$应收账款周转天数 = 360/188 = 1.91(天)$$

2. 存货周转率

在流动资产中,存货所占比重较大,存货的周转速度将直接影响总资产的周转速度。存货周转速度可以用存货周转率和存货周转期来衡量。

存货周转率是企业一定时期销售成本与平均存货余额的比率,说明一定时期内企业存货平均周转的次数,用于反映存货规模是否合理,揭示存货的变现速度和利用效率。其计算公式为:

$$存货周转率(次数) = \frac{销售(营业)成本}{存货平均余额}$$

$$= \frac{销售(营业)成本}{(期初存货 + 期末存货)/2}$$

$$存货周转天数 = \frac{计算期天数}{存货周转率}$$

$$= \frac{计算期天数}{销售(营业)成本} \times 存货平均余额$$

存货的目的在于销售并实现利润,因而公司的存货与销货之间,必须保持合理的比率。存货周转率正是衡量公司销货能力强弱和存货是否过多或短缺的指标。存货周转率越高,说明存货周转速度越快,公司的销售能力越强,营运资金占用在存货上的金额越小,资金利用效率越高。反之,则表明存货过多、销售状况不佳,不仅使资金积压,影响资产的流动性,还增加仓储费用与产品损耗。

在具体分析时,应注意以下几点:一是存货周转率的高低与企业的经营特点有密切联系,应注意结合所在行业的特点加以考虑。二是企业可能会出于特殊的原因增大存货量,导致存货周转率较低。比如,企业预测存货将升值而故意囤积存货,以等待时机销售并获利。三是存货周转速度并非越高越好。存货余额太低,可能会导致企业经常缺货,影响正常的经营活动。

【例 3-10】锦辰公司 2023 年营业成本为 667 196 万元,年初存货余额为 809 149 万元,年末存货余额为 870 085 万元,则其存货周转率(次数)及天数为:

$$存货周转率(次数) = \frac{667\ 196}{(809\ 149 + 870\ 085)/2} = 0.79(次)$$

$$存货周转天数 = 360/0.79 = 456(天)$$

3. 流动资产周转率

流动资产周转率指企业一定时期内销售收入净额同流动资产平均余额的比率，表明在一个会计年度内企业流动资产周转的次数，反映了企业全部流动资产的利用效率。其计算公式为：

$$流动资产周转率(次数) = \frac{销售收入净额}{流动资产平均余额}$$

$$= \frac{销售收入净额}{(期初流动资产 + 期末流动资产)/2}$$

$$流动资产周转期 = \frac{计算期天数}{流动资产周转率}$$

$$= \frac{计算期天数}{销售收入净额} \times 流动资产平均余额$$

流动资产周转率是综合反映流动资产周转状况的指标。一般情况下，流动资产周转率越高，表明企业流动资产周转速度越快，利用效率越好。在较快的周转速度下，流动资产会相对节约，相当于流动资产投入的增加，在一定程度上增强了企业的盈利能力；而周转速度慢，则需要补充流动资金参加周转，会形成资金浪费，降低企业盈利能力。

【例3-11】锦辰公司2023年的销售净收入为2 165 929万元，流动资产年初数为3 772 115万元，年末数为4 154 875万元。2023年该公司流动资产周转率指标计算如下：

$$流动资产周转率(次数) = \frac{2\ 165\ 929}{(3\ 772\ 115 + 4\ 154\ 875)/2} = 0.55(次)$$

$$流动资产周转天数 = 360/0.55 = 654.5(天)$$

(二)固定资产营运能力分析

固定资产周转率是指企业销售收入净额与固定资产平均净值的比率，用以反映企业固定资产周转情况，衡量固定资产利用效率。其计算公式为：

$$固定资产周转率(次数) = \frac{销售收入净额}{固定资产平均净值}$$

$$= \frac{销售收入净额}{(期初固定资产净值 + 期末固定资产净值)/2}$$

固定资产周转率主要用于分析对厂房、设备等固定资产的利用效率，比率越高，说明企业固定资产结构合理，利用率越高，管理水平越好。

需要注意的是，这一指标的分母采用固定资产净值，因此指标的比较将受到折旧方法和折旧年限的影响，应注意其可比性问题。另外，当企业固定资产净值过低(如因资产陈旧或过度计提折旧)，或者企业属于劳动密集型企业时，这一比率就可能没有太大的意义。

【例3-12】锦辰公司2023年的销售净收入为2 165 929万元，年初固定资产净值为577 930万元，年末数为551 202万元，则该公司的固定资产周转率指标计算如下：

$$固定资产周转率(次数) = \frac{2\ 165\ 929}{(577\ 930 + 551\ 202)/2} = 3.84(次)$$

固定资产周转天数 = 360/3.84 = 93.75(天)

(三)总资产营运能力分析

总资产周转率是指企业在一定时期内销售收入净额同总资产平均余额的比值,是综合评价企业全部资产的经营质量和利用效率的重要指标。其计算公式为:

$$总资产周转率 = \frac{销售收入净额}{总资产平均余额}$$

总资产周转率综合反映了企业整体资产的营运能力。总资产周转率越高,说明总资产周转速度越快,销售能力越强,总资产利用效率较好。如果企业的总资产周转率较低,表明企业的总资产营运效率较差,可以通过薄利多销或处理多余资产的方法,加速资产的周转,提高营运效率。

【例3-13】锦辰公司2022年、2023年的销售净收入分别为2 101 149万元和2 165 929万元,2022年年初和年末的总资产分别为4 412 950万元和4 640 887万元,2023年年末的总资产为5 254 663万元,则该公司的总资产周转率指标计算如下:

$$2023年总资产周转率 = \frac{2\ 165\ 929}{(4\ 640\ 887 + 5\ 254\ 663)/2} = 0.44(次)$$

$$2022年总资产周转率 = \frac{2\ 101\ 149}{(4\ 640\ 887 + 4\ 412\ 950)/2} = 0.46(次)$$

各项资产的周转率指标用于反映企业各项资产赚取收入的能力,在实务中,周转率指标经常和企业的盈利能力指标结合在一起,以全面评价企业的盈利能力。

 【即测即评】营运能力分析

三、盈利能力分析

盈利能力是指企业赚取利润,实现资金增值的能力,是企业生存和发展的物质基础。因此,无论是企业的所有者、债权人,还是管理层,都非常重视和关心企业的盈利能力。反映企业盈利的主要指标有销售毛利率、销售净利率、总资产报酬率和净资产收益率。需要指出的是,在分析盈利能力时,应剔除非正常经营活动的影响,因为这些特殊的经营活动带来的收益或损失不可持续。

(一)销售毛利率

销售毛利率,是指企业销售毛利占销售收入净额的百分比,反映了销售成本与销售收入间的比例关系。其计算公式为:

$$
\begin{aligned}
销售毛利率 &= \frac{销售毛利}{销售收入净额} \times 100\% \\
&= \frac{销售收入净额 - 销售成本}{销售收入净额} \times 100\%
\end{aligned}
$$

销售毛利率反映每一元销售收入扣除销售成本后,有多少钱可以用于各项期间费用和形成盈利。销售毛利率越高，说明企业销售成本在销售收入净额中所占的比重越小，企业通过销售获取利润的能力越强。

【例3-14】锦辰公司2022年、2023年的销售净收入分别为2 101 149万元和2 165 929万元，2022年、2023年的营业成本分别为577 203万元和667 196万元。锦辰公司的销售毛利率计算如下：

$$2023 年销售毛利率 = \frac{2\ 165\ 929 - 667\ 196}{2\ 165\ 929} \times 100\% = 69.20\%$$

$$2022 年销售毛利率 = \frac{2\ 101\ 149 - 577\ 203}{2\ 101\ 149} \times 100\% = 72.53\%$$

2023年的销售毛利率有所下降，说明企业的盈利能力有所下降，企业应尽快查明原因，采取相应的措施，提高盈利水平。

(二)销售净利率

销售净利率是企业净利润占销售收入净额的百分比。该指标反映每一元销售收入带来的净利润的多少，表示销售收入的收益水平。其计算公式为：

$$销售净利率 = \frac{净利润}{销售收入净额} \times 100\%$$

销售净利率越高，表明企业通过扩大销售获取报酬的能力越强。

【例3-15】锦辰公司2022年、2023年的销售净收入分别为2 101 149万元和2 165 929万元，2022年、2023年的净利润分别为605 822万元和641 048万元。锦辰公司的销售净利率计算如下：

$$2023 年销售净利率 = \frac{641\ 048}{2\ 165\ 929} \times 100\% = 29.60\%$$

$$2022 年销售净利率 = \frac{605\ 822}{2\ 101\ 149} \times 100\% = 28.83\%$$

2023年的销售净利率增加了，从这个指标来看，该企业的盈利能力较上一年增强了。

(三)总资产报酬率

总资产报酬率，是指企业一定时期内的利润额与总资产平均余额的比率，反映每一元资产创造的财务成果，用于评价企业利用全部资产进行经营活动的效率。在实务中，根据财务分析的目的不同，利润可以分为息税前利润、税前利润总额和税后净利润，相应地，总资产报酬率可分为总资产息税前利润率、总资产利润率和总资产净利率。

$$总资产息税前利润率 = \frac{息税前利润}{总资产平均余额} \times 100\%$$

$$总资产利润率 = \frac{利润总额}{总资产平均余额} \times 100\%$$

$$总资产净利率 = \frac{净利润}{总资产平均余额} \times 100\%$$

总资产报酬率可以反映企业资产利用的综合效果。该指标越高，则企业的资产利用效率越高，盈利能力越强。

【例3-16】锦辰公司2022年、2023年的净利润分别为605 822万元和641 048万元。2022年年初和年末的总资产分别为4 412 950万元和4 640 887万元，2023年年末的总资产为5 254 663万元。锦辰公司的总资产净利率计算如下：

$$2022年总资产净利率 = \frac{605\ 822}{(4\ 412\ 950 + 4\ 640\ 887)/2} \times 100\% = 13.38\%$$

$$2023年总资产净利率 = \frac{641\ 048}{(4\ 640\ 887 + 5\ 254\ 663)/2} \times 100\% = 12.96\%$$

2023年的总资产净利率有所下降，表明其盈利能力有所下降。企业的盈利能力和资产利用效率均待提高。

(四)净资产收益率

净资产收益率又称权益净利率或权益报酬率，是指净利润与所有者权益平均余额的比率。其计算公式为：

$$净资产收益率 = \frac{净利润}{所有者权益平均余额} \times 100\%$$

净资产收益率反映企业股东获取投资报酬的高低，揭示股东所投入的资金是否得到充分利用。净资产收益率越高，表明资本周转速度越快，运用效率越高；比率越低，则表明公司的资本运用效率越差。值得注意的是，净资产收益率过高，意味着企业过分依赖举债经营，自有资本较少，财务风险较高。

【例3-17】锦辰公司2022年、2023年的净利润分别为605 822万元和641 048万元。2022年年初的所有者权益为3 912 157万元，2023年年初、年末的所有者权益分别为4 033 308万元和4 434 516万元。锦辰公司的净资产收益率计算如下：

$$2022年净资产收益率 = \frac{605\ 822}{(3\ 912\ 157 + 4\ 033\ 308)/2} \times 100\% = 15.25\%$$

$$2023年净资产收益率 = \frac{641\ 048}{(4\ 033\ 308 + 4\ 434\ 516)/2} \times 100\% = 15.14\%$$

2023年的净资产收益率有所下降，表明其盈利能力有所下降。企业的盈利能力和运用股东投入资本的效率均待提高。

四、发展能力分析

企业发展能力也称为成长能力，是指企业在经营活动中所表现出的增长能力，反映企业未来发展前景与发展速度。评价企业发展能力的主要指标有总资产增长率、净资产增长率、销售收入增长率、利润增长率。

(一)总资产增长率

总资产增长率是企业本年总资产增长额同年初资产总额的比率，反映企业本年度资产规模的增长情况。资产是企业用于取得收入的资源，也是企业偿还债务的保障。发展能力较强的企业一般能保持资产的稳定增长。其计算公式为：

$$总资产增长率 = \frac{本年总资产增长额}{年初资产总额} \times 100\%$$

$$= \frac{\text{年末资产总额} - \text{年初资产总额}}{\text{年初资产总额}} \times 100\%$$

总资产增长率越高，表明企业一定时期内资产经营规模扩张的速度越快，企业竞争能力越强。但在分析时，需要关注资产规模扩张的质和量的关系，以及企业的后续成长能力，避免盲目扩张。

【例 3-18】锦辰公司 2022 年、2023 年年末的总资产分别为 4 640 887 万元、5 254 663 万元，则该公司 2023 年的总资产增长率为：

$$2023 \text{ 年总资产增长率} = \frac{5\ 254\ 663 - 4\ 640\ 887}{4\ 640\ 887} \times 100\% = 13.23\%$$

（二）净资产增长率

净资产增长率，也称资本积累率或股权资本增长率，是指企业本年所有者权益增长额同年初所有者权益的比率，反映企业本年度资本的积累能力，是评价企业发展潜力的重要指标。其计算公式为：

$$\text{净资产增长率} = \frac{\text{本年所有者权益增长额}}{\text{年初所有者权益总额}} \times 100\%$$

$$= \frac{\text{年末所有者权益总额} - \text{年初所有者权益总额}}{\text{年初所有者权益总额}} \times 100\%$$

净资产增长率反映了投资者投入企业资本的保全性和增长性，该指标越高，表明企业的资本积累越多，企业资本保全性越强，应对风险和持续发展的能力越强。该指标如为负值，表明企业资本受到侵蚀，所有者利益受到损害，应予充分重视。

【例 3-19】锦辰公司 2022 年、2023 年的所有者权益分别为 4 033 308 万元、4 434 516 万元，则该公司 2023 年的净资产增长率为：

$$2023 \text{ 年净资产增长率} = \frac{4\ 434\ 516 - 4\ 033\ 308}{4\ 033\ 308} \times 100\% = 9.95\%$$

（三）销售收入增长率

销售收入增长率是指企业本年销售收入增长额与上年销售收入净额的比率，是衡量企业经营状况和市场竞争力的重要指标。其计算公式为：

$$\text{销售收入增长率} = \frac{\text{本年销售收入增长额}}{\text{上年销售收入净额}} \times 100\%$$

$$= \frac{\text{本年销售收入净额} - \text{上年销售收入净额}}{\text{上年销售收入净额}} \times 100\%$$

销售收入增长率反映了企业销售收入的变化情况，揭示企业的成长性和市场竞争力。销售收入增长率越高，表明企业销售收入的成长性越好，业务扩张能力越强。

【例 3-20】锦辰公司 2022 年、2023 年的销售净收入分别为 2 101 149 万元和 2 165 929 万元，则该公司 2023 年的销售收入增长率为：

$$2023 \text{ 年销售收入增长率} = \frac{2\ 165\ 929 - 2\ 101\ 149}{2\ 101\ 149} \times 100\% = 3.08\%$$

（四）利润增长率

利润增长率，即本年利润总额增长额与上年利润总额的比值。其计算公式为：

$$利润增长率 = \frac{本年利润总额增长额}{上年利润总额} \times 100\%$$

$$= \frac{本年利润总额 - 上年利润总额}{上年利润总额} \times 100\%$$

利润增长率反映了企业盈利能力的变化，该比率越高，表明企业的成长性越好，发展能力越强。

【例3-21】锦辰公司2022年、2023年的利润总额分别为801 592万元，828 749万元，则该公司2023年的营业利润增长率为：

$$2023年利润增长率 = \frac{828\ 749 - 801\ 592}{801\ 592} \times 100\% = 3.39\%$$

【微课视频】财务指标分析（中）

【即测即评】盈利能力、发展能力分析

五、上市公司特殊财务指标

（一）每股收益

每股收益又称每股利润，是指股份公司发行在外的每股普通股所能享有的净收益，是综合反映股份公司获利能力的重要指标，可以用来判断和评价管理层的经营业绩。其计算公式为：

$$每股收益 = \frac{归属于公司普通股股东的净利润}{发行在外的普通股加权平均数}$$

上式中，归属于公司普通股股东的净利润等于公司当期净利润扣除优先股股利后的余额。分母采用加权平均数，主要是考虑到本期内发行在外的普通股股数只能在增加以后的这段时期产生收益，而回购的普通股股数在减少以前的期间内仍产生收益。因此，在报告期内如果因增资、回购等原因造成股本发生变化时，要按照当年实际增加的时间进行加权计算。

$$发行在外的普通股加权平均数 = 期初发行在外普通股股数 +$$

$$当期新发行的普通股股数 \times \frac{已发行时间}{报告期时间} -$$

$$当期回购的普通股股数 \times \frac{已回购时间}{报告期时间}$$

每股收益能够衡量公司盈利能力大小，每股收益越高，说明公司的盈利能力越强。

【例3-22】锦辰公司2023年归属于普通股股东的净利润为641 048.4万元，2023年年末增发新股，普通股股数依然保持2022年的380 000万股。请计算锦辰公司的每股收益。

每股收益=641 048.4÷380 000=1.69（元/股）

（二）每股股利

每股股利是企业普通股分配的现金股利总额与发行在外的普通股总股数的比值。其计算公式为：

$$每股股利 = \frac{现金股利总额 - 优先股股利}{期末发行在外的普通股股数}$$

每股股利反映的是上市公司每股普通股获取现金股利的大小。每股股利越大，则企业股本获利能力就越强；每股股利越小，则企业股本获利能力就越弱。但须注意，上市公司每股股利发放多少，除了受上市公司盈利能力影响以外，还取决于企业的股利发放政策和现金充裕程度。如果企业为了增强企业发展后劲而增加企业的公积金，则当前的每股股利必然会减少；反之，则当前的每股股利会增加。投资者在使用该指标时，应当比较分析公司连续几年的每股股利，以评估股利回报的稳定性。

【例3-23】锦辰公司2023年度发放普通股股利227 758万元，年末发行在外的普通股股数为380 000万股。锦辰公司的每股股利计算如下：

2023年度每股股利=227 758÷380 000=0.6（元/股）

反映每股股利和每股收益之间关系的一个重要指标是股利发放率，即普通股每股股利与当期的每股收益之比。

$$股利发放率 = \frac{每股股利}{每股收益}$$

股利发放率表明每一元净收益中有多少用于向普通股股东发放现金股利，反映普通股股东的当期收益水平。借助该指标，投资者可以了解一家上市公司的股利发放政策。

（三）每股净资产

每股净资产，又称每股账面价值，是指企业净资产与发行在外的普通股股数的比率。其计算公式为：

$$每股净资产 = \frac{期末净资产}{期末发行在外的普通股股数}$$

每股净资产反映了发行在外的每份普通股股份所能分配的企业账面净资产的价值，这里的账面净资产即股东权益的账面价值。每股净资产反映了会计期末每一股份在账面上到底值多少钱，它在理论上提供了股票的最低价值。进行投资分析时，只能有限地使用这个指标，因为每股净资产是以历史成本计量的，既不反映净资产的变现价值，也不反映净资产的产出能力，它与股票面值、发行价值、市场价值乃至清算价值等都存在较大差距。

【例3-24】锦辰公司2023年年末所有者权益4 434 516万元，全部为普通股，年末普通股股数为380 000万股。锦辰公司的每股净资产计算如下：

2023年年末每股净资产=4 434 516÷380 000=11.67（元/股）

（四）每股现金净流量

每股现金净流量是企业经营活动现金流量净额扣除优先股股利后的余额与普通股股数

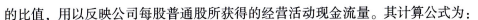

的比值，用以反映公司每股普通股所获得的经营活动现金流量。其计算公式为：

$$每股现金净流量 = \frac{经营活动现金流量净额 - 优先股股利}{普通股股数}$$

该指标反映了企业最大的派发现金股利的能力，超过此限度，企业可能就需要借款分红。每股现金净流量越高，公司向普通股股东支付现金股利的能力越强。

【例3-25】如果锦辰公司有普通股380 000万股，经营活动的现金流量净额为669 107万元，请计算每股现金净流量。

每股现金净流量 = 669 107 ÷ 380 000 = 1.76（元/股）

（五）市盈率

市盈率（P/E比率）是股票每股市价与每股收益的比率，反映普通股股东为获取一元净利润所愿意支付的股票价格。其计算公式为：

$$市盈率 = \frac{每股市价}{每股收益}$$

市盈率是股票市场上反映股票投资价值的重要指标，也是投资者进行中长期股票投资的重要决策指标，它反映了投资者对股票的未来收益和投资风险的预期。一般来说，市盈率越高，投资者对该公司的发展前景看好，愿意出较高的价格购买该股票。因此，盈利能力较高、成长性较好的公司股票市盈率通常要高一些，而成长性较差的公司股票市盈率相对低一些。但是，较高的市盈率通常也意味着该股票具有较高的投资风险。

影响企业股票市盈率的因素有：①上市公司盈利能力的成长性。如果上市公司预期盈利能力不断提高，说明企业具有较好的成长性，则市盈率相对较高。②投资者所获取报酬率的稳定性。如果上市公司经营效益良好且相对稳定，则投资者获取的收益也较高且稳定，投资者就愿意持有该企业的股票，则该企业的股票市盈率会由于众多投资者的普遍看好而相应提高。③利率水平的变动。当市场利率水平变化时，市盈率也应作相应的调整。

【例3-26】沿用例3-22的资料，假定锦辰公司2023年年末每股市价为40元。请计算锦辰公司市盈率。

2023年年末市盈率 = 40 ÷ 1.69 = 23.67

（六）市净率

市净率是每股市价与每股净资产的比率，反映了公司股东权益的市场价值与账面价值之间的关系，是投资者用以衡量、分析个股是否具有投资价值的工具之一。市净率的计算公式为：

$$市净率 = \frac{每股市价}{每股净资产}$$

一般来说，市净率较低的股票，投资价值较高；反之，则投资价值较低。但有时较低市净率反映的可能是投资者对公司前景的不良预期，而较高市净率则相反。因此，在判断某只股票的投资价值时，还要综合考虑当时的市场环境以及公司经营情况、资产质量和盈利能力等因素。

【例3-27】沿用例3-24和例3-26资料，计算锦辰公司的市净率。

2023年年末市净率 = 40 ÷ 11.67 = 3.43

【微课视频】财务指标分析(下)

 【即测即评】上市公司财务指标分析

第三节　财务综合分析

　　财务指标分析从偿债能力、营运能力、盈利能力和发展能力等角度对企业的筹资活动、投资活动、经营活动和分配活动进行了细致的分析，为评价企业的财务状况和盈利能力提供了重要的参考。然而，财务分析的最终目的在于全面、准确、客观地揭示企业财务状况和经营情况，并对企业经济效益优劣做出合理的评价。因此，只有将企业各项分析指标有机地联系起来，才能从总体意义上把握企业财务状况和经营情况的优劣。因此，必须对企业进行财务综合分析。

　　传统的财务综合分析方法主要有杜邦分析法和沃尔评分法。

一、杜邦分析法

　　杜邦分析法，又称杜邦财务分析体系，是利用各主要财务比率指标间的内在联系，对企业财务状况及经济效益进行综合系统分析评价的方法。由于该方法是由美国杜邦公司率先采用并推广开的，因此而得名。

　　杜邦财务分析体系将若干反映企业盈利能力、偿债能力和营运能力的指标按其内在联系有机结合起来，形成一个完整的指标分析体系，并以净资产收益率指标来综合反映。

　　杜邦分析体系反映了以下几种主要的财务比率关系，具体可以分为两个层次。

第一层次：

（1）净资产收益率＝总资产净利率×权益乘数。

（2）总资产净利率＝销售净利率×总资产周转率。

基于以上两个关系，可以得出：

$$净资产收益率＝销售净利率×总资产周转率×权益乘数$$

第二层次：

（1）销售净利率 $=\dfrac{净利润}{销售收入净额}=\dfrac{销售收入-全部成本+其他利润-所得税}{销售收入净额}$。

（2）总资产周转率 $=\dfrac{销售收入净额}{总资产平均净额}$。

　　杜邦分析法将净资产收益率(权益净利率)分解，如图3-1所示。

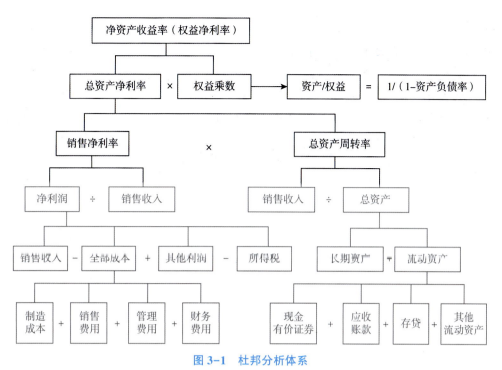

图 3-1 杜邦分析体系

注：上图中有关资产、负债与权益指标一般用平均值计算。

运用杜邦分析法需要抓住以下几点。

1. 净资产收益率是杜邦分析体系的起点

净资产收益率是一个综合性极强的财务指标，是杜邦分析体系的起点。财务管理的目标之一是实现股东财富最大化，净资产收益率反映了股东投入资金的盈利能力，说明了企业筹资、投资、资产营运等各项财务及其管理活动的效率，而不断提高净资产收益率是使所有者权益最大化的基本保证。净资产收益率高低的决定因素主要有三个，即销售净利率、总资产周转率和权益乘数。将净资产收益率指标变化的原因具体化，较单个综合性指标更能说明问题。

2. 销售净利率取决于销售收入与成本总额

销售净利率反映了企业净利润与销售收入的关系，它的高低取决于销售收入与成本总额的高低。提高销售净利率的途径主要有：①扩大销售收入。扩大销售收入既有利于提高销售净利率，又有利于提高总资产周转率。②降低成本费用。基于杜邦分析体系可以判断成本费用的基本结构是否合理，从而找出降低成本费用的途径和加强成本费用控制的办法。③提高其他利润。提高销售净利率的另一途径是提高其他利润。

3. 资产总额是影响总资产周转率的重要因素

资产总额由流动资产与非流动资产组成，它们的结构合理与否将直接影响资产的周转速度。一般来说，流动资产直接体现企业的偿债能力和变现能力，而非流动资产则反映企业的经营规模和发展潜力。两者之间应该保持合理的比例关系。如果发现某项资产比重过大，影响资金周转，就应深入分析其原因。例如，企业持有的货币资金超过业务需要，就会影响企业的盈利能力；如果企业占有过多的存货和应收账款，则既会影响获利能力，又会影响偿债能力。

4. 权益乘数主要受资产负债率的影响

权益乘数主要受资产负债率指标的影响。资产负债率越高，权益乘数就越高，说明企业的负债程度比较高，给企业带来了较多的杠杆利益，同时，也带来了较大的风险。

【例 3-28】锦辰公司 2022—2023 年度有关财务数据和财务比率如表 3-1、表 3-2 所示。运用杜邦分析法分析该企业净资产收益率变化的原因。

表 3-1　锦辰公司基本财务数据　　　　　　　　　　　　　单位：万元

年度	净利润	销售收入	总资产平均余额	净资产平均余额	全部成本	制造成本	销售费用	管理费用	财务费用
2022	605 822	2 101 149	4 526 919	3 972 733	1 278 574	577 203	430 890	204 703	65 778
2023	641 048	2 165 929	4 947 775	4 233 912	1 310 093	667 196	356 806	212 880	73 211

表 3-2　锦辰公司财务比率

年度	2023	2022
净资产收益率	15.14%	15.25%
权益乘数	1.17	1.14
总资产净利率	12.96%	13.38%
销售净利率	29.60%	28.83%
总资产周转率/次	0.44	0.46

（1）对净资产收益率的分析。该企业的净资产收益率从 2022 年的 15.25% 降至 2023 年的 15.14%。企业的投资者在很大程度上依据这个指标来判断是否投资或是否转让股份，也能够为考察经营者业绩和决定股利分配政策提供依据。

净资产收益率＝权益乘数×总资产净利率

2022 年　15.25% = 1.14 × 13.38%

2023 年　15.14% = 1.17 × 12.96%

通过分解可以明显地看出，该企业净资产收益率的变动在于资本结构（权益乘数）变动和资产利用效果（总资产净利率）变动两方面共同作用的结果，而该企业的总资产净利率降低，表明资产利用效果下降。

（2）对总资产净利率的分析。

总资产净利率＝销售净利率×总资产周转率

2022 年　13.38% = 28.83% × 0.46

2023 年　12.96% = 29.60% × 0.44

通过分解可以看出，2023 年销售净利率水平较上一年有所提升，盈利状况有所提升。然而，2023 年该企业的总资产周转率略有下降，说明资产的利用未得到较好的控制，暴露出比前一年较差的效果，表明该企业利用其总资产获得销售收入的效率在降低。

（3）对销售净利率的分析。

销售净利率＝净利润÷销售收入

2022 年　28.83% = 605 822 ÷ 2 101 149

2023 年　29.60% = 641 048 ÷ 2 165 929

该企业 2023 年销售收入和净利润水平都增加了，同时，净利润的增长率高于销售收入增长率，导致销售净利率水平增加。分析其原因可能是成本费用控制得较好，从表 3-1 可知：全部成本从 2022 年的 1 278 574 万元增加到 2023 年的 1 310 093 万元，增长率仅为 2.47%，低于销售收入增长率。

（4）对全部成本的分析。

全部成本 = 制造成本 + 销售费用 + 管理费用 + 财务费用

2022 年　1 278 574 = 577 203 + 430 890 + 204 703 + 65 778

2023 年　1 310 093 = 667 196 + 356 806 + 212 880 + 73 211

与 2022 年相比，2023 年该企业的制造成本、管理费用和财务费用有所增加，但销售费用控制得非常好，使得 2023 年全部成本增长率水平低于销售收入增长率水平。

（5）对权益乘数的分析。

权益乘数 = 资产总额 ÷ 股东权益

2022 年　1.14 = 4 526 919 ÷ 3 972 733

2023 年　1.17 = 4 947 775 ÷ 4 233 912

该企业 2023 年的权益乘数较 2022 年有所增加，说明企业的资本结构在 2022 年至 2023 年发生了变动。权益乘数越大，企业负债程度越高，偿还债务能力越弱，财务风险提高。这个指标同时也反映了财务杠杆对利润水平的影响。管理者应该准确把握企业所处的环境，准确预测利润，合理控制负债带来的风险。

（6）结论。

对于该企业，最为重要的就是要努力提高总资产周转率，增强营运效率，从而促进净资产收益率水平提高。

二、沃尔评分法

亚历山大·沃尔在 20 世纪初出版的《信用晴雨表研究》和《财务报表比率分析》中提出了信用能力指数的概念，他把若干个财务比率用线性关系结合起来，以此来评价企业的信用水平，被称为沃尔评分法。此后，这种方法不断发展，并成为财务综合分析的重要方法之一。

沃尔评分法的基本步骤为：

（1）选择评价指标并分配指标权重。首先从盈利能力、偿债能力和发展能力三个方面选择能反映企业财务状况的代表性指标。沃尔选择的财务比率有七种，分别是流动比率、产权比率、固定资产比率、存货周转率、应收账款周转率、固定资产周转率、股权资本周转率。然后按重要程度确定各项比率指标的权重，权重之和应为 100。

（2）确定各项比率指标的标准值，即各指标在企业现时条件下的最优值。规定财务比率评分值的上、下限，以减少个别指标异常对总分的不合理影响。

（3）计算企业在一定时期各项比率指标的实际值。

（4）计算相对比率，即企业实际比率与标准值的比值。

（5）形成综合得分，即相对比率与指标权重的加权平均值。如果综合得分等于或接近 100 分，表明企业的财务状况是良好的；如果综合评分远低于 100 分，则说明企业的财务状况较差，需要立即采取措施改善现状；如果综合评分远高于 100 分，则说明企业的财务状况很理想。

【例3-29】锦辰公司是一家白酒生产企业，2023年的沃尔综合评分的结果如表3-3所示。

表3-3 锦辰公司沃尔综合评分表

财务比率	比重①	标准比率②[1]	实际比率③	相对比率④＝③÷②	综合得分⑤＝①×④
盈利能力：					
总资产报酬率	20	14.8%	12.96%	0.88	17.51
成本费用利润率	10	19%	63.26%	3.33	33.29
净资产收益率	20	16.1%	15.14%	0.94	18.81
偿债能力：					
资产负债率	10	50%	15.61%	0.31	3.12
速动比率	10	161.2%	451%	2.80	27.98
存货周转率	10	3.3次	0.79次	0.24	2.39
发展能力：					
销售增长率	6.67	19.7%	3.08%	0.16	1.04
利润增长率	6.67	16.9%	3.39%	0.20	1.34
总资产增长率	6.67	15.6%	13.23%	0.85	5.66
合计	100				111.15

注1：标准比率采用经济科学出版社出版的《企业绩效评价标准值2015》中"白酒制造业"的数据。

从表3-3可知，锦辰公司的综合得分为111.15分，高于100分，表明该企业的总体财务状况较好。

然而，沃尔评分法也存在着一定的缺陷。一方面，财务比率的选择和财务指标权重的指定缺乏说服力；另一方面，如果被评价企业的某一财务指标严重异常时，会对最终的综合评分产生重大影响，使评分结果可信度下降。

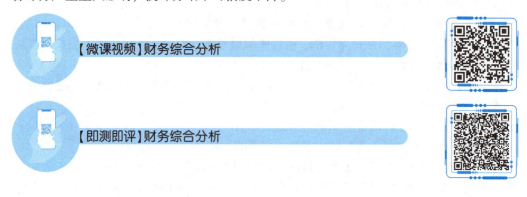

【微课视频】财务综合分析

【即测即评】财务综合分析

拓—思—悟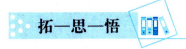

拓展阅读：

优化中央企业经营指标体系　推动加快实现高质量发展

贯彻落实党的二十大关于加快构建新发展格局、着力推动高质量发展的决策部署，国资委将中央企业2023年主要经营指标由原来的"两利四率"调整为"一利五率"，提出了"一增一稳四提升"的年度经营目标，推动中央企业提高核心竞争力，加快实现高质量发展，建设世界一流企业。

一是用净资产收益率替换净利润指标。原有的"两利"指标中，保留了利润总额指标，主要考虑利润总额包含净利润和上缴税费，能直观反映为社会创造的价值。同时，利润总额也是劳动生产总值的重要组成部分，可以直接体现对GDP的贡献。中央企业要保持一定规模的增长以支撑GDP的增长。对于与利润总额较为同质化的净利润调整为净资产收益率，主要考虑净资产收益率能够衡量企业权益资本的投入产出效率，反映企业为股东创造价值的能力，体现了国资委履行保障出资人权益、防止国有资产损失的法定职责，体现了国资委作为出资人对中央企业资本回报质量的要求，符合以"管资本"为主的监管导向，有利于引导中央企业更加注重投入产出效率，加大亏损企业治理力度，加快"两非""两资"剥离处置，盘活存量资产，提高资产使用效率，提升净资产创利能力和收益水平。

二是用营业现金比率替换营业收入利润率指标。这两个指标的分母均为营业收入，但营业收入利润率的分子为营业利润，营业现金比率的分子为经营活动产生的现金流量净额。营业现金比率与净资产收益率的结合，实现了财务三张主表的紧密耦合，体现了资产负债表观、损益表观与现金流量表观的统一融合。考核营业现金比率主要是为了体现国资委"要有利润的收入和要有现金的利润"的监管要求，有利于落实国有资产保值增值责任，有利于推动中央企业在关注账面利润基础上，更加关注现金流的安全，更加关注可持续投资能力的提升，从而全面提高企业经营业绩的"含金量"，真正实现高质量的发展。

三是继续保留资产负债率、研发经费投入强度、全员劳动生产率指标。从近年监管实践看，国资委坚持对资产负债率的考核很好地约束了部分企业盲目扩张的冲动，因此要继续坚持对资产负债率的约束。研发经费投入强度指标反映了高质量发展的内在要求，近几年在鼓励科技创新、推动技术转化、促进新型产业发展方面发挥了积极作用，也是解决创新能力不足的重要抓手，需要继续坚持并加大投入强度。下一步将加大对研发经费投入效果的后评价和考核，提高投入的效率和效益。全员劳动生产率指标主要衡量劳动力要素的投入产出效率，综合反映企业在国民经济中的社会贡献，部分中央企业还有很大提升空间，与世界一流企业相比存在较大差距，要通过提高全员劳动生产率深化三项制度改革，最大限度发挥广大员工的价值创造能力，从而推动全要素生产率的稳步提升。

资料来源：节选自袁野《优化中央企业经营指标体系　推动加快实现高质量发展》，2023-01-31，国务院国资委官方网站：http://www.sasac.gov.cn/n2588025/n2643314/c27112066/content.html

思考：企业高质量发展的基本要求是什么？新形势下如何进一步优化企业财务指标体系以适应企业高质量发展的要求？

体悟：高质量发展的内涵和要求。

本章小结

　　财务分析是以企业财务报告及其他相关资料为基础，运用一系列专门的财务分析技术和方法，对企业财务活动的效率进行分析和评价，为财务分析主体的经营决策、管理控制和监督管理提供有用信息的过程。

　　财务分析的方法主要有比率分析法和比较分析法。比率分析法的实质是将同一时期财务报表中影响财务状况的相关项目进行对比，通过计算一系列财务比率，揭示企业的财务状况。比较分析方法是将同一企业不同时期或不同企业同一时期的财务状况进行对比，反映企业财务状况变化和差异。

　　偿债能力是指企业偿还各类到期债务的能力。根据偿还期的长短，偿债能力可分为短期偿债能力和长期偿债能力。衡量短期偿债能力的指标主要有流动比率、速动比率、现金比率和现金流量比率；衡量长期偿债能力的指标主要有资产负债率、权益乘数、产权比率、偿债保障比率、利息保障倍数和现金利息保障倍数等。影响偿债能力的其他因素主要包括可动用的银行授信额度、或有负债和资产质量等。

　　营运能力主要指资产应用、循环效率的高低，反映企业的营业状况和经营管理水平。企业营运能力主要包括三个方面：流动资产营运能力、固定资产营运能力和总资产营运能力。反映流动资产营运能力的主要指标有应收账款周转率、存货周转率和流动资产周转率。

　　盈利能力是指企业赚取利润，实现资金增值的能力。反映企业盈利能力的主要指标有销售毛利率、销售净利率、总资产报酬率和净资产收益率。

　　发展能力是指企业在经营活动中所表现出的增长能力，反映企业未来发展前景与发展速度。评价企业发展能力的主要指标有：总资产增长率、净资产增长率、销售收入增长率、利润增长率。

　　反映上市公司财务状况的指标主要有每股收益、每股股利、每股净资产、每股现金净流量、市盈率和市净率等。

　　企业财务综合分析的方法主要有杜邦分析法和沃尔评分法。杜邦分析法是利用各主要财务比率指标间的内在联系，对企业财务状况及经济效益进行综合系统分析评价的方法。沃尔评分法是把若干个财务比率用线性关系结合起来，以此来评价企业的信用水平和财务状况的方法。

案例分析

盾安集团财务指标分析①

一、案例资料

　　总部设在杭州的盾安控股集团有限公司（以下简称"盾安集团"），2017 年再次取得骄

---

　　①　资料来源：作者根据浙江盾安人工环境股份有限公司和安徽江南化工股份有限公司历年年度报告及其他公开资料整理编写。

人的成绩，跻身中国企业 500 强和名列中国机械工业百强第 7 位、浙江百强企业第 27 位。令人瞠目结舌的是，仅仅几个月之后，2018 年 4 月 28 日，盾安集团向浙江省政府提交的一份《关于盾安集团债务危机情况的紧急报告》称，盾安集团面临严重的流动性困难，各项有息负债超 450 亿元，除了 120 亿元的待偿债券外，绝大部分银行和非银行金融机构的贷款将陆续到期，并且这些债务主要集中在浙江省。受此影响，2018 年 5 月 2 日，盾安集团旗下两家上市公司浙江盾安人工环境股份有限公司和安徽江南化工股份有限公司分别因"拟披露重大事项"和"盾安控股存在重大不确定性事项"同时停牌。2018 年 5 月 4 日，大公国际资信评估有限公司下调了盾安集团主体信用等级，从 AA＋下调为 AA−，评级展望调整为负面。

那么，盾安集团的债务危机究竟是偶然事件，还是存在必然之因呢？本案例将通过财务指标分析，探寻盾安集团债务违约的原因。

（一）公司简介

盾安控股集团有限公司创立于 1987 年，前身是诸暨店口振兴弹簧厂，1996 年和 2003 年先后更名为浙江盾安集团有限公司和盾安控股集团有限公司，总部设在杭州。盾安集团的主要产业包括先进装备制造、民爆化工、新能源、新材料、科技房产、资源能源开发和投资管理等。盾安集团先后三次荣获国家科技进步二等奖，获得"全国质量奖""浙江省政府质量奖""全国五一劳动奖状""中国低碳发展领军企业"等荣誉称号，通过国家工信部"两化融合管理体系"认证，拥有国家认定企业技术中心和国家 CNAS 实验室。2017 年，盾安集团成绩卓然，跻身中国企业 500 强（第 283 位）、中国民营企业 500 强（第 81 位）、中国机械工业百强（第 7 位）和浙江百强企业（第 27 位）。

盾安集团旗下有两家上市公司，分别为浙江盾安人工环境股份有限公司（股票简称：盾安环境，股票代码：002011）和安徽江南化工股份有限公司（股票简称：江南化工，股票代码：002226）。盾安环境于 2004 年在深圳证券交易所上市，主要业务包括制冷元器件与制冷设备的研发、生产和销售，以及提供节能服务系统解决方案。其中，制冷设备产业和制冷配件产业属于通用设备制造业行业，节能业务属于节能产业。江南化工于 2008 年在深圳证券交易所上市，已形成了民爆产品研发、生产、销售、爆破服务及工程承包一体化产业链，是中国民爆行业龙头企业。

（二）财务指标分析

财务指标分析是基于企业的财务报表等信息，计算相关财务指标，进而评价企业的财务状况和经营成果。考虑到数据的可得性，本文以盾安集团旗下两家上市公司盾安环境和江南化工为切入点，基于偿债能力、盈利能力、营运能力，对其财务状况进行分析。

1. 偿债能力分析

以流动比率和速动比率衡量公司的短期偿债能力，以资产负债率反映长期偿债能力，由表 3-4 可见，偿债能力不足的问题在盾安环境表现得非常突出。2013—2017 年，盾安环境的流动比率明显低于 2，除 2013 年外，其余年份的流动比率甚至都不足 1；速动比率也不理想，2014—2017 年的速动比率均低于 1。这说明，盾安环境的短期偿债能力较差。2013—2017 年，盾安环境的资产负债率都高于 60%，长期偿债能力较弱，财务风险较高。

表 3-4　偿债能力指标

年率	2013	2014	2015	2016	2017
盾安环境:					
流动比率	1.31	0.89	0.77	0.83	0.94
速动比率	1.03	0.69	0.59	0.64	0.75
现金比率	0.28	0.13	0.20	0.22	0.19
资产负债率	63.98%	66.04%	63.96%	61.58%	67.95%
江南化工:					
流动比率	1.55	1.68	1.36	2.43	2.35
速动比率	1.45	1.56	1.24	2.29	2.22
现金比率	0.72	0.73	0.41	0.56	1.45
资产负债率	26.63%	24.73%	22.13%	18.72%	20.65%

2. 盈利能力分析

盾安环境的传统主营业务是通用设备制造业，江南化工的主营业务是民爆行业。以营业毛利率、营业净利率和净资产收益率等盈利能力指标，反映盾安环境和江南化工的整体盈利水平，如表 3-5 所示。

表 3-5　盈利能力指标

年度	2013	2014	2015	2016	2017
盾安环境:					
营业毛利率	15.53%	17.07%	18.53%	18.58%	17.02%
营业净利率	2.59%	1.60%	1.16%	1.38%	0.99%
净资产收益率	4.86%	3.03%	1.87%	1.95%	3.62%
江南化工:					
营业毛利率	49.38%	48.70%	47.77%	46.90%	41.20%
营业净利率	18.46%	13.01%	5.19%	6.32%	7.27%
净资产收益率	12.61%	7.81%	2.12%	2.20%	2.92%

表 3-5 显示，2013—2017 年，盾安环境盈利状况表现出"增收不增利"的特征。营业毛利率总体呈现逐年上涨趋势，但 2017 年有所回落；营业净利率则逐年下降，2017 年营业净利率不及 1%。江南化工的营业毛利率持续小幅下滑；2015—2017 年，营业净利率下降幅度较大，不及 2013 年的一半；净资产收益率更是跌幅明显，2013 年为 12.61%，2014 年降至 7.81%，2015—2017 年进一步下跌到 3% 以下。总体而言，盾安环境和江南化工的盈利状况呈不断恶化的态势。

盾安环境与江南化工的盈利质量指标如表 3-6 所示。

表 3-6 盈利质量指标

年度	2013	2014	2015	2016	2017
盾安环境：					
营业现金比率	-0.08	0.02	0.05	0.02	0.03
全部资产现金回收率	-0.05	0.01	0.03	0.01	0.02
江南化工：					
营业现金比率	0.09	0.21	0.17	0.14	0.18
全部资产现金回收率	0.04	0.09	0.05	0.04	0.06

表 3-6 显示，盾安环境和江南化工的现金回收情况不乐观，特别是盾安环境，盈利质量较差，营业现金比率和全部资产现金回收率水平较低，2013 年甚至为负值。2015 年，盾安环境的销售获现能力达到五年间的顶峰水平，但营业现金比率和全部资产现金回收率也仅为 0.05 和 0.03；2017 年，营业现金比率和全部资产现金回收率分别为 0.03 和 0.02。江南化工的情况要略好于盾安环境，2017 年营业现金比率和全部资产现金回收率分别为 0.18 和 0.06。

3. 营运能力分析

本部分基于资产周转率对盾安环境和江南化工的营运能力进行分析，具体包括应收账款周转率、存货周转率、流动资产周转率、固定资产周转率和总资产周转率，如表 3-7 所示。

表 3-7 营运能力指标

年度	2013	2014	2015	2016	2017
盾安环境：					
应收账款周转率	6.26	5.72	5.07	4.53	4.99
存货周转率	5.39	5.01	4.98	4.51	4.98
流动资产周转率	1.37	1.33	1.42	1.25	1.28
固定资产周转率	5.02	4.89	3.85	3.74	5.14
总资产周转率	0.66	0.66	0.56	0.53	0.65
江南化工：					
应收账款周转率	7.29	5.11	3.62	3.30	3.84
存货周转率	10.40	9.47	7.12	6.89	8.69
流动资产周转率	1.54	1.28	1.12	0.90	0.80
固定资产周转率	2.60	2.13	1.50	1.53	1.87
总资产周转率	0.52	0.45	0.31	0.28	0.32

表 3-7 表明，两家公司的营运能力总体趋势下行。就盾安环境而言，流动资产周转率总体有所下滑，2016—2017 年的流动资产周转率低于 2013—2014 年。2013—2016 年应收账款周转率和存货周转率持续下降，2017 年略有回升，但仅仅略高于 2016 年；固定资产周转率和总资产周转率表现出同样的特征。2013—2016 年，江南化工的应收账款周转率和

存货周转率持续下降，特别是应收账款周转率下降非常明显，从 2013 年的 7.29 一直下跌到 2016 年的 3.30，2017 年虽然提高到 3.84，但应收账款周转率水平仍处于较低水平；2013—2017 年流动资产周转率持续下跌，2016 年和 2017 年均不足 1。这些指标在一定程度上反映出盾安环境和江南化工的经营状况不佳。

综上分析，盾安环境和江南化工面临着偿债能力弱、财务风险较高，盈利能力弱、盈利质量较差，营运能力下降、经营状况恶化等问题，而公司的经营和盈利状况不佳，又会进一步削弱公司的偿债能力。作为盾安集团旗下的上市公司，盾安环境和江南化工偿债能力保障程度较低，不可避免会影响盾安集团的债务质量和偿债能力。

二、问题提出

1. 财务分析有什么作用？

2. 本案例中使用的财务分析方法有哪些？

3. 本案例从哪些方面反映了企业的财务状况？具体的衡量指标有哪些？

同步训练

一、单项选择题

1. 下列财务指标中，反映企业短期偿债能力的是（   ）。

A. 现金流量比率　　　　　　　　　B. 资产负债率

C. 偿债保障比率　　　　　　　　　D. 利息保障倍数

2. 下列财务比率中，反映企业营运能力的是（   ）。

A. 产权比率　　　　　　　　　　　B. 流动比率

C. 存货周转率　　　　　　　　　　D. 总资产利润率

3. 企业大量增加速动资产可能导致（   ）。

A. 减少资金的机会成本　　　　　　B. 增加资金的机会成本

C. 增加财务风险　　　　　　　　　D. 提高流动资产的报酬率

4. 下列关于市净率的说法中，正确的是（   ）。

A. 市净率反映了公司市场价值与盈利能力之间的关系

B. 如果公司股票的市净率小于 1，说明该公司股价低于每股净资产

C. 公司的前景越好，风险越小，其股票的市净率也会越低

D. 市净率越高的股票，其投资风险越小

二、判断题

1. 通过财务分析，可以全面评价企业在一定时期内的各种财务能力。　　　　（　　）

2. 总资产净利率是杜邦分析体系的起点。　　　　　　　　　　　　　　　（　　）

3. 或有负债不是企业现时的负债，因此不会影响企业的偿债能力。　　　　（　　）

4. 每股收益等于企业的利润总额除以发行在外的普通股平均股数。　　　　（　　）

5. 权益乘数的高低取决于企业的资本结构，资产负债率越高，权益乘数越高，财务风险越大。　　　　　　　　　　　　　　　　　　　　　　　　　　　　　　　　（　　）

三、计算分析题

1. 锦安公司 2022 年度和 2023 年度财务有关资料如表 3-8 所示。

表 3-8　锦安公司财务资料

项目	2022 年	2023 年
净利润/万元	20 000	25 000
优先股股息/万元	2 500	2 500
普通股股利/万元	15 000	20 000
普通股权益额/万元	120 000	180 000
发行在外的普通股平均股数/万股	160 000	180 000
年末每股市价/元	4	4.5

要求：根据所给资料计算该公司 2022 年和 2023 年的每股收益、每股股利、每股净资产和市盈率指标。

2. 锦丰公司 2023 年销售收入为 20 万元，赊销比例为 80%，销售净利率为 16%，存货周转率为 5 次，期初存货余额为 2 万元；期初应收账款余额为 4.8 万元，期末应收账款余额为 1.6 万元；期初总资产为 30 万元，期末总资产为 50 万元。

要求：计算该公司的应收账款周转率、总资产周转率和总资产净利率。

第四章　长期筹资

知识目标：

1. 识别长期筹资的动机，列举各种筹资渠道与方式，区分长期筹资的类型，解释筹资管理的原则，阐述资金需要量的预测方法。

2. 识别吸收直接投资、发行普通股和留存收益等不同股权筹资方式的特点和适用情况。

3. 识别长期借款、发行债券和租赁等不同债务筹资方式的特点和适用情况。

4. 分析优先股筹资、可转换债券筹资和附认股权证筹资等混合筹资的特点和适用条件

能力目标：

1. 能够针对具体情景或案例，采用合适的方法，科学合理地预测企业的资金需要量。

2. 能够评估企业在不同发展阶段和市场环境下的筹资需求，并据此选择合适的筹资方式，初步具备设计筹资方案的实践能力。

价值塑造：

1. 通过对筹资管理原则和资金需要量预测的学习，认识企业筹资活动中科学决策的重要性，增强职业责任感，提升风险意识。

2. 通过分析和探讨不同筹资方式的特点及适用情况，培养从企业整体战略的角度出发理解和思考问题的能力，形成战略思维，树立全局意识。

知识图谱

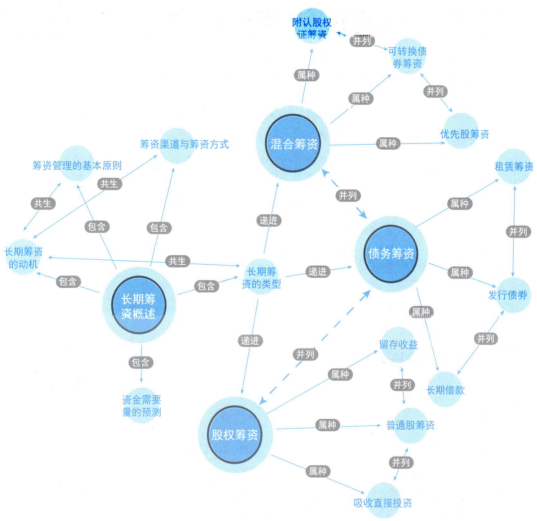

长期筹资

引导案例

资本市场进入全面注册制时代①

2023年2月17日，中国证监会发布全面实行股票发行注册制相关制度规则，证券交易所、全国股转公司、中国结算、中证金融、证券业协会配套制度规则同步发布实施。这是中国资本市场改革发展又一个重要里程碑，标志着核准制正式退出历史舞台，资本市场全面迈入了注册制时代。

此次发布的制度规则共165部，内容涵盖发行条件、注册程序、保荐承销、重大资产重组、监管执法、投资者保护等各个方面。主要内容可总结为五点：一是精简优化发行上市条件。注册制坚持以信息披露为核心，设置了多元包容的上市条件。二是完善审核注册程序。坚持证券交易所审核和证监会注册各有侧重、相互衔接的基本架构，进一步明晰证券交易所和证监会的职责分工，提高审核注册效率和可预期性。三是优化发行承销制度。对新股发行价格、规模等不设任何行政性限制，完善以机构投资者为参与主体的询价、定价、配售等机制。四是完善上市公司重大资产重组制度。明确上市公司发行股份购买资产统一实行注册制，完善重组认定标准和定价机制，强化对重组活动的事中事后监管。五是强化监管执法和投资者保护，依法从严打击违法行为，细化责令回购制度安排。此外，全国股转公司注册制有关安排与证券交易所总体一致，并基于中小企业特点做出差异化安排。

思考与讨论：

1. 注册制和核准制主要有什么区别？
2. 全面注册制的落地实施将如何影响我国资本市场？

 【实务链接】中国证监会：注册制系列科普视频

第一节　长期筹资概述

筹资活动是企业资金运动的起点，企业在创立和发展过程中都不可避免地需要筹资。企业筹资是指企业作为筹资主体，为满足日常经营活动、投资活动、资本结构调整以及其他需要，运用一定的筹资方式，通过一定的筹资渠道，筹措和获取资金的一种财务行为。

按照筹资期限的不同，企业筹资可以分为短期筹资和长期筹资。短期筹资通常采用商业信用、短期借款等形式，所筹集的资金可使用期限一般不超过一年。长期筹资通常采用吸收直接投资、发行股票、发行债券、长期借款、租赁等方式，所筹集的资金可供企业长期(一般为一年以上)使用。长期筹资是企业筹资的主要方面，也是财务管理研究的主要内

---

① 资料来源：改编自"全面实行股票发行注册制制度规则发布实施"，中国证监会官方网站，http://www.csrc.gov.cn/csrc/c100028/c7123213/content.shtml。

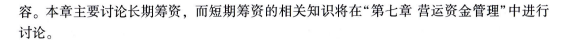

容。本章主要讨论长期筹资，而短期筹资的相关知识将在"第七章 营运资金管理"中进行讨论。

一、长期筹资的动机

企业筹资的基本目的是自身的生存和发展。但在具体的筹资活动中，其筹资行为往往受到特定动机的驱使。这些筹资动机有时是单一的，有时是复合的，归纳起来可以分为四种基本类型。

(一)创立性筹资动机

创立性筹资动机是指在企业新建时，为了取得资本金并形成开展经营活动的基本条件而产生的筹资动机。根据《中华人民共和国公司法》《中华人民共和国合伙企业法》《中华人民共和国个人独资企业法》等相关法律的规定，公司在设立时都要求有与企业经营规模相匹配的一定数量的资金，以购建厂房设备、安排铺底流动资金，从而形成企业的经营能力。

(二)支付性筹资动机

支付性筹资动机是指企业为了满足经营业务活动的正常波动所形成的支付需要而产生的筹资动机。企业在运营过程中，除了维持正常生产经营活动所需资金，经常会出现季节性、临时性的支付需要，如原材料购买的大额支付、员工工资的集中发放、银行借款的提前偿还等。这些情况就需要通过临时性的筹资来维持企业的支付能力。

(三)扩张性筹资动机

扩张性筹资动机是指企业为了满足扩大经营规模或对外投资的需要而产生的筹资动机。扩张性筹资动机是企业最主要的筹资动机，尤其是具有良好发展前景、处于成长期的企业，往往都需要大量追加筹资，因而会产生扩张性的筹资动机。扩张性筹资通常会导致企业资产总额的增加和资本结构的变化。

(四)调整性筹资动机

调整性筹资动机是指企业为了满足调整现有资本结构的需要而产生的筹资动机。资本结构是指企业各种资本的构成及其比例关系，如股权资本与债务资本之比、长期资本和短期资本之比。同一个企业，在不同的时期，由于筹资方式的组合不同，会形成不同的资本结构。企业调整资本结构的目的在于降低资本成本，控制财务风险，提升企业价值。

二、筹资渠道与筹资方式

企业的长期筹资活动需要通过一定的渠道、采用一定的方式来完成。其中，筹资渠道解决的是资金从哪里来的问题，筹资方式则解决资金以什么方式来的问题。同一筹资方式可能适用于不同的筹资渠道，同一渠道的资金也可能采用不同的筹资方式取得。企业在长期筹资时，应实现两者的合理配合。

(一)筹资渠道

筹资渠道是指企业筹集资金的来源方向与通道，它反映了资金的源泉和流量。筹资渠道属于客观范畴，主要与一国的经济发展水平、金融市场完善程度和制度安排等有关。

我国企业目前的筹资渠道主要有国家财政资金、银行信贷资金、非银行金融机构资金、其他企业资金、民间资金、企业自留资金、外商资金等。

（二）筹资方式

筹资方式是指企业筹集资金所采取的具体手段和形式，主要包括吸收直接投资、发行股票、发行债券、金融机构借款、租赁、留存收益、商业信用等。

1. 吸收直接投资

吸收直接投资是指企业以投资合同、协议等形式定向地吸收国家、法人、自然人等投入资金的筹资方式。这种筹资方式不以股票为媒介，主要适用于非股份制公司筹集股权资本。

2. 发行股票

发行股票是指企业以发售股票的方式取得资金的筹资方式。股票是股份有限公司签发的证明股东所持股份的凭证，代表着股东对公司的所有权。股票的发售对象，可以是社会公众，也可以是特定的投资主体。发行股票是股权筹资的重要方式，只适用于股份有限公司。

3. 发行债券

发行债券是指企业以发售债券的方式取得资金的筹资方式。债券是公司依照法定程序发行、约定在一定期限还本付息的有价证券。

4. 金融机构借款

金融机构借款是指企业根据借款合同从银行或非银行金融机构取得资金的筹资方式。企业借入的款项，使用期限超过一年的称为长期借款，一年以内的称为短期借款。这种筹资方式具有灵活、方便的特点，广泛适用于各类企业。

5. 租赁

租赁是指企业与出租方签订租赁合同，向出租方支付租金以取得租赁物资产，通过对租赁物的占有和使用取得资金的筹资方式。租赁并不直接取得货币性资金，而是直接取得实物资产。

6. 留存收益

留存收益包括盈余公积和未分配利润。利用留存收益，是企业将当年利润转化为股东对企业追加投资的过程。

7. 商业信用

商业信用是指企业之间在商品或劳务交易中，由于延期付款或延期交货所形成的借贷信用关系。商业信用是由业务供销活动而形成的，它是企业短期资金的一种重要来源。

三、长期筹资的类型

按照不同的分类标准，企业的长期筹资可以区分为不同的类型。

（一）直接筹资与间接筹资

按筹资活动是否借助金融机构为媒介，长期筹资可分为直接筹资和间接筹资两种类型。

1. 直接筹资

直接筹资是指企业不通过金融机构，直接与资金供应者协商来筹措资金。直接筹资方式主要有发行股票、发行债券、吸收直接投资等。通过直接筹资既可以筹集股权资金，也可以筹集债务资金。这种筹资方式的筹资手续比较复杂，筹资费用较高，但筹资范围更广阔，能够最大限度地利用社会资金，有利于提高企业的知名度，改善企业的资本结构。

2. 间接筹资

间接筹资是指企业借助于银行等金融机构来筹措资金。在间接筹资方式下，银行等金融机构发挥中介作用，预先集聚资金，然后提供给企业。间接筹资的基本方式是银行借款和租赁。间接筹资手续相对简便，筹资效率高，筹资费用较低，但筹资渠道和方式较为单一。

（二）内部筹资与外部筹资

按资金的来源范围不同，长期筹资可分为内部筹资和外部筹资两种类型。

1. 内部筹资

内部筹资是指企业在内部通过利润留存而形成的筹资来源，其数额大小主要取决于企业可分配利润的规模和利润分配政策。

2. 外部筹资

外部筹资是指企业向外部筹措资金而形成的筹资来源。处于初创期的企业，内部筹资的可能性是有限的，处于成长期的企业，内部筹资也往往难以满足需要，这就需要企业广泛地开展外部筹资，如发行股票、发行债券、长期借款等。

内部筹资一般无须花费筹资费用，而外部筹资大多需要一定的筹资费用，因此，企业应在充分利用内部筹资后，再考虑外部筹资问题。

（三）股权筹资、债务筹资及混合筹资

按资本属性不同，长期筹资可分为股权筹资、债务筹资及混合筹资三种类型。

1. 股权筹资

股权筹资形成企业的股权资本，是企业依法长期拥有、能够自主调配运用的资本，故也称为自有资本、主权资本或权益资本。股权资本是企业从事生产经营活动和偿还债务的基本保证，是代表企业基本资信状况的一个主要指标。企业的股权资本项目包括实收资本（股本）、资本公积、盈余公积和未分配利润等，一般通过吸收直接投资、发行股票、留存收益等方式取得。股权资本一旦投入，在企业持续经营期间投资者不得抽回，因而被视为企业的"永久性资本"，财务风险小，但付出的资本成本相对较高。

2. 债务筹资

债务筹资形成企业的债务资本，是企业按合同取得的，在规定期限内需要清偿的债务。债务资本一般通过长期借款、发行债券、租赁等方式取得。由于债务筹资都是临时性来源，由此形成的资金需要承担到期还本付息的义务，因而债务资本的财务风险较大，但付出的资本成本相对较低。

3. 混合筹资

混合筹资兼具股权筹资与债权筹资双重性质，主要包括发行可转换债券、发行优先股

和发行认股权证筹资。

四、筹资管理的基本原则

企业应在严格遵守国家有关法律法规的前提下，综合考虑影响筹资的各种因素，权衡资金的性质、数量、成本和风险，合理选择筹资方式，不断优化资本结构。企业在资金筹集时应遵循下列基本原则。

（一）合法性原则

合法的资金筹集是国家金融秩序正常的重要组成部分，在前面章节中我们已分析过宏观环境对企业理财活动的影响，其中法律因素是企业理财中必须考虑的外部环境，企业的一切经营活动都必须在法律的约束下进行，尤其是资金的筹集。例如，《中华人民共和国公司法》中对企业法定公积金的提取比例的规定，外部筹资中企业不得通过非法渠道筹资干扰正常的金融秩序等。因此，企业的筹资行为和筹资活动必须遵循国家的相关法律法规，依法履行法律法规和投资合同约定的责任，合法合规使用投资者资金，依法披露信息，维护各方的合法权益。

（二）科学性原则

企业的日常经营和扩大再生产等都会产生对资金的需求，企业筹资应科学、合理预测资金的需要量。筹资规模与资金需要量应当匹配一致，筹资过多会导致企业资本成本上升、资金闲置，筹资不足则会影响生产经营的正常进行，因此应利用科学的方法为企业的资金需求做出较为准确的预测。

（三）及时性原则

企业的生产经营活动和投资活动具有一定的阶段性，在不同的阶段对资金需求的数量有不同要求。按照货币时间价值原理，同等数量的资金，在不同时点上具有不同的价值。企业应根据生产经营和投资的进度，合理安排资金筹集到位的时间，使筹资与用资在时间上相衔接。既避免过早取得资金带来的闲置，又防止时间滞后错过资金投放的最佳时间。

（四）经济性原则

筹资渠道是企业筹集资金来源的方向和通道，而筹资方式指企业筹集资金所采取的具体形式。企业无论采用哪种渠道和何种方式筹集资金，都要付出资本成本的代价，不同的筹资渠道和筹资方式所取得的资金，其资本成本各有差异，而每种筹资方式又各有优缺点。例如，银行借款筹资时间快、成本低、容易获得，但需归还债权人，对企业资金保障作用低；普通股是永久性资本，对企业资金保障作用高，但资本成本高、筹资时间长、难度大。因此企业应当在考虑筹资难易程度的基础上，针对不同来源资金的成本进行分析，尽可能选择经济、可行的筹资渠道与方式，力求降低筹资成本。

（五）合理性原则

资本结构是指企业各种来源资本的构成和比例关系。根据现代资本结构理论，企业筹资要综合考虑股权资本与债务资本的关系、长期资本与短期资本的关系、内部筹资与外部筹资的关系，因为合理安排资本结构可以降低企业的综合资本成本率，防范财务危机，获得财务杠杆利益和增加公司价值。

五、资金需要量的预测

科学合理地预测资金需要量是企业开展筹资活动的基本前提。在财务管理实践中，资金需要量的预测主要有定性和定量两类方法，下面着重介绍几种定量预测方法。

（一）因素分析法

1. 因素分析法的原理

因素分析法又称分析调整法，是以有关项目基期年度的平均资金需要量为基础，根据预测年度的生产经营任务和资金周转加速的要求，进行分析调整，来预测资金需要量的一种方法。其基本模型为：

$$资金需要量 =（基期资金平均占用额 - 不合理资金占用额）\times$$
$$（1+预测期销售增长率）\times（1-预测期资金周转速度增长率）$$

2. 因素分析法的运用

【例4-1】锦辰公司上年度资金平均占用额为4 000万元，经分析，其中不合理部分为500万元，预计本年度销售增长8%，资金周转加速5%。请预测该公司本年度的资金需要量。

根据因素分析法的基本模型，锦辰公司本年度的资金需要量为：

本年度资金需要量 =（4 000-500）×（1+8%）×（1-5%）= 3 591（万元）

因素分析法计算简单，容易掌握，但预测结果不太精确。因此通常用于匡算企业全部资本的需要额，或者用于品种繁多、规格复杂、资金用量小的项目。在实际运用中，应注意科学合理地分析和判断影响资金需要量的各种因素，以及这些因素与资金需要量的关系，以提高预测的准确性。

（二）回归分析法

1. 回归分析法的原理

回归分析法假定企业的资金需要量与产销量（或业务量）之间存在线性关系，建立数学模型，然后根据企业的历史资料，利用最小二乘法原理，用回归直线方程确定相关参数，再结合预计的销售量进行资金需要量预测。其基本模型为：

$$Y = a + bX$$

式中　Y——资金需要量；

　　　a——不变资金；

　　　b——单位产销量所需变动资金；

　　　X——产销量。

模型中参数 a 和 b 的数值可通过建立回归直线的联立方程组求得。

$$\begin{cases} \sum Y = na + b \sum X \\ \sum XY = a \sum X + b \sum X^2 \end{cases}$$

回归分析法就其本质而言是一种资金习性预测法，即按照资金习性来预测未来资金需要量。

所谓资金习性，是指资金的变动同产销量变动之间的依存关系。按照资金习性可以把资金分为不变资金、变动资金和半变动资金。其中，不变资金是指在一定的产销量范围内，不受产销量变动的影响而保持固定不变的那部分资金。主要包括为维持经营而占用的最低数额的现金、原材料的保险储备、必要的成品储备以及固定资产占用的资金。变动资金是指随产销量的变动而同比例变动的那部分资金。主要包括直接材料、外购件等占用的资金，另外，存货、应收账款等也具有变动资金的性质。半变动资金是指虽然受产销量变动的影响，但不成同比例变动的资金，如一些辅助材料、燃料等占用的资金。半变动资金可以采用一定的方法划分为不变资金和变动资金两部分。

2. 回归分析法的运用

【例 4-2】锦辰公司近年来产销量和资金变化情况如表 4-1 所示，预计其 2024 年度销售量为 560 万台，请预测该公司 2024 年的资金需求量。

表 4-1　产销量与资金占用历史资料

年度	产销量(X_i)/万台	资金占用(Y_i)/万元
2018	240	500
2019	320	580
2020	325	630
2021	390	690
2022	480	720
2023	500	750

根据上述相关资料，编制资金需要量预测表，如表 4-2 所示。

表 4-2　资金需要量预测表

年度	产销量(X_i)/万台	资金占用(Y_i)/万元	X_iY_i	X_i^2
2018	240	500	120 000	57 600
2019	320	580	185 600	102 400
2020	325	630	204 750	105 625
2021	390	690	269 100	152 100
2022	480	720	345 600	230 400
2023	500	750	375 000	250 000
$n=6$	$\sum X_i = 2\ 255$	$\sum Y_i = 3\ 870$	$\sum X_iY_i = 1\ 500\ 050$	$\sum X_i^2 = 898\ 125$

将表中的数据代入联立方程组，可得：

$$\begin{cases} 3\ 870 = 6a + 2\ 255b \\ 1\ 500\ 050 = 2\ 255a + 898\ 125b \end{cases}$$

解得：$a = 306.63$，$b = 0.90$

将 a，b 代入 $Y = a + bX$，得到资本需要量预测模型：

$$Y = 306.63 + 0.90X$$

将 2024 年预计销售量 560 万台代入上式，得出 2024 年预计资金需要量为：

$$Y = 306.63 + 0.90 \times 560 = 810.63(万元)$$

运用回归分析法需要注意两个问题：①回归分析法假设资金需要量与产销量之间存在线性关系，这一假定应该符合企业实际，并且在未来可以持续；②在确定参数 a 和 b 的数值时，应利用连续若干年的历史资料，至少要有 3~5 年的资料，否则会产生较大的误差，影响预测质量。

(三)销售百分比法

1. 销售百分比法的原理

销售百分比法假设销售收入与某些资产负债表项目和利润表项目之间存在稳定的百分比关系，并据此预测资金需要量。例如，某企业上年度销售量为 5 000 件，销售收入为 100 000 万元，如果今年销售收入增加 10%，则可以合理地预期，销售成本等利润表项目和存货等资产负债表项目也很有可能同比增加 10%。

销售百分比法是预测资金需要量的一种基本方法，这种方法将反映生产经营规模的销售因素与反映资金占用的资产因素连接起来，根据销售收入与资产的比例关系预计资产额，根据资产额预计相应的负债和所有者权益，再根据会计等式，确定外部筹资额。

2. 销售百分比法的运用

运用销售百分比法的基本步骤如下。

(1)确定随销售收入变动而变动的敏感资产和敏感负债项目。

随着企业销售规模的扩大，一些资产项目将占用更多的资金，相应地，短期负债也会增加。如销售扩张会带来存货增加，存货增加又会导致应付账款增加，短期负债可以为企业提供暂时性资金来源。在资产负债表中，有些项目与销售收入之间存在着稳定的百分比关系，而另一些项目与销售收入之间不存在直接的关系。我们把前者称为敏感项目，后者称为非敏感项目。对于不同的企业而言，敏感项目和非敏感项目往往也是不同的，需要根据企业的具体情况进行分析。

敏感项目包括敏感资产项目和敏感负债项目。敏感资产项目一般包括货币资金、应收账款、存货等；敏感负债项目一般包括应付账款、应付费用等。

短期借款、短期融资券、长期负债等筹资性负债和固定资产、长期股权投资、递延资产等长期资产通常属于非敏感项目，在短期内不与销售收入同比例变动。

(2)确定敏感资产项目和敏感负债项目与销售收入的比例关系。

根据企业若干年的历史资料，并参考同行业情况，在剔除不合理的资金占用后，确定敏感资产项目和敏感负债项目与销售收入之间的稳定百分比关系。

$$某敏感项目的销售百分比 = 该敏感项目金额 \div 销售收入 \times 100\%$$

(3)计算预测期各敏感项目的预计数。

$$某敏感项目的预计数 = 预计销售收入 \times 该敏感项目的销售百分比$$

(4)预测留存收益的增加额。

预测期企业销售收入的增加最终会形成企业利润及税后利润的增加，并在扣除一定的股利支付后形成企业的留存收益。留存收益作为企业内部的资金来源，可以满足或部分满足企业的资金需要。

$$预计留存收益增加额 = 预计销售收入 \times 销售净利率 \times 留存比率$$
$$留存比率 = 1 - 股利支付率$$

（5）预测企业资金需要总额和外部筹资额。

根据会计恒等式的原理，由于销售增长而需要的资金需求增长额，一部分是由增加的负债提供，另外一部分是由增加的留存收益提供，在扣除这两部分后即为所需要的外部筹资额。因此，采用增加额法，有以下等式：

外部筹资额 = 预计资产增加额 − 预计负债增加额 − 预计留存收益增加额

或采用总额法，有以下等式：

外部筹资额 = 预计资产总额 − 预计负债总额 − 预计所有者权益总额

【例4-3】锦辰公司上年度的销售收入为 20 000 万元，上年年末的资产负债表（简表）如表4-3所示。公司市场部预测本年度销售收入将比上年增长20%，且公司有足够的生产能力，无须为此增加固定资产投资。该公司销售净利率为10%，股利支付率为70%。另据历年财务数据分析，锦辰公司的流动资产与流动负债将随销售收入同比率增减。

请预测该公司本年度的外部筹资额。

表4-3 锦辰公司上年年末资产负债表（简表）　　　　　　单位：万元

资产	期末余额	负债与所有者权益	期末余额
货币资金	1 500	应付账款	1 000
应收账款	3 000	应付票据	2 000
存货	6 000	长期借款	9 000
固定资产	7 000	实收资本	4 000
无形资产	1 000	留存收益	2 500
资产总计	18 500	负债与所有者权益总计	18 500

（1）确定敏感资产和敏感负债项目。

根据锦辰公司的资产负债表，确定表中货币现金、应收账款、存货为敏感资产项目，确定表中应付账款、应付票据为敏感负债项目，也即销售收入的变化将引起这些项目的同比例变化。其他资产负债表项目为非敏感项目，不会随销售收入的变化而变化。

（2）确定敏感资产项目和敏感负债项目与销售收入的比例关系。

根据锦辰公司的历史资料，计算各敏感项目的销售百分比，如表4-4所示。

（3）计算预测期各敏感项目的预计数。

根据预测期销售收入，计算各敏感项目的预计数，如表4-4所示。

表4-4 锦辰公司本年预计资产负债表（简表）　　　　　　单位：万元

项目	上年期末余额	销售百分比	预计本年期末余额
货币资金	1 500	7.5%	1 800
应收账款	3 000	15%	3 600
存货	6 000	30%	7 200
固定资产	7 000	N	7 000
无形资产	1 000	N	1 000
资产总计	18 500	—	20 600

续表

项目	上年期末余额	销售百分比	预计本年期末余额
应付账款	1 000	5%	1 200
应付票据	2 000	10%	2 400
长期借款	9 000	N	9 000
负债合计	12 000	—	12 600
实收资本	4 000	N	4 000
留存收益	2 500	N	3 220
所有者权益合计	6 500	—	7 220
负债与所有者权益总计	18 500	—	19 820

注：表中的 N 表示该项目为非敏感项目，不随销售收入的变化而变化。

（4）预测留存收益的增加额。

$$预计留存收益增加额 = 20\ 000 \times (1+20\%) \times 10\% \times (1-70\%)$$
$$= 720（万元）$$

（5）预测本年度外部筹资额。

$$外部筹资额 = 预计资产增加额 - 预计负债增加额 - 预计留存收益增加额$$
$$= 2\ 100 - 600 - 720$$
$$= 780（万元）$$

或：

$$外部筹资额 = 预计资产总额 - 预计负债总额 - 预计所有者权益总额$$
$$= 20\ 600 - 12\ 600 - 7\ 220$$
$$= 780（万元）$$

【即测即评】长期筹资概述

第二节　股权筹资

企业在经营过程中使用的全部资金有两个来源：股东提供的股权资本和债权人提供的债务资本。其中，股权资本一旦投入就成为企业的永久性资金来源，在企业持续经营期间无须还本，是企业最重要的资金来源。

企业的股权资本通过股权筹资形成，具体包括吸收直接投资、发行普通股、留存收益等几种方式。其中，吸收直接投资和发行普通股属于外部筹资，留存收益属于内部筹资。股权筹资是企业最基本的筹资方式。

一、吸收直接投资

吸收直接投资是指企业按照"共同投资、共同经营、共担风险、共享收益"的原则，以投资合同、协议等定向地直接吸收国家、法人、个人和外商投入资金的一种筹资方式。吸收直接投资是非股份制企业筹集资本金的基本方式。

（一）吸收直接投资的种类

1. 吸收国家投资

吸收国家投资是国有企业筹集自有资金的主要方式。国家投资是指有权代表国家投资的政府部门或者机构，以国有资产投入企业，由此形成国家资本金。吸收国家投资时其产权归属于国家，一般资本数额较大，同时资金的运用和处置受国家约束也较大。

2. 吸收法人投资

吸收法人投资是指其他法人单位以其依法可以支配的资产投入企业，由此形成法人资本金。吸收法人投资广泛发生在法人单位之间，其出资方式灵活多样，多以参与公司利润分配或获取控制权为目的。

3. 吸收社会公众投资

吸收社会公众投资是指社会个人或企业内部职工以个人合法财产投入企业，由此形成个人资本金。其主要特点是参加投资的人数较多，但投资的金额相对较少，一般以参与公司利润分配为目的。

4. 吸收外商直接投资

外商投资，是指外国的自然人、企业或者其他组织（以下简称外国投资者）直接或间接在中国境内进行的投资。外商投资企业，是指全部或者部分由外国投资者投资，依照中国法律在中国境内登记注册设立的企业。

（二）吸收直接投资的出资方式

1. 以货币资金出资

以货币资金出资是吸收直接投资中最重要也是最常见的出资方式。企业有了货币资金就可以迅速购置各种物质资源，形成企业的生产能力；还可用于支付各种费用，满足企业资金周转的需要。

2. 以实物资产出资

以实物资产出资是指投资者以房屋、建筑物、设备等固定资产和原材料、产品等流动资产作价投资。这些实物资产是企业进行生产经营不可或缺的基础，能尽快形成企业的生产能力。在吸收实物资产投资时，应重点关注实物资产的实用性问题和实物资产估价的问题。

3. 以无形资产出资

以无形资产出资是指投资者以专有技术、商标权、专利权、非专利技术、土地使用权等无形资产作价投资。无形资产虽然不具有实物形态，但也能给企业带来经济效益。由于无形资产的价值具有很大的不确定性，企业在吸收无形资产投资时应遵循谨慎性原则，进行详细的分析和论证，公平合理地估算无形资产的价值。

（三）吸收直接投资的筹资特点

1. 吸收直接投资的优点

（1）有利于增强企业实力。吸收直接投资所筹集的资金属于企业的自有资金，与借入资金相比，能增强企业的信誉和举债能力，有利于扩大企业经营规模、壮大企业实力。

（2）能尽快形成生产能力。吸收直接投资不仅可以筹措货币现金，而且能够直接获得所需的先进设备和技术，从而缩短研发时间，有利于企业尽快形成生产经营能力，抢占市场。

（3）降低财务风险。吸收直接投资所筹集的资金一般不需要偿还，也没有固定的利息费用，减小了企业的财务压力。同时，吸收直接投资增加了企业的所有者权益，降低了资产负债率，从而降低了企业的财务风险。

2. 吸收直接投资的缺点

（1）资本成本较高。一般而言，采用吸收直接投资方式筹集资金所需负担的资本成本较高，特别是在企业经营状况较好、盈利能力较强时更是如此。这是因为企业向投资者支付的报酬是按其出资数额与企业实现利润的比率来计算的，属于企业税后净利润的一部分，不具有抵税效应。

（2）不利于公司治理。采用吸收直接投资方式筹集资金，投资者一般都要求获得与投资数额相适应的经营管理权，这是接受外来投资的代价之一。如果某个外部投资者的投资金额较大，则该投资者对企业的经营管理就会有相当大的话语权，容易损害其他投资者的利益。

（3）不利于产权流动。吸收直接投资由于没有证券作为媒介，产权关系有时不清晰，难以进行产权转让，不利于产权交易。

二、发行普通股

股票是一种有价证券，它是股份有限公司签发的证明股东所持股份的凭证。《中华人民共和国公司法》规定，股票采用纸面形式或国务院证券监督管理机构规定的其他形式。只有股份有限公司才能发行股票，发行股票是股份有限公司筹措自有资本的基本方式。

（一）股票的类型

1. 按股东权利和义务，股票可分为普通股股票和优先股股票

（1）普通股股票。

普通股股票简称普通股，是公司发行的代表着股东享有平等的权利、义务，不加特别限制的，股利不固定的股票。普通股股票是标准的股票，也是最基本、最常见的股票类型。其特点是股利随公司盈利的高低而变动，并在公司利润和剩余财产的分配上处于债权人和优先股股东之后。

（2）优先股股票。

优先股股票简称优先股，是公司发行的相对于普通股具有一定优先权的股票。优先股股票是一种特殊股票，在其股东权利上附加了某些特别条件。优先股股东优先于普通股股东分配公司利润和剩余财产，但参与公司决策管理等权利受到限制。

《中华人民共和国公司法》规定，股份的发行，实行公平、公正的原则，同类别的每一股份应当具有同等权利。同次发行的同类别股票，每股的发行条件和价格应当相同；认购

人所认购的股份，每股应当支付相同价额。

2. 按票面是否记名，股票可分为记名股票和无记名股票

（1）记名股票。

记名股票是指在股票票面和股份公司的股东名册上记载股东姓名的股票。记名股票的特点是：①股东权利归属于记名股东；②可以一次或分次缴纳出资；③转让相对复杂或受限制；④便于挂失，相对安全。

（2）无记名股票。

无记名股票是指在股票票面和股份公司的股东名册上均不记载股东姓名，公司只记载股票数量、编号及发行日期的股票。无记名股票与记名股票的差别不是在股东权利等方面，而是在股票的记载方式上。无记名股票的特点是：①股东权利归属股票的持有人；②认购股票时要求一次缴纳出资；③转让相对简便；④安全性较差。

根据2023年12月29日新修订的《中华人民共和国公司法》，公司发行的股票，应当为记名股票。

3. 按票面是否标明金额，股票可分为有面额股票和无面额股票

（1）有面额股票。

有面额股票是指在股票票面上记载一定金额的股票。这一标明的金额也称为"票面金额""票面价值""股票面值"。有面额股票的特点是：①可以明确表示每一股所代表的股权比例；②为股票发行价格的确定提供依据。

（2）无面额股票。

无面额股票也称为"比例股票"或"份额股票"，是指在股票票面上不记载股票面额，只注明它在公司总股本中所占比例的股票。无面额股票的特点是：①发行或转让价格较灵活；②便于股票分割。

2023年12月29日修订的《中华人民共和国公司法》规定，股份有限公司的资本划分为股份，公司的全部股份，根据公司章程的规定择一采用面额股或者无面额股。采用面额股的，每一股的金额相等。面额股股票的发行价格可以按票面金额，也可以超过票面金额，但不得低于票面金额。

4. 按发行对象和上市地点，股票可分为人民币普通股、境内上市外资股、境外上市外资股

（1）人民币普通股。

人民币普通股即A股，由我国境内公司发行，在境内沪深交易所上市交易，以人民币标明股票面值并以人民币认购和交易。

（2）境内上市外资股。

境内上市外资股即B股，又称人民币特种股票，由我国境内公司发行，在境内上市交易，以人民币标明股票面值但以外币认购和交易。

（3）境外上市外资股。

境外上市外资股是指由我国境内公司面向我国港、澳、台地区和外国投资者发行，在境外证券市场上市的股票，主要由H股、N股、S股等构成。其中，H股在我国香港上市，N股在纽约上市，S股在新加坡上市。

(二)我国证券交易所概况

1. 我国证券交易所情况介绍

证券交易所是为证券的集中和有组织交易提供场所和设施，组织和监督证券交易，实行自律管理的法人。从世界各国的情况看，证券交易所分为公司制的营利性法人和会员制的非营利性法人。中国大陆有三家证券交易所，即上海证券交易所、深圳证券交易所和北京证券交易所。这三家证券交易所互联互通、相互补充、相互促进，构成了我国各板块差异化发展的多层次资本市场体系。

2. 上海证券交易所

上海证券交易所成立于 1990 年 11 月 26 日，是经国务院授权，由中国人民银行批准建立的全国性证券交易场所，受中国证监会监督管理，是实行自律管理的会员制非营利性法人。其主要职能包括：提供证券交易的场所和设施；制定和修改证券交易所的业务规则；按照国务院及中国证监会规定，审核证券公开发行上市申请；审核、安排证券上市交易，决定证券终止上市和重新上市等；提供非公开发行证券转让服务；组织、监督证券交易；对会员、上市公司进行监管；管理和公布市场信息；中国证监会许可的其他职能。上海证券交易所主要以主板为主，重点服务各行业、各地区的龙头企业和大型骨干企业；2019 年设立科创板，支持高科技企业发展。上海证券交易所包括主板和科创板资本市场。

3. 深圳证券交易所

深圳证券交易所于 1990 年 12 月 1 日开始营业，是经国务院批准设立的全国性证券交易场所，受中国证监会监督管理，是实行自律管理的会员制非营利性法人。其主要职能包括：提供证券交易的场所和设施；制定证券交易所业务规则；审核、安排证券上市；提供非公开发行证券转让服务；组织、监督证券交易；对会员和上市公司进行监管；管理和公布市场信息；中国证监会许可的其他职能。深圳证券交易所初步建立主板、中小企业板和创业板差异化发展的多层次资本市场体系；2021 年 2 月 5 日，中国证监会宣布，批准深圳证券交易所主板和中小板合并。

4. 北京证券交易所

北京证券交易所于 2021 年 9 月 3 日注册成立，是经国务院批准设立的中国第一家公司制证券交易所，受中国证监会监督管理。北京证券交易所充分发挥对全国中小企业股份转让系统的示范引领作用，深入贯彻创新驱动发展战略，聚焦实体经济，主要服务创新型中小企业，重点支持先进制造业和现代服务业等领域的企业，推动传统产业转型升级，培育经济发展新动能，促进经济高质量发展。其建设目标共有三个：一是构建一套契合创新型中小企业特点的涵盖发行上市、交易、退市、持续监管、投资者适当性管理等基础制度，提升多层次资本市场发展普惠金融的能力。二是畅通北京证券交易所在多层次资本市场的纽带作用，形成相互补充、相互促进的中小企业直接融资成长路径。三是培育一批优秀的创新型中小企业，形成创新创业热情高涨、合格投资者踊跃参与、中介机构归位尽责的良性市场生态。

(三)普通股的发行、上市交易与退市

1. 股份有限公司的设立

2023 年 12 月 29 日新修订的《中华人民共和国公司法》规定，设立股份有限公司，应

当有一人以上二百人以下为发起人，其中应当有半数以上的发起人在中国境内有住所。股份有限公司的设立，可以采取发起设立或者募集设立的方式。发起设立，是指由发起人认购设立公司时应发行的全部股份而设立公司。募集设立，是指由发起人认购设立公司时应发行股份的一部分，其余股份向社会公开募集或者向特定对象募集而设立公司。

以发起设立方式设立股份有限公司的，发起人应当认足公司章程规定其认购的股份，并按照公司章程规定缴纳出资。在发起人认购的股份缴足前，不得向他人募集股份。

以募集设立方式设立股份有限公司的，发起人认购的股份不得少于公司设立时应发行股份总数的35%；法律、行政法规另有规定的，从其规定。

股份有限公司的发起人应当承担下列责任：①公司不能成立时，对设立行为所产生的债务和费用负连带责任；②公司不能成立时，对认股人已缴纳的股款，负返还股款并加算银行同期存款利息的连带责任；③在公司设立过程中，由于发起人的过失致使公司利益受到损害的，应当对公司承担赔偿责任。

2. 普通股的发行方式

（1）认购发行。

在我国证券市场发展初期，主要采用股票认购证，这是按规定价格优先认购一定数量证券的权利证书，最早出现在1992年的上海。我国股票发行中出现过的股票认购证，包括以下种类：认购证、认购申请表、抽签表等。其形式有单联、横三联、小本三联、小本册、大版张等，种类与品种繁多。随着互联网发展，股票发行也实行了无纸化，1995年后股票发行改用全电脑上网定价发行方式，从此股票认购证成了绝版。

（2）储蓄存单发行。

该方式是通过发行储蓄存单抽签决定认股者。承销商在招募期间内，根据存单的发售数量、批准的股票发行数量等敲定中签率，通过公开摇号抽签确定中签者。虽然该方式有利于降低一级市场成本，但是极易引发投机行为，此外，认购范围的扩大与当时仍处于初期的资本市场不匹配，实行不久便被取消了。

（3）上网竞价发行。

该方式是发行人和主承销商利用证券交易所的交易系统，由主承销商作为新股的唯一卖方，以发行人宣布的发行底价为最低价，以新股实际发行量为总的卖出数，由投资者在指定的时间内竞价委托申购，发行人和主承销商以价格优先的原则确定发行价格并发行股票。除了具有网上发行经济性、高效性的优点之外，还具有以下优点：①市场性。通过市场竞争最终决定较为合理的发行价格。②连续性。保证了发行市场与交易市场价格的平稳顺利对接。

（4）上网定价发行。

上网定价发行又称为直接定价发行，是事先规定发行价格，再利用证券交易所交易系统来发行股票的发行方式，即主承销商利用交易系统，按已确定的发行价格向投资者发售股票。直接定价发行对承销商的定价能力要求较高，但大大减少了人力成本，且发行周期短，有效避免了认股权的炒作。上网定价发行与上网竞价发行的不同之处主要有两点：一是发行价格的确定方式不同。定价发行方式事先确定价格，而竞价发行方式是事先确定发行底价，由发行时竞价决定发行价。二是认购成功者的确认方式不同。定价发行方式按抽签决定，竞价发行方式按价格优先、同等价位时间优先原则决定。

（5）全额预缴款发行。

该种方式属于储蓄存款挂钩发行方式的延伸，结合了网上定价：投资者在不定期的申购时间内，将全部申购款存入主承销商在收款银行设立的专户中，申购结束后转冻结银行专户进行冻结，在对到账资金进行验资和确定有效申购后，按照发行额和申购总额清算配售比例，进行股票配售，余款返还给投资者，包括"全额预缴款、比例配售、余款即退"和"全额预缴款、比例配售、余款转存"两种方式。与单纯的储蓄存款发行相比，全额预缴的资金占用时间短，发行效率更高。

（6）上网发行与配售。

1998年开始出现新股配售，2006年后我国证券市场上首次公开发行的股票可以向战略投资者、参与网上发行的投资者以及网下询价对象配售。上市公司配股的，应当符合中国证券监督管理委员会2023年2月17日公布的《上市公司证券发行注册管理办法》的相关规定：交易所主板上市公司配股、增发的，应当最近三个会计年度盈利，拟配售股份数量不超过本次配售前股本总额的百分之五十，并应当采用代销方式发行；控股股东应当在股东大会召开前公开承诺认配股份的数量，控股股东不履行认配股份的承诺，或者代销期限届满，原股东认购股票的数量未达到拟配售数量百分之七十的，上市公司应当按照发行价并加算银行同期存款利息返还已经认购的股东。

（7）网下发行。

针对机构投资者的申购，我国有网下发行方式，即利用三大交易所的交易网络，新股发行主承销商可以在证券交易所挂牌销售，投资者则通过证券营业部交易系统进行申购。2008年3月，我国启动网下发行电子化，以提高发行效率，并有效缓解新股发行期间资金大规模跨行流动的问题。

3. 普通股的发行程序

（1）首次公开发行股票的程序。

根据中国证券监督管理委员会2023年2月17日发布的《首次公开发行股票注册管理办法》的规定，我国对首次公开发行的股票由核准制改为注册管理制度。基本程序为：

①董事会依法就本次发行股票的具体方案、本次募集资金使用的可行性及其他必须明确的事项做出决议，并提请股东大会批准。

②发行人股东大会应当就本次发行股票做出决议。

③由保荐人保荐并向交易所申报。

④交易所按照规定的条件和程序，形成审核意见。认为发行人符合发行条件和信息披露要求的，将审核意见、发行人注册申请文件及相关审核资料报中国证监会注册。

⑤中国证监会基于交易所审核意见，依法履行发行注册程序。并应在交易所收到注册申请文件之日起，同步关注发行人是否符合国家产业政策和板块定位。

⑥自中国证监会做出予以注册决定之日起，公司应在一年的有效期内发行股票。

⑦交易所认为发行人不符合发行条件或者信息披露要求，做出终止发行上市审核决定，或者中国证监会做出不予注册决定的，自决定做出之日起六个月后，发行人可以再次提出公开发行股票并上市申请。

（2）上市公司发行股票的程序。

中国证券监督管理委员会在《上市公司证券发行注册管理办法》中对上市公司发行股票

的程序做了规定。

①董事会依法就本次股票发行的方案、本次发行方案的论证分析报告、本次募集资金使用的可行性报告以及其他必须明确的事项做出决议，并提请股东大会批准。

②股东大会就本次发行股票做出决定。

③由保荐人保荐并向交易所申报。

④交易所按照规定的条件和程序，自受理注册申请文件之日起二个月内形成审核意见，认为上市公司符合发行条件和信息披露要求的，将审核意见、上市公司注册申请文件及相关审核资料报中国证监会注册。

⑤中国证监会基于交易所审核意见，履行发行注册程序。并应在交易所收到上市公司注册申请文件之日起，同步关注其是否符合国家产业政策和板块定位。

⑥上市公司应当自中国证监会做出予以注册决定之日起一年内发行股票。

⑦交易所认为上市公司不符合发行条件或者信息披露要求，做出终止发行上市审核决定，或者中国证监会做出不予注册决定的，自决定做出之日起六个月后，上市公司可以再次提出证券发行申请。

（3）北交所公开发行股票并上市的程序。

中国证券监督管理委员会在 2023 年 2 月 17 日发布的《北京证券交易所向不特定合格投资者公开发行股票注册管理办法》中对北交所公开发行股票并上市的程序做了规定。

①董事会应当依法就本次股票发行的具体方案、本次募集资金使用的可行性及其他必须明确的事项做出决议，并提请股东大会批准。发行人监事会应当对董事会编制的招股说明书等证券发行文件进行审核并提出书面审核意见。

②股东大会就本次股票发行做出决议。

③由保荐人保荐并向北交所申报。

④北交所按照规定的条件和程序，形成发行人是否符合发行条件和信息披露要求的审核意见。认为发行人符合发行条件和信息披露要求的，将审核意见、发行人注册申请文件及相关审核资料报送中国证监会注册；认为发行人不符合发行条件或者信息披露要求的，做出终止发行上市审核决定。

⑤中国证监会收到北交所报送的审核意见、发行人注册申请文件及相关审核资料后，基于北交所审核意见，依法履行发行注册程序，并同步关注发行人是否符合国家产业政策和北交所定位。

⑥中国证监会在二十个工作日内对发行人的注册申请做出同意注册或不予注册的决定。做出予以注册决定的，自做出之日起一年内有效，发行人应当在注册决定有效期内发行股票，发行时点由发行人自主选择。做出终止发行上市审核决定，或者中国证监会做出不予注册决定的，自决定做出之日起六个月后，发行人可以再次提出公开发行股票并上市申请。

4. 普通股的上市交易

（1）股票上市的目的。

股份有限公司申请股票上市，其目的在于：①分散风险。上市公司拥有众多的股东，公司资本社会化，意味着能在更大范围内分散风险。②便于筹措新的资本。公司上市后，不仅可以吸引证券市场上众多的社会投资者，还可以通过增发、配股、发行可转换债券等方式进行再融资。③促进股权流通和转让。股票上市后可以在公开市场上交易，便于投资

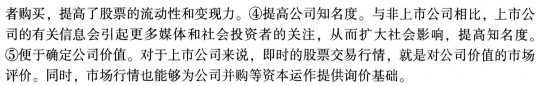

者购买，提高了股票的流动性和变现力。④提高公司知名度。与非上市公司相比，上市公司的有关信息会引起更多媒体和社会投资者的关注，从而扩大社会影响，提高知名度。⑤便于确定公司价值。对于上市公司来说，即时的股票交易行情，就是对公司价值的市场评价。同时，市场行情也能够为公司并购等资本运作提供询价基础。

（2）股票上市的条件。

公司公开发行的股票进入证券交易所交易，要受到严格的条件限制。《中华人民共和国证券法》规定，申请证券上市交易，应当符合证券交易所上市规则规定的上市条件。证券交易所上市规则规定的上市条件，应当对发行人的经营年限、财务状况、最低公开发行比例和公司治理、诚信记录等提出要求。

我国对各板块企业的上市要求不同，为了促进股票市场的健康发展，证券交易所对各板块企业上市交易的股票规定了相应的上市条件。

需要特别说明的是，本书中提及的普通股的发行条件、上市条件中均涉及要求净利润、营业收入、经营活动产生的现金流量等财务指标以及市值符合一定标准，此处统一对相关概念进行界定。本节所称的净利润是以扣除非经常性损益前后的孰低者为准，净利润、营业收入、经营活动产生的现金流量净额均指经审计的数值。所称的预计市值，是指股票公开发行后按照总股本乘以发行价格计算出来的发行人股票名义总价值。

1）上海证券交易所主板上市的条件。

上海证券交易所发布、实施的《上海证券交易所股票上市规则（2024年4月修订）》规定，境内发行人申请首次公开发行股票并在上海证券交易所上市，应当符合下列条件：①符合《中华人民共和国证券法》、中国证监会规定的发行条件。②发行后的股本总额不低于5 000万元。③公开发行的股份达到公司股份总数的25%以上；公司股本总额超过4亿元的，公开发行股份的比例为10%以上。④市值及财务指标应当至少符合下列标准中的一项：最近三年净利润均为正，且最近三年净利润累计不低于2亿元，最近一年净利润不低于1亿元，最近三年经营活动产生的现金流量净额累计不低于2亿元或营业收入累计不低于15亿元；预计市值不低于50亿元，且最近一年净利润为正，最近一年营业收入不低于6亿元，最近三年经营活动产生的现金流量净额累计不低于2.5亿元；预计市值不低于100亿元，且最近一年净利润为正，最近一年营业收入不低于10亿元。⑤上海证券交易所要求的其他条件。

2）上海证券交易所科创板上市的条件。

上海证券交易所发布、实施的《上海证券交易所科创板股票上市规则（2024年4月修订）》规定，发行人首次公开发行的股票申请在上海证券交易所科创板上市，应当符合下列条件：①符合中国证监会规定的发行条件。②发行后股本总额不低于人民币3 000万元。③公开发行的股份达到公司股份总数的25%以上；公司股本总额超过人民币4亿元的，公开发行股份的比例为10%以上。④市值及财务指标应当至少符合下列标准中的一项：预计市值不低于人民币10亿元，最近两年净利润均为正，且累计净利润不低于人民币5 000万元，或者预计市值不低于人民币10亿元，最近一年净利润为正且营业收入不低于人民币1亿元；预计市值不低于人民币15亿元，最近一年营业收入不低于人民币2亿元，且最近三年累计研发投入占最近三年累计营业收入的比例不低于15%；预计市值不低于人民币20亿元，最近一年营业收入不低于人民币3亿元，且最近三年经营活动产生的现金流量净额累计不低于人民币1亿元；预计市值不低于人民币30亿元，且最近一年营业收入不低于人民币 3 亿元；预计市值不低于人民币 40 亿元，主要业务或产品需经国家有关部门批准，市场空间大，目前已取得阶段性成果。医药行业企业需至少有一项核心产品获准开展二期临床试验，其他符合科创板定位的企业需具备明显的技术优势并满足相应条件。⑤上海证券交易所规定的其他上市条件。

3）深圳证券交易所主板上市的条件。

深圳证券交易所发布、实施的《深圳证券交易所股票上市规则（2024 年修订）》规定了境内企业申请首次公开发行股票并在深圳证券交易所上市的条件，同上述上海证券交易所主板上市的条件。

4）深圳证券交易所创业板上市的条件。

深圳证券交易所发布、实施的《深圳证券交易所创业板股票上市规则（2024 年修订）》规定了首次公开发行的股票发行人申请在深圳证券交易所创业板上市的条件：①符合中国证监会规定的创业板发行条件。②③同上述上海证券交易所科创板上市条件的②③。④发行人为境内企业且不存在表决权差异安排的，市值及财务指标应当至少符合下列标准中的一项：最近两年净利润均为正，累计净利润不低于 1 亿元，且最近一年净利润不低于 6 000 万元；预计市值不低于 15 亿元，最近一年净利润为正且营业收入不低于 4 亿元；预计市值不低于 50 亿元，且最近一年营业收入不低于 3 亿元。⑤深圳证券交易所要求的其他上市条件。

5. 股票的退市

当上市公司出现经营情况恶化、存在重大违法违规行为或其他原因导致不符合上市条件时，就可能受到退市风险警示或退市。退市包括强制终止上市（以下简称"强制退市"）和主动终止上市（以下简称"主动退市"）。强制退市分为交易类强制退市、财务类强制退市、规范类强制退市和重大违法类强制退市等四类情形。

《上海证券交易所股票上市规则（2024 年 4 月修订）》对财务类退市风险警示条件和退市条件的规定：上市公司出现下列情形之一的，证券交易所对其股票交易实施退市风险警示。

（1）最近一个会计年度经审计的利润总额、净利润或者扣除非经常性损益后的净利润孰低者为负值且营业收入低于人民币 3 亿元，或追溯重述后最近一个会计年度利润总额、净利润或者扣除非经常性损益后的净利润孰低者为负值且营业收入低于人民币 3 亿元。

（2）最近一个会计年度经审计的期末净资产为负值，或追溯重述后最近一个会计年度期末净资产为负值。

（3）最近一个会计年度的财务会计报告被出具无法表示意见或否定意见的审计报告。

（4）中国证监会行政处罚决定书表明公司已披露的最近一个会计年度经审计的年度报告存在虚假记载、误导性陈述或者重大遗漏，导致该年度相关财务指标实际已触及第（1）项、第（2）项情形的。

（5）交易所认定的其他情形。

上市公司股票因上述规定情形被实施退市风险警示后，公司出现下列情形之一的，证券交易所将终止其股票上市。

（1）公司披露的最近一个会计年度经审计的财务会计报告存在上述第（1）项至第（3）项规定的任一情形或财务会计报告被出具保留意见审计报告。

（2）公司未在法定期限内披露最近一年年度报告。

（3）公司未在规定期限内申请撤销退市风险警示。

（4）半数以上董事无法保证公司所披露最近一年年度报告的真实性、准确性和完整性，且未在法定期限内改正。

（5）公司撤销退市风险警示申请未被证券交易所同意。

（四）普通股的发行条件

上市公司发行股票包括首次上市公开发行股票（简称IPO）、上市公开发行股票（增发和配股）。针对不同的发行类型，相关法律对发行条件做出了不同的要求和规定。

1. 首次公开发行股票（Initial Public Offering，IPO）

首次公开发行股票，是指股份有限公司首次对社会公开发行股票并上市流通和交易。根据相关证券管理办法及实施细则等规定，首次公开发行股票应具备下列条件。

根据《中华人民共和国证券法》规定，公司首次公开发行新股，应当符合下列条件：①具备健全且运行良好的组织机构；②具有持续经营能力；③最近三年财务会计报告被出具无保留意见审计报告；④发行人及其控股股东、实际控制人最近三年不存在贪污、贿赂、侵占财产、挪用财产或者破坏社会主义市场经济秩序的刑事犯罪；⑤经国务院批准的国务院证券监督管理机构规定的其他条件。

对于公司首次公开发行股票，除符合《中华人民共和国证券法》规定的上述基本条件外，还要符合中国证券监督管理委员会2023年2月17日公布的《首次公开发行股票注册管理办法》规定的条件。

（1）发行人应当是依法设立且合法存续的股份有限公司。发行人自股份有限公司成立后，持续经营时间应当在三年以上。有限责任公司按原账面净资产值折股整体变更为股份有限公司的，持续经营时间可以从有限责任公司成立之日起计算。

（2）发行人会计基础工作规范，财务报表的编制和披露符合企业会计准则和相关信息披露规则的规定，在所有重大方面公允地反映了发行人的财务状况、经营成果和现金流量，最近三年财务会计报告由注册会计师出具无保留意见的审计报告。发行人内部控制制度健全且被有效执行，能够合理保证公司运行效率、合法合规和财务报告的可靠性，并由注册会计师出具无保留结论的内部控制鉴证报告。

（3）发行人生产经营符合法律、行政法规的规定，符合国家产业政策。最近三年内，发行人及其控股股东、实际控制人不存在贪污、贿赂、侵占财产、挪用财产或者破坏社会主义市场经济秩序的刑事犯罪，不存在欺诈发行、重大信息披露违法或者其他涉及国家安全、公共安全、生态安全、生产安全、公众健康安全等领域的重大违法行为。董事、监事和高级管理人员不存在最近三年内受到中国证监会行政处罚，或者因涉嫌犯罪正在被司法机关立案侦查或者涉嫌违法违规正在被中国证监会立案调查且尚未有明确结论意见等情形。

（4）发行人业务完整，具有直接面向市场独立持续经营的能力：①资产完整。业务及人员、财务、机构独立，与控股股东、实际控制人及其控制的其他企业间不存在对发行人构成重大不利影响的同业竞争，不存在严重影响独立性或者显失公平的关联交易。②主营业务、控制权和管理团队稳定。首次公开发行股票并在主板上市的，最近三年内主营业务和董事、高级管理人员均没有发生重大不利变化；首次公开发行股票并在科创板、创业板上市的，最近二年内主营业务和董事、高级管理人员均没有发生重大不利变化；首次公开发行股票并在科创板上市的，核心技术人员应当稳定且最近二年内没有发生重大不利变化；发行人的股份权属清晰，不存在导致控制权可能变更的重大权属纠纷，首次公开发行股票并在主板上市的，最近三年实际控制人没有发生变更；首次公开发行股票并在科创板、创业板上市的，最近二年实际控制人没有发生变更。③不存在涉及主要资产、核心技术、商标等的重大权属纠纷，重大偿债风险，重大担保、诉讼、仲裁等或有事项，经营环境已经或者将要发生重大变化等对持续经营有重大不利影响的事项。

此外，《首次公开发行股票注册管理办法》规定，发行人申请首次公开发行股票并上市，还应当符合相关板块定位。

主板突出"大盘蓝筹"特色，重点支持业务模式成熟、经营业绩稳定、规模较大、具有行业代表性的优质企业。

科创板面向世界科技前沿、面向经济主战场、面向国家重大需求。优先支持符合国家战略，拥有关键核心技术，科技创新能力突出，主要依靠核心技术开展生产经营，具有稳定的商业模式，市场认可度高，社会形象良好，具有较强成长性的企业。

创业板深入贯彻创新驱动发展战略，适应发展更多依靠创新、创造、创意的大趋势，主要服务成长型创新创业企业，支持传统产业与新技术、新产业、新业态、新模式深度融合。

2. 上市公司发行股票的条件

（1）公开发行股票的条件。

上市公开发行股票是指股份有限公司已经上市后，通过证券交易所在证券市场上对社会公开发行股票。上市公司为了扩大公司规模和进一步扩大融资数量，都会在资本市场上通过增资和配股再次实现公司的融资。

我国《上市公司证券发行注册管理办法》对上市公司向不特定对象发行股票的条件做了更为具体详细的规定：①具备健全且运行良好的组织机构。②现任董事、监事和高级管理人员符合法律、行政法规规定的任职要求。③具有完整的业务体系和直接面向市场独立经营的能力，不存在对持续经营有重大不利影响的情形。④会计基础工作规范，内部控制制度健全且有效执行，财务报表的编制和披露符合企业会计准则和相关信息披露规则的规定，在所有重大方面公允反映了上市公司的财务状况、经营成果和现金流量，最近三年财务会计报告被出具无保留意见审计报告。⑤除金融类企业外，最近一期末不存在金额较大的财务性投资。⑥交易所主板上市公司配股、增发的，应当最近三个会计年度盈利；增发还应当满足最近三个会计年度加权平均净资产收益率平均不低于百分之六。

上市公司存在下列情形之一的，不得向不特定对象发行股票：①擅自改变前次募集资金用途未作纠正，或者未经股东大会认可；②上市公司或者其现任董事、监事和高级管理人员最近三年受到中国证监会行政处罚，或者最近一年受到证券交易所公开谴责，或者因涉嫌犯罪正在被司法机关立案侦查，或者涉嫌违法违规正在被中国证监会立案调查；③上市公司或者其控股股东、实际控制人最近一年存在未履行向投资者做出的公开承诺的情形；④上市公司或者其控股股东、实际控制人最近三年存在贪污、贿赂、侵占财产、挪用财产或者破坏社会主义市场经济秩序的刑事犯罪，或者存在严重损害上市公司利益、投资者合法权益、社会公共利益的重大违法行为。

（2）非公开发行股票的条件。

上市公司非公开发行股票是指上市公司向特定对象发行股票。我国《上市公司证券发行注册管理办法》规定，上市公司存在下列情形之一的，不得向特定对象发行股票：①擅自改变前次募集资金用途未作纠正，或者未经股东大会认可。②最近一年财务报表的编制和披露在重大方面不符合企业会计准则或者相关信息披露规则的规定；最近一年财务会计报告被出具否定意见或者无法表示意见的审计报告；最近一年财务会计报告被出具保留意见的审计报告，且保留意见所涉及事项对上市公司的重大不利影响尚未消除。本次发行涉及重大资产重组的除外。③现任董事、监事和高级管理人员最近三年受到中国证监会行政处罚，或者最近一年受到证券交易所公开谴责。④上市公司或者其现任董事、监事和高级管理人员因涉嫌犯罪正在被司法机关立案侦查或者涉嫌违法违规正在被中国证监会立案调查。⑤控股股东实际控制人最近三年存在严重损害上市公司利益或者投资者合法权益的重大违法行为。⑥最近三年存在严重损害投资者合法权益或者社会公共利益的重大违法行为。

3. 北交所公开发行股票并上市的条件

公开发行股票并在北交所上市，应当符合中国证监会 2023 年 2 月 17 日发布的《北京证券交易所向不特定合格投资者公开发行股票注册管理办法》的规定。

（1）发行人应当为在全国股转系统连续挂牌满十二个月的创新层挂牌公司。

（2）发行人申请公开发行股票，应当具备健全且运行良好的组织机构；具有持续经营能力，财务状况良好；最近三年财务会计报告无虚假记载，被出具无保留意见审计报告；依法规范经营。

（3）发行人及其控股股东、实际控制人存在下列情形之一的，发行人不得公开发行股票：最近三年内存在贪污、贿赂、侵占财产、挪用财产或者破坏社会主义市场经济秩序的刑事犯罪；最近三年内存在欺诈发行、重大信息披露违法或者其他涉及国家安全、公共安全、生态安全、生产安全、公众健康安全等领域的重大违法行为；最近一年内受到中国证监会行政处罚。

（五）普通股筹资的特点

1. 普通股筹资的优点

（1）能够增强公司的社会声誉，提升公司的举债能力。普通股筹资使得公司的股东大众化，由此为公司带来广泛的社会影响。同时，利用普通股筹资获得的主权资本是公司借入资本的基础，主权资本越多，对债务偿还的保证能力越强。因此，普通股筹资有利于提高公司信用价值，为更多地利用债务筹资提供支持。

（2）筹资风险较低。一方面，普通股筹资没有固定的到期日，在公司持续经营期间可作为永久性资金来源，不存在到期偿付的风险。这对于保证公司最低的资金需求有重要作用。另一方面，普通股筹资没有固定的利息负担，在公司盈利较少，或者虽有盈利但资金短缺或存在更好的投资机会时，可以少支付或不支付股利。而债券或借款的利息则无论企业是否盈利及盈利多少，都是必须支付的。

（3）筹资限制较少。与发行优先股和债券相比，普通股筹资的限制条件较少，资金使用较为灵活。由于普通股的流动性较好，且预期收益大于债券，对投资者的吸引力较大。

特别是在通货膨胀时期，普通股筹资更容易吸收资金。

2. 普通股筹资的缺点

（1）资本成本较高。通常来说，普通股的筹资成本要高于债务资本。原因在于：①股票投资者承担的风险较大，因而要求较高的收益率作为补偿；②普通股股利是在税后净利润中支付，不具有抵税作用；③普通股的筹资手续复杂，发行费用一般高于其他证券。

（2）容易导致公司控制权分散，形成"内部人控制"。当公司发行新股、引进新股东时，就会分散公司的控制权。由于公司的股东众多，其日常经营管理事务主要由公司的董事会和经理层负责，这种所有权与经营权相分离的情况可能导致经营者控制公司，形成"内部人控制"。

（3）不易及时形成生产能力。普通股筹资吸收的一般都是货币资金，还需要通过购置和建造形成生产经营能力。相对于吸收直接投资而言，普通股筹资不易尽快形成生产能力。

三、留存收益

（一）留存收益的来源

留存收益是指企业从历年实现的利润中提取或留存于企业的内部积累，它来源于企业的生产经营活动所实现的净利润，其形成主要有两个渠道。

1. 提取盈余公积金

盈余公积金，是指有指定用途的留存净利润。盈余公积金是从当期企业净利润中提取的积累资金，其提取基数是本年度的净利润。盈余公积金主要用于企业未来的经营发展，经投资者审议后也可以用于转增股本（实收资本）和弥补以前年度经营亏损，但不得用于以后年度的对外利润分配。

2. 未分配利润

未分配利润，是指未限定用途的留存净利润。未分配利润有两层含义：①这部分净利润本年没有分配给公司的股东投资者；②这部分净利润未指定用途，可以用于企业未来的经营发展、转增资本（实收资本）、弥补以前年度的经营亏损及以后年度的利润分配。

（二）留存收益筹资的特点

1. 留存收益筹资的优点

（1）无需筹资费用。留存收益是一种内部筹资方式，与银行借款、普通股筹资等外部筹资方式相比较，留存收益筹资不需要发生筹资费用，资本成本较低。

（2）不会影响公司的控制权分布。利用留存收益筹资，不用对外发行新股或吸收新投资者，由此增加的权益资本不会改变公司的股权结构，不会稀释原有股东的控制权。

2. 留存收益筹资的缺点

（1）筹资数额和筹资时间受限。留存收益的最大数额是企业当期的净利润和以前年度未分配利润之和，这个金额是有限的，不像外部筹资可以一次性筹集大量资金。另外，企业必须经过一定时期的积累才能拥有一定数量的留存收益，从而在筹资时间上受到限制。

（2）需要考虑与股利政策的权衡。股东和投资者通常都希望公司每年发放一定的股利，保持一定的利润分配比例。如果留存收益过高，而现金股利发放过少，则可能影响企业的形象，并增加今后进一步筹资的困难。因此利用留存收益筹资需要考虑与公司股利政策的权衡，不能随意变动。

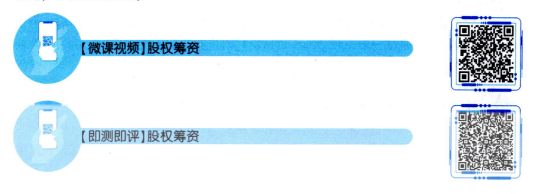

第三节　债务筹资

企业的债务资本通过债务筹资形成。企业筹措长期债务资本的方式主要有长期借款、发行债券和租赁三种基本形式。

一、长期借款

长期借款是指企业向银行或其他金融机构借入的偿还期限在一年以上的款项。长期借款是各类企业普遍采用的一种债务筹资方式。

（一）长期借款的种类

1. 按提供贷款的机构，长期借款可分为政策性银行贷款、商业银行贷款和其他金融机构贷款

（1）政策性银行贷款。

政策性银行贷款是指执行国家政策性贷款业务的银行（即政策性银行）向企业发放的贷款。这类贷款通常为长期贷款，并在贷款规模、期限、利率等方面提供优惠。如国家开发银行贷款，主要满足企业承建国家重点建设项目的资金需要；中国进出口银行贷款，主要为大型设备的进出口提供买方信贷或卖方信贷；中国农业发展银行贷款，主要为"三农"领域提供信贷服务，保证粮棉油政策性收购资金的供应等。

（2）商业银行贷款。

商业银行贷款是指各类商业银行出于盈利目的提供的贷款，用以满足企业生产经营的资金需要。我国的商业银行包括国有大型商业银行、股份制商业银行、城市商业银行、农村银行机构、民营银行和外资银行。

（3）其他金融机构贷款。

其他金融机构贷款是指除商业银行以外的其他可从事信贷业务的金融机构所提供的贷款。如企业从信托投资公司、保险公司、企业集团财务公司等机构取得的贷款。其他金融机构贷款的期限一般比商业银行贷款的期限更长、要求的利率更高，对借款企业的信用和担保的选择也比较严格。

2. 按有无担保要求，长期借款可分为信用贷款和担保贷款

（1）信用贷款。

信用贷款是指借款人不提供任何担保品，而是以借款人的信誉或其保证人的信用为依据而获得的贷款。信用贷款一般只贷给那些资信良好的企业。对于这种贷款，由于风险较高，银行通常要收取较高的利息，并附加一定的限制条件。

（2）担保贷款。

担保贷款是指由借款人或第三方依法提供担保而获得的贷款。按担保方式的不同，担保贷款包括保证贷款、抵押贷款和质押贷款三种基本类型。

保证贷款是指按《中华人民共和国民法典》规定的保证方式，以第三人作为保证人，承诺在借款人不能偿还借款时，按约定承担一定保证责任或连带责任而取得的贷款。具有代为清偿债务能力的法人、其他组织或者公民，可以作保证人。但国家机关、公益性事业单位和社会团体、企业法人的分支机构和职能部门一般不得为保证人。

抵押贷款是指按《中华人民共和国民法典》规定的抵押方式，以借款人或第三人的财产作为抵押物而取得的贷款。抵押是指债务人或第三人不转移财产的占有，将该财产作为债权的担保，债务人不履行债务时，债权人有权将该财产折价或者以拍卖、变卖的价款优先受偿。传统上抵押物一般是不动产和机器设备、交通运输工具等实物资产，后期则不断拓展，2020 年出台的《中华人民共和国民法典》进一步扩大了抵押物的范围，债务人或者第三人有权处分的下列财产均可以抵押：①建筑物和其他土地附着物；②建设用地使用权；③海域使用权；④生产设备、原材料、半成品、产品；⑤正在建造的建筑物、船舶、航空器；⑥交通运输工具；⑦法律、行政法规未禁止抵押的其他财产。

质押贷款是指按《中华人民共和国民法典》规定的质押方式，以借款人或第三人的动产或财产权利作为质押物而取得的贷款。质押是指债务人或第三人将其动产或财产权利移交给债权人占有，将该动产或财务权利作为债权的担保，债务人不履行债务时，债权人有权以该动产或财产权利折价或者以拍卖、变卖的价款优先受偿。作为贷款担保的质押品，可以是汇票、支票、本票、债券、存款单、仓单、提单等信用凭证，可以是依法可以转让的股份、股票等有价证券，也可以是依法可以转让的商标专用权、专利权、著作权中的财产权等，还可以是应收账款等。

（二）长期借款合同的内容

1. 基本条款

根据《中华人民共和国民法典》，借款合同的内容一般应包括借款种类、币种、用途、数额、利率、期限和还款方式等条款。

（1）借款种类。借款种类主要是按借款方的行业属性、借款用途以及资金来源和运用方式等进行划分。针对不同种类的借款，国家信贷政策在贷款的限额、利率等方面有不同的规定。因此，借款合同一定要写明借款种类，它是借款合同必不可少的主要条款。

（2）借款币种。借款合同的标的是作为特殊商品的货币，在不同情况下，可以是人民币，也可以是外币，如美元、日元、欧元等。不同的货币种类借款利率有所不同，借款合同应对货币种类明确规定。

（3）借款用途。借款用途指借款人使用借款的特定范围，这是借款合同的最主要内容，出借方可以据此监督借款方的资金使用方向。规定资金的使用方向有利于保证贷款的安全性。

（4）借款数额。借款数额指借款合同的标的数额，它是根据借款方的申请，经金融机构核准的借款金额。借款人可以按约一次性提取借款，也可以分期分批地使用，但不得超额。借款方需增加借款数额的，必须另行办理申请和核准手续，签订新的借款合同。

（5）借款利率。借款利率是一定时期借款利息与借款本金的比率。利率的高低对确定借贷双方当事人的权利义务至关重要。我国现行的利率管理体制实行存贷款基准利率，由中国人民银行统一规定和管理。各金融机构可以在中国人民银行规定的浮动幅度内，以法定利率为基础自行确定各类、各档次的借款利率。

（6）借款期限。借款期限是指借款合同中约定的使用借款的时间。当事人一般根据借款的种类、用途、借款人的还款能力和出借人的资金供给能力等因素约定借款期限。

（7）还款方式。贷款实行"有借有还、谁借谁还"的原则。在借款合同中，应明确还款的具体时间以及具体金额，是一次性偿还借款，还是分期偿还借款，是本息一次性偿还，还是本息分别偿还。

2. 保护性条款

由于长期借款金额高、期限长、风险大，除借款合同的基本条款之外，债权人通常还在借款合同中附加各种保护性条款，以确保企业按要求使用借款和按时足额偿还借款。保护性条款一般有以下三类。

（1）例行性保护条款。

例行性保护条款作为例行常规，在大多数借款合同中都会出现。主要包括：定期向金融机构提交财务报表；如期清偿应缴纳税金和其他到期债务；保持企业正常的生产经营能力；不准以资产作其他承诺的担保或抵押；不准贴现应收票据或出售应收账款等。

（2）一般性保护条款。

一般性保护条款是对企业资产的流动性及偿债能力等方面提出要求的条款，通常应用于大多数借款合同。主要包括：保持企业的资产流动性；限制企业非经营性支出；限制企业的资本支出规模；限制企业再举债规模；限制企业的长期投资等。

（3）特殊性保护条款。

特殊性保护条款是针对某些特殊情况而出现在部分借款合同中的条款。主要包括：要求企业的主要领导人购买人身保险；借款的用途不得改变等。

（三）长期借款筹资的特点

1. 长期借款筹资的优点

（1）筹资速度快。与发行证券、租赁相比，长期借款的程序相对简单，从提出申请到取得借款所花时间较短，企业可以迅速获得所需资金。

（2）资本成本较低。根据税法规定，长期借款的利息在税前支付，具有抵税效应，因此长期借款的筹资成本要低于股票筹资。与发行债券和租赁等其他债务筹资方式相比，长期借款的利率通常低于债券利率，并且无须支付证券发行费、租赁手续费等，因此筹资成本较低。

（3）筹资弹性较大。在借款之前，企业可以根据自己的资金需求与金融机构自行直接商定借款的各种条件。在用款期间，企业还可以根据自身财务状况的变化与金融机构协商，变更借款期限、还款方式等。可见，长期借款筹资对企业具有较大的灵活性。

（4）可获得杠杆收益。依据杠杆原理，当企业的资本利润率高于借款利率时，企业可以通过举债经营增加普通股股东的回报，获取杠杆收益。

2. 长期借款筹资的缺点

（1）财务风险较高。长期借款通常有固定的利息费用和固定的偿付期限，当企业经营不善、财务困难时，可能无法偿付到期债务，给企业带来财务风险。

（2）限制条件较多。借款合同中的保护性条款，对企业的资本支出额度、再筹资、股利支付等行为有严格的约束，限制了企业对借入资本的灵活使用，并在一定程度上影响到企业的生产经营活动和财务决策。

（3）筹资数额有限。长期借款的数额往往受到贷款机构资本实力的制约，很难像发行公司债券、股票那样一次性筹集大量资本，无法满足公司大规模筹资的需要。

【微课视频】长期借款

二、发行债券

债券是一种有价证券，是社会各类经济主体为筹集资金而向债券投资者出具的、承诺按一定利率定期支付利息并到期偿还本金的债权债务凭证。债券具有偿还性、流动性、安全性、收益性等特点，发行债券是企业筹集债务资本的重要方式。

按发行主体的不同，债券可以分为政府债券、金融债券和公司债券。公司债券是指公司依照法定程序发行、约定在一定期限还本付息的有价证券。公司债券的发行主体是股份制企业，如《中华人民共和国公司法》规定，股份有限公司和有限责任公司具有发行公司债券的资格。

（一）债券的类型

1. 按是否记名，债券可分为记名债券和无记名债券

（1）记名债券。

记名债券是指在债券券面上记有债券持有人姓名或名称的债券。对于这种债券，公司只对记名人偿还本金，持券人凭印鉴支取利息。记名债券由债券持有人以背书方式或者法律、行政法规规定的其他方式转让；转让后由公司将受让人的姓名或者名称及住所记载于公司债券存根簿。

（2）无记名债券。

无记名债券是指在债券券面上不记载债券持有人姓名或名称的债券。这种债券的还本付息以债券为凭，一般实行剪票付息。无记名债券的转让，由债券持有人将该债券交付给受让人后即发生转让的效力。

2023年12月29日新修订的《中华人民共和国公司法》规定，公司债券应当为记名

债券。

2. 按有无特定财产担保，债券可分为担保债券和信用债券

（1）担保债券。

担保债券又称抵押债券，是指以特定财产为担保品发行的债券。按担保品不同，担保债券又分为不动产抵押债券、动产抵押债券和证券信托抵押债券（指公司以其持有的有价证券为担保而发行的债券）。

（2）信用债券。

信用债券又称无担保债券，是仅凭公司自身信用发行的、不提供任何抵押品或担保人的债券。在公司清算时，信用债券的持有人因无特定的资产作担保品，只能作为一般债权人参与剩余财产的分配。这种债券的发行人通常是信誉良好的公司，利率略高于担保债券。

3. 按是否可转换为普通股，债券可分为可转换债券和不可转换债券

（1）可转换债券。

可转换债券是指发行公司依法发行、在一定期间内依据约定的条件可以转换成公司股票的债券。这种债券在发行时，对债券转换为股票的价格和比率等都作了详细规定。可转换债券兼有股权和债权双重性质，在没有转换前属于债务筹资，转换后则成为股权筹资，是混合筹资的主要类型。目前我国允许上市公司和股票公开转让的非上市公众公司发行可转换公司债券。

（2）不可转换债券。

不可转换债券是指不能转换为发债公司股票的债券，大多数公司债券属于这种类型。

此外，还可按债券票面利率是否变动分为固定利率债券（在偿还期内债券利率固定不变）和浮动利率债券（票面利率随市场利率变动调整）；按是否可提前偿还分为可提前偿还债券（债券发行人可在债券到期前的某一时间以约定价格提前赎回）和不可提前偿还债券（债券发行人不能在债券到期前提前赎回）。

（二）债券的发行与上市

1. 公司债券的发行条件

按照国际惯例，发行债券必须符合一定的条件。2023 年 10 月 20 日，中国证券监督管理委员会发布的《公司债券发行与交易管理办法》规定，公开发行公司债券，应当符合下列条件。

（1）具备健全且运行良好的组织机构。

（2）最近三年平均可分配利润足以支付公司债券一年的利息。

（3）具有合理的资产负债结构和正常的现金流量。

（4）国务院规定的其他条件。

公开发行公司债券，由证券交易所负责受理、审核，并报中国证监会注册。

此外，公开发行公司债券筹集的资金，必须用于核准的用途，不得用于弥补亏损和非生产性支出。

发行公司有下列情形之一的，不得再次公开发行公司债券：①对已公开发行的公司债券或者其他债务有违约或者延迟支付本息的事实，仍处于继续状态；②违反法律规定，改变公开发行公司债券所募资金的用途。

2. 公司债券发行的注册程序

发行公司债券需要遵循一定的注册程序。

（1）发行人公开发行公司债券，应当按照中国证监会有关规定制作注册申请文件，并向证券交易所申报。证券交易所收到注册申请文件后，在五个工作日内做出是否受理的决定。

（2）证券交易所按照规定的条件和程序，提出审核意见。认为发行人符合发行条件和信息披露要求的，将审核意见、注册申请文件及相关审核资料报送中国证监会履行发行注册程序。认为发行人不符合发行条件或信息披露要求的，做出终止发行上市审核决定。证券交易所在审核中发现申报文件涉嫌虚假记载、误导性陈述或者重大遗漏的，可以对发行人进行现场检查，对相关主承销商、证券服务机构执业质量开展延伸检查。

（3）中国证监会收到证券交易所报送的审核意见、发行人注册申请文件及相关审核资料后，履行发行注册程序。

证券交易所应当自受理注册申请文件之日起2个月内出具审核意见，中国证监会应当自证券交易所受理注册申请文件之日起3个月内作出同意注册或者不予注册的决定。发行人根据中国证监会、证券交易所要求补充、修改注册申请文件的时间不计算在内。

（4）公开发行公司债券，可以申请一次注册，分期发行。中国证监会同意注册的决定自作出之日起2年内有效，发行人应当在注册决定有效期内发行公司债券，并自主选择发行时点。公开发行公司债券的募集说明书自最后签署之日起6个月内有效。发行人应当及时更新债券募集说明书等公司债券发行文件，并在每期发行前报证券交易所备案。

3. 公司债券的上市交易

（1）公司债券的交易场所。

公开发行的公司债券，应当在证券交易场所交易。证券交易场所包括证券交易所、全国转股系统。

证券交易场所应当对公开发行公司债券的上市交易实施分类管理，实行差异化的交易机制，建立相应的投资者适当性管理制度，健全风险控制机制。证券交易场所应当根据债券资信状况的变化及时调整交易机制和投资者适当性安排。

公开发行公司债券申请上市交易的，应当在发行前根据证券交易场所的相关规则，明确交易机制和交易环节投资者适当性安排。发行环节和交易环节的投资者适当性要求应当保持一致。

（2）公司债券上市交易条件。

根据《中华人民共和国证券法》的规定，申请证券上市交易，应当向证券交易所提出申请，由证券交易所依法审核同意，并由双方签订上市协议。公司债券的上市条件由证券交易所予以规定。

（3）公司债券的上市程序。

①向证券交易所提出申请。申请公司债券上市交易，应当向证券交易所申请核准，并报送证券交易所要求的相关文件。

②安排上市。证券交易所核准公司债券上市申请之后，应当及时安排债券上市。上市的时间或日期，通常由证券交易所与申请人在签订的上市协议中确定。

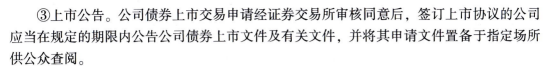

③上市公告。公司债券上市交易申请经证券交易所审核同意后，签订上市协议的公司应当在规定的期限内公告公司债券上市文件及有关文件，并将其申请文件置备于指定场所供公众查阅。

(4)公司债券的终止上市。

申请公司债券上市交易，应当符合证券交易所上市规则规定的上市条件。证券交易所上市规则规定的上市条件，应当对发行人的经营年限、财务状况、最低公开发行比例和公司治理、诚信记录等提出要求。

上市交易的证券，不再符合上市条件的，或者有上市规则规定的其他情形的，由证券交易所按照业务规则终止其上市交易。证券交易所决定终止证券上市交易的，应当及时公告，并报国务院证券监督管理机构备案。

(三)债券的信用评级

1. 债券信用评级的意义

债券投资面临一系列风险，如果债券发行人因自身经营不善等原因到期无法支付本金或利息，投资者就会蒙受损失，这种风险称为信用风险。由于市场上发行的债券品种繁多，投资者自身难以做出准确的判断，迫切需要专门的评级机构提供帮助。

债券信用评级对于投资者、发行公司和证券监管机构都具有重要意义。

(1)有助于降低投资者面临的信用风险，便于投资者决策。信用评级机构利用自身的专业优势对债券还本付息的可靠程度进行客观公正和权威的评定，能够揭示债券发行人的信用风险，减小投资者与发行人之间的信息不对称，降低投资者的信息搜寻成本，帮助投资者更好地进行投资决策。

(2)有助于降低信誉高的发行人的融资成本，促进债券的合理发行。信用评级是影响债券价格的关键因素之一，债券评级的结果对于发行债券的公司起着决定性的影响。资信等级越高的债券，越容易得到投资者的信任和金融机构的支持，能够以较低的利率发行，降低融资成本；而资信等级较低的债券，因风险较大，只能以较高的利率发行。

(3)有助于证券监管机构的管理。客观、公正的评级，可以在一定程度上防止债券发行和交易中的垄断、假冒、欺诈，有利于形成公平、稳定、有序的市场秩序。由于信用评级建立了一个债券的市场淘汰机制，间接地起到监管和促进的作用，因此，有效的信用评级是债券市场发展的基础与保障，各国的证券监管机构都很重视建立和完善信用评级体系。

我国《公司债券发行与交易管理办法》规定，公开发行公司债券，应当委托具有从事证券服务业务资格的资信评级机构进行信用评级。

2. 债券的信用评级体系

债券的信用评级是以企业或经济主体发行的有价债券为对象进行的信用评级。目前国际上公认的最具权威性的信用评级机构有三家，分别是标准普尔公司(Standard & Poor's)、穆迪投资者服务公司(Moody's Investors Service)和惠誉国际信用评级有限公司(Fitch Ratings)。

债券的信用等级反映其还本付息能力的强弱和投资风险的高低。美国标准普尔采用的长期债务评级体系如表4-5所示。

表 4-5　标准普尔长期债务评级体系

级别	风险	说明
AAA	最小	最高级，偿付债务能力极强
AA	温和	高级，偿付债务能力很强，与最高级差别很小
A	中等	上中级，偿还债务能力较强，但其偿债能力较易受外在环境及经济状况变动的不利因素的影响
BBB	可接受	中级，目前有足够偿债能力，但若在恶劣的经济条件或外在环境下其偿债能力可能较脆弱
BB	可接受但予以关注	中下级，相对于其他投机级评级，违约的可能性最低。但持续的重大不稳定情况或恶劣的商业、金融、经济条件可能令发债人没有足够能力偿还债务
B	管理性关注	投机级，发债人目前仍有能力偿还债务，但恶劣的商业、金融或经济情况可能削弱发债人偿还债务的能力和意愿
CCC	特别关注	完全投机级，目前有可能违约，只有依赖商业、金融或经济条件的有利变化才有能力偿还债务。如果商业、金融、经济条件恶化，发债人可能会违约
CC	未达标准	最大投机级，目前违约的可能性较高
C	可疑	债务人已进入破产诉讼或类似程序，但债务偿付还未停止
SD/D	损失	违约，发债人未能按期偿还债务。当发债人有选择地对某些或某类债务违约时，标准普尔会给予"SD"评级（选择性违约）

在表 4-5 中，前四个级别的债券履约风险小，属于"投资级"债券；从第五级（即 BB 级）开始，债券履约风险增大，属于"投机级"债券。此外，从 AA 至 CCC 级，标准普尔还通过对每个级别添加加号和减号来显示其在同一个信用级别中的相对质量。例如，在 AA 序列中，信用级别由高到低依次为 AA+、AA、AA-。

（四）发行债券筹资的特点

1. 债券筹资的优点

（1）能一次筹集大量资金。与长期借款、租赁等债权筹资方式相比，发行债券能够一次性地筹集更大数额的资金，满足公司大规模筹资的需要。

（2）资本成本低于普通股筹资。与发行普通股相比，债券的利息允许在税前支付，可以享受所得税抵减的好处，因而实际负担的资本成本较低。此外，在预计市场利率持续上升的情况下，发行公司债券还能锁定资本成本。

（3）具有财务杠杆效应。由于债券持有人一般只收取固定利息，不能参加剩余利润的分配，当公司的长期资本报酬率高于债券利率时，债券筹资可以增加普通股股东的收益，提高股东权益报酬率，产生杠杆效应。

（4）不会分散股东的控制权。与普通股股东不同，债券持有人无权参与公司的经营管理，因此不会改变和分散原有股东对企业的控制权。

2. 债券筹资的缺点

（1）财务风险较高。债券有固定的到期日，且利息必须按期支付，即使公司经营不景气，也需要向投资者支付本金和利息。这可能给公司带来较大的财务风险，使公司陷入财务困境，甚至破产。

（2）限制条件较多。发行债券的限制条件往往比长期借款、租赁的限制条件更多而且更严格，从而限制了公司资金使用的灵活性，有时还会影响公司未来的筹资能力。

【微课视频】发行债券

三、租赁

（一）租赁的概念和特点

1. 租赁的概念

2018 年 12 月财政部修订发布的《企业会计准则第 21 号——租赁》中定义："租赁，是指在一定期间内，出租人将资产的使用权让与承租人以获取对价的合同。"租赁的实质是以签订资产出让合同的方式，承租方（使用资产的一方）通过支付租金从出租方（出让资产的一方）取得资产使用权的一种交易行为。在这项交易中，承租方虽然没有直接取得货币性资金，但通过支付租金取得了所需资产的使用权，完成了筹集资金的行为。需要强调的是，在租赁期内，租赁转移的只是资产的使用权，而不是资产的所有权，而且这种转移是有偿的，要以支付租金为代价。

租赁涉及四个基本要素，即租赁的当事人（如出租方和承租方）、租赁期、租赁资产以及租金。

按照修订后的新租赁准则，承租人的会计处理不再区分经营租赁和融资租赁，而是采用单一的会计处理模式。除采用简化处理的短期租赁和低价值资产租赁以外，承租人对其他所有租赁均应于租赁开始日确认使用权资产和租赁负债，并参照固定资产准则对使用权资产计提折旧，按照固定的周期性利率计算租赁负债各期的利息费用。出租人租赁仍分为融资租赁和经营租赁两大类，并分别采用不同的会计处理方法。

由于本章阐述的是筹资管理，故下文仅从承租人角度探讨租赁问题。

2. 租赁的特点

（1）所有权与使用权相分离。租赁资产的所有权与使用权分离是租赁的主要特点之一。银行信用虽然也是所有权与使用权相分离，但载体是货币资金，而租赁则是资金与实物相结合基础上的分离。

（2）融资与融物相结合。租赁是以商品形态与货币形态相结合提供的信用活动，出租人在向企业出租资产的同时，解决了企业的资金需求，具有信用和贸易双重性质。它不同于一般的借钱还钱、借物还物的信用形式，而是借物还钱，并以分期支付租金的方式来体现。租赁的这一特点使银行信贷和财产信贷融合在一起，成为企业融资的一种特定形式。

（3）租金的分期支付。在偿还方式上，与银行信用大多采用到期还本付息的支付方式不同，租金的偿还一般采用分期支付方式。出租方的资金一次投入，分期收回。对于承租方而言，通过租赁可以提前获得资产的使用价值，分期支付租金便于分期规划未来的现金流出量。

(4)设备处置方式多样化。租赁期满时，可以按事先约定的办法处置设备，一般有退租、续租和留购三种选择，实务中通常采用由承租企业留购的方式。

(二)租赁的形式

按业务特点的不同，租赁可以再细分为三种基本形式：直接租赁、售后回租、杠杆租赁。

1. 直接租赁

直接租赁是指出租人(租赁企业或者生产厂商)直接向承租人提供租赁资产，这是一种最典型的租赁方式。承租人提出租赁申请，指定设备及生产厂家，出租人购买并提供设备，承租人按租赁协议使用并支付租金。

2. 售后回租

售后回租指由承租人将自己所有的资产卖给出租人，然后再以支付租金为代价，按约定的条件从买方租回所售资产的使用权。采用这种租赁方式，对承租企业而言，既可以迅速获得资金、改善企业财务状况，又可以保留原有设备的使用权。同时，承租人对原设备的操作、维修和技术都很熟悉，可以节省时间和培训费用。

3. 杠杆租赁

杠杆租赁是指涉及承租人、出租人和资金出借人三方的租赁业务。在杠杆租赁中，出租人自己只投入部分资金(一般为资产价值的20%~40%)，其余资金则通过将该资产以抵押担保的方式向金融机构申请贷款解决。但该资产的所有权仍属于出租人。在这种情况下，出租人既是债权人也是债务人，既要收取租金又要偿还贷款。如果出租人到期不能按期偿还借款，资产的所有权就转移给资金出借人。这种租赁形式由于租赁收益一般大于借款成本支出，出租人可获得财务杠杆收益，故称为杠杆租赁。

杠杆租赁适用于价值较高、有效寿命较长(10年以上)的高度资本密集型设备的长期租赁业务，如飞机、船舶、海上石油钻井平台、通信卫星设备等。

(三)租金的确定

1. 决定租金的因素

确定租赁每期支付租金的多少，主要取决于以下几项因素。

(1)租赁设备的购置成本，包括设备买价、运输费、安装调试费、保险费等，这是构成租金的最主要因素。

(2)租赁设备的预计残值，即租赁期满后，出售该设备可得的收入。

(3)利率，即出租人为承租企业购置设备垫付资金所支付的资金成本。在固定利率条件下，若其他因素不变，利率越高，则租金越高。

(4)租赁手续费，包括出租人承办租赁设备所发生的业务费用(不包括维修保养费用)和必要的利润。

(5)租赁期限。租赁期限的长短不仅影响租金总额，也影响每期租金的数额。

(6)租金的支付方式。租金的支付次数越多，则每次支付金额越小。支付租金的方式很多，按支付间隔期长短，分为年付、半年付、季付和月付；按在期初和期末支付，分为先付和后付；按每次支付额，分为等额支付和不等额支付。实务中大多采用后付等额年金。

2. 租金的计算

国际上计算租金的方法有平均分摊法、等额年金法、附加利率法、浮动利率法等。我国租赁实务中较多采用等额年金法。等额年金法是运用年金现值原理来计算每期应付租金的方法。在这种方法下，通常要综合考虑利率和手续费率来确定一个租赁费率，作为计算年金的贴现率。

(四)租赁筹资的特点

1. 租赁筹资的优点

(1)能迅速获得所需资产。租赁集"融资"与"融物"于一身，比借款购买设备更迅速，使企业在资金短缺的情况下引进设备成为可能。特别是对中小企业、新创企业而言，租赁能够使企业尽快形成生产经营能力。

(2)限制条件较少。企业运用股票、债券、长期借款等筹资方式，都受到相当多的资格条件的限制，相比之下，租赁的限制条件很少，为公司经营提供了更大灵活性。

(3)避免设备陈旧过时的风险。科学技术的进步使设备的更新周期不断缩短，导致设备提前报废，利用租赁能够将此种风险转嫁给出租人承担，减少承租人的损失。

(4)财务优势明显。第一，租赁能够避免一次性支付带来的财务负担；第二，租金在未来分期支付，不用到期偿还大量本金，并且租金可以通过项目本身产生的收益来支付，"借鸡生蛋、卖蛋还钱"；第三，租金允许在所得税前支付，具有抵税效应，能减轻承租人的税收负担。

2. 租赁筹资的缺点

(1)资本成本较高。租赁的租金通常比长期借款或发行债券所负担的利息高得多，租金总额通常要高于设备价值的30%。

(2)存在固定的财务负担。尽管租赁能够避免到期一次性集中偿还的财务压力，但固定的租金支出对处于财务困境中的承租人来说也是一种沉重的负担。

【微课视频】租赁筹资

【即测即评】债务筹资

第四节　混合筹资

混合筹资筹集的是混合性资金，即兼具股权和债务特征的资金。企业混合筹资的主要方式是发行优先股、发行可转换债券和附认股权证筹资。

一、优先股筹资

优先股是一种介于普通股与债券之间的混合性证券，是在一般规定的普通种类股份之外，另行规定的其他种类股份，其股份持有人优先于普通股股东分配公司利润和剩余财产，但参与公司决策管理等权利受到限制。

根据中国证券监督管理委员会 2023 年 2 月 17 日发布的《优先股试点管理办法》，优先股每股票面金额为 100 元。上市公司可以发行优先股，非上市公众公司可以向特定对象发行优先股。

（一）优先股的类型

按照优先股股东所享有的权利不同，优先股可以分为不同的类型。

1. 累积优先股和非累积优先股

累积优先股是指任何一个年度未支付的股息可以累积起来，递延到以后年度一起发放的优先股。当公司在某一时期经营状况不佳，导致当年可分配利润不足以支付优先股股息时，可将应付股息累积到次年或以后年度，待公司经营状况好转时一并发放。

非累积优先股是指股利当年结清、不予累积支付的优先股。当公司本年利润不足以支付优先股的全部股息时，对差额部分，优先股股东不能要求公司在以后年度补发。显然，非累积优先股的风险大于累积优先股，对投资者缺乏吸引力，因而在实际中运用较少。

我国《优先股试点管理办法》规定，上市公司公开发行优先股，未向优先股股东足额派发股息的差额部分应当累积到下一会计年度。

2. 参与优先股和非参与优先股

参与优先股是指持有人不仅能按规定的股息率获得股息，还能与普通股股东一起参加公司剩余利润分配的优先股。这种优先股又分为全部参与优先股和部分参与优先股。全部参与优先股股东有权与普通股股东等额分享公司剩余利润，部分参与优先股股东只能在规定限额内参与公司剩余利润的分配。

非参与优先股是指持有人只能获取确定的股息，但不能参加公司剩余利润分配的优先股。

我国《优先股试点管理办法》规定，上市公司公开发行优先股，优先股股东按照约定的股息率分配股息后，不再同普通股股东一起参加剩余利润分配。

3. 可转换优先股和不可转换优先股

可转换优先股是指在发行时规定，持有人有权在一定时间内按照一定的转换比率把优先股转换成公司普通股。转换比率是事先确定的，当普通股价格上升，优先股股东能够通过转换获利时，将行使转换权；否则优先股股东可放弃行权，继续持有优先股。

不可转换优先股是指优先股发行后，其持有人只能获得约定的股息，不能转换为普通股。

《优先股试点管理办法》规定，上市公司不得发行可转换为普通股的优先股。但商业银行可根据商业银行资本监管规定，向特定对象发行触发事件发生时强制转换为普通股的优先股，并遵守有关规定。上市公司向不特定对象发行优先股应当在公司章程中规定以下事项：

（1）采取固定股息率。

（2）在有可分配税后利润的情况下必须向优先股股东分配股息。

（3）未向优先股股东足额派发股息的差额部分应当累积到下一会计年度。

（4）优先股股东按照约定的股息率分配股息后，不再同普通股股东一起参加剩余利润分配。

商业银行发行优先股补充资本的，可就第（2）项和第（3）项事项另行约定。

4. 可回购优先股和不可回购优先股

可回购优先股是指在发行时附有回购条款，允许发行人按事先约定的价格和方式回购的优先股。发行人回购优先股包括发行人要求赎回优先股和投资者要求回售优先股两种情况。发行人通常在认为可以用较低股息率发行新的优先股时，就可用此方法回购已发行的优先股股票。

不可回购优先股是指在发行时未附回购条款的优先股。

5. 固定股息率优先股和浮动股息率优先股

固定股息率优先股是指在存续期内股息率不作调整的优先股。采用固定股息率的优先股，可以在存续期内采取相同的固定股息率，或明确每年的固定股息率，各年度的股息率可以不同。

浮动股息率优先股是指在发行后股息率按照约定的计算方法定期或不定期地进行调整的优先股。采用浮动股息率的，应当在公司章程中明确优先股存续期内票面股息率的计算方法。

我国《优先股试点管理办法》规定，上市公司公开发行优先股应采取固定股息率。

（二）优先股筹资的特点

1. 优先股筹资的优点

（1）优先股的股利支付虽然是固定的，但又有一定的弹性。与发行债券相比，债券筹资有固定的还本付息义务，而优先股的股利支付并不构成公司的法定义务。如果公司的经营状况不佳，可以暂时不支付优先股股利，也不会因此导致公司破产。

（2）有利于保障普通股股东对公司的控制权。优先股一般没有投票权或只有有限的投票权，优先股股东一般不参与公司的日常经营管理，因此，发行优先股不会稀释股东权益，不会影响原有普通股股东的控制权。

（3）优先股一般没有固定的到期日，不用偿还本金，可以视为一种永久性资本。对于可回购优先股，只有在对公司有利时，公司才会提前收回，从而增强了资金使用的灵活性，也有利于资本结构的调整。

2. 优先股筹资的缺点

（1）优先股的筹资成本一般高于债券。原因是优先股股利要从税后利润中支付，不能税前扣除。

（2）可能增加公司的财务风险。虽然优先股的股利支付没有法律约束，但是经济上的约束使公司仍倾向于按时支付。只要条件允许，公司都会尽量支付优先股股利。因此，优先股的股利通常被视为固定成本，当公司经营状况不好时，会成为一项较重的财务负担，加大公司的财务风险并进而增加普通股的成本。

二、可转换债券筹资

可转换债券是指发行人依照法定程序发行，在一定期间内依据约定的条件可以转换成普通股的公司债券。可转换债券是一种混合型证券，是公司普通债券与股票期权的组合体，兼具股权筹资与债务筹资双重属性。

按照转股权是否与可转换债券分离，可转换债券可以分为两类：一类是一般可转换债券，其转股权与债券不可分离，持有者直接按照债券面额和约定的转股价格，在约定的期限内将债券转换为股票；另一类是可分离交易的可转换债券，这类债券在发行时附有认股权证，发行上市后公司债券和认股权证各自独立流通、交易。

（一）可转换债券的基本要素

可转换债券的基本要素是指构成可转换债券基本特征的必要因素，它们代表了可转换债券与普通债券的区别。

1. 标的股票

可转换债券实质上是一种未来的买入期权，这个转换期权的标的物，就是可转换成的公司股票。标的股票一般是发行公司自己的普通股票，但也可以是其他公司的股票，如该公司的上市子公司的股票。

2. 票面利率

可转换债券的票面利率一般会低于普通债券的票面利率，有时甚至还低于同期银行存款利率。这是因为可转换债券的投资收益中，除了债券的利息收益外，还附加了股票买入期权的收益部分。

3. 转换价格

转换价格是指可转换债券转换为每股普通股所支付的价格，这一价格通常于发行可转换债券时在募集说明书中事先约定。我国《上市公司证券发行注册管理办法》规定，转股价格应不低于募集说明书公告日前二十个交易日该公司股票交易均价和前一交易日的均价。

4. 转换比率

转换比率是指每一份可转换债券在既定的转换价格下能转换为普通股股票的数量。其计算公式为：

$$转换比率 = 债券面值 / 转换价格$$

例如，锦辰公司发行面值为 100 元的可转换债券，约定转换价格为每股 20 元，则转换比率为 5，即每张可转换债券可以转换为 5 股普通股。

5. 转换期限

转换期限是指可转换债券持有人能够行使转换权的有效期限。可转换债券的转换期通常由公司根据债券的存续期限及公司财务状况确定，可以与债券的期限相同，也可以短于债券的期限。

6. 赎回条款

赎回条款是指发行人有权按事先约定的条件和价格买回尚未转股的可转换公司债券的规定。这一条款能使发行人避免在市场利率下降后，继续向债券持有人支付较高的债券利

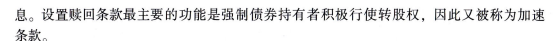

息。设置赎回条款最主要的功能是强制债券持有者积极行使转股权，因此又被称为加速条款。

7. 回售条款

回售条款是指债券持有人有权按事前约定的条件和价格将所持债券卖回给发行人的规定。回售一般发生在公司股票价格在一段时期内连续低于转股价格达到某一幅度时。回售对于投资者而言实际上是一种卖权，有利于降低投资者的持券风险。

8. 强制性转换调整条款

强制性转换调整条款是指在某些条件具备之后，债券持有人必须将可转换债券转换为股票，无权要求偿还债权本金的规定。设置强制性转换调整条款的目的是保证可转换债券顺利地转换成股票，预防投资者到期集中挤兑引发公司破产。

(二)可转换债券的发行

根据中国证券监督管理委员会 2023 年 2 月发布的《上市公司证券发行注册管理办法》的规定，上市公司公开发行可转换债券，除了应当符合公开发行证券的一般条件之外，还应当符合以下条件。

(1)具备健全且运行良好的组织机构。

(2)最近三年平均可分配利润足以支付公司债券一年的利息。

(3)具有合理的资产负债结构和正常的现金流量。

(4)交易所主板上市公司向不特定对象发行可转债的，应当最近三个会计年度盈利，且最近三个会计年度加权平均净资产收益率平均不低于百分之六。

(三)可转换债券筹资的特点

1. 可转换债券筹资的优点

(1)筹资成本较低。同等条件下，可转换债券的利率通常低于普通债券，降低了公司的筹资成本。在可转换债券转换为普通股时，公司无须另外支付筹资费用，又可节约股票的发行成本。

(2)筹资具有灵活性。可转换债券将传统的债务筹资功能和股票筹资功能结合起来，在行使转换权之前属于公司的债务资本，行使转换权之后则成为公司的股权资本，筹资性质具有灵活性。

(3)便于筹集更多资金。一方面，对投资者而言，持有可转换债券既有稳定的利息收益，又可获得转股的选择权，因而具有一定的吸引力。另一方面，对发行人而言，可转换债券提供了一种以高于当期股价发行新股的可能。由于可转换债券在发行时规定的转换价格高于当期股价，在转股后，相当于以高于发行时股票市价的价格发行了新股，以较少的股份为代价筹集了更多的股权资金。因此，公司在发行新股或配股的时机不佳时，可以先发行可转换债券，未来再通过转换实现较高价位的筹资。

2. 可转换债券筹资的缺点

(1)存在不转换的财务压力。如果在转换期内公司股价一直处于低位，持有人到期不会转股，会造成公司因集中偿还债券本金而带来的财务压力，增大公司的财务风险。

(2)可能出现筹资损失。如果在转换期内公司股票价格大幅度上扬，但公司只能以事先约定的较低转换价格换出股票，就会减少公司的股权筹资额，产生筹资损失。

（3）控制权可能旁落。如果可转换债券持有者不是公司原有股东，在可转换债券转股后，公司的控制权可能会有变化。

（4）低息优势可能丧失。可转换债券转换成普通股后，其原有的低利息优势不复存在，公司将要承担较高的普通股成本。

三、附认股权证筹资

认股权证是一种由股份有限公司发行的证明文件，持有人有权在一定时间内以约定价格认购该公司发行的一定数量的股票。

认股权证本质上是一种股票买入期权，其持有者在认购股份之前不能参加公司的股利分配，也没有普通股相应的投票权。但是，投资者可以通过购买认股权证获得市场价与认购价之间的股票差价收益，因此它是一种具有内在价值的投资工具。

（一）认股权证的类型

1. 按行权时间，认股权证可分为美式认股权证和欧式认股权证

美式认股权证是指权证持有人在到期日前，可以随时提出履约要求，买进约定数量的标的股票。

欧式认股权证指权证持有人只能于到期日当天，才可提出买进标的股票的履约要求。

无论欧式还是美式，投资者均可在到期日之前在市场上出售其持有的认股权证。

2. 按认股期限，认股权证可分为短期认股权证和长期认股权证

短期认股权证的认股期限较短，一般在90天以内。

长期认股权证的认股期限通常在90天以上，更有长达数年甚至永久性的。

3. 按发行方式，认股权证可分为附带发行认股权证和单独发行认股权证

附带发行认股权证是指依附于公司债券、优先股、普通股或短期票据发行的认股权证。

单独发行认股权证是指不依附于其他证券而独立发行的认股权证。

（二）附认股权证筹资的特点

1. 附认股权证筹资的优点

（1）有利于吸引投资者，降低筹资成本。认股权证是一种融资促进工具，具有一次发行、二次融资的作用，公司在发行债券或优先股等时，附带发行认股权证，可以提高对投资者的吸引力，从而顺利实现融资目的。同时，发行附有认股权证的债券，还可以降低相应债券的利率。

（2）有利于改善上市公司的治理结构。在认股权证有效期间，如果上市公司管理层及其大股东有任何有损公司价值的行为，都可能降低上市公司的股价，从而降低投资者执行认股权证的可能性。因此，认股权证能有效约束上市公司的败德行为，激励管理层和大股东努力提升上市公司的市场价值。

（3）有利于建立股权激励机制。认股权证是一种常用的股权激励工具，通过给予管理层和重要员工一定的认股权证，可以把管理层和员工的利益与公司利益紧密联系在一起，

形成利益共同体，从而减少代理成本，充分发挥管理层和员工的积极性、主动性和创造性，实现公司的价值成长和长远发展。

2. 附认股权证筹资的缺点

(1)可能分散公司的控制权。行使认股权后，公司股东数量增加，新股东的加入可能会分散原有股东对公司的控制权。

(2)稀释普通股收益。由于认股权证执行时提供给投资者的股票是新发行的股票，增大了公司的普通股数量，使每股收益下降。

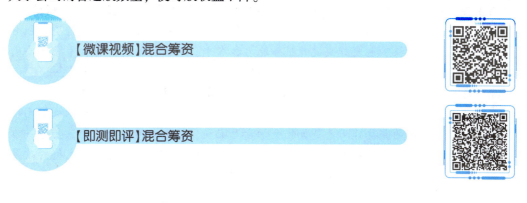

【微课视频】混合筹资

【即测即评】混合筹资

拓—思—悟

拓展阅读：

以改革创新推动绿色金融更好发展

在实体经济大规模向绿色低碳转型的过程中，金融系统必须加快改革创新步伐，更好满足经济高质量发展带来的巨大绿色金融服务需求。

浙江湖州打造"绿贷通"金融综合服务平台，广东广州推出碳账户与供应链金融相结合的"绿色碳链通"融资模式，贵州贵阳和贵安新区打造全国首个绿色金融法庭，江西、新疆克拉玛依探索开展绿色票据再贴现业务……从蓝图和理念到实践与行动，全国10个绿色金融改革创新试验区充分发挥先行先试、示范带头作用，为完善绿色金融服务体系、推动当地和全国绿色金融发展、助力经济发展绿色转型发挥了积极作用，并形成一系列有益经验，在全国复制推广。

绿色是高质量发展的鲜明底色。推动经济社会高质量发展，需要建立与之相适应的绿色金融体系。近年来，在新发展理念指引下，我国绿色金融体系建设取得明显成效，形成以绿色贷款、绿色债券为主的多层次多元化绿色金融市场，为服务实体经济绿色低碳发展提供了强大动力。到2023年年末，我国本外币绿色贷款余额30.08万亿元，同比增长36.5%，高于各项贷款增速26.4个百分点；境内绿色债券市场余额1.98万亿元，同比增长31.8%，位居全球前列。

高质量发展是全面建设社会主义现代化国家的首要任务，金融要为经济社会发展提供高质量服务。随着生态文明建设持续推进，低碳、环保、可持续的绿色产业发展前景广阔，金融需求也越来越多样化、复杂化。持续不断的金融改革创新，为绿色发展提供了高效的金融服务。绿色金融既是经济社会高质量发展的重要推动力，也是金融业自身转型发展的长久动力源。实现碳达峰、碳中和目标需要大规模的绿色投资，这为金融机构拓展绿色金融业务、实现快速成长提供了难得的机遇。在实体经济大规模向绿色低碳转型的过程中，金融系统必须加快改革创新步伐，更好满足经济高质量发展带来的巨大绿色金融服务需求。

推动绿色金融改革创新，要坚持因地制宜。绿色发展涉及生产生活的方方面面，不存在固定的发展模式，也很难做到一款产品包打天下，需要结合实际情况进行产品和服务创新。我国绿色金融改革创新试验区建设的经验证明，绿色金融改革创新只有与地方实际和经济社会发展需求相适应，才能真正发挥出加快生态文明建设的更大作用。下一步，要鼓励更多有条件、有意愿的地区立足区域实际，继续探索多样化的绿色金融改革创新试验，支持有特色、有基础的原试验区升级，鼓励发展转型金融，持续为绿色金融和转型金融全局发展贡献力量。金融机构也要加快提升服务能力和水平，用心打造更加符合市场需要的绿色金融产品，为经济社会绿色发展量身定制个性化、多样化和差异化的创新服务。

推动绿色金融改革创新，要坚持精准施策。绿色金融贵在精准，也难在精准。与传统金融服务更多考虑经济效益不同，绿色金融项目要更多考量生态效益，这对金融机构无疑是一个挑战。绿色金融的重要作用，是优化金融资源配置，让更多投资和信贷资金进一步向绿色发展倾斜。现实中，能够有效识别真正的绿色项目并非易事，需要科学完整的政策体系作为支撑。货币政策要更好发挥政策工具的总量和结构双重功能，不断完善绿色金融标准体系，强化金融机构碳核算和环境信息披露要求，优化绿色金融评价方法，拓展评价结果运用场景，引导金融机构用好结构性货币政策工具，把更多金融资源配置到真正具有生态效益和可持续发展潜力的领域。

以"绿"为媒，点"绿"成金。绿色金融发展生机勃勃、前景广阔，对中国式现代化建设意义重大。广大金融机构要保持耐心、倾注热情，脚踏实地、精耕细作，不断以改革创新拓展绿色金融高质量发展的新领域、新空间，努力实现金融与经济的良性循环、共生共荣，为美丽中国建设添砖加瓦。

资料来源：吴秋余，《以改革创新推动绿色金融更好发展》，人民日报，2024-02-26。

思考：绿色金融与国家绿色发展战略有什么关系？推动绿色金融改革创新可以给企业融资带来哪些机遇？

体悟：绿色发展、可持续发展。

本章小结

企业筹资是指企业作为筹资主体，为满足日常经营活动、投资活动、资本结构调整以及其他需要，运用一定的筹资方式，通过一定的筹资渠道，筹措和获取资金的一种财务行为。按照筹资期限的不同，企业筹资可以分为短期筹资和长期筹资。短期筹资所筹集的资金可使用期限一般不超过一年。长期筹资筹集的资金可供企业长期使用。

企业长期筹资动机包括创立性筹资动机、支付性筹资动机、扩张性筹资动机和调整性筹资动机几种类型。企业的长期筹资活动需要通过一定的渠道、采用一定的方式来完成。

长期筹资可以按照不同的标准进行分类：按筹资活动是否借助于金融机构为媒介，分为直接筹资和间接筹资；按资金的来源范围不同，分为内部筹资和外部筹资；按资本属性不同，分为股权筹资、债务筹资及混合筹资。

　　科学合理地预测资金需要量是企业开展筹资活动的基本前提。资金需要量的预测可采用因素分析法、回归分析法、销售百分比法等。

　　企业使用的资金有两个来源：股东提供的股权资本和债权人提供的债务资本。其中，股权资本是企业最重要的资金来源，通过吸收直接投资、发行普通股、留存收益等几种方式形成。债务资本通过债权筹资形成，主要有长期借款、发行债券和融资租赁三种基本形式。此外，企业还可以通过发行优先股、发行可转换债券和附认股权证筹资的方式取得兼具股权和债务特征的混合性资金。

　　证券交易所是为证券的集中和有组织交易提供场所和设施，组织和监督证券交易，实行自律管理的法人。中国大陆有三家证券交易所，即上海证券交易所、深圳证券交易所和北京证券交易所。三家证券交易所互联互通、相互补充、相互促进，构成了我国各板块差异化发展的多层次资本市场体系。

案例分析

金风科技的创新型绿色筹资之路①

一、案例资料

　　金风科技股份有限公司（以下简称"金风科技"）成立于1998年，是国内最大的风电整机龙头企业，以"生态引领可持续发展的清洁能源产业模式（EOD+ENERGY）"为核心，聚焦能源开发、能源装备、能源服务与能源应用四大领域，提供可信赖的产品与解决方案，帮助城市与企业满足经济、生态与社会责任综合可持续发展需求。作为在深交所、港交所两地上市的公司，金风科技凭借多年在清洁能源领域的最佳实践，多次入选"气候领袖企业""亚洲地区最受尊敬公司""最佳投资者关系公司"，并荣登"全球最具创新能力企业50强""全球最环保企业200强""全球新能源企业500强"、A股公司ESG百强等多个影响力榜单。

　　从2015年开始，金风科技积极探索以绿色债券、绿色票据、碳金融产品等为代表的绿色筹资工具，先后采用了信用增强债券、绿色资产支持证券（绿色ABS②）、中期票据、绿色长期限含权中期票据、碳中和绿色ABS、绿色超短期融资券（科创票据）等种类丰富的绿色筹资方式。这些创新型的绿色筹资方式为金风科技募集了大量的资金，支撑了金风科技经营规模的不断壮大和公司的持续成长，同时，也助力其在推动全球能源转型、构建面向新型电力系统的零碳解决方案方面做出了卓越贡献。

　　（一）公司简介

　　作为国内风力发电机组制造行业优秀的系统开发和集成商，金风科技一直致力于成为国内风电行业领先的企业，其成长之路历经了以下几个阶段。

　　1985—1997年：探索期。金风科技凭借改革开放的窗口，努力探索全球风电领域。

　　1998—2005年：第一次创业期。经过多年探索，中国开启了风电机国产化研制事业。金风科技的第一次创业开创了中国风机制造的新纪元。

---

　　①　资料来源：作者根据金风科技相关公告及其他公开资料整理编写。

　　②　如果一只ABS的基础资产现金流与低碳资产相挂钩，或者该ABS的募集资金指定投向于合格的低碳资产，则该ABS产品可被定义为"绿色ABS"。

2006—2010年：第二次创业期的第一阶段。2007年发改委发布了可再生能源中长期发展规划，做出在三北地区建设大型和特大型风电场的战略部署。金风科技从此进入了跨越式高速发展的新阶段，在技术和产品转型、全产业链建设、资本运营、人才队伍市场化、国际市场拓展等五个方面完成了重大突破，实现了走向全国的目标。

2011—2015年：第二次创业期的第二阶段。金风科技坚持以产品质量作为企业发展的生命线，加大研发投入，狠抓质量管理，加强成本控制，促进整体解决能力的提升，开拓国际市场，推行精细化管理，不断提升自身综合竞争实力，保持技术及市场领先地位。

2016—2024年：第二次创业期的第三阶段。金风科技从单一业务开始走向相关多元化，布局"两海战略"（即海上风电市场和海外市场），国际化梦想再进一步。

金风科技在开展业务经营活动时，以"促进可持续发展，构架更美好生活"为宗旨，将可持续发展理念融入业务流程，注重管理自身行为对环境和社会的影响，积极履行企业的社会责任，推动公司和社会的可持续发展。公司依据联合国全球可持续发展目标（SDGs）、国际标准化组织《ISO 26000社会责任指南》等国际标准、指南或倡议，以高标准的社会责任要求优化经营管理，保护环境，维护股东、客户、供应商、员工和社区居民权益，并支持其进一步发展。

（二）政策背景：中国的绿色金融政策

目前，中国的绿色金融市场已经形成了以绿色信贷、绿色债券、绿色保险、绿色基金为主的多元化产品体系。其中，绿色信贷和绿色债券市场尤为活跃，规模迅速扩大。特别是绿色债券市场增长迅猛，已经成长为全球第二大绿债市场。

中国绿色金融的发展可以追溯到2012年，为了推动绿色经济和可持续发展，中国开始探索绿色信贷，鼓励金融机构为环保项目提供贷款。

2015年12月，中国人民银行就在银行间市场发行绿色金融债券有关事宜发布公告（中国人民银行公告〔2015〕第39号），拉开了我国绿色金融债券发展的序幕；同月，国家发展改革委印发了《绿色债券发行指引》。2016年8月，人民银行、证监会等七部委联合发布了《关于构建绿色金融体系的指导意见》，这是我国绿色金融发展的首份顶层制度文件，标志着绿色金融政策体系的初步形成。至此，中国成为全球首个由政府推动并发布政策明确支持"绿色金融体系"建设的国家。

此后，中国的绿色金融始终沿着"自上而下"顶层推动和"自下而上"基层探索的两条路径进行，绿色金融政策体系不断完善。

2017年3月，《中国证监会关于支持绿色债券发展的指导意见》正式发布，引导交易所债券市场进一步服务绿色产业健康有序发展。2017年12月，中国人民银行和证监会联合发布《绿色债券评估认证行为指引（暂行）》，对绿色债券评估认证机构资质、业务承接、评估认证内容、评估认证意见等方面做出规范。

2021年4月，中国人民银行、国家发展和改革委员会、中国证券监督管理委员会联合发布了《绿色债券支持项目目录（2021年版）》，统一了绿色债券的界定标准，为我国绿色债券发展提供了稳定框架和灵活空间。

2022年7月，中国银行间市场交易商协会牵头，绿色债券标准委员会发布《中国绿色债券原则》，明确了绿色债券四大核心机制，提出了对绿色债券发行人和相关机构的基本要求，推动了国内绿色债券标准统一并与国际绿色金融标准接轨。

2023年年底，证监会和国资委联合发布《关于支持中央企业发行绿色债券的通知》，

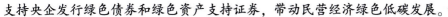

支持央企发行绿色债券和绿色资产支持证券，带动民营经济绿色低碳发展。

2024年4月，中国人民银行联合国家发展改革委、工业和信息化部、财政部、生态环境部、金融监管总局和中国证监会印发《关于进一步强化金融支持绿色低碳发展的指导意见》，再度完善绿色金融领域顶层设计，为金融机构做好绿色金融大文章提供具体指引。

（三）金风科技的创新型绿色筹资实践（见表4-6）

表4-6　金风科技的创新型绿色筹资实践

时间	债券种类	发行规模	债券期限/年	票面利率/%	到期日
2015.7.16	绿色债券（信用增强）	3亿美元	3年	2.5	2018.7.24
2015.6.17	中期票据（2015年度第一期）	5亿元	3年	4.98	2018.6.18
2016.5.26	永续中期票据（第一期）	10亿元	5+N年	5	没有固定到期日，发行条款约定发行人在特定时点有权赎回本期永续票据，如未被赎回，则票据永续存续
2016.8	永续中期票据（第二期）	5亿元	5+N年	5	没有固定到期日，发行条款约定发行人在特定时点有权赎回本期永续票据，如未被赎回，则票据永续存续
2016.8.26	绿色资产支持证券（绿色ABS）	12.75亿元	1~5年	3.4~4.5	2017.8.3 2018.8.3 2019.8.3 2020.8.3 2021.8.3
2018.12.25	绿色长期限含权中期票据	5亿元	3+N年	6	不设具体期限限制。在票据发行的第3年年末，公司有赎回该票据的权利
2020.8.27	绿色长期限含权中期票据	10亿元	3+N年	5.2	不设具体期限限制。在票据发行的第3年年末，公司有赎回该票据的权利
2021.5.10	碳中和绿色ABS	5亿元	——	4.4	专项计划设立日届满2年后的第三个季度的对应日 专项计划设立日届满3年后的第三个季度的对应日
2023.8.17	绿色超短期融资券（科创票据）	7.5亿元	133日	2.29	2023.12.29

表4-6显示了金风科技2015年以来的绿色筹资情况。金风科技充分发挥自身资本实力雄厚、信用状况良好的优势，综合运用多种绿色债务融资工具进行筹资。

1. 2015年，发行首单中资企业绿色债券

2015年7月16日，金风科技携手中国银行、德意志银行、法国兴业银行在海外完成

3亿美元债券发行，票面利率2.5%，期限3年，成为中资企业发行的首单绿色债券。

本次债券由中国银行澳门分行提供备用信用证，穆迪评级公司给予本次债券A1的国际债项评级。本次债券也是新疆企业第一笔境外债。

本次债券发行为金风科技成功打开了海外债券市场融资渠道，开始与全球固定收益投资者建立起长期合作关系，有利于提高金风科技在国际固定收益市场的知名度，为日后再次海外融资打下坚实基础。

2. 2016年，发行国内首单绿色永续中票和国内首单绿色ABS

金风科技于2016年5月24—25日发行了2016年度第一期中期票据，并于5月26日开始在银行间债券市场交易流通。这是继协和风电绿色中期票据之后银行间债券市场第二支绿色债务融资工具，也是全国首单绿色永续债券，新疆债券市场首单绿色债券。本期中期票据发行规模10亿元，期限为5+N年，发行利率5%。

金风科技于2016年8月26日发行了上交所首单绿色资产支持证券"农银穗盈—金风科技风电收费收益权绿色资产支持证券"，发行规模共计12.75亿元，其中优先级发行利率区间为3.4%～4.5%，创国内非金融企业ABS发行利率新低。本次发行的ABS证券简称为金风绿A-E，其中优先级分为5档，期限分别为1～5年，对应发行利率区间3.4%～4.5%。本次发行项目是上海证券交易所首单绿色ABS，也是国内首单由国际知名绿色认证机构进行双认证的绿色信用债券。

3. 2018年，成功注册并发行了绿色长期限含权中期票据

2018年8月26日，金风科技成功注册绿色长期限含权中期票据，并于12月25日进行了首期发行，发行金额5亿元。

4. 2020年，发行绿色长期限含权中期票据

2020年8月27日，金风科技成功发行了2020年度第一期绿色长期限中期票据，发行金额10亿元。

5. 2021年，发行上交所首单企业碳中和绿色ABS

碳中和债券也叫碳中和绿色公司债，是一种特殊类型的绿色债券，其募集到的资金通常专门用于支持经过认证的具有碳减排效益的绿色产业，以及与绿色产业相关项目的建设、运营等，比如清洁能源、绿色建筑、清洁交通等项目。

2019年，金风科技董事会同意通过储架发行应收账款资产支持专项计划进行融资。2021年5月21日，金风科技"国开证券—金风科技应收账款第1期绿色资产支持专项计划（专项用于碳中和）"在上海证券交易所交易市场固定收益证券综合电子平台挂牌，并面向合格投资者中的机构投资者交易。国开证券—金风科技应收账款第1期绿色资产支持专项计划（专项用于碳中和）优先A级资产支持证券，发行总额为人民币4.75亿元，票面利率为4.4%/年；国开证券—金风科技应收账款第1期绿色资产支持专项计划（专项用于碳中和）次级资产支持证券，发行总额为人民币0.25亿元。

6. 2023年，发行第一期绿色超短期融资券（科创票据）

2023年8月17日，金风科技2023年度第一期绿色超短期融资券（科创票据）7.5亿元成功发行，最终票面利率2.29%，创新疆地区2023年度以来资本市场发债最低发行利率。同时，该笔超短期融资券也是新疆地区有史以来首单银行间市场双贴标（绿色+科创）债务融资工具，具有突出的创新意义。

二、问题提出

1. 金风科技创新型绿色筹资的"创新"和"绿色"分别体现在哪些方面？

2. 党的二十大报告强调，推动绿色发展，促进人与自然和谐共生。"双碳"背景下企业财务管理环境的变化，将对企业的筹资决策带来哪些影响？

3. 结合案例资料以及金风科技的行业特征和经营特点，分析金风科技为什么能在绿色筹资的探索之路上取得成功？

同步训练

一、单项选择题

1. 采用销售百分比法预测资金需求量时，下列各项中，属于非敏感项目的是(　　)。
A. 现金　　　　　　B. 存货　　　　　　C. 长期借款　　　　　　D. 应付账款

2. 某企业本年度资金平均占用额为 3 500 万元，经分析，其中不合理部分为 500 万元。预计下年度销售增长 5%，资金周转加速 2%，则该企业下年度资金需要量预计为(　　)万元。
A. 3 000　　　　　　B. 3 087　　　　　　C. 3 150　　　　　　D. 3 213

3. 下列各项中，不属于普通股股东拥有的权利是(　　)。
A. 优先认股权　　　　　　　　　　B. 利润分配优先权
C. 投票表决权　　　　　　　　　　D. 剩余财产要求权

4. 与发行公司债券相比，吸收直接投资的优点是(　　)。
A. 资本成本较低　　　　　　　　　B. 产权流动性较强
C. 能够提升企业市场形象　　　　　D. 易于尽快形成生产能力

5. 下列各种筹资方式中，筹资限制条件相对最少的是(　　)。
A. 租赁　　　　　　B. 发行股票　　　　　　C. 发行债券　　　　　　D. 银行借款

6. 按照是否可转换为普通股，可将债券分为(　　)。
A. 记名债券和无记名债券
B. 可转换债券和不可转换债券
C. 信用债券和担保债券
D. 不动产抵押债券和证券信托抵押债券

7. 下列关于证券交易所概况正确的是(　　)。
A. 深圳证券交易所的定位及服务对象是科创板
B. 上海证券交易所的定位及服务对象是主板、中小企业板和创业板
C. 北京证券交易所定位及服务对象是深化新三板改革，打造服务创新型中小企业主阵地
D. 深圳证券交易所是中国第一家公司制证券交易所

二、判断题

1. 调整性筹资动机是指企业因调整公司业务所产生的筹资动机。(　　)
2. 企业在初创期通常采用外部筹资，而在成长期通常采用内部筹资。(　　)
3. 留存收益筹资不会发生筹资费用，因此没有资本成本。(　　)
4. 从投资者的角度来看，优先股投资的风险比债券大。(　　)
5. 持有认股权证的投资者不能取得股利收入，也没有普通股股票相应的投票权。(　　)

第五章 资本结构决策

知识目标:

1. 定义资本成本的概念,解释资本成本在企业财务决策中的作用,计算不同来源的资本成本。

2. 定义杠杆效应的概念,计算杠杆系数,解释财务杠杆原理。

3. 阐述现代资本结构理论的主要内容,识别影响资本结构决策的因素,描述资本结构决策方法,说明双重股权结构的特点。

能力目标:

1. 能够通过杠杆系数的计算和分析,比较不同公司的杠杆策略,评估风险水平。

2. 能够针对具体情景或案例,计算和比较不同资本结构的优劣,确定最优资本结构,初步具备资本结构决策的实践能力。

价值塑造:

1. 通过对杠杆效应的学习,认识在企业经营和财务活动中风险管理的重要性,培养风险意识。

2. 通过对现代资本结构理论和资本结构决策方法的学习,认识财务决策对利益相关者的影响,发展伦理意识,强化责任意识,形成战略思维。

知识图谱

资本结构决策

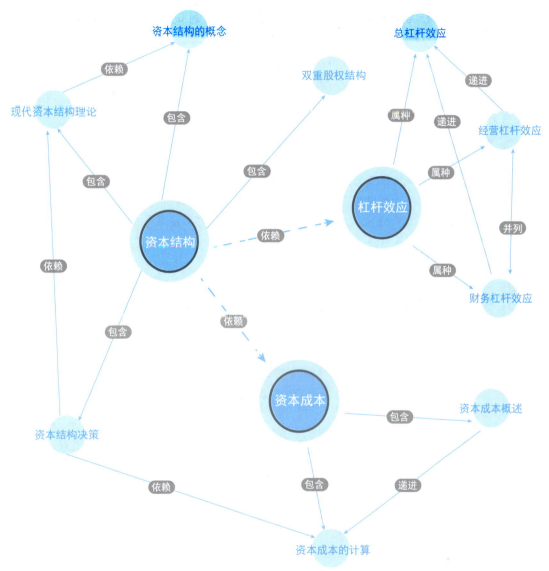

资本结构决策

引导案例

晶科能源：业绩向左股价向右①

2023 年 8 月 14 日，光伏组件巨头晶科能源披露 2023 年半年报，报告期公司实现营业收入 536.24 亿元，同比增长 60.52%；归母净利润 38.43 亿元，同比增长 324.58%。报喜的同时，晶科能源抛出了一份 97 亿元的定增预案。尽管业绩亮眼，但预期之外的巨额融资计划导致次日公司股价暴跌 12%，市值缩水 142 亿元，远超定增融资额。

表面上看，晶科能源选择定增的理由不可谓不充足。例如，要聚焦 N 型 TOPCon 技术路线，助推光伏发电降本增效，扩充 N 型组件产能，实现垂直一体化生产，降低生产成本等。然而细究之下，公司上市后仅 19 个月，IPO 募资 100 亿元，发行可转债募资 100 亿元，本次拟定向增发 97 亿元，这样频繁的大规模融资，对市场信心不免产生压力。

实际上，大规模股权筹资在降低上市公司运营风险的同时，也存在摊薄收益、增加股东风险的副作用。2021 年晶科能源净资产收益率（ROE）为 8.76%；2022 年首发融资后，净利润增长 157%，超过净资产增幅，ROE 提升至 10.94%。然而，这种提升难以持续。一是 100 亿元可转债转股后将进一步增加股本数量，摊薄收益。二是新定增计划实施后，净资产将再次大幅增加，但项目产生收益需要时间，ROE 将被进一步稀释。

令人费解的是，连续大规模融资的晶科能源其实并不缺钱，公司 2023 年半年报显示，其账面货币资金高达 248.55 亿元，其中前期 IPO 和发行可转债募集的资金还剩余约 50 亿元。投资者不禁质疑：晶科能源是否"抽血"过急？资金都用到哪里了？用途合理吗？

思考与讨论：

1. 与债务筹资相比，股权筹资主要有什么不足？
2. 晶科能源净利润飙涨股价却跳水，带给其他企业什么警示？
3. 企业应如何优化资本结构，提升资金使用效率，实现高质量发展？

第一节　资本成本

资本成本是财务理论中的核心概念之一。资本成本之所以重要，有两个原因：其一，资本成本是衡量企业资本结构优化程度的标准，是制定筹资决策的基础。无论企业的财务管理目标是股东财富最大化还是企业价值最大化，都必须使所有的投入成本最小化，其中包括资本成本最小化。其二，资本成本是对投资获得经济效益的最低要求，是制定投资决策的基础。企业所筹得的资本被使用以后，只有项目的投资报酬率高于资本成本率，才能取得较好的经济效益。

一、资本成本概述

（一）资本成本的概念

资本成本是指企业为筹集和使用资本而付出的代价，如债券和股票的发行费用、向股

---

① 资料来源：作者根据公司半年报和其他公开资料整理编写。

东支付的股利、向银行支付的借款利息等。资本成本的产生是资本所有权与资本使用权分离的结果。从投资人的角度看，由于让渡了资本使用权，必须取得一定的补偿，资本成本就是投资人让渡资本使用权所要求的最低报酬或必要报酬。从筹资企业的角度看，取得资本使用权必须付出一定的代价。在市场经济条件下，企业可以通过多种筹资渠道、采用各种筹资方式取得资本，但都需要承担一定的成本。

理解资本成本的概念，需要注意以下问题：

(1)资本成本与货币时间价值既有联系，又有区别。资本成本的基础是货币时间价值，但两者在数量上是不一致的。资本成本既包括货币的时间价值，又包括投资的风险价值，此外还会受资金供求关系等因素的影响。

(2)资本成本的实质是企业的一种耗费，需要从企业的经营收入中获得补偿。但是，资本成本通常并不直接表现为生产成本。

(3)不同企业的资本成本不同。企业资本成本的高低取决于三个因素：①无风险报酬率，即无风险投资所要求的报酬率；②经营风险溢价，指由于企业未来的前景不确定导致的要求投资报酬率增加的部分；③财务风险溢价，指由于高负债率产生的风险。因为每个企业所经营的业务不同(即经营风险不同)，资本结构不同(即财务风险不同)，因此不同企业的资本成本并不相同。

(二)资本成本的内容

资本成本既可以用绝对数表示，也可以用相对数表示。从绝对量的构成来看，资本成本主要由以下两部分构成。

1. 筹资费用

筹资费用是指企业在筹集资本过程中为获取资本而付出的费用，如向银行借款时支付的手续费，因发行股票和债券而支付的各种发行费用。筹资费用通常是在筹措资本时一次支付，在用资过程中不再发生，因而属于固定性的资本成本，在计算资本成本时，可作为对筹资额的减项扣除。

2. 用资费用

用资费用是指企业在生产经营和对外投资活动中因使用资本而付出的费用，如向债权人支付的利息、向股东分配的股利等。用资费用是企业用资过程中经常性发生的，并随使用资本数量的多少和时期的长短而变动，因而属于变动性资本成本。用资费用与筹资金额的大小、资金使用时间的长短直接联系，它是因为占用了他人资金而必须支付的，是资本成本的主要内容。

在财务管理中，资本成本一般用相对数表示。用相对数表示的资本成本即资本成本率，它是用资费用与筹资净额的比率，一般所说的资本成本多指资本成本率，其计算公式为：

$$资本成本率 = \frac{年用资费用}{筹资总额 - 筹资费用}$$

由于筹资费用一般以筹资总额的一定百分比计算，因此，上述公式也可表示为：

$$资本成本率 = \frac{年用资费用}{筹资总额 \times (1 - 筹资费用率)}$$

（三）资本成本的形式

资本成本有多种形式，按照用途可分为个别资本成本、综合资本成本和边际资本成本。

1. 个别资本成本

个别资本成本（Individual Cost of Capital）是指单一融资方式本身的资本成本，如普通股资本成本、留存收益资本成本、公司债券资本成本、长期借款资本成本、融资租赁资本成本、优先股资本成本等。个别资本成本的高低与资本性质密切相关。企业在筹集长期资本时，通常有多种筹资方式可供选择，比较和评价各种筹资方式就需要使用个别资本成本。

2. 综合资本成本

综合资本成本也称平均资本成本（Weighted Average Cost of Capital，WACC），是指多元化筹资方式下企业全部资本的加权平均成本。如前所述，企业通常有不止一种资本来源，如普通股、债务、优先股等。综合资本成本是指组成公司资本结构的各种资本来源的成本的组合，也就是个别资本成本的加权平均值。综合资本成本用于衡量企业资本成本水平，确立企业的目标资本结构。

3. 边际资本成本

边际资本成本（Marginal Cost of Capital）是指企业追加筹资时的成本。企业的个别资本成本和综合资本成本是企业过去筹集的单项资本的成本和目前所使用的全部资本的成本。然而，企业在追加筹资时，不能仅考虑目前所使用资本的成本，还要考虑新筹集资金的成本，即边际资本成本。边际资本成本是企业比较和选择追加筹资方案的依据。在目标资本结构确定的情况下，边际资本成本随筹资规模的变化而变化。

（四）资本成本的作用

资本成本是财务管理的一个非常重要的概念，对于企业筹资决策、投资决策、经营业绩评价都有重要作用。

1. 资本成本是企业筹资决策的重要依据

各种形式的资本成本是企业选择筹资方式、确定资本结构和比较筹资方案的依据。

（1）个别资本成本是企业选择筹资方式的依据。虽然企业可以采用的筹资方式有多种，但它们的资本成本是不同的。在评价各种筹资方式时，考虑因素一般包括对企业控制权的影响、对投资者吸引力的大小、融资的难易和风险、资本成本的高低等，其中，资本成本是一项重要因素。在其他条件相同时，企业应选择资本成本率最低的筹资方式。

（2）综合资本成本是企业确定资本结构的依据。企业长期资本的筹集有多个筹资组合方案可以选择，不同筹资组合的综合资本成本的高低，可以用来比较各个筹资组合的优劣，帮助企业进行资本结构决策。当综合资本成本最小时，企业价值最大，此时的资本结构就是企业理想的资本结构。

（3）边际资本成本是企业比较追加筹资方案的依据。企业为了扩大生产经营规模，往往需要追加筹资。追加筹资的金额不同，相应地，其边际资本成本也就不同，企业可以通过比较边际资本成本和边际投资收益来选择合适的追加筹资方案。

2. 资本成本是企业投资决策的重要依据

（1）资本成本是评价投资项目可行性、决定投资项目取舍的经济标准。任何一个投资项目，只有在预期的投资报酬率高于项目资金的资本成本率时，在经济上才是可行的，否则该项目将无利可图，甚至发生亏损。因此，资本成本率是项目要求达到的投资报酬率的最低标准。

（2）资本成本率可作为投资评价分析的折现率。在比较投资方案时，可以将资本成本率作为折现率，用于测算各个投资方案的净现值和现值指数，进行投资决策。

3. 资本成本是评价企业经营业绩的重要依据

一定时期企业资本成本的高低，不仅可以反映企业筹资管理的水平，还可以作为衡量企业经营成果的重要尺度。企业的整体经营业绩常用总资产报酬率来衡量，如果总资产报酬率高于平均资本成本率，说明企业赚取的利润在弥补资本成本后还有剩余收益，企业的经营成果好；反之，如果总资产报酬率低于平均资本成本率，说明企业业绩不佳，需要改善经营管理。

二、资本成本的计算

（一）个别资本成本的计算

个别资本成本的高低，用相对数即资本成本率表示。需要注意的是，在测算债务资本成本时应考虑所得税抵免因素，因为银行借款、公司债券的利息和融资租赁的租金都是允许在税前支付的；但测算股权资本成本时则不必，因为普通股和优先股的股利都是税后支付，没有抵税作用。此外，为了便于分析比较，个别资本成本通常采用不考虑货币时间价值的一般模型计算。但对于金额较大、时间较长（超过一年）的长期资本，采用考虑货币时间价值的贴现模式估算更为准确。

1. 长期借款资本成本

长期借款的资本成本主要是借款利息和借款手续费用。由于借款利息计入税前成本费用，可以起到抵税的作用，故一般计算税后资本成本率。

（1）在不考虑货币时间价值的情况下，长期借款资本成本的计算公式为：

$$K_L = \frac{I(1-T)}{L(1-f_L)} \times 100\% = \frac{i(1-T)}{1-f_L} \times 100\%$$

式中　K_L——长期借款资本成本率；

　　　I——借款年利息；

　　　i——借款年利率；

　　　L——借款金额；

　　　f_L——借款筹资费用率；

　　　T——所得税税率。

【例5-1】锦辰公司从银行取得一笔3年期借款5 000万元，借款年利率为8%，每年付息一次，到期还本。借款的手续费税率为0.5%，公司的所得税税率为25%。请计算这笔借款的资本成本。

根据长期借款资本成本的一般模型，这笔长期借款的成本为：

长期借款成本 $K_L = \dfrac{5\,000 \times 8\% \times (1 - 25\%)}{5\,000 \times (1 - 0.5\%)} = \dfrac{8\% \times (1 - 25\%)}{1 - 0.5\%} = 6.03\%$

由于长期借款的手续费率通常很低，甚至可以忽略，因此上述公式也可以简化为：

$$K_L = i(1 - T) \times 100\%$$

【例5-2】接上例，锦辰公司欲从银行取得年利率为8%、每年付息一次、到期还本的3年期借款5 000万元。假设无借款手续费，公司的所得税税率为25%，则这笔长期借款的资本成本是：

长期借款成本 $K_L = 8\% \times (1 - 25\%) = 6\%$

（2）在考虑货币时间价值的情况下，长期借款资本成本采用贴现模式计算，其计算公式为：

$$L(1 - f_L) = \sum_{t=1}^{n} \frac{I(1 - T)}{(1 + K_L)^t} + \frac{L}{(1 + K_L)^n}$$

式中　K_L——长期借款资本成本率；

　　　I——借款年利息；

　　　L——借款金额；

　　　f_L——借款筹资费率；

　　　n——借款年限；

　　　T——所得税税率。

在实际运用时，公式中的资本成本率 K_L 可以利用插值法求得。

2. 债券资本成本

公司债券的资本成本包括债券利息和发行费用。由于债券利息和借款利息一样可以在所得税前列支，因此同样要考虑抵税效应。但是，长期借款的本金是不变的，而债券既可以平价发行，也可以溢价或折价发行，债券的筹资金额应按照发行价格而非债券面值计算。此外，债券的发行费用包括印刷费、律师费、公证费、担保费、宣传费、注册费等，筹资费用较高，因此一般不能忽略不计。

（1）不考虑货币时间价值时，公司债券资本成本的计算公式为：

$$K_B = \frac{I(1 - T)}{B(1 - f_B)} \times 100\%$$

式中　K_B——公司债券资本成本率；

　　　I——债券年利息；

　　　B——债券筹资金额（按发行价格计算）；

　　　f_B——债券筹资费用率；

　　　T——所得税税率。

【例5-3】锦辰公司按面值发行3年期债券8 000万元，筹资费率为2%，债券票面利率为6%，公司的所得税税率为25%。请计算该债券的资本成本。

根据公司债券资本成本的一般模型，发行这笔债券的成本为：

债券成本 $K_B = \dfrac{8\,000 \times 6\% \times (1 - 25\%)}{8\,000 \times (1 - 2\%)} \times 100\% = 4.59\%$

【例5-4】接上例，如果锦辰公司的3年期债券以8 800万元溢价发行，其他条件不变，则发行这笔债券的资本成本为：

$$债券成本 K_B = \frac{8\ 000 \times 6\% \times (1 - 25\%)}{8\ 800 \times (1 - 2\%)} \times 100\% = 4.17\%$$

（2）考虑货币时间价值，公司债券的资本成本采用贴现模式计算，其计算公式为：

$$B(1 - f_B) = \sum_{t=1}^{n} \frac{I(1 - T)}{(1 + K_B)^t} + \frac{M}{(1 + K_B)^n}$$

式中 K_B——公司债券资本成本率；

I——债券年利息；

B——债券筹资金额（按发行价格计算）；

M——债券面值；

f_B——债券筹资费率；

n——债券期限；

T——所得税税率。

在实际运用时，公式中的资本成本率 K_B 可以利用插值法求得。

3. 租赁资本成本

由于租赁各期的租金中包含有本金的每期偿还和各期手续费用（即租赁公司的各期利润），因此其资本成本率只能按贴现模式计算。

【例5-5】锦辰公司采用租赁方式租入一套设备，该设备市场价格为100万元，租期5年，预计租赁期满时设备残值5万元，归出租方所有。租赁合同约定每年租金255 607元。请计算租赁的资本成本。

采用贴现模式，设租赁的资本成本为 K，则有：

$$1\ 000\ 000 - 50\ 000 \times (P/F,\ K,\ 5) = 255\ 607 \times (P/A,\ K,\ 5)$$

查表可知：

$(P/F,\ 10\%,\ 5) = 0.620\ 9,\ (P/F,\ 9\%,\ 5) = 0.649\ 9,$

$(P/A,\ 10\%,\ 5) = 3.790\ 8,\ (P/A,\ 9\%,\ 5) = 3.889\ 7,$

可求得租赁的资本成本 $K = 10\%$。

4. 普通股资本成本

在个别资本成本的计算中，普通股的资本成本较难估算。原因是普通股的资本成本主要是向股东支付的各期股利，而企业未来支付的股利并不是固定的，会受到许多主观和客观因素的影响而上下波动。

如前所述，从投资人角度看，资本成本就是投资人要求的最低报酬，因此，普通股的资本成本率实质上是普通股股东要求的必要报酬率。测算普通股资本成本的常用方法一般有三种：股利折现模型、资本资产定价模型和债券报酬率风险调整模型。

（1）股利折现模型法。

股利折现模型的基本表达式为：

$$S(1 - f_S) = \sum_{t=1}^{\infty} \frac{D_t}{(1 + K_S)^t}$$

式中 K_S——普通股资本成本率（即普通股投资的必要报酬率）；

D_t——普通股第 t 年的股利；

    S——普通股筹资金额；

    f_s——普通股筹资费率。

    在运用股利折现模型估算普通股的资本成本时，还需要对公司未来的股利支付做出预测，假设股利的变化符合一定的规律。一般来说，不同公司的股利政策不同，其普通股资本成本率的估算结果也会不同。

    ①股利零增长模型。

    如果公司实行固定股利政策，每年分配固定的股利，股利增长率为零。则根据股利折现模型，可以推导出零增长型普通股资本成本率的计算公式为：

$$K_S = \frac{D}{S(1 - f_S)} \times 100\%$$

式中　K_S——普通股资本成本率；

    D——固定支付的普通股股利；

    S——普通股筹资金额；

    f_S——普通股筹资费率。

    【例5-6】锦辰公司拟发行一批普通股，发行价格为9元/股，发行费率为8%，预订每年分派现金股利0.8元/股。请估算锦辰公司发行普通股的资本成本。

    根据股利零增长模型，该公司普通股的资本成本率为：

$$K_S = \frac{0.8}{9 \times (1 - 8\%)} \times 100\% = 9.66\%$$

    ②股利固定增长模型。

    如果公司实行固定增长股利政策，每年的股利增长率为g。则根据股利折现模型，可以推导出固定增长型普通股资本成本率的计算公式为：

$$K_S = \frac{D_0(1 + g)}{S(1 - f_S)} \times 100\% + g = \frac{D_1}{S(1 - f_S)} \times 100\% + g$$

式中　K_S——普通股资本成本率；

    D_0——本期支付的普通股股利；

    D_1——第一年支付的普通股股利；

    g——股利增长率；

    S——普通股筹资金额；

    f_S——普通股筹资费率。

    【例5-7】锦辰公司拟发行一批普通股，每股发行价为18元，筹资费用为全部筹资额的8%，本期发放现金股利1.2元/股，预计今后每年股利增长率为5%。请估算锦辰公司发行普通股的资本成本。

    根据股利固定增长模型，该公司普通股的资本成本率为：

$$K_S = \frac{1.2 \times (1 + 5\%)}{18 \times (1 - 8\%)} \times 100\% + 5\% = 12.61\%$$

    （2）资本资产定价模型法。

    在估算上市公司的普通股成本时，使用最广泛的方法是资本资产定价模型。根据本书第二章所介绍的资本资产定价模型的原理，假设市场是有效的，则普通股筹资的资本成本率与普通股投资者要求的必要报酬率相等，均等于无风险报酬率加上风险报酬率，用公式表示为：

$$K_S = R = R_f + \beta(R_m - R_f)$$

式中　K_S——普通股资本成本率；

R——普通股投资的必要报酬率；

R_f——无风险报酬率；

R_m——市场组合的平均报酬率；

β——该普通股的 β 系数(即系统风险系数，代表该普通股的投资报酬率相对于市场组合平均报酬率的变动幅度)。

在具体操作中，无风险报酬率 R_f 常用国债利率来代替；市场组合的平均报酬率 R_m 常用股票价格指数收益率的平均值或所有股票的平均收益率来代替。

【例5-8】锦辰公司是一家上市公司，其普通股的 β 值为 1.2，无风险报酬率为 6%，市场组合的平均期望报酬率为 14%。请估算锦辰公司发行普通股的资本成本。

根据资本资产定价模型，该公司普通股的资本成本率为：

$$K_S = R = 6\% + 1.2 \times (14\% - 6\%) = 15.6\%$$

(3)债券报酬率风险调整模型。

投资风险越大，投资者要求的回报就越高。由于普通股投资的风险大于债券投资的风险，市场应给普通股投资者更多的风险补偿，即公司必须给普通股股东提供比债券持有人更高的期望收益率。按照这一理论，普通股投资的必要报酬率可以在长期债券报酬率的基础上加上普通股投资的风险溢价来计算，用公式表示为：

$$K_S = K_B + RP$$

式中　K_S——普通股资本成本率；

K_B——长期债券报酬率；

RP——风险溢价。

在具体操作中，长期债券报酬率比较容易确定，而风险溢价部分可以根据历史数据凭借经验进行估计。一般认为，某公司股票相对于其发行的长期债券而言，风险溢价大约在 3%~5%，对风险较高的股票用 5%，风险较低的股票用 3%。

此方法以长期债券报酬率为基础，加上普通股风险溢价作为普通股资本成本的估计值，具有一定的科学性，而且计算比较简单。

【例5-9】锦辰公司已发行的 5 年期债券的投资报酬率为 8.6%，现公司拟再发行一批普通股，经分析，该普通股高于债券的风险溢价为 4%，请估算锦辰公司发行普通股的资本成本。

根据债券报酬率风险调整模型，该公司普通股的资本成本率为：

$$K_S = 8.6\% + 4\% = 12.6\%$$

5. 优先股资本成本

优先股的资本成本包括向优先股股东支付的各期股利和发行时的筹资费用。对于固定股息率优先股而言，其股利支付是固定的，这一点与债券类似；但与债券不同的是，优先股股利是税后支付，不能产生抵税效应，因而资本成本一般高于债券。

固定股息率优先股的资本成本计算公式为：

$$K_P = \frac{D_P}{P(1 - f_P)} \times 100\%$$

式中　K_P——优先股资本成本率；

　　　D_P——优先股年固定股利；

　　　P——优先股筹资金额；

　　　f_P——优先股筹资费率。

【例5-10】锦辰公司发行一批优先股，面值100元，发行价格为108元/股，年固定股息率为10%，发行费率为4%，请估算锦辰公司发行优先股的资本成本。

根据固定股息率优先股的资本成本计算公式，该公司优先股的资本成本率为：

$$K_P = \frac{100 \times 10\%}{108 \times (1 - 4\%)} \times 100\% = 9.65\%$$

6. 留存收益资本成本

留存收益是由企业税后净利润形成的，其实质是所有者向企业的追加投资。企业利用留存收益筹资不会发生筹资费用，因此从表面上看，留存收益似乎并不花费什么成本。但实际上，股东愿意将其留用于公司而不作为股利取出投资于其他获利项目，是要求获得与普通股等价的报酬。因此，留存收益也有成本，只不过是一种机会成本。留存收益的资本成本率，表现为股东追加投资要求的报酬率，其测算方法与普通股成本基本相同，只是不考虑筹资费用。

【即测即评】个别资本成本的计算

（二）综合资本成本的计算

在企业筹资实务中，由于不同筹资方式各有优劣，企业通常不可能依靠单一的筹资方式，而需要通过多种渠道、采用多种方式筹集资金。此时企业的筹资决策目标不再是个别资本成本最低，而是综合资本成本最低。

综合资本成本用于反映企业整体资本成本水平的高低，它是以个别资本成本为基础，以各项个别资本占全部资本的比重为权数，对个别资本成本率进行加权平均而计算出来的，故又称为平均资本成本或加权平均资本成本。其计算公式为：

$$K_W = \sum_{j=1}^{n} K_j W_j$$

式中　K_W——综合资本成本率（加权平均资本成本）；

　　　K_j——第j种个别资本的资本成本率；

　　　W_j——第j种个别资本占全部资本的比重。

其中，$\sum_{j=1}^{n} W_j = 1$。

在实际测算综合资本成本时，按什么权数来确定各项个别资本占全部资本的比重是需要解决的关键问题。企业各项个别资本的占比取决于各种资本价值如何确定，而各种资本价值的计量基础主要有三种选择：账面价值、市场价值和目标价值。

1. 账面价值权数

账面价值权数即以各项个别资本的会计报表账面价值为基础来计算资本权数，确定各项资本占总资本的比重。使用账面价值的优点在于：资料容易获得，可以直接从资产负债表中得到；计算简便，而且计算结果比较稳定。其缺点在于：资本的账面价值与市场价值可能并不相符，当债券和股票的市价与账面价值差距较大时，按账面价值计算出来的资本成本有失客观，不能反映目前从资本市场上筹资的现时机会成本，不适合评价现时的资本结构，从而不利于综合资本率的准确测算和筹资决策。

2. 市场价值权数

市场价值权数即以各项个别资本的现行市价为基础来计算资本权数，确定各类资本占总资本的比重。其优点是能够反映现时的资本成本水平，有利于进行资本结构决策。其缺点是证券的现行市价处于经常变动之中，不容易取得；而且现行市价反映的只是公司现在和过去的资本结构，未必适用于公司未来的筹资决策。

3. 目标价值权数

目标价值权数即以各项个别资本预计的未来价值为基础来确定资本权数，确定各类资本占总资本的比重。这里的未来价值可以选择未来的市场价值，也可以选择未来的账面价值。以目标价值为基础计算资本权重，其优点是能够体现管理层期望的目标资本结构要求，适用于未来的筹资决策；其缺点是资本目标价值的确定依赖于财务经理的价值判断和职业经验，难免具有主观性。

【例5-11】锦辰公司本年年末的长期资本账面总额5 000万元，其中长期借款2 000万元，长期债券1 500万元，普通股1 000万元(共400万股，每股面值1元，现行市价10元)，留存收益500万元；各种个别资本成本率分别为5%，8%，12%和9%。请估算锦辰公司的综合资本成本。

(1)采用账面价值权数。

长期借款占总资本的比重 = 2 000/ 5 000 = 40%

长期债券占总资本的比重 = 1 500/ 5 000 = 30%

普通股占总资本的比重 = 1 000/ 5 000 = 20%

留存收益占总资本的比重 = 500/ 5 000 = 10%

根据综合资本成本的计算公式，锦辰公司的综合资本成本为：

$$K_W = 5\% \times 40\% + 8\% \times 30\% + 12\% \times 20\% + 9\% \times 10\% = 7.7\%$$

(2)采用市场价值权数。

长期借款占总资本的比重 = 2 000/ 8 000 = 25%

长期债券占总资本的比重 = 1 500/ 8 000 = 18.75%

普通股占总资本的比重 = 4 000/ 8 000 = 50%

留存收益占总资本的比重 = 500/ 8 000 = 6.25%

根据综合资本成本的计算公式，锦辰公司的综合资本成本为：

$$K_W = 5\% \times 25\% + 8\% \times 18.75\% + 12\% \times 50\% + 9\% \times 6.25\% = 9.31\%$$

【即测即评】综合资本成本的计算

（三）边际资本成本的计算

一般而言，企业无法以某一固定的资本成本来筹措无限的资金，当企业筹集的资金超过一定的限度时，原来的资本成本就会增加。因此，在企业追加筹资时，需要知道筹资额在什么范围内会引起资本成本的变化，这就要用到边际资本成本的概念。

边际资本成本是指资本追加一个单位而增加的成本，即企业新增 1 元资本所需负担的成本。边际资本成本是企业进行追加筹资的决策依据。

边际资本成本的计算步骤为：

（1）确定目标资本结构。

（2）计算个别资本成本。

（3）计算筹资总额分界点。

筹资总额分界点又称为筹资突破点，是指在现有目标资本结构条件下，保持某一资本成本率不变时可以筹集到的资金总限额，即特定筹资方式下的资本成本变化的分界点。因为花费一定的资本成本只能筹集到一定限度的资金，如果超过这一限度多筹集资金，就要多花费资本成本，引起资本成本率的变化。在筹资突破点范围内筹资，原来的资本成本率不会改变；一旦筹资额超过筹资突破点，即使维持现有的资本结构，其资本成本率也会增加。

筹资总额分界点的计算公式为：

$$筹资总额分界点 = \frac{可用某一特定成本率筹集到的某种资本的限额}{该种资本在资本结构中所占比重}$$

（4）计算边际资本成本。

根据上一步骤计算出的筹资总额分界点，可得出新的筹资范围。对新的筹资范围分别计算其加权平均资本成本，即可得到各种筹资范围的边际资本成本率。需要注意的是，在筹资数额较大，或在目标资本结构既定的情况下，企业追加筹资往往通过多种筹资方式的组合来实现，此时计算加权平均资本成本的权数应采用目标价值权数。

【例 5-12】锦辰公司拥有长期资金 400 万元，其中长期借款 100 万元，普通股 300 万元。因扩大经营规模的需要，公司拟筹集新资金。经分析，公司管理层认为目前的资本结构为公司理想的目标结构。公司财务人员测算了随筹资额增加各种资本成本的变化情况，如表 5-1 所示。

表 5-1　不同筹资规模下的资本成本

资本来源	目标资本结构	新增筹资额	资本成本
长期借款	25%	20 万元以内	4%
		20 万~40 万元	6%
		40 万元以上	8%
普通股	75%	75 万元以内	10%
		75 万元以上	12%

请计算各筹资总额分界点及相应各筹资范围的边际资本成本。

（1）确定目标资本结构。

长期借款占全部资本的比重 = 100/400 = 25%

普通股占全部资本的比重 = 300/400 = 75%

（2）计算筹资总额分界点。

根据筹资总额分界点的计算公式，计算各种资本的筹资总额分界点，如表5-2所示。

表5-2 筹资总额分界点计算

资本来源	新增筹资额	筹资总额分界点	筹资总额规模	资本成本
长期借款	20万元以内	20/25%=80（万元）	80万元以内	4%
	20万~40万元	40/25%=160（万元）	80万~160万元	6%
	40万元以上		160万元以上	8%
普通股	75万元以内	75/75%=100（万元）	100万元以内	10%
	75万元以上		100万元以上	12%

（3）确定筹资总额范围，计算边际资本成本。

根据上一步计算出的筹资总额分界点，可以得到四组新的筹资总额范围：①80万元以内；②80万~100万元；③100万~160万元；④160万元以上。对以上四组筹资总额范围分别计算加权平均资本成本，计算结果如表5-3所示。

表5-3 各筹资总额范围内边际资本成本计算

筹资总额范围	资本来源	资本结构	资本成本	边际资本成本
80万元以内	长期借款	25%	4%	25%×4%+75%×10%=8.5%
	普通股	75%	10%	
80万~100万元	长期借款	25%	6%	25%×6%+75%×10%=9%
	普通股	75%	10%	
100万~160万元	长期借款	25%	6%	25%×6%+75%×12%=10.5%
	普通股	75%	12%	
160万元以上	长期借款	25%	8%	25%×8%+75%×12%=11%
	普通股	75%	12%	

【微课视频】资本成本

第二节 杠杆效应

杠杆效应是物理学中的概念，是指人们利用一根杠杆和一个支点，就能用较小的力量移动较重的物体的现象。在财务管理中也存在着这种类似的杠杆效应，表现为：由于特定固定成本或费用的存在，当某一财务变量以较小幅度变动时，另一相关的财务变量会以较大幅度发生变动。财务管理中的杠杆效应，包括经营杠杆、财务杠杆和总杠杆三种效应形式。了解这些杠杆的原理，有助于企业合理地规避风险，提高财务管理水平。

一、经营杠杆效应

（一）经营杠杆概述

1. 经营杠杆的概念

经营杠杆是指由于固定性经营成本的存在，导致企业的息税前利润变动率大于产销量变动率的现象。只要企业存在固定性经营成本，就存在经营杠杆效应的作用，但不同企业或同一企业在不同产量基础上的经营杠杆的大小是不完全一致的。这种杠杆效应不仅可以放大企业的收益，也可以放大亏损，增大企业的经营风险。

2. 经营杠杆原理

假设企业仅生产和销售一种产品，企业的生产成本可以分为固定成本和变动成本两类。在一定的产量范围内，固定成本总额不受产量的影响；而变动成本与产量成正比例变化。则企业的息税前利润可以表示为：

$$EBIT = S - V - F = (P - V_c)Q - F = M - F$$

式中　EBIT——息税前利润；

　　　S——销售额；

　　　V——变动性经营成本；

　　　F——固定性经营成本；

　　　Q——产量（销量）；

　　　P——单位产品售价；

　　　V_c——单位变动成本；

　　　M——边际贡献总额。

由上式可见，经营杠杆的产生原因：一是固定性经营成本的存在；二是产销量的变动。由于固定成本在一定的产量范围内不随产销量变动而变动，当产销量增加时，销售收入同比例增加，而成本总额中只有变动性经营成本与产销量同比增加，固定经营成本不变，从而使单位产品分摊的固定成本降低，单位产品利润提高。这就使息税前利润的增长率大于产销量的增长率，进而产生经营杠杆效应。如果不存在固定性经营成本，所有成本都是变动性经营成本，此时息税前利润就等于边际贡献总额，息税前利润变动率与产销量的变动率完全一致。

（二）经营杠杆系数

经营杠杆效应的程度大小，可以用经营杠杆系数来度量。经营杠杆系数（Degree of Operating Leverage，DOL）是指产销量变动所引起的息税前利润的变动程度，即息税前利润变动率与产销量变动率的比值，其定义式为：

$$DOL = \frac{息税前利润变动率}{产销量变动率} = \frac{\Delta EBIT / EBIT}{\Delta Q / Q}$$

式中　DOL——经营杠杆系数；

　　　$\Delta EBIT$——息税前利润变动额；

　　　EBIT——变动前息税前利润；

　　　ΔQ——销售量变动数；

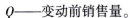

Q——变动前销售量。

直接利用定义式来计算经营杠杆系数比较困难，经过一系列推导，上述公式可以化简为计算公式：

$$DOL = \frac{(P - V_c) \times Q}{(P - V_c) \times Q - F} = \frac{M}{M - F}$$

式中　DOL——经营杠杆系数；

　　　P——单位产品售价；

　　　V_c——单位变动成本；

　　　Q——产销量；

　　　F——固定性经营成本；

　　　M——边际贡献总额。

【例5-13】锦辰公司生产和销售A产品，该产品的单位售价为100元，单位变动成本为60元/件。公司的固定性经营成本总额为150 000元。假定该公司今年A产品销售量为10 000件，预计明年A产品的销售量将增长10%。请计算锦辰公司的经营杠杆系数，并预测明年该公司息税前利润增长率。

根据上述资料，计算如下：

(1)该公司今年的边际贡献总额：

$$M = (P - V_c) \times Q = (100 - 60) \times 10\ 000 = 400\ 000(元)$$

(2)该公司的经营杠杆系数：

$$DOL = \frac{M}{M - F} = \frac{400\ 000}{400\ 000 - 150\ 000} = 1.6$$

(3)该公司明年的息税前利润增长率：

$$息税前利润增长率 = DOL \times 销量增长率 = 1.6 \times 10\% = 16\%$$

(三)经营杠杆与经营风险

经营风险也称营业风险，是指由于生产经营上的原因给企业的未来收益或资产报酬(息税前利润)带来的不确定性。引起经营风险的因素有很多，主要有产品需求、产品售价、产品成本、固定成本比重等。

经营杠杆反映了资产报酬的波动性，用以评价企业的经营风险。对企业而言，经营杠杆具有"双刃剑"的作用：一方面，企业可以利用经营杠杆获取经营杠杆利益；另一方面，经营杠杆又会放大企业的经营风险。经营杠杆作用越强，表明息税前利润受产销量变动的影响程度越大，企业的经营风险也就越高。

根据经营杠杆系数的化简公式，有：

$$DOL = \frac{M}{M - F} = \frac{M}{(P - V_c)Q - F} = \frac{M}{EBIT} = \frac{EBIT + F}{EBIT} = 1 + \frac{F}{EBIT}$$

由上式可以分析经营杠杆系数的性质：

(1)经营杠杆系数的大小由固定性经营成本和息税前利润共同决定。在企业盈利(EBIT>0)状态下，只要存在固定性经营成本，经营杠杆系数恒大于1，即经营杠杆作用一定存在；但这种作用会随着息税前利润的上升而减弱。

(2)经营杠杆作用因固定性经营成本的存在而存在，固定性经营成本越高，固定性经营成本占的比重越大，则经营杠杆系数越大，经营杠杆作用越强。如果企业不存在固定性经营成本，则不存在经营杠杆作用，此时的 DOL＝1。

（3）经营杠杆系数是产销量的函数，不同的产销量水平具有不同的经营杠杆系数。产销量的变动与经营杠杆系数的变动方向相反，在固定性经营成本不变的情况下，产销量越高，经营杠杆系数越低，经营杠杆作用越弱。

（4）经营杠杆系数受产品售价变动的影响，产品售价的变动与经营杠杆系数的变动方向相反，在其他条件不变的前提下，产品售价越高，经营杠杆系数越低，经营杠杆作用越弱。

（5）经营杠杆系数受单位产品变动成本的影响，两者的变动方向相同，在其他条件不变的前提下，单位产品变动成本越高，经营杠杆系数越高，经营杠杆作用越强。

（6）当企业处于盈亏平衡点（EBIT＝0）时，经营杠杆系数无穷大，这表明在微利状态下，经营杠杆作用会很强。

下面我们以锦辰公司为例对经营杠杆系数的影响因素作进一步分析。

【例5-14】锦辰公司生产和销售 A 产品，该产品的单位售价为 100 元，单位变动成本为 60 元/件。公司的固定性经营成本总额为 150 000 元。请计算锦辰公司在以下几种情况下的经营杠杆系数。

（1）今年 A 产品销售量为 9 000 件。

（2）今年 A 产品销售量为 10 000 件，因市场需求旺盛，将 A 产品的单位售价提高到 110 元，销售量不变。

（3）今年 A 产品销售量为 10 000 件，因成本控制得力，A 产品的单位变动成本降低到 55 元，销售量不变。

（4）公司扩大经营规模，预计今年 A 产品销售量可达到 12 000 件，为此需要增加投入，固定成本总额将增长 10%。

根据上述资料，计算如下。

（1）A 产品销售量为 9 000 件时。

$$DOL = \frac{M}{M-F} = \frac{(100-60) \times 9\,000}{(100-60) \times 9\,000 - 150\,000} = 1.71$$

（2）A 产品单位售价提高到 110 元时。

$$DOL = \frac{M}{M-F} = \frac{(110-60) \times 10\,000}{(110-60) \times 10\,000 - 150\,000} = 1.43$$

（3）A 产品的单位变动成本降低到 55 元时。

$$DOL = \frac{M}{M-F} = \frac{(100-55) \times 10\,000}{(100-55) \times 10\,000 - 150\,000} = 1.5$$

（4）A 产品销售量达到 12 000 件时。

$$DOL = \frac{M}{M-F} = \frac{(100-60) \times 12\,000}{(100-60) \times 12\,000 - 150\,000 \times 1.1} = 1.52$$

在理解经营杠杆与经营风险的关系时，需要注意，经营杠杆虽然会放大不确定性因素对利润变动的影响，但它本身并不是经营风险产生的根源。事实上，产品的市场需求和企业的生产成本不可能始终保持不变，因而企业的经营风险（表现为资产报酬的不确定性）无法避免。即使不存在经营杠杆(DOL=1)，仍然存在经营风险，企业的息税前利润也会随产品需求或成本水平的变化而发生变动，只是不具有放大效应。

【微课视频】杠杆效应(上)

二、财务杠杆效应

(一)财务杠杆概述

1. 财务杠杆的概念

财务杠杆又称筹资杠杆或资本杠杆，是指由于固定性资本成本(如固定利息、固定融资租赁费)的存在，导致企业的普通股收益(或每股收益)变动率大于息税前利润变动率的现象。只要企业的筹资方式中存在固定性资本成本，每股收益的变动率就会大于息税前利润的变动率，就存在财务杠杆效应。但在不同的息税前利润水平上，对应的财务杠杆程度是不同的。

2. 财务杠杆原理

企业的普通股收益(或每股收益)与息税前利润之间存在如下关系：

$$TE = (EBIT - I) \times (1 - T) - D_P$$

$$EPS = \frac{(EBIT - I) \times (1 - T) - D_P}{N}$$

式中　TE——普通股收益；

　　　EPS——普通股每股收益；

　　　EBIT——息税前利润；

　　　I——债务资本利息；

　　　D_P——优先股股利；

　　　T——所得税税率；

　　　N——普通股股数。

由以上公式可见，财务杠杆的产生原因：一是固定性资本成本的存在；二是息税前利润的变动。当企业负债经营时，由于债务资本利息、优先股股利等固定利息费用不随息税前利润变动而变动，当息税前利润增加时，每1元息税前利润分摊的利息费用降低，从而每股收益提高，这就使普通股收益的增长率大于息税前利润的增长率，进而产生财务杠杆效应。如果不存在固定性资本成本，普通股收益的变动率将与息税前利润的变动率保持一致。

(二)财务杠杆系数

财务杠杆效应的程度大小，可以用财务杠杆系数来度量。财务杠杆系数(Degree of Financial Leverage，DFL)是指息税前利润变动所引起的普通股每股收益的变动程度，即每股收益变动率与息税前利润变动率的比值，其定义式为：

$$DFL = \frac{每股收益变动率}{息税前利润变动率} = \frac{\Delta EPS/EPS}{\Delta EBIT/EBIT}$$

式中　DFL——财务杠杆系数；

EPS——变动前普通股每股收益；

ΔEPS ——每股收益变动额；

EBIT——变动前的息税前利润；

ΔEBIT ——息税前利润变动额。

和经营杠杆系数一样，直接利用定义式来计算财务杠杆系数比较困难。根据息税前利润与每股收益的关系式，可以将上述公式化简为计算公式（推导过程略）：

$$DFL = \frac{EBIT}{EBIT - I - D/(1 - T)}$$

式中 DFL——财务杠杆系数；

EBIT——变动前的息税前利润；

I ——债务资本利息；

D——优先股股利；

T ——所得税税率。

对于无优先股的企业，上述计算公式可进一步简化为：

$$DFL = \frac{EBIT}{EBIT - I}$$

【例 5-15】接例 5-13，假设锦辰公司今年支付的债务利息为 50 000 元，公司未发行优先股。请计算锦辰公司的财务杠杆系数。

根据财务杠杆系数的计算公式，锦辰公司的财务杠杆系数为：

$$DFL = \frac{EBIT}{EBIT - I} = \frac{400\,000 - 150\,000}{400\,000 - 150\,000 - 500\,00} = 1.25$$

（三）财务杠杆与财务风险

财务风险又称筹资风险，是指由于筹资原因产生的资本成本负担而给企业的普通股收益带来的不确定性。引起财务风险的原因主要是资产报酬的不利变化和固定的资本成本负担。当企业利用财务杠杆举债经营时，由于要承担固定的资本成本，如果息税前利润下降，会导致普通股收益以更快的速度下降。

财务杠杆反映了股权资本报酬的波动性，用以评价企业的财务风险。对企业而言，财务杠杆既有正效应，又有负效应。财务杠杆的正效应是指企业在适度负债的情况下，由于合理使用财务杠杆产生的节税作用、降低综合资本成本作用，使得普通股收益率提高。财务杠杆的负效应是指企业在过度负债的情况下，由于不合理使用财务杠杆，导致债务资本所产生的利润不足以弥补债务利息，不得不利用权益资本利润来偿债，从而使得权益资本利润率大幅降低，甚至使企业亏损、破产。财务杠杆放大了资产报酬变化对普通股收益的影响，在原有的经营风险的基础上又叠加了财务风险。财务杠杆系数越高，表明普通股收益的波动程度越大，企业的财务风险也就越高。

根据财务杠杆系数的化简公式，有：

$$DFL = \frac{EBIT}{EBIT - I} = 1 + \frac{I}{EBIT - I} = 1 + \frac{基期利息}{基期息税前利润 - 基期利息}$$

由上式可以分析财务杠杆系数的性质：

（1）财务杠杆系数的大小由息税前利润和固定性资本成本共同决定。在利润总额>0 的状态下，只要存在固定性资本成本，财务杠杆系数恒大于1，即财务杠杆作用一定存在；但这种作用会随着利润总额的上升而减弱。

（2）财务杠杆作用因固定性资本成本的存在而存在，固定性资本成本越高，则财务杠杆系数越大，财务杠杆作用越强。如果企业不存在固定性资本成本，则不存在财务杠杆作用，此时的DFL＝1。

（3）财务杠杆系数是息税前利润EBIT的函数，不同的EBIT水平具有不同的财务杠杆系数。EBIT与财务杠杆系数变动方向相反，在固定性资本成本不变的情况下，EBIT越高，财务杠杆系数越低，财务杠杆作用越弱，EBIT＝0时，DFL＝0。

（4）当息税前利润＝利息时，利润总额＝0，此时财务杠杆系数无穷大，这表明在经营收益刚好抵偿债务利息的状态下，财务杠杆作用会很强。

下面我们以例5-15中锦辰公司为例对财务杠杆系数的影响因素作进一步分析。

【例5-16】锦辰公司今年支付的债务利息为50 000元，公司未发行优先股，请计算锦辰公司在以下几种情况下的财务杠杆系数。

（1）今年的息税前利润提高到300 000元。

（2）今年的息税前利润降低到200 000元。

（3）因发行新债券，今年支付的债务利息新增50 000元。

根据上述资料，计算如下。

（1）息税前利润提高到300 000元时。

$$DFL = \frac{EBIT}{EBIT - I} = \frac{300\ 000}{300\ 000 - 50\ 000} = 1.2$$

（2）息税前利润降低到200 000元时。

$$DFL = \frac{EBIT}{EBIT - I} = \frac{200\ 000}{200\ 000 - 50\ 000} = 1.33$$

（3）新增50 000元债务利息时。

$$DFL = \frac{EBIT}{EBIT - I} = \frac{250\ 000}{250\ 000 - 100\ 000} = 1.67$$

三、总杠杆效应

（一）总杠杆概述

经营杠杆考察产销量变化对息税前利润的影响程度，而财务杠杆则考察息税前利润变化对普通股收益的影响程度。在实务中，经营杠杆和财务杠杆既可以单独发挥作用，也可以联合发挥作用，总杠杆就是用来反映两者共同作用结果的。

总杠杆又称联合杠杆，是指由于固定性经营成本和固定性资本成本的存在，导致普通股每股收益变动率大于产销量变动率的现象。如前所述，由于固定性经营成本的存在，产生经营杠杆效应，导致产销量变动对息税前利润变动有放大作用；同样，由于固定性资本成本的存在，产生财务杠杆效应，导致息税前利润变动对普通股收益变动有放大作用。这两种杠杆共同作用，将导致产销量的微小变动引起普通股收益较大的变动。

（二）总杠杆系数

总杠杆效应的程度大小，可以用总杠杆系数来度量。总杠杆系数（Degree of Total Leverage，DTL）是指产销量变动所引起的普通股每股收益的变动程度，即每股收益变动率与产销量变动率的比值，其定义式为：

$$DTL = \frac{每股收益变动率}{产销量变动率} = \frac{\Delta EPS/EPS}{\Delta Q/Q}$$

式中　DTL——总杠杆系数；

　　　ΔEPS ——每股收益变动额；

　　　EPS——变动前普通股每股收益；

　　　ΔQ ——销售量变动数；

　　　Q——变动前销售量。

依据经营杠杆系数和财务杠杆系数的定义式，总杠杆系数可以进一步表示为经营杠杆系数和财务杠杆系数的乘积，反映企业经营风险和财务风险的组合效果：

$$DTL = DOL \times DFL$$

总杠杆系数的定义式经整理后，也可以化简为计算公式：

$$DTL = \frac{M}{M - F - I - D/(1 - T)} = \frac{EBIT + F}{EBIT - I - D/(1 - T)}$$

式中　DTL——总杠杆系数；

　　　M ——边际贡献总额；

　　　F——固定性经营成本；

　　　EBIT——息税前利润；

　　　I ——债务资本利息；

　　　D——优先股股利；

　　　T ——所得税税率。

假设无优先股，上述计算公式可进一步简化为：

$$DTL = \frac{M}{M - F - I} = \frac{EBIT + F}{EBIT - I}$$

【例5-17】根据例5-13和例5-15的资料，计算锦辰公司的总杠杆系数。

方法一：

根据总杠杆系数与经营杠杆系数、财务杠杆系数的关系，有：

$$DTL = DOL \times DFL = 1.6 \times 1.25 = 2$$

方法二：

根据总杠杆系数的简化计算公式，有：

$$DTL = \frac{EBIT + F}{EBIT - I} = \frac{250\,000 + 150\,000}{250\,000 - 50\,000} = 2$$

（三）总杠杆与公司风险

公司风险包括企业的经营风险和财务风险。总杠杆系数反映了经营杠杆和财务杠杆之间的关系，用以评价企业的整体风险水平。总杠杆系数越高，企业的整体风险越大。

对企业而言，总杠杆效应的意义在于：①揭示了产销量变动对普通股收益的影响，便于管理层预测未来的每股收益水平；②通过经营杠杆与财务杠杆之间的相互关系，揭示了可行的风险管理策略。在总杠杆系数一定的情况下，经营杠杆系数与财务杠杆系数是此消彼长的。因此，管理层可以通过经营杠杆和财务杠杆的不同组合，以获得理想的总杠杆系数，控制企业整体风险水平。

一般来说，经营风险与财务风险应反向搭配。如固定资产比重较大的重资产企业，经营杠杆系数高，经营风险大，此类企业筹资应主要依靠权益资本，以保持较小的财务杠杆系数和财务风险，从而控制总杠杆系数和整体风险；而变动成本比重较大的轻资产企业，经营杠杆系数低，经营风险小，此类企业筹资可以主要依靠债务资金，适当加大财务杠杆系数和财务风险。

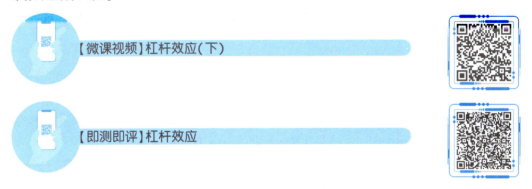

第三节　资本结构

企业的筹资管理，不仅要合理选择筹资方式，而且要科学安排资本结构。资本结构优化是企业筹资管理的基本目标。

一、资本结构的概念

(一)资本结构的含义

企业利用多种筹资方式进行组合筹资，就会形成一定的资本结构。资本结构(Capital Structure)是指企业资本总额中各种资本的构成及其比例关系。这里的"资本"，是指企业全部的资金来源，包括自有资金和负债。

在财务管理中，资本结构有广义和狭义之分。广义的资本结构又称为财务结构(Financial Structure)，是指企业全部资本的构成及其比例关系。企业一定时期的资本可以分为债务资本与股权资本、短期资本与长期资本。因此，广义的资本结构通常包括债务资本与股权资本的结构、短期资本与长期资本的结构，以及债务资本的内部结构、长期资本的内部结构、股权资本的内部结构等。

狭义的资本结构是指企业各种长期资本的构成及其比例关系，不包括短期债务资本。由于短期资本的需要量和筹集是经常变化的，并且在资本总量中所占的比重不稳定，因此，在狭义的资本结构下，短期债务作为营运资金来管理。本书所指的资本结构通常是狭义的资本结构。

(二)资本结构研究的目的

不同的资本结构意味着不同的资本成本和财务风险，会给企业带来不同的后果。举债经营具有双重作用，既可以发挥财务杠杆效应，也可能带来财务风险。如何合理地利用债务筹资，科学地安排债务资本的比例，是企业资本结构决策中的核心问题。资本结构研究的主要目的就是优化资本结构，通过对企业资本结构的调整，寻求最佳资本结构。

所谓最佳资本结构，是指在一定条件下使企业综合资本成本率最低、企业价值最大的资本结构。评价企业是否达到最佳资本结构，我们可以从下列标准来加以判断：①这种资本结构能否最大限度地增加所有者财富、提高企业价值；②这种资本结构能否使企业综合资本成本率最低；③这种资本结构能否使资产保持适宜的流动，并且具有适度弹性。

从理论上讲，最佳资本结构是存在的，但由于企业内部条件和外部环境的经常性变化，动态地保持最佳资本结构十分困难。

二、现代资本结构理论

资本结构理论是关于企业资本结构、企业综合资本成本与企业价值三者之间关系的理论。它是现代财务学的重要研究内容，也是资本结构决策的理论基础。1958 年，美国学者弗兰科·莫迪利安尼(Franco Modigliani)与默顿·米勒(Mertor H. Miller)在《美国经济评论》上发表具有划时代意义的《资本成本、企业财务和投资理论》(*The Cost of Capital*，*Corporation Finance*，*and the Theory of Investment*)一文，首次将市场均衡理论用于研究企业资本结构问题，提出了著名的 MM 理论，为资本结构的研究开辟了先河，标志着现代资本结构理论的建立。

(一) MM 理论

最初的 MM 理论认为，在一系列严格的假设基础上，企业价值与其资本结构无关。这些假设包括：①没有税收；②不存在破产成本；③公司的投资决策不受其资本结构变化的影响；④公司内部人与外部投资者之间不存在信息不对称；⑤资本市场没有交易成本和交易限制；⑥投资者可以按照公司同样的条件进行借贷。

1963 年，莫迪利安尼和米勒在考虑企业所得税的基础上，提出了修正的 MM 理论。该理论认为企业可利用财务杠杆增加企业价值，因负债利息可带来避税利益，企业价值会随着资产负债率的增加而增加。具体而言：有负债企业的价值等于同一风险等级中某一无负债企业的价值加上赋税节余的价值；有负债企业的股权成本等于相同风险等级的无负债企业的股权成本加上与以市值计算的债务与股权比例成比例的风险收益，且风险收益取决于企业的债务比例以及企业所得税税率。

在此基础上，米勒进一步将个人所得税因素引入修正的 MM 理论，并建立了同时考虑企业所得税和个人所得税的 MM 资本结构理论模型。

(二) 新资本结构理论

20 世纪 70 年代后期，资本结构研究出现新视角，在原有理论框架上加入了更多现实考量，如平衡、代理成本、优序融资、信号传递等，形成了一系列新理论。

1. 平衡理论

平衡理论认为，企业可通过平衡债务抵税收益与债务导致的财务危机成本来实现股东价值最大化。当负债程度较低时，由于负债的抵税作用，企业价值会随负债水平的上升而增加；当负债达到一定界限时，负债的抵税作用开始被财务危机成本所抵消。当边际负债抵税收益等于边际财务危机成本时，企业价值最大，资金结构最优。

2. 代理成本理论

代理成本理论认为，股权筹资和债务筹资都存在代理成本。债务筹资能够对管理层形成约束，促使管理层多努力工作，少个人享受，降低由于外部股权筹资而产生的代理成本；但债务筹资又可能导致另一种代理成本，即企业因接受债权人监督而做出次优选择的成本。因此，债务资本适度的资本结构才能增加企业价值。

3. 优序融资理论

优序融资理论认为，在公司内部人与外部投资者之间信息不对称的情况下，为了降低融资成本，企业应首先选择内部融资，其次选择风险相对较小的工具，如银行借款、发行债券、发行可转换债券，最后选择发行股票融资。

4. 信号传递理论

信号传递理论探讨的是在信息不对称条件下，企业选择何种方式，向市场传递企业价值信息。信号传递理论是基于股票价格随股利增长信息而上涨这一现象提出的。在信息不对称的情况下，股利可传递公司前景的信号。具体而言，股利增减所引起的股票价格发生变动，主要在于股利政策所包含的有关公司未来盈利的信息。一般来说，预期未来盈利能力强的公司往往愿意通过支付更高的股利来吸引更多的投资者。

 【微课视频】资本结构理论

三. 资本结构决策

资本结构决策是企业财务决策的核心内容之一。资本结构决策的任务就是要根据企业的实际情况，分析相关因素的影响，运用一定的方法，在若干可行的资本结构方案中确定最佳资本结构。

(一)影响资本结构决策的因素

基于现代资本结构理论，国内外学者对于资本结构决策的影响因素进行了大量的实证研究[①]，研究结果表明，企业的资本结构主要由以下三个方面的因素共同决定。

1. 企业经营特征

(1)企业规模。

一般认为，规模较大的企业可以更多地利用负债筹资。原因在于：①规模较大的企业更倾向于通过多元化经营分散风险、提高效率，经营收益更为稳定。②规模较大的企业便于进行内部资金的有效调度，因而相同的负债水平带来的破产风险较小。③规模较大的企业有较强的债务融资能力，更容易进入债务融资市场。

---

① 国外代表性文献如 Baxter & Cragg(1970)，DeAngelo & Masulis(1980)，Marsh(1982)，Myers(1984)，Myers & Majluf(1984)，Titman & Wessels(1988)，Harris & Raviv(1991)，Rajan & Zingales(1995)，Booth et al. (2001)等。国内代表性研究如陆正飞和辛宇(1998)，洪锡熙和沈艺峰(2000)，冯根福等(2000)，肖泽忠和邹宏(2006)等。

（2）企业盈利能力。

盈利能力强的企业，一般有较多的留存收益，内部资金充裕，因而在正常情况下较少采用负债筹资，负债比率较低。保持较低的负债比率不仅能确保企业融资弹性，使企业可以随时按较低利率发行债券或长期借款，而且能使企业表现出良好的财务状况，提升企业的信用等级。反之，盈利能力弱的企业，内部留存收益不足，其发展所需资金只能寻求外界支持，通过发行较高利率的债券或银行贷款等方式筹资，负债比率较高。

（3）企业经营的稳定性和成长性。

经营稳定的企业有能力负担较多的固定财务费用，因而可适当提高负债比率。而收入波动程度大的企业具有较高的经营风险和破产风险，取得贷款的难度和成本也较大，所以应减小负债比率。

企业成长性对其资本结构的影响是双重的。一方面，高成长性的企业大多属于一些新兴产业，基础较为薄弱，运作和管理均不太成熟，具有较大的经营风险和破产成本，这会限制企业的负债筹资；另一方面，企业成长性越强，意味着所需投入和筹集的资金越多，即使企业的盈利水平不低，但仅仅依靠留存收益也是不够的，必须依靠外部筹资，特别是筹资速度较快的负债筹资来满足其不断增长的资金需求。并且，在保持产销量高增长率的前提下，采用高负债的资本结构，可以提升权益资本的报酬。

（4）企业的资产结构和行业特征。

资产结构是指企业总资产中各种资产的构成及比例关系，包括长期资产和短期资产的构成和比例、固定资产和流动资产的构成和比例、有形资产和无形资产的构成和比例，以及这些资产内部的构成和比例等。一般认为，在企业的资产结构中，有形资产（即具有一定实物形态的资产，如存货、固定资产等）比率越高，说明企业有能力为债务融资提供更多的担保物，偿债能力越强，因而可以提高债务资金比重，发挥财务杠杆作用。

企业的资产结构主要取决于其所属行业的生产经营特点。资本密集型行业的企业，如公用企业，一般拥有大量固定资产，产品市场稳定，经营风险低，可以较多采用长期负债来融通资金。反之，技术密集型行业的企业，如高新技术企业，无形资产占比较高，产品、技术、市场尚不成熟，经营风险高，应减少负债比率，以股权筹资为主。

（5）企业所处生命周期阶段。

同一个企业在生命周期的不同阶段，资本结构的安排也会不同。一般在企业初创期，由于经营风险高，应控制负债比例；在企业发展成熟期，产销量稳定增长，经营风险下降，可适度增加债务资金比重，发挥财务杠杆效应；进入衰退期，产品市场占有率下降，经营风险逐步加大，应逐步降低债务资金比重，减少破产风险。

2. 企业内部治理

（1）企业的控制权结构。

从企业所有者的角度看，如果企业的股权相对集中，控股股东通常比较重视控股权问题，为防止控股权稀释，一般会尽量避免普通股筹资，而是采用优先股或债务筹资。反之，股权相对分散、不存在控股股东和实际控制人的企业则更倾向采用股权筹资，以分散企业风险。

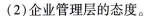

（2）企业管理层的态度。

从企业管理层的角度看，高负债资本结构的财务风险高，一旦经营失败或出现财务危机，管理层将面临市场接管的威胁或者被董事会解聘。因此，保守的管理层注重财务稳健，偏好于低负债比例的资本结构；而喜欢冒风险的管理层则倾向选择高负债。

（3）企业债权人的态度。

债权人从自身安全角度考虑，一般反对企业过度负债。

3. 外部制度环境

（1）税收因素。

由于利息费用在税前列支，这使得负债具有"税盾"作用，可以降低企业的融资成本。但是，企业所处的国家不同、地区不同、行业不同，享受的税收优惠和减免待遇也不同，这意味着企业的实际税收负担存在着很大的差异。对不同的企业而言，负债"税盾"的减税能力并不一致。一般来说，实际税负高的企业可能更偏好于债务融资，而股权融资则对实际税负低的企业更为有利。

此外，固定资产折旧、无形资产摊销及长期待摊费用摊销等均可在税前列支，与利息费用一样具有抵税作用，通常将这类虽非负债但同样具有抵税作用的因素称为"非负债税盾"（Non-Debt Tax Shields）。"非负债税盾"对"负债税盾"具有替代作用，企业的"非负债税盾"越大，负债比率通常越小。

（2）货币政策和金融市场环境。

资本结构决策在很大程度上受宏观理财环境，特别是金融环境的制约。企业的筹资方式选择与一国的经济市场化程度、资本市场发达程度、货币政策取向等紧密相关。例如，当国家执行紧缩的货币政策时，资金供给紧张，市场利率提高，债务融资成本增大，此时企业较难获得银行借款，发行债券也困难重重，只能选择低负债比率的资本结构。

（二）资本结构决策方法

资本结构决策分析的方法主要包括资本成本比较法、每股收益无差别点法和公司价值比较法。

1. 资本成本比较法

资本成本比较法是通过计算和比较各种可能的筹资组合方案的加权平均资本成本，来确定最佳资本结构的方法。这种方法侧重于从资本投入的角度对筹资方案和资本结构进行优化分析，以资本成本的高低作为确定最佳资本结构的唯一标准。它的基本步骤为：

（1）确定不同筹资方式下的个别资本成本。

（2）测算各组合方案中不同筹资方式的筹资额占筹资总额的比重，以此为权数计算各组合方案的加权平均资本成本（综合资本成本率）。

（3）比较各组合方案的综合资本成本率，以综合资本成本率最低为标准选择最佳资本结构组合。

【例5-18】锦辰公司拟筹集8 000万元资本，现有A、B、C三种筹资方案可供选择（见表5-4），请做出筹资决策。

表 5-4 锦辰公司备选筹资方案 金额单位：万元

筹资方式	方案 A		方案 B		方案 C	
	筹资金额	资本成本	筹资金额	资本成本	筹资金额	资本成本
长期借款	400	5%	700	7%	500	6%
长期债券	1 100	7%	1 800	8%	2 500	9%
优先股	500	10%	500	10%	1 000	12%
普通股	6 000	15%	5 000	14%	4 000	13%
资本合计	8 000		8 000		8 000	

根据表 5-4 中的资料，分别计算三种筹资组合方案的加权平均资本成本：

$$K_W(A) = \sum_{j=1}^{n} K_j W_j = 5\% \times \frac{400}{8\,000} + 7\% \times \frac{1\,100}{8\,000} + 10\% \times \frac{500}{8\,000} + 15\% \times \frac{6\,000}{8\,000} = 13.09\%$$

$$K_W(B) = \sum_{j=1}^{n} K_j W_j = 7\% \times \frac{700}{8\,000} + 8\% \times \frac{1\,800}{8\,000} + 10\% \times \frac{500}{8\,000} + 14\% \times \frac{5\,000}{8\,000} = 11.79\%$$

$$K_W(C) = \sum_{j=1}^{n} K_j W_j = 6\% \times \frac{500}{8\,000} + 9\% \times \frac{2\,500}{8\,000} + 12\% \times \frac{1\,000}{8\,000} + 13\% \times \frac{4\,000}{8\,000} = 11.19\%$$

比较可见，C 方案的综合资本成本率最低。因此，在适度的财务风险条件下，企业应按照 C 方案的各种资本比例筹集资金，由此形成的资本结构为相对最优的资本结构。

资本成本比较法的测算原理通俗易懂，测算过程简单，是一种比较便捷的常用方法。但这种方法只是比较了各种筹资组合方案的资本成本，而忽略了不同筹资方案之间的财务风险因素差异，并且，在实际计算中，各种筹资方式的个别资本成本受到未来不确定因素的影响，难以准确计量。在实务中，资本成本比较法一般适用于资本规模较小、资本结构较为简单的企业。

2. 每股收益无差别点法

每股收益无差别点法，又称息税前利润—每股收益分析法（EBIT-EPS 分析法），是通过分析资本结构与每股收益之间的关系，计算各种筹资组合方案的每股收益的无差别点，进而确定合理的资本结构的方法。

每股收益无差别点又称为息税前利润平衡点，是指使不同筹资组合方案下的每股收益都相等（无差别）时的息税前利润或产销量水平，这一点是两种资本结构优劣的分界点。根据每股收益无差别点，可以分析判断在什么样的息税前利润水平或产销量水平情况下，适合采用何种筹资组合方案，从而进行资本结构决策。

每股收益无差别点的测算公式为：

$$\frac{(\overline{EBIT} - I_1)(1-T) - DP_1}{N_1} = \frac{(\overline{EBIT} - I_2)(1-T) - DP_2}{N_2}$$

式中 $\overline{EBIT}$——息税前利润平衡点，即每股收益无差别点；

I_1，I_2——两种筹资方式下的债务利息；

N_1，N_2——两种筹资方式下普通股股数；

DP_1，DP_2——两种筹资方式下的优先股股利；

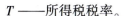

T ——所得税税率。

每股收益无差别点法的基本步骤为：

(1)计算每股收益无差别点。

(2)将预期的息税前利润(或产销量水平)与无差别点比较。

(3)当预期的息税前利润(或产销量水平)大于每股收益无差别点时，应采用负债筹资方案，以获得较高的每股收益；反之应采用股权筹资方案。

【例5-19】锦辰公司原有资本7 000万元，其中银行借款2 000万元，年利率为6%；发行在外普通股5 000万股，每股面值1元。现该公司计划投资一个新项目，需追加筹资2 000万元，预计新项目投产后公司每年息税前利润可增加到1 200万元。现有两个筹资方案可供选择：方案A，平价发行债券2 000万元，票面利率为10%；方案B，以每股发行价格5元增发普通股。已知公司所得税税率为25%。

要求：

(1)计算两个方案的每股收益。

(2)测算两个方案的每股收益无差别点。

(3)帮助锦辰公司进行资本结构决策。

根据上述资料，分析计算如下。

(1)计算锦辰公司两个筹资方案的每股收益，如表5-5所示。

表5-5　两个筹资方案的每股收益　　　　　　　　　　　单位：万元

项目	方案A	方案B
EBIT	1 200	1 200
目前利息	120	120
新增利息	200	0
税前利润	880	1 080
税后利润(T=25%)	660	810
普通股数(N)	5 000(万股)	5 400(万股)
每股收益(EPS)	0.13(元)	0.15(元)

(2)测算两个方案的每股收益无差别点。

$$\frac{(\overline{EBIT}-120-200)\times(1-25\%)}{5\ 000}=\frac{(\overline{EBIT}-120)\times(1-25\%)}{5\ 400}$$

解得：$\overline{EBIT}=2\ 820$(万元)

在这里，$\overline{EBIT}$为2 820万元是两个筹资方案的每股收益无差别点。在此点上，A、B两个方案的每股收益相等，均为0.375元。

(3)由于预期的息税前利润为2 000万元，小于每股收益无差别点2 820万元，故锦辰公司应采用方案B，通过增发新股的方式筹资。

每股收益无差别点法充分考虑了财务杠杆效应对资本结构决策的影响，应用较为简单，为解决在某一特定盈利水平下应该选择何种融资方式提供了一种便捷办法。但这种方法也没有具体测算财务风险因素，并且其决策目标实际上是股东财富最大化或股票价值最大化，而不是公司价值最大化。在实务中，每股收益无差别点法一般适用于资本规模不大、资本结构不太复杂的股份有限公司。

3. 公司价值比较法

以上两种方法都是从账面价值的角度进行资本结构的优化分析，没有考虑风险因素。公司价值比较法是在考虑公司风险的基础上，以公司价值大小为标准，确定最佳资本结构。这种方法认为，能够提升公司价值的资本结构，就是合理的资本结构。同时，在公司价值最大的资本结构下，公司的综合资本成本率也是最低的。

与资本成本比较法、每股收益无差别点法相比，公司价值比较法充分考虑了公司的财务风险和资本成本等因素的影响，更加符合企业价值最大化的财务管理目标。但这种方法的测算原理和测算过程比较复杂，通常适用于资本规模较大的上市公司。

一般认为，公司的市场价值等于其股票的市场价值加上长期债务的价值，即：

$$V(公司市场总价值) = B(债务价值) + S(股票市场价值)$$

为简化分析，假设长期债务（包含长期借款和长期债券）的现值等于其面值，并且企业未来各期的 EBIT 和股东要求的报酬率（权益资本成本）均保持不变，则股票的市场价值等于其未来的净收益按照股东要求的报酬率贴现。

$$S = \frac{(EBIT - I)(1 - T) - D_P}{K_s}$$

式中　EBIT——息税前利润；

　　　I——年利息额；

　　　T——所得税税率；

　　　D_P——优先股年股利；

　　　K_s——普通股资本成本率。

其中的 K_s 可以利用资本资产定价模型测算：

$$K_s = R_f + \beta(R_m - R_f)$$

 【微课视频】资本结构决策

四、双重股权结构

双重股权结构，又称为双层股权结构、二元股权结构或 AB 股制度，是一种同股不同权的资本结构安排。在这种制度设计下，股票的投票权和分红权相分离，公司的股票被划分为 A、B 两类，赋予不同级别的投票权。通常，投资人和公众股东持有的 A 类股票每股有一个投票权，而公司创始人或高管团队持有的 B 类股票则每股有数个投票权。

（一）双重股权结构产生的背景

双重股权结构起源于英美法系国家，1898 年美国 International Sliver 公司首次使用，并在随后的一百多年里引发该制度的存废争议。从世界范围看，美国、加拿大等证券交易市场活跃着大量的双重股权结构的上市公司，但是依然有德国等传统大陆法系国家否定双重股权结构。《中华人民共和国公司法》内容受德国、日本等大陆法系国家的影响，在公司的治理结构上沿用德国等国家的法律规定。过去，同股不同权的中国企业仅能在境外上市，一定程度上导致一批优质科技创新企业的流失。为了留住和吸引科技创新企业在国内上市，促进其高质量发展，2018年，国家对同股不同权企业的上市逐步放开。2018年9月，国务院出台《关于推动创新创业高质量发展打造"双创"升级版的意见》，明确允许科技企业实行"同股不同权"的股权结构。我国《上海证券交易所科创板股票上市规则（2024年4月修订）》明确，同股不同权企业可在科创板上市，并制定了相应的条款。其中2.1.4条款规定："发行人具有表决权差异安排的，市值及财务指标应当至少符合下列标准中的一项：（1）预计市值不低于人民币100亿元；（2）预计市值不低于人民币50亿元，且最近一年营业收入不低于人民币5亿元。""本规则所称表决权差异安排，是指发行人依照《公司法》第一百三十一条的规定，在一般规定的普通股份之外，发行拥有特别表决权的股份（以下简称'特别表决权股份'）。每一特别表决权股份拥有的表决权数量大于每一普通股份拥有的表决权数量，其他股东权利与普通股份相同。"

（二）双重股权结构的运作机理

双重股权结构一般适用于科技创新企业。对于这类企业而言，一方面，创始人或管理团队的正确决策非常重要，一旦企业内部因为投票权的问题产生分裂而无法做出决策，对企业的未来发展将产生致命的打击；另一方面，因融资导致股权被稀释，企业创始人或管理团队因此失去对企业的控制权，这是他们所不能接受的。企业控制权与融资需求的矛盾，使科技创新企业的融资问题难以解决。同股不同权制度的实施可较好地解决这个问题：企业引入融资后，企业的创始人或管理团队仍能掌握公司的决策权，有助于保证企业长期的发展；投资者以财务投资者身份享有相应的分红和资本利得。

（三）双重股权结构的优缺点

1. 双重股权结构的优点

能够抵御外来资本的恶意收购，维护公司的经营权稳定性；避免企业内部股权纷争，保障创始人团队或内部股东对公司的控制权；为公司的股权结构设计提供更多的选择，充分尊重公司根据经营状态而选择不同的股权结构，尊重股东的自治空间。

2. 双重股权结构的缺点

容易导致管理中独裁行为的发生；控股股东可能为自己谋利而损害非控股股东的利益，不利于非控股股东利益的保障；可能加剧企业治理中实际经营者的道德风险和逆向选择。

　【即测即评】资本结构

拓—思—悟

拓展阅读：

关于加强地方国有企业债务风险管控工作的指导意见

为贯彻落实国务院金融稳定发展委员会工作要求，指导地方国资委进一步加强国有企业债务风险管控工作，有效防范化解企业重大债务风险，国务院国资委结合中央企业债务风险管控工作实践，研究制定了《关于加强地方国有企业债务风险管控工作的指导意见》（国资发财评规〔2021〕18号），意见要求：

一、完善债务风险监测预警机制，精准识别高风险企业

各地方国资委要加快建立健全地方国有企业债务风险监测预警机制，完善重点债务风险指标监测台账，逐月跟踪分析，充分利用信息化手段加强对各级企业债务风险的动态监测，做到早识别、早预警、早应对。可参照中央企业债务风险量化评估体系，结合地方实际情况，探索建立地方国有企业债务风险量化评估机制，综合债务水平、负债结构、盈利能力、现金保障、资产质量和隐性债务等，对企业债务风险进行精准识别，将债务风险突出的企业纳入重点管控范围，采取特别管控措施，督促企业"一企一策"制定债务风险处置工作方案，确保稳妥化解债务风险。

二、分类管控资产负债率，保持合理债务水平

各地方国资委可参照中央企业资产负债率行业警戒线和管控线进行分类管控，对高负债企业实施负债规模和资产负债率双约束，"一企一策"确定管控目标，指导企业通过控投资、压负债、增积累、引战投、债转股等方式多措并举降杠杆减负债，推动高负债企业资产负债率尽快回归合理水平。督促指导企业转变过度依赖举债投资做大规模的发展理念，根据财务承受能力科学确定投资规模，从源头上防范债务风险。加强对企业隐性债务的管控，严控资产出表、表外融资等行为，指导企业合理使用权益类融资工具，对永续债券、永续保险、永续信托等权益类永续债和并表基金产品余额占净资产的比例进行限制，严格对外担保管理，对有产权关系的企业按股比提供担保，原则上不对无产权关系的企业提供担保，严控企业相互担保等捆绑式融资行为，防止债务风险交叉传导。规范平台公司重大项目的投融资管理，严控缺乏交易实质的变相融资行为。

资料来源：节选自《关于加强地方国有企业债务风险管控工作的指导意见》，国务院国有资产监督管理委员会官方网站，http://www.sasac.gov.cn/n2588035/n16549643/n16549900/n16550118/c17761913/content.html

思考：企业资本结构如何影响企业风险？

体悟：风险意识。

本章小结

资本成本是企业为筹集和使用资本而付出的代价。从绝对量的构成来看，资本成本包括筹资费用和用资费用两部分，其中用资费用是主要内容。

资本成本可分为个别资本成本、综合资本成本和边际资本成本三种形式。其中，个别

资本成本是企业选择筹资方式的依据；综合资本成本是企业确定资本结构的依据；边际资本成本是企业比较追加筹资方案的依据。

计算个别资本成本可以采用不考虑货币时间价值的一般模式和考虑货币时间价值的贴现模式。计算综合资本成本可以采用账面价值权数、市场价值权数和目标价值权数。计算边际资本成本需要先确定筹资总额分界点(筹资突破点)。

财务管理中的杠杆效应，包括经营杠杆、财务杠杆和总杠杆三种效应形式。经营杠杆是指由于固定性经营成本的存在，导致企业的息税前利润变动率大于产销量变动率的现象。财务杠杆是指由于固定性资本成本的存在，导致企业的普通股收益变动率大于息税前利润变动率的现象。总杠杆用来反映经营杠杆和财务杠杆两者的共同作用。总杠杆系数等于经营杠杆系数和财务杠杆系数的乘积。

企业的筹资管理，不仅要合理选择筹资方式，而且要科学安排资本结构。资本结构优化是企业筹资管理的基本目标。本书所指的资本结构是狭义的资本结构，即企业各种长期资本的构成及其比例关系。

现代资本结构理论以 MM 理论为起点，并衍生出了一系列新资本结构理论。本教材主要介绍了 MM 理论、平衡理论、代理成本理论、优序融资理论、信号传递理论。

资本结构决策是企业财务决策的核心内容之一，其主要任务是确定最佳资本结构。影响资本结构决策的因素包括企业经营特征、企业内部治理、外部制度环境等几个方面。资本结构决策分析的方法主要有资本成本比较法、每股收益无差别点法和公司价值比较法。

双重股权结构是一种同股不同权的资本结构安排，公司的股票被划分为 A、B 两类，赋予不同级别的投票权。双重股权结构一般适用于科技创新企业。

案例分析

房企"三道红线"政策下的金科股份融资①

一、案例资料

2023 年 6 月 30 日晚，金科股份发布公告称，与中国长城资产管理股份有限公司之全资子公司长城国富置业有限公司签署战略投资框架协议，双方确认，长城国富有意向独立或与其他合作方组成投资联合体作为重整投资人参与金科股份的预重整程序。

2021 年下半年开始，房地产市场进入深度调整阶段，多家房企触发退市风险警示。金科股份作为重庆房地产龙头企业之一，自 2023 年 5 月下旬开始，股价持续下挫，5 月 24 日收盘价首次跌破 1 元面值，陷入"1 元面退"困局。另外，由于债务未按期偿还，公司收到了债权人提起的破产重整申请。

(一)公司简介

金科股份成立于 1998 年，经过 20 余年的发展，已具备强大的综合竞争力，是中国城市发展进程中领先的地产商，位列中国企业 500 强第 144 位，中国民营企业 500 强第 38 位。公司持有房地产开发一级资质、建筑工程施工总承包一级资质、市政公用工程施工总

---

① 资料来源：作者根据金科股份历年年报及相关新闻报道等公开资料整理编写。

承包一级资质、建筑行业（建筑工程）设计甲级资质及建筑装修装饰工程专业承包一级资质。

2020 年 8 月，围绕房地产融资长效机制，中国人民银行与住房和城乡建设部等有关部门一起制定了房企融资管理与资金监测政策——"三道红线"政策，主要包含两个内容：一方面，该政策以"别除预收款后的资产负债率、净负债率、现金短债比"指标作为"三道红线"标准，将房企分为四类管理，根据其达到"三道红线"标准的情况，限制其未来有息负债增长速度。另一方面，重点房企需要定期向监管部门提交相关融资信息与数据，以便监管部门加强对房企融资活动的监督。

自 2020 年"三道红线"的政策出台后，金科股份长年踩中"三道红线"指标，虽然在半年内快速降档，然而达标一年后又失守"绿档"。2022 年度报告显示，金科股份实现 548.62 亿元的营业收入，同比下降 51%；净利润亏损 214 亿元。这一巨额亏损不仅在重庆上市公司中最高，也几乎抵消了该公司过去十年的利润总和。与其他陷入困境的房地产公司类似，金科股份也受到债务困扰，实际控制人黄红云的股权因为债务纠纷，陆续被司法冻结和拍卖。

（二）金科股份由"红"变"绿"

高杠杆、高负债经营是金科股份踩中红线的主要原因。金科股份作为渝派房企的先行者，在初始阶段，就立下"拓土成渝，布局全国"的战略目标。2011 年金科股份通过借壳 ST 东源上市，拿到 A 股股权和债券融资的"通行证"；随后 2014 年 12 月和 2016 年 11 月分别通过定向增发，获得股权融资。然而，随着 2020 年 8 月"房住不炒"的政策出台，资本市场基本关闭房企首发和再融资的通道，金科股份需要举债弥补资金缺口，造成资本结构不合理、资产负债率长年居高不下的局面，最终超过"三道红线"监管标准。

为降低"三道红线"财务指标，金科股份在融资端通过分拆上市和降低有息负债规模的方式实现了净负债率和现金短债比指标的优化；在投资端通过控制拿地速度，降低融资缺口，减轻对有息负债的需求，进一步降低了净负债率；在销售端通过加快销售回款，实现现金回流，增加预收账款和账面资金，提前优化扣除预收账款的资产负债率和现金短债比。2020 年年底，金科股份"三道红线"指标全部达标，由"红档"降级至"绿档"。

（三）金科股份的"假绿档"和真"隐忧"

2020 年半年报显示，截至 6 月末，金科股份仍属于"红档"企业。2020 年业绩快报显示，截至年底，金科股份"三道红线"全部达标，仅用了半年时间就完成这一转变，显得有些不真实。

尽管金科股份的"三道红线"指标在表面上有所优化，但实际上，部分债务是通过商票、永续债、明股实债、对外担保等形式进行隐藏。通过对其债务周转能力和经营质量进一步分析，发现其债务压力并未实际减轻，仍存在流动性风险。2021 年年末，由于运营指标整体下滑、现金短债比指标小于 1，金科股份由"绿档"再次上升为"黄档"。

表 5-6 报告了金科股份永续债发行情况。由于永续债兼具股权和债权的双重特征，在实践中房企通常将永续债计入所有者权益下的其他权益工具中。但对房企而言，在企业信用和市场无重大变化时，大多会选择回购，所以永续债不能等同于真正的权益，本质上是一种债务融资。2020 年金科股份永续债发行规模从年初的 8 亿元增长至年底的 21.42 亿元，增幅高达 167.75%。值得注意的是，这个增幅是在 2020 年下半年突然完成的，之前年度永续债的增速常年为负值。2021 年年末，永续债发行规模进一步扩大至 2020 年年末

的 2 倍。因此，金科股份把永续债作为权益工具核算，通过发行永续债不仅能获得所需资金，而且不会增加显性债务规模，可以优化资本结构。但永续债利率偏高，还有利率跳升的机制，一旦公司资金链紧张，出现逾期偿还的状况，利率会上升，从而导致公司需支付更多利息，净利润被吞噬。

表 5-6 金科股份永续债发行情况   单位：亿元

年份	2016	2017	2018	2019	2020	2021	2022
永续债	29.00	17.00	17.00	8.00	21.42	41.48	0①
同比增长	107.14%	-41.38%	0	-52.94%	167.75%	93.65%	-100%

数据来源：金科股份历年年报。

根据"三道红线"要求，房企剔除预收款后的资产负债率不得大于 0.7，净负债率不得大于 1，现金短债比不得小于 1。从金科股份"三道红线"财务指标来看（见图 5-1），2016—2020 年的现金短债比均大于 1，满足监管要求，而剔除预收账款的资产负债率、净负债率则常年高于监测值，说明公司一直依靠高负债与高杠杆维持扩张经营，长期偿债能力较弱。故此，在"三道红线"政策出台后，降负债就成为公司经营的主要目标。

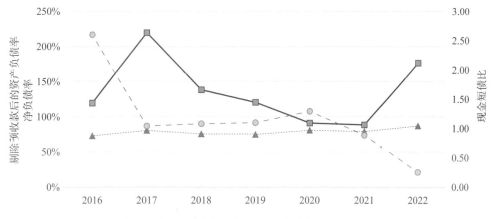

图 5-1 金科股份"三道红线"财务指标

金科股份通过各种途径在短期内大幅缩减有息负债规模，"瘦身"效果显著。如图 5-2 所示，公司有息负债规模由 2019 年年末的 986.87 亿元缩减至 2020 年年末的 982.20 亿元，到 2021 年年末进一步下降至 816.87 亿元。2021 年年末，公司剔除预收账款的资产负债率、净负债率分别降低至 79.07%、88.45%。表面上看，公司长期偿债指标有所改善，但深入分析可以发现："三道红线"政策出台后，虽然公司有息负债规模大幅下降了 280 多亿元，但是财务费用不减反增，由 2020 年的 4.81 亿元上升至 2022 年的 19.8 亿元。由此，我们有理由推测，金科股份"三道红线"指标优化的背后，是通过大量使用商票、永续债等"隐性负债"手段来减轻有息负债的压力，公司长期偿债能力并未真正得到提升。

---

① 因金科股份 2022 年出现债务违约和流动性风险，导致永续债触发加速到期，根据相关会计处理规定，公司将其转至短期借款列报，因此期末无发行在外的永续债。

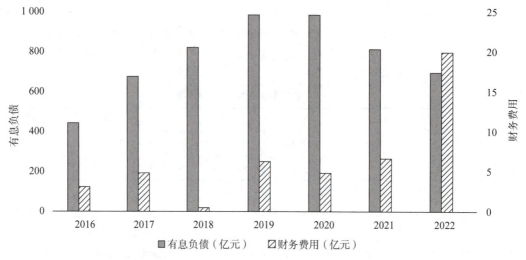

图 5-2　金科股份有息负债规模及财务费用

二、问题提出

1. 金科股份的资本结构有什么特点？

2. 金科股份如何通过资本结构的调整在半年内由"红"转"绿"？

3. 金科股份的资本结构决策受到哪些因素的影响？

同步训练

一、单项选择题

1. （　　）是企业比较和选择追加筹资方案的重要依据。

A. 个别资本成本

B. 边际资本成本

C. 加权平均资本成本

D. 以上都是

2. 锦辰公司以 1 100 元的价格，溢价发行面值为 1 000 元、期限为 5 年、票面利率为 7% 的公司债券一批。每年付息一次，到期一次还本，发行费用率为 3%，所得税税率为 25%。如果不考虑货币时间价值，则该债券的资本成本率为（　　）。

A. 6.56%　　　　　B. 4.92%　　　　　C. 4.77%　　　　　D. 3.80%

3. 与经营杠杆系数同方向变化的是（　　）。

A. 产品售价　　　B. 单位变动成本　　C. 销售量　　　D. 利息费用

4. 如果企业的经营杠杆系数为 2，总杠杆系数为 1.5，息税前利润变动率为 20%，则普通股每股收益变动率为（　　）。

A. 15%　　　　　B. 26.67%　　　　　C. 30%　　　　　　D. 40%

5. 下列关于双重股权结构的表述中，不正确的是（　　）。

A. 同股不同权

B. 可以降低公司被恶意收购的可能性

C. 可以有效控制实际经营者的道德风险

D. 容易导致管理中独裁行为的发生

二、判断题

1. 资本成本包括筹资费用和用资费用两部分，其中筹资费用是资本成本的主要内容。
（　　）

2. 超过筹资突破点筹集资金，只要维持现有的资本结构不变，资本成本率就不会增加。
（　　）

3. 假设其他因素不变，企业销售量水平超过盈亏平衡点之后，销售量越大则经营杠杆系数越小。
（　　）

4. 财务风险之所以存在是因为企业经营中有负债形成。　　　　　　　　　（　　）

5. MM 理论认为，在没有所得税等一系列严格假设下，经营风险相同但资本结构不同的企业，其总价值相等。　　　　　　　　　　　　　　　　　　　　（　　）

6. 信号传递理论认为，在信息不对称的情况下，公司可以通过股利政策向市场传递有关公司未来获利能力的信息，从而会影响公司的股价。　　　　　　　（　　）

三、计算分析题

1. 锦辰公司现有长期资本账面总额 2 000 万元，其中发行债券 1 000 万元(票面年利率为 10%)，普通股 1 000 万元(共 300 万股，每股面值 1 元，现行市价 10 元，预计今年将发放股利每股 1 元，以后各年股利预计增长 5%)。为扩大经营规模，需增资 4 000 万元，其中按面值发行债券 1 400 万元，票面年利率为 10%，债券发行费率为 2%；发行股票 2 600 万元(共 260 万股，每股面值 1 元，发行价 10 元，筹资费率为 3%，未来股利政策不变)。公司所得税税率为 25%。请计算：

(1) 新增资金的个别资本成本；

(2) 根据市场价值确定增资后各项资本占总资本的比重；

(3) 锦辰公司的综合资本成本。

2. 锦辰公司的资本总额为 300 万元，今年销售额为 320 万元，固定成本 48 万元，变动成本率为 60%。该公司负债比率为 45%，债务利率为 10%。请计算该公司的经营杠杆系数、财务杠杆系数和总杠杆系数。

3. 锦辰公司资本总额为 8 000 万元，债务资本与股权资本的比例为 1∶3。现有债务均为银行借款，年利率为 9%。现该公司准备追加筹资 2 000 万元，预计增资后总资产息税前利润率可达 20%。有两个筹资方案可供选择：(A) 按 12% 的票面利率发行债券；(B) 增发普通股，每股发行价格 4 元，股票面值仍为 1 元。公司所得税税率为 25%。

要求：

(1) 计算两个方案的每股收益；

(2) 测算两个方案的每股收益无差别点；

(3) 比较 A、B 两个筹资方案。

第六章　投资决策

学习目标

知识目标：

1. 定义投资的概念，识别投资的特点，详细说明投资的分类和原则。

2. 区分现金流量的分类，估算不同类型投资项目的现金流量。

3. 辨别投资决策指标的类型，计算贴现和非贴现投资决策指标，理解财务可行性的判别标准。

4. 阐释不同类型项目的投资决策方法。

5. 识别证券投资的目的和风险，描述股票、债券、基金以及期权投资的特点，举例说明期权到期日价值与净损益的计算。

能力目标：

1. 能够针对具体情景或案例，估算项目现金流量，选用适合的投资决策指标，评价项目的财务可行性。

2. 能够根据项目类型特点，运用具体决策方法分析和比较不同投资方案的优劣，选择最合适的投资方案，初步具备投资决策分析的实践能力。

价值塑造：

1. 通过对投资管理原则的学习，认识科学决策的重要性，感悟"凡事预则立、不预则废"的思想内涵。

2. 通过对投资决策指标和财务可行性评价的学习，识别投资决策中的潜在风险和机会，发展批判性思维，培养前瞻性思维，深刻领会坚持绿色发展、高质量发展的战略意义。

3. 通过对证券投资决策的学习，理解各类证券投资的特点，提升风险意识。

知识图谱

投资决策

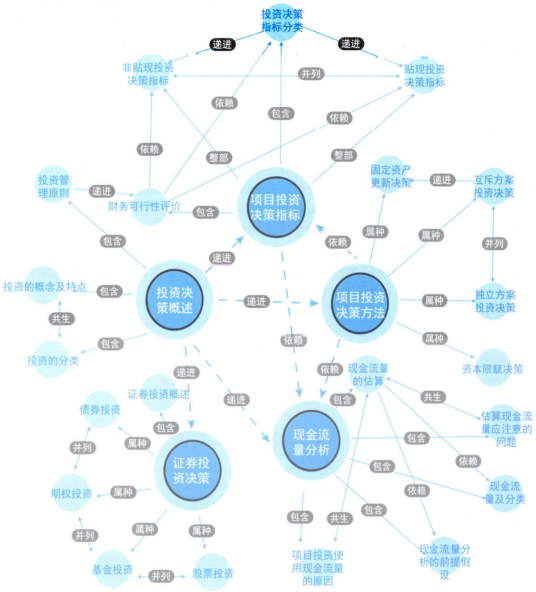

投资决策

🔷 引导案例

三棵树涂料的绿色投资①

三棵树涂料股份有限公司（以下简称"三棵树"）成立于 2002 年，是一家具有国内领先、行业独创"健康+"新标准的涂料生产和服务型制造企业，致力于在零售领域为消费者提供以环保、健康墙面涂料为核心的"七位一体"产品和"马上住"服务的美好生活解决方案，在工程领域打造内外墙涂料、防水、保温、工业涂料、地坪、家居新材料、基辅材、施工服务为一体的绿色建材一站式集成系统。

生态战略是三棵树发展的重要战略之一。三棵树开创了新的绿色产品标准，开办绿色工厂，打造工业生态园，投入绿色技术研发，打造绿色产业链；参与绿色公益事业，以守护天蓝、地绿、水清为企业责任。三棵树莆田生态工业园、四川生态工业园获评国家级"绿色工厂"，成为智能生产+绿色生产的行业标杆。

三棵树的绿色投资包括绿色技术投入、环境保护投资以及能源节约利用等，其中最核心的就是绿色技术投入。通过绿色技术的创新驱动，构筑绿色生产线，建设绿色工厂，开发绿色产品，实施绿色管理体系，积极带动上下游企业共同打造绿色供应链。

三棵树将生态战略与企业经营全面融合，在坚定地从事绿色投资的同时，企业也走上了可持续发展的快车道。三棵树董事长兼总裁洪杰接受采访时说："从六个月卖不出一桶涂料到'中国民族涂料第一品牌'，过去 20 年，三棵树以绿色发展理念为指引，依托科技创新，不断实现产品与服务的迭代升级。新的 20 年，进军工业涂料、全面部署国际市场，三棵树正朝着'世界级涂料企业'阔步前行。"

思考与讨论：

1. 企业从事绿色投资的投资回报主要体现在哪些方面？
2. 国家绿色发展战略下，如何更好地促进企业的绿色投资？

第一节　投资决策概述

一、投资的概念及特点

（一）投资的概念

在现代经济社会中，投资可说是无处不在，成为普遍而广泛的社会经济活动。而且，随着经济的发展，投资日趋多样化，具有了越来越丰富而新颖的内涵。尽管投资对经济生活的影响甚为广泛且十分突出，但大多数人对"投资"一词的确切内涵却未必有清晰的认识。在对公司投资决策的理论与方法展开讨论之前，有必要先就投资的一般概念予以说明。

《简明不列颠百科全书》的定义是：投资是指在一定时期内期望在未来能产生收益而将

---

① 资料来源：作者根据公开资料整理编写。

收入变为资产的过程。

《经济大辞典(金融卷)》的定义是：投资是经济主体以获得未来收益为目的，预先垫付一定数量的货币或实物，以经营某项事业的行为。

我们认为：投资是指经济主体(包括国家、企业和个人)向一定领域投放资金或实物等货币等价物以获得收益或使资金增值的经济行为。它可以是以货币、实物投入企业，通过生产经营活动取得一定利润，也可以是以货币购买股票、债券、基金以及期权等以获取投资的收益，也可以是企业构建厂房、更新设备以获取未来收益。

随着经济体制改革的不断深化，投资主体呈多元化趋势，目前我国的投资主体有中央政府、地方政府、企业、个人和境外投资机构等。

需要说明的是，财务管理中涉及的投资主体一般是指企业，本书是站在企业角度对投资进行研究分析。

(二)企业投资的意义

企业的筹资是为了投资服务，企业在筹资过程中付出了筹集和使用资金的成本，这些成本的耗费只有通过投资及获得的收益来进行补偿。在市场经济条件下，企业只有把筹集到的资金尽可能地投放到收益大、风险小的项目上去，通过对各种资金的最有效组合获取最大的投资收益，才能实现资本的增值和保值，能否进行有效的投资对企业的生存和发展有着极其重要的意义。

1. 投资是企业生存和发展的基本需要

企业的目标是生存、发展，而后才是盈利。企业从事正常的生产经营活动时，为了保证生产的持续进行，需要不断地将现金形态的资金投入使用，这是企业生存的基本条件。同样，当企业要扩大生产规模时，也需要进一步地投资才能使企业的资产增加。而当企业生产规模扩大后，为了保证正常的生产还需要追加营运资金，而这一切只有投资才能实现。

利润是企业从事生产经营活动取得的财务成果。企业要获得利润，必须将筹集的资金投入使用。例如，将资金直接用于企业的生产经营中，或将资金以股权、债权的方式投资到其他企业以获取报酬。可见，要获取利润就必须进行投资。

2. 投资是企业实现财务管理目标的基本前提

企业财务管理的目标是不断地创造新的、更高的价值，决定企业价值的关键不在于企业为购置所需生产要素所付出的代价(如企业资产的账面价值)，而在于企业经营者利用这些生产要素创造现金收益(或现金流量)的能力。创造的现金流量越多越稳定，企业价值就越大；反之，企业价值就越小。而企业创造价值的能力，主要通过投资活动来实现。如果将企业比作一块蛋糕，进行有效投资的目的就是要让这块蛋糕越做越大，从而使与企业有利益关系的各方都能从中受益，增加自身的财富。

3. 投资是企业降低风险的重要方法

在市场经济条件下，企业的生产经营活动不可避免地存在风险，有来自市场竞争的风险、资金周转的风险，还有原材料涨价、费用居高等成本的风险。投资是企业风险控制的重要手段，通过投资可以使企业各种生产经营能力配套、平衡，形成更大的综合生产能力。企业将资金投向多行业、多品种、多角化经营，在一定程度上能增加企业销售和获利的稳定性。

4. 投资促进企业发展

企业是国民经济的细胞，投资对企业而言，不仅是维持简单再生产的基础，也是扩大再生产的必要条件。在科学技术、社会经济迅速发展的今天，要维持简单再生产的顺利进行，就必须及时对所使用的机器设备进行更新，对产品和生产工艺进行改革，不断提高职工的科学技术水平等；要实现扩大再生产，就必须新建、扩大厂房，增添机器设备，增加职工人数，提高人员素质等。企业只有通过一系列成功的投资活动，才能增强企业实力和竞争力，推动企业不断发展壮大。

（三）投资的特点

投资是企业将货币、实物资产等作为资本投放于某一个具体对象，以在未来期间获取预期经济利益的经济行为。它具有以下特点。

1. 属于企业的战略性决策

一般来讲，企业的投资活动往往涉及企业未来的经营发展方向、生产能力规模等问题，如厂房设备的新建与更新、新产品的研制与开发、对其他企业的股权控制等，它具有一定的前瞻性。同时企业的投资活动先于经营活动，这些投资活动，往往需要一次性投入大量的资金，并在一段较长的时期内发生作用，对企业经营活动的方向产生重大影响。特别是重大投资往往影响企业的未来走向和愿景的实现，这种投资具有战略性。

2. 属于企业的非程序化管理

企业的投资活动涉及企业的未来经营发展方向和规模等重大问题。投资活动具有一次性和独特性的特点，是非经常发生的，投资管理属于非程序化管理。

3. 投资价值的波动性大

投资项目的价值，是由投资的标的物资产的内在获利能力决定的。这些标的物资产的形态是不断转换的，未来收益的获得具有较强的不确定性，其价值也具有较强的波动性。同时，各种外部因素，如市场利率、物价等的变化，也时刻对投资产生影响，由此导致投资价值的波动性大。因此，企业在投资管理决策时，要充分考虑投资的时间价值和风险价值。

4. 具有一定的风险性

风险就是未来的不确定性。在投资中一项投资经历的时段较长，未来的不确定因素较为复杂而且多变，投资总是带有相当程度的风险性。例如，政治风险，如战争、国内政治动荡、政策变化等；利率风险，如利率的涨落；市场风险，如市场转移；经营风险，如企业经营亏损、破产等；购买力风险，如供求、物价相对变化。这些因素的变化都有导致投资遭到损失的可能性。

二、投资的分类

（一）按投资活动与企业生产经营活动的关系分为直接投资和间接投资

1. 直接投资

直接投资是指将资金直接投放于形成生产经营能力的实体性资产上，直接谋取经营利润。通过直接投资，购买并配置劳动力、劳动资料和劳动对象等具体生产要素，开展生产

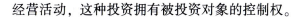

经营活动，这种投资拥有被投资对象的控制权。

2. 间接投资

间接投资是指将资金投放于债券、股票等金融资产，以获取股利、利息或者其他投资收入。这种投资方式不直接介入具体生产经营过程，只是通过股票、债券等所约定的收益分配权利，获取股利或利息收入，分享直接投资的经营利润。它只涉及货币资本的运动，而不涉及生产资本和商品资本的运动，所以具有间接性。

（二）按投资对象分为项目投资和证券投资

1. 项目投资

项目投资是指投资者将资金用于建造购置固定资产和流动资产，从而直接用于生产经营，并以此获得未来收益的投资行为。它是通过投资、购买具有实质内涵的经营资产，包括有形资产和无形资产，形成具体的生产经营能力，开展实质性的生产经营活动，谋取企业的盈利。

2. 证券投资

证券投资是指投资者以获得未来收益为目的，预先垫付一定的资金并获得金融资产。投资者用自己的货币购买有价证券，然后凭有价证券获取收益，由有价证券的发行者去进行项目投资。

项目投资与证券投资的根本区别在于前者是社会积累的直接实现者，即通过项目投资最终完成和实现社会的积累，而后者只是一种间接的过程，投资者以最终获得金融资产为目的，至于这些资金怎样转化成实物形态则与证券投资者没有关系。

（三）按投资性质分为股权性投资、债权性投资和混合投资

1. 股权性投资

股权性投资是指企业通过投资取得受资企业相应份额净资产的所有权，投资企业与受资企业之间形成所有权关系。股权性投资主要是企业通过购买股票或者根据合同、协议向合资、联营等企业投入资产取得股权。投资企业有权直接或间接参与受资企业的经营管理，有权参与受资企业的财产分配，获取较高收益。

2. 债权性投资

债权性投资是指企业通过投资获得债权，投资企业与受资企业之间形成债权债务关系。债权性投资主要是企业将资产投资于债权性证券，如公司债券、国库券等，投资企业可按事先约定的利率定期收取本息。债权性投资风险小，收益较低，债权人无权过问发行债券单位的经营管理情况。

3. 混合投资

混合投资是指同时具有债权性和股权性双重性质的投资。这种投资兼有债权性和股权性投资的特点，也便于投资企业转换投资性质。混合投资主要是企业通过购买优先股股票，或者购买可转换公司债券进行。

（四）按投资时间长短分为短期投资和长期投资

1. 短期投资

短期投资是指各种能够随时变现、持有时间不超过 1 年的投资。它是企业利用暂时闲

置的资金，冒最低限度的风险，谋取一定收益的投资，具有时间短、变现能力强、流动性大等特点。

2. 长期投资

长期投资是指不准备在一年内变现的投资，如固定资产投资、长期证券投资等。企业的长期投资对企业的长期发展和长期盈利能力起着非常重要的影响，因为这类投资耗资巨大、回收期长，未来风险难以预测。因而，一旦投资决策失误，改变决策或消除不良决策所造成的后果的成本较高。

（五）按资金投出方向分为对内投资和对外投资

1. 对内投资

对内投资又称为内部投资，是指企业把资金投放在企业内部，购置生产经营所需各种资产的投资活动。

对内投资又可分为维持性投资和扩张性投资两大类。前者如设备的更新和大修，这类投资一般不扩大企业现有的生产规模，也不改变企业现有的生产经营方向。后者是企业为了今后的生存和发展而进行的投资，如增加固定资产、新产品的研制开发等，这类投资或扩大企业的生产经营规模，或改变企业的生产经营方向，对企业的前途会产生较大的影响。扩张性投资一般数额较大，周期较长，风险也较高，因而决策时应审慎行事。

2. 对外投资

对外投资是指企业投资于其他单位，它可以是间接投资，也可以是直接投资。企业或者以现金、实物或无形资产等出资形式直接投放于其他经济实体，并参与其经营活动；或者以购买股票、债券等有价证券的方式向其他单位投放资金。

（六）按投资的风险程度可分为确定型投资和风险型投资

1. 确定型投资

确定型投资是指未来情况可以较为准确地预测的投资，例如，未来的现金流量较为稳定，没有波动。该类投资由于风险小，未来收益较为确定，因而企业在进行此类投资决策时，可以不考虑风险问题。

2. 风险型投资

风险型投资是指未来情况不确定，难以准确预测的投资。企业在进行此类决策时，应充分考虑到投资的风险问题，采用科学的分析方法，以做出正确的投资决策，企业的大多数战略性投资均属于风险型投资。

三、投资管理原则

在市场经济条件下，企业投资效果的好坏直接关系着企业的生存和发展。企业投资的根本目的是获取投资收益，增加企业价值，为此，企业在投资管理中应坚持以下原则。

（一）预见性原则

捕捉投资机会是企业投资活动的起点，也是企业投资决策的关键。在商品经济条件下，投资机会不是固定不变的，而是不断变化的，它要受到诸多因素的影响，特别是宏观经济、市场需求变化的影响。企业在投资之前，必须认真进行市场调查和市场分析，寻找最有利的投资机会。

（二）及时性原则

及时性原则要求及时足额地筹集资金，保证投资项目的资金供应。例如大型投资项目，建设工期长，所需资金多，一旦开工，就必须有足够的资金供应。否则，就会使工程建设中途下马，造成很大的损失。因此，在投资项目上马之前必须科学预测投资所需资金的数量和时机，采用适当的方法，在恰当的时间筹措资金，既保证投资项目顺利完成，同时也避免因筹资时间不当而增加资金的使用成本。

（三）可控性原则

收益与风险是共存的。一般而言，收益越大，风险也越大，收益的增加是以风险的加大为代价的，而风险的加大将会引起企业价值的下降，不利于财务目标的实现。企业在进行投资时，必须在考虑收益的同时认真考虑风险，只有在收益和风险达到较好的均衡时，才有可能不断增加投资效益，实现财务管理的目标。

（四）科学性原则

企业的投资决策都会面临一定的风险。为了保证投资决策的正确有效，须按科学的投资决策程序认真进行投资的可行性分析。投资可行性分析的主要任务是对投资可行性和经济上的有效性进行论证，运用各种方法计算出有关指标，以便合理确定不同项目的优劣，选择最佳投资方案。

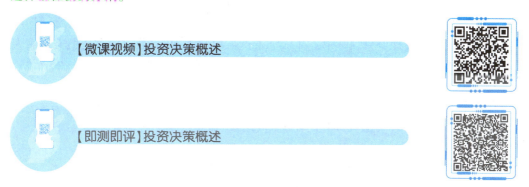

第二节 现金流量分析

一、现金流量及分类

现金流量是指投资项目在其计算期内因资金循环而引起的现金流入和现金流出量的通称，它是由一项长期投资方案所引起的在未来一定期间所发生的现金收支所形成的。这里的"现金"概念是广义的，包括各种货币资金及与投资项目有关的非货币资产的变现价值。

在投资决策中，现金流量常按以下方式分类。

（一）按现金流向分类

1. 现金流出量

现金流出量是指由该投资方案所引起的企业现金支出的增加额。如购置生产线的价款、垫支的营运资金等。它主要由在建设期发生的建设投资、垫支的流动资金、付现成本（经营成本）、各种税金等构成，简称现金流出。

（1）建设投资（含更新改造项目投资）。

建设投资是建设期发生的主要现金流出量，主要由固定资产投资（固定资产的购置成本或建造成本、运输成本、安装成本等）、无形资产投资等构成，如果是更新项目还包括原有固定资产的变现涉及的所得税支付等。

（2）垫支的流动资金。

垫支的流动资金是指投资项目建成投产后为开展正常经营活动而投放在流动资产（存货、应收账款等）上的营运资金，这种投资的性质是属于"垫支"，在企业的经营期内已投入的流动资金可以循环周转使用，而在终结点时应作为回收而形成流入构成内容。

因此，经营期内某年所需投资的流动资金，只是该年流动资金需用额超过截至上年已投入流动资金额的增量部分，确定投资项目中流动资金的基本公式如下：

$$某年流动资金需用额 = 该年流动资产需用额 - 该年流动负债需用额$$
$$某年流动资金投资额（垫支额）= 本年流动资金需用额 - 截至上年的流动资金投资额$$
$$= 本年流动资金需用额 - 上年流动资金需用额$$
$$流动资金投资额 = \Sigma 各年垫支的流动资金投资额$$

【例6-1】某工业投资项目预计第一年流动资产需用额为60万元，流动负债需用额为40万元，第二年流动资产需用额为120万元，流动负债需用额为60万元，根据上述资料，该项目流动资金相关指标计算如下：

$$第一年流动资金需用额 = 该年流动资产需用额 - 该年流动负债需用额 = 60-40 = 20（万元）$$
$$第一年流动资金投资额 = 本年流动资金需用额 - 截至上年的流动资金投资额$$
$$= 20-0 = 20（万元）$$
$$第二年流动资金需用额 = 该年流动资产需用额 - 该年流动负债需用额$$
$$= 120-60 = 60（万元）$$
$$第二年流动资金投资额 = 本年流动资金需用额 - 截至上年的流动资金投资额$$
$$= 60-20 = 40（万元）$$
$$流动资金投资额 = \Sigma 各年垫支的流动资金投资额 = 20+40 = 60（万元）$$

（3）付现成本（经营成本）。

付现成本是指在经营期内为满足正常生产经营而需用现金支付的成本，它是生产经营期内最主要的现金流出量。而非付现成本主要是固定资产年折旧费用、长期资产摊销费用等，无须当期用现金支付。因此付现成本的计算公式如下：

$$付现成本 = 总成本 - 非付现成本（折旧、摊销等）$$

（4）所得税税额。

所得税税额是指投资项目建成投产后，因应纳税所得额增加而增加的所得税。

（5）其他现金流出量。

其他现金流出量是指不包括在以上内容中的现金流出项目。

2. 现金流入量

现金流入量是指投资项目实施后在项目计算期内所引起的企业现金收入的增加额，简称现金流入，它包括以下几项。

（1）营业收入。

营业收入构成经营期主要的现金流入量项目，它是项目投产后每年实现的全部营业收入，计算公式为：

$$营业收入（产销平衡）＝该年产品不含税单价×该年产品的产销量$$

（2）固定资产的余值。

固定资产的余值是指投资项目的固定资产在终结报废清理时的残值收入，或中途转让时的变价收入。假定主要固定资产的折旧年限等于经营期，则终结点回收的固定资产余值计算公式如下：

$$固定资产余值＝固定资产的原值×法定净残值率$$

或按事先确定的净残值估算。

（3）回收流动资金。

回收流动资金是指投资项目在项目计算期结束时，收回原来投放在各种流动资产上的营运资金。在假定经营期内不存在因加速周转而提前回收流动资金的前提下，终结点一次回收的流动资金必然等于各年垫支的流动资金投资额的合计数。

（4）原有固定资产的变现及涉及的所得税减免或支付（这项内容主要针对更新项目）。

原有固定资产的变现涉及的所得税减免或支付主要是指固定资产更新时原有固定资产的变价损益对所得税的影响，如果是变价损失，会抵减所得税，视为一项现金流入，如果是变价净收益，则会增加所得税支付，视为一项现金流出。实践中以变价损失造成所得税抵减的情况为多见。

（5）补贴收入。

根据按政策退还的增值税、按销量或工作量分期计算的定额补贴和财政补贴等予以估算。

（6）其他现金流入量。

其他现金流入量是指以上指标以外的现金流入量项目。

3. 现金净流量

现金净流量是指一定时间内投资项目在项目计算期内现金流入量和现金流出量的净额，由于投资项目的计算期超过一年，且资金在不同的时间具有不同的价值，所以本章所述的现金净流量是以年为单位的。

现金净流量的一般计算公式为：

$$现金净流量（NCF）＝当年现金流入量－当年现金流出量$$

当流入量大于流出量时，净流量为正值；反之，净流量为负值。

（二）按发生时间分类

1. 初始（建设期）现金流量

初始现金流量是指从项目投资开始到项目建成投产为止发生的有关现金流量，即项目在建设期的投资支出。初始现金流量计算的特点是：

（1）在建设期，企业主要以形成生产能力的投资为主，尚未形成生产规模和能力，没有产品生产和销售，也就没有产品收入，因此在不考虑更新项目的情况下，无法形成现金流入量。

（2）现金流出一般由以下几部分构成：固定资产投资（包括固定资产的购置或建造成本、运输成本和安装成本等）、流动资金投资、无形资产投资以及其他投资费用（如职工培训费、开办费）等，一般不会发生所得税的流出和付现成本。

可见，初始现金流量以现金流出为主。因而在不考虑更新项目的情况下，建设期现金净流量的计算公式为：

$$现金净流量（NCF）= -该年原始投资额$$

由于在建设期没有现金流入量，所以建设期的现金净流量为负值。若投资额是在建设期一次全部投入的，上述公式中的该年投资额即为原始投资①。

2. 营业现金流量

营业现金流量是指从项目投入使用开始到项目报废清理为止的整个经营期内发生的有关现金流量。

在整个经营期，企业的投入全部结束，形成了生产能力，企业的经营活动会产生现金流入量和现金流出量。营业现金流量一般按年度计算。各年现金流入量与现金流出量的差额即为经营期现金净流量。

（1）不考虑所得税时，计算公式为：

$$经营期某年现金净流量=营业收入-经营成本（或付现成本）$$
$$=营业收入-（营业成本-非付现成本）$$
$$=营业利润+非付现成本（折旧、摊销等）$$

（2）考虑所得税时，计算公式为：

$$经营期某年现金净流量=营业收入-经营成本（或付现成本）-所得税$$
$$=营业收入-（营业成本-非付现成本）-所得税$$
$$=营业利润×（1-所得税税率）+非付现成本（折旧、摊销等）$$
$$=净利润+非付现成本（折旧、摊销等）$$

上述公式也可以推导后直接得出下列计算公式：

$$经营期某年现金净流量=营业收入×（1-所得税税率）-付现成本×（1-所得税税率）+$$
$$非付现成本（折旧、摊销）×所得税税率$$
$$=税后营业收入-税后付现成本+非付现成本（折旧、摊销）抵税额$$

3. 终结现金流量

终结现金流量是指投资项目终结时发生的各种现金流量。终结现金流量一般会在正常的现金流量基础上再加上残值收入、垫支营运资金等的回收额②。

终结期现金净流量计算公式如下：

$$终结期现金净流量=终结期营业现金净流量+回收额$$

① 建设投资与垫支的流动资金合称为项目的原始投资。
② 终结点回收的固定资产余值和流动资金统称为回收额。

二、现金流量分析的前提假设

(一)有关项目计算期

项目计算期是指投资项目从投资建设开始到最终清理结束整个过程的全部时间,即该项目的有效持续期间(记作 N)。

完整的项目计算期包括建设期、生产经营期。其中,建设期(记作 S,$S \geq 0$)的第一年年初(记作第 0 年)称为建设起点,建设期的最后一年(第 S 年)年末称为投产日;项目计算期的最后一年(第 N 年)年末称为终结点,从投产日到终结点之间的时间间隔称为生产经营期(记作 P)。项目计算期及其构成示意如图 6-1 所示。

$$项目计算期(N) = 建设期(S) + 经营期(P)$$

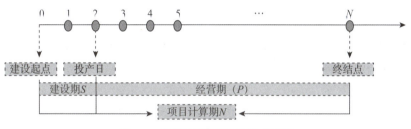

图 6-1 项目计算期及其构成示意

(二)确定现金流量的假设

为了便于确定现金流量的具体内容,简化现金流量的计算过程,做如下假设。

1. 投资项目的类型假设

假设投资项目的类型只包括新建项目(含单纯固定资产投资项目、完整工业投资项目)和更新改造项目。

2. 建设期投入全部资金假设

不论项目的原始总投资是一次投入还是分次投入,均假设在建设期内全部投入,并在经营期不再追加投资。

3. 经营期与折旧年限一致假设

假设项目主要固定资产的折旧年限或使用年限与经营期相同。

4. 时点指标假设

假设现金流入和流出均发生在特定时点,一般约定:

(1)假设原始投资都在建设期内有关年度的年初或者年末发生。

(2)在有建设期时,除非特别说明,均假设垫付流动资金在建设期末发生;在无建设期时,则假设垫付流动资金发生在建设起点。

(3)经营期内与现金流量计算有关的各年收入、成本、折旧、摊销、利润、税金等项目的确认均假设在年末发生。

(4)假设项目最终报废或清理均发生在终结点,即经营期的最后一期期末(但更新改造项目除外)。

（三）投资额的计算口径

1. 建设投资

建设投资是指在建设期内按一定生产经营规模和建设内容进行的投资，包括固定资产投资、无形资产投资、其他资产投资等。

2. 流动资金投资

流动资金投资是指项目投产前后分次或一次投放于营运资金项目的投资增加额，又称垫支流动资金或营运资金投资。

3. 原始投资

原始投资是指为使项目完全达到设计生产能力、开展正常经营而投入的全部现实资金，包括建设投资和流动资金投资两项内容。

4. 建设期资本化利息

利息资本化必须同时满足两个条件：一是存在建设期；二是建设期为了购建固定资产借入款项而存在负债筹资（即有利息发生）。

5. 项目总投资

项目总投资是反映项目投资总体规模的价值指标，它的计算公式为：

$$项目总投资 = 原始投资 + 建设期资本化利息$$

三者之间关系如图6-2所示。

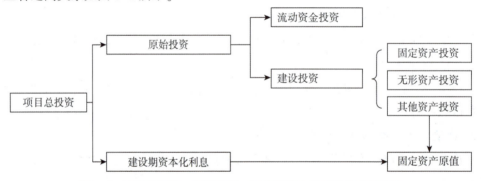

图6-2　项目总投资、原始投资、建设期资本化利息的相互关系

三、现金流量的估算

（一）单纯固定资产投资项目现金净流量的估算

单纯固定资产投资项目的特点是，在投资中只涉及为取得固定资产而发生的资本投入，不涉及其他长期投资和流动资金投资。

【例6-2】2024年锦辰公司拟新建一投资项目，在建设起点进行固定资产投资12 000元，设备寿命5年，按直线法提取折旧，第5年年末残值为2 000元，建成后公司产品每年收入8 000元，第一年付现成本为3 000元，以后逐年递增400元，公司所得税税率为25%，资金成本为10%，该项目无建设期。根据上述资料计算该方案每年现金净流量。

计算如下。

$NCF_0 = -12\ 000$（元）

年折旧＝（12 000－2 000）／5＝2 000（元）

非付现成本抵税＝2 000×25%＝500（元）

税后营业收入＝8 000×（1－25%）＝6 000（元）

第1年税后付现成本＝3 000×（1－25%）＝2 250（元）

经营现金净流量＝税后营业收入－税后付现成本＋非付现成本抵税

NCF_1＝6 000－2 250＋500＝4 250（元）

第1年后，每年的付现成本逐年递增400元，因此第2年到第5年现金净流量计算结果如下：

NCF_2＝6 000－（3 000＋400）×（1－25%）＋500＝3 950（元）

NCF_3＝6 000－（3 400＋400）×（1－25%）＋500＝3 650（元）

NCF_4＝6 000－（3 800＋400）×（1－25%）＋500＝3 350（元）

NCF_5＝6 000－（4 200＋400）×（1－25%）＋500＋2 000（残值收入）＝5 050（元）

（二）完整工业投资项目现金流量的估算

完整工业投资项目的特点是：投资内容不仅包括固定资产投资，而且包括流动资金投资，甚至可能涉及无形资产等其他长期资产投资。

【例6-3】锦辰公司为扩大生产规模，拟在2024年投资建设乙项目，需要在建设起点一次投入固定资产投资200万，无形资产投资25万。该项目建设期2年，经营期5年，预计固定资产残值8万元，无形资产自投产年份起5年摊销完毕，在建设期末还需投入流动资金30万元。

该项目投产后，预计每年营业收入210万元，每年预计外购原材料、燃料、动力费共50万元，工资福利费20万元，其他费用10万元。该企业按直线法折旧，全部流动资金于终结点一次回收，所得税税率为25%。

要求：

（1）计算该项目的项目计算期、折旧、原始投资额。

（2）计算投产后各年的经营成本。

（3）计算各期的NCF。

计算如下。

（1）计算项目计算期、折旧、原始投资额。

项目计算期＝建设期＋经营期＝2＋5＝7（年）

$$折旧＝\frac{200-8}{5}＝38.4（万元）$$

原始投资＝建设投资＋流动资金投资＝200＋25＋30＝255（万元）

（2）计算投产后各年的经营成本。

经营成本＝50＋20＋10＝80（万元）

（3）计算各期的NCF。

NCF_0＝－200－25＝－225（万元）

NCF_1＝0

NCF_2＝－30（万元）

由于有无形资产的摊销，所以经营期的1~4年NCF如下。

①第一种方法，利用以下公式计算：

$$经营期现金净流量=税后营业收入-税后付现成本+非付现成本抵税额$$

$NCF_{3\sim6}=210\times(1-25\%)-80\times(1-25\%)+(38.4+5)\times25\%=108.35（万元）$

②第二种方法，利用以下公式计算：

$$经营期现金净流量=净利润+非付现成本（折旧、摊销等）$$

$NCF_{3\sim6}=(210-80-38.4-5)\times(1-25\%)+(38.4+5)=108.35（万元）$

经营期的第5年，有固定资产的残值以及回收的流动资金两个部分的回收额，因此：

$NCF_7=108.35+8+30=146.35（万元）$

（三）更新改造项目现金净流量的估算

更新改造项目的特点是：需要考虑在建设期内旧设备可能发生的变价净损失（或净收入），以及由此引起的对所得税的抵减或支付。

故此，更新改造项目现金净流量的估算较新建项目更为复杂。同时，由于以旧换新决策相当于在使用新设备投资和继续使用旧设备两个原始投资不同的备选方案中做出比较与选择，因此，所估算出来的是增量现金净流量（ΔNCF）。

四、估算现金流量应注意的问题

（一）只关注增量现金流量

现金流量是指"增量"现金流量。所谓增量现金流量，是指由于接受或放弃某个投资项目所引起的现金变动部分。由于采纳某个投资方案引起的现金流入增加额，才是该方案的现金流入；同理，某个投资方案引起的现金流出增加额，才是该方案的现金流出。在确定项目投资的现金流量时，应遵循的基本原则是：只有增量现金流量才是与投资项目相关的现金流量。

（二）区分相关成本与非相关成本

相关成本是指与特定决策有关的、在分析评价时必须加以考虑的成本。例如，差额成本、未来成本、重置成本、机会成本等都属于相关成本。与此相反，与特定决策无关的、在分析评价时不必加以考虑的成本是非相关成本。例如，沉没成本、过去成本、账面成本等往往属于非相关成本。

例如，某公司在2022年曾经打算上马一条生产线，并请一家咨询公司做过可行性分析，并支付了6万元的咨询费。但后来公司有了更好的投资机会，该项目被搁置下来，该笔咨询费作为费用已经入账。两年之后旧事重提，在进行投资分析时，该笔咨询费是否应加以考虑？答案是否定的。因为这笔支出是沉没成本，与公司未来的总现金流量无关。

如果将非相关成本纳入投资方案的总成本，则一个有利的方案可能因此变得不利，一个较好的方案可能变为较差的方案，从而造成决策失误。

（三）不应忽视机会成本

机会成本，是指由于某个项目使用某项资产而失去了其他方式使用该资产所丧失的潜在收入。机会成本不是我们通常意义上的成本，它不是实际发生的支出或费用，而是一种潜在的放弃的收益。例如，一笔现金用来购买股票就不能存入银行，那么存入银行的利息收入就是股票投资的机会成本。如果某企业有一闲置的仓库，准备用来改建职工活动中心，但将仓库出租每年可得租金收入 2 万元，则租金收入就是改建活动中心的机会成本。

在投资决策过程中考虑机会成本，有利于全面分析评价各种投资方案，并选择经济上最为有利的投资项目。虽然机会成本不会直接发生现金支出，但却会影响现金流量的变化，当考虑机会成本时，一些看上去有利可图的项目实际上无利可图，甚至亏损。

五、项目投资使用现金流量的原因

财务会计按权责发生制确认企业的收入和成本，并以二者的差额——利润作为收益，来评价企业的经营效益。项目投资决策则以现金流入作为项目的收入，以现金流出作为项目的支出，以现金净流量作为项目净收益，并在此基础上评价投资项目的经济效益。之所以要以按收付实现制计算的现金流量作为评价项目经济效益的基础，主要有以下两方面的原因。

(一)采用现金流量有利于科学地考虑时间价值因素

项目投资决策必须考虑时间价值因素，这就要求决策时弄清每一笔预期收入和支出款项的具体时间，因为不同时间的资金具有不同的价值。而利润的计算是以权责发生制为基础，并不考虑资金的收付时间。利润与现金流量的差异主要表现在四个方面。

(1)购置固定资产付出大量现金时不计入成本。

(2)计提固定资产折旧或无形资产摊销时计入成本，但却不需要支付现金。

(3)计算利润时不考虑流动资金垫支的数量及其回收的时间。

(4)只要销售行为确定，就计算为当期的收入，尽管其中有一部分可能并未收取现金。

可见，出于考虑时间价值的原因，项目投资决策就不能以利润为衡量的标准，必须采用现金流量。

(二)采用现金流量才能使投资决策更符合客观实际情况

现金流量信息揭示了项目在未来期间现实的货币资金收支情况，可以序时动态地反映项目投资的流向与回收之间的投入产出关系，便于更完整、准确、全面地评价具体投资项目的经济效益。而利润则明显存在不科学、不客观的成分，具体表现为：

(1)利润的计算没有统一标准，一定程度上受存货估价、费用摊销和折旧计提方法的影响，因而比现金流量的计算有更大的主观随意性，作为决策的主要依据不可靠。利润在各年的分布可能受折旧方法等人为因素的影响，而现金流量的分布不受这些人为因素的影响，从而可以保证评价的客观性。

(2)利润反映的是一定会计期间"应计"的现金流量，而不是实际的现金流量，以此为收益容易高估投资项目的经济效益，具有较大风险。

(3)在企业经营活动中，现金流量状况比盈亏状况更具重要性。企业需要以现金流量的变化来估计企业资金需求状况，从而及时调整投资和筹资策略。

【微课视频】投资现金流量分析

【即测即评】现金流量分析

第三节　项目投资决策指标

一、投资决策指标及分类

投资决策指标是指用于衡量和比较项目财务效益大小、评价项目财务可行性，以便据以进行方案决策的定量化标准与尺度。投资决策指标很多，本书主要介绍投资利润率、投资回收期、净现值、净现值率、现值指数和内含报酬率等指标。

上述评价指标可以按以下标准进行分类。

（一）按是否考虑货币时间价值划分

1. 非贴现评价指标

非贴现评价指标是指在计算过程中不考虑货币时间价值因素的指标，又称为静态指标，包括投资利润率和静态投资回收期。

2. 贴现评价指标

贴现评价指标是指在计算过程中充分考虑和利用货币时间价值因素的指标，又称为动态指标。例如净现值、净现值率、内含报酬率等都是考虑时间价值因素的指标。财务管理中的核心理念之一是时间价值，因而贴现评价指标是财务管理中常使用的评价指标。

（二）按指标性质不同划分

1. 正向指标

正向指标是指在一定范围内指标值越大越好的指标。例如，净现值指标，在选择时应首先考虑净现值更大的方案。正向指标构成投资决策指标的主要内容，例如投资利润率、现值指数、净现值率和内含报酬率等都是属于正向指标。

2. 反向指标

反向指标是指在一定范围内指标值越小越好的指标。例如，静态投资回收期，在比较时应先选回收期更短的方案。

（三）按指标在决策中的重要性划分

1. 主要指标

主要指标是在决策时应首先予以考虑的重要指标，如净现值、内部收益率等。

2. 次要指标

次要指标是在决策时用以参考的辅助性指标，如静态投资回收期等。

二、非贴现投资决策指标

(一)投资利润率(Rate of Investment，ROI)

投资利润率又称投资报酬率，是指项目投资方案的年平均利润额占投资总额的百分比。

投资利润率的决策标准是：投资项目的投资利润率越高越好，低于无风险收益率的方案为不可行方案。

投资利润率的计算公式为：

$$投资利润率(ROI)=\frac{年平均利润额}{投资总额}\times100\%$$

上式公式中分子是平均利润额，不是现金净流量，不包括折旧等；分母应为项目总投资额，一般不考虑固定资产的残值。

【例6-4】锦辰公司目前有甲、乙两个投资方案，投资总额均为100万元，全部用于购置新的设备，折旧采用直线法，使用期均为5年，无残值，其他有关资料如表6-1所示。计算甲、乙两个方案的投资利润率。

表6-1　甲、乙两个方案的利润及现金净流量　　　　　　　　　　　　单位：元

项目计算期	甲方案		乙方案	
	利润	现金净流量(NCF)	利润	现金净流量(NCF)
0		(1 000 000)		(1 000 000)
1	150 000	350 000	100 000	300 000
2	150 000	350 000	140 000	340 000
3	150 000	350 000	180 000	380 000
4	150 000	350 000	220 000	420 000
5	150 000	350 000	260 000	460 000
合计	750 000	1 750 000	900 000	1 900 000

$$甲方案投资利润率(ROI)=\frac{150\ 000}{1\ 000\ 000}\times100\%=15\%$$

$$乙方案投资利润率(ROI)=\frac{900\ 000/5}{1\ 000\ 000}\times100\%=18\%$$

从计算结果来看，乙方案的投资利润率比甲方案的投资利润率高3%，应选择乙方案。

静态指标的计算简单、明了，容易掌握。但是这类指标的计算均没有考虑资金的时间价值。另外，投资利润率也没有考虑折旧的因素，即没有完整反映现金净流量，无法直接利用现金净流量的信息。

(二)静态投资回收期(Payback Period，PP)

投资回收期即通过未来的现金净流量来收回原始投资额所需要的时间，一般以年为单位。投资者都希望能尽快收回投入的资本，以降低投资风险，因此，在评价投资方案优劣时，投资回收期越短越好。

投资回收期可分为不考虑货币时间价值的静态回收期和考虑货币时间价值的动态回收期，其中静态回收期是非贴现投资决策指标。

静态投资回收期是指以投资项目经营净现金流量抵偿原始投资所需要的全部时间。它的计算形式包括经营期年现金净流量相等和经营期年现金净流量不相等两种基本情况，每种情况下又有"包括建设期的投资回收期（记作 PP）"和"不包括建设期的投资回收期（记作 PP′）"两种形式。

1. 经营期年现金净流量相等

如果经营期内每年现金净流量相等，其计算公式为：

$$不包括建设期的投资回收期（PP′）= \frac{原始投资}{每年现金净流量}$$

$$包括建设期的投资回收期 PP = PP' + S（建设期）$$

【例 6-5】锦辰公司 A 投资项目的现金净流量如表 6-2 所示。计算 A 投资项目的回收期。

表 6-2　A 投资项目的现金净流量　　　　　　　　　　　　单位：万元

项目计算期	建设期		经营期									合计
	0	1	2	3	4	5	6	7	…	10	11	
现金净流量	−1 100	−100	200	200	200	200	200	200	…	200	200	800
累计现金净流量	−1 100	−1 200	−1 000	−800	−600	−400	−200	0	…	+600	+800	800

$$不包括建设期的投资回收期（PP′）= \frac{1\ 200}{200} = 6（年）$$

$$包括建设期的回收期（PP）= 6 + 1 = 7（年）$$

2. 经营期年现金净流量不相等

$$包括建设期的投资回收期（PP）=（累计现金净流量出现正值的年数 − 1）+ \frac{最后一项为负值的累计现金净流量绝对值}{下一年度现金净流量}$$

【例 6-6】锦辰公司 B 投资项目的现金净流量如表 6-3 所示。计算投资项目的回收期。

表 6-3　B 投资项目的现金净流量　　　　　　　　　　　　单位：万元

项目计算期	建设期		经营期						
	0	1	2	3	4	5	6	7	8
现金净流量	−1 000	−100	200	300	400	500	600	700	800
累计现金净流量	−1 000	−1 100	−900	−600	−200	+300	+900	+1 600	+2 400

由表 6-3 可以看出，第 4 年的累计现金净流量小于零，而第 5 年的累计现金净流量变为正值，大于零。

$$包括建设期的投资回收期（PP）=（5 − 1）+ \frac{200}{500} = 4.4（年）$$

$$不包括建设期的投资回收期（PP′）= 4.4 − 1 = 3.4（年）$$

使用该指标进行决策的依据是：只有静态投资回收期指标小于或等于基准投资回收期

的投资项目才具有财务可行性。

静态投资回收期的优点：能够直观地反映原始投资的返本期限，便于理解；指标计算简单、明了，容易掌握，可以直接利用回收期之前的现金净流量信息。

静态投资回收期的缺点：指标的计算均没有考虑资金的时间价值，也没有考虑回收期之后的现金净流量对投资收益的贡献，也就是说，没有考虑投资方案的全部现金净流量，所以有较大局限性。

因此，该类指标一般只适用于方案的初选，或者投资后各项目间经济效益的比较。

二、贴现投资决策指标

贴现指标也称为动态指标，即考虑货币时间价值因素的指标。贴现投资决策指标主要包括动态投资回收期、净现值、净现值率、现值指数、内含报酬率等指标。

（一）动态投资回收期

动态投资回收期是把投资项目各年的现金净流量按基准收益率折成现值之后，再来推算投资回收期，这就是它与静态投资回收期的根本区别。动态投资回收期又称为折现回收期，它需要将投资引起的未来现金净流量进行贴现，以未来现金净流量的现值等于原始投资额现值时所经历的时间为回收期。

1. 未来每年现金净流量相等时

未来每年现金净流量相等时，实际就是一种年金形式，可利用时间价值计算中已知现值(原始投资)、年金(每年现金净流量)和贴现率求年份的公式进行计算。

假定经历几年所取得的未来现金净流量的年金现值系数为$(P/A, i, n)$，根据：

$$原始投资额现值 = (P/A, i, n) \times 每年现金净流量$$

可以得出：

$$(P/A, i, n) = \frac{原始投资额现值}{每年现金净流量(\text{NCF})}$$

利用插值法求出n，即可得动态的投资回收期。

【例6-7】锦辰公司准备投资C项目，该项目的原始投资为45 000元，无建设期，项目使用后预计经营期为10年，投入使用后每年现金净流量为8 000元，资本成本率为10%，求C项目的动态投资回收期。

计算如下。

$$(P/A, 10\%, n) = \frac{45\ 000}{8\ 000} = 5.625$$

查表得知：$(P/A, 10\%, 8) = 5.3349$，$(P/A, 10\%, 9) = 5.7590$。

由此可以确定C项目的动态回收期在8~9年，利用插值法计算可得，动态投资回收期为8.7年。

$$n = 8 + \frac{5.625 - 5.3349}{5.759 - 5.3349} \times (9-8) = 8.7(年)$$

2. 未来每年现金净流量不相等时

未来每年现金净流量不相等时，应把每年的现金净流量逐一贴现并加以汇总，根据累计现金净流量现值来确定回收期。

包括建设期的投资回收期$(PP)=$（累计现金净流量折现值出现正值的年数-1)$+$

$$\frac{上年累计现金净流量折现值的绝对值}{出现正值年份现金净流量的折现值}$$

【例6-8】锦辰公司有一投资项目D项目，在建设起点需一次性投资15 000元，使用年限为5年，资本成本率为5%，每年的现金流量不相等，具体有关资料如表6-4所示。计算该投资项目的动态回收期。

表6-4　D项目每年的现金净流量　　　　　　　单位：元

年序	现金净流量	累计现金净流量	贴现率5%		累计现值
			现值系数	现金净流量现值	
0	−15 000	−15 000	1	−15 000	−15 000
1	3 000	−12 000	0.952 4	2 857.2	−12 142.8
2	3 500	−8 500	0.907 0	3 174.5	−8 968.3
3	6 000	−2 500	0.863 8	5 182.8	−3 785.5
4	5 000	2 500	0.822 7	4 113.5	328
5	4 000	6 500	0.783 5	3 134	3 462

考虑时间价值的动态回收期可以按如下公式计算：

$$回收期=(4-1)+\frac{3\ 785.5}{4\ 113.5}=3.9(年)$$

不考虑时间价值的静态投资回收期$(PP)=(4-1)+\frac{2\ 500}{5\ 000}=3.5(年)$

由此可见，动态投资回收期要比静态投资回收期长，原因是动态投资回收期的计算考虑了资金的时间价值，这正是动态投资回收期的优点。但考虑时间价值后计算比较复杂。

（二）净现值（Net Present Value，NPV）

净现值是指在项目计算期内，按一定贴现率计算的各年现金净流量现值的代数和减去原始投资额的现值。

净现值计算中，关键的一点是折现率的确定，一般来说折现率可以是企业的资本成本，也可以是企业所要求的最低报酬率水平。

1. 经营期内各年现金净流量相等

净现值的计算公式为：

NPV=经营期每年相等的现金净流量×年金现值系数−原始投资现值

【例6-9】锦辰公司2024年购入甲设备一台，价值为30 000元，按直线法计提折旧，使用寿命5年，期末无残值。预计投产后每年可获得销售收入为15 000元，每年发生的付现成本为5 000元，假定贴现率为10%。所得税税率为25%。计算该项目的现金流量并用NPV进行决策。

根据上题列表计算，如表6-5所示。

表6-5　锦辰公司购入甲设备方案现金净流量计算　　　　　　　单位：元

年份	0	1	2	3	4	5
固定资产投资	−30 000					
销售收入(1)		15 000	15 000	15 000	15 000	15 000
付现成本(2)		5 000	5 000	5 000	5 000	5 000
折旧(3)		6 000	6 000	6 000	6 000	6 000
税前利润(4)=(1)−(2)−(3)		4 000	4 000	4 000	4 000	4 000
所得税(5)=(4)×25%		1 000	1 000	1 000	1 000	1 000
税后利润(6)=(4)−(5)		3 000	3 000	3 000	3 000	3 000
现金净流量合计(7)=(3)+(6)	−30 000	9 000	9 000	9 000	9 000	9 000

由于每年的现金净流量为等额，锦辰公司该方案的净现值为：

$$NPV = 9\ 000 \times (P/A, 10\%, 5) - 30\ 000$$
$$= 9\ 000 \times 3.790\ 8 - 30\ 000 = 4\ 117(元) > 0$$

由于净现值大于零，该方案为可行方案。

2. 经营期内各年现金净流量不相等

经营期内各年现金净流量不相等，则不能采用年金计算方法，而是将每年的现金净流量分别按各自的年限进行折现计算，净现值的计算公式为：

净现值=∑(经营期各年的现金净流量×各年的现值系数)−原始投资现值

【例6-10】锦辰公司2024年拟购入乙设备一台，价值为36 000元，按直线法计提折旧，使用寿命5年，期末预计残值为6 000元。该项目无建设期，并在建设起点垫支流动资金2 000元，垫支流动资金及固定资产残值在第5年年末收回。

预计投产后每年可获得销售收入为17 000元，经营期第一年发生的付现成本为6 000元，以后每年在上一年基础上增加300元，假定贴现率为10%。所得税税率为25%。计算该项目的现金净流量并用NPV进行决策。

根据题意列表计算，如表6-6所示。

表6-6　锦辰公司购入乙设备方案现金净流量计算　　　　　　　单位：元

年份	0	1	2	3	4	5
固定资产投资	−36 000					
垫支流动资金	−2 000					
销售收入(1)		17 000	17 000	17 000	17 000	17 000
付现成本(2)		6 000	6 300	6 600	6 900	7 200
折旧(3)		6 000	6 000	6 000	6 000	6 000
税前利润(4)=(1)−(2)−(3)		5 000	4 700	4 400	4 100	3 800
所得税(5)=(4)×25%		1 250	1 175	1 100	1 025	950
税后利润(6)=(4)−(5)		3 750	3 525	3 300	3 075	2 850
营业现金流入(7)=(3)+(6)		9 750	9 525	9 300	9 075	8 850
固定资产残值						6 000
流动资金收回						2 000
现金净流量合计	−38 000	9 750	9 525	9 300	9 075	16 850

该方案净现值：

$$NPV = 9\,750 \times (P/F, 10\%, 1) + 9\,525 \times (P/F, 10\%, 2) + 9\,300$$
$$\times (P/F, 10\%, 3) + 9\,075 \times (P/F, 10\%, 4) + 16\,850$$
$$\times (P/F, 10\%, 5) - 38\,000 = 9\,750 \times 0.909\,1 + 9\,525 \times 0.826\,4 + 9\,300$$
$$\times 0.751\,3 + 9\,075 \times 0.683\,0 + 16\,850 \times 0.620\,9 - 38\,000$$
$$= 40\,382.67 - 38\,000 = 2\,382.67 (元)$$

该方案的净现值大于零，为可行方案。

3. 净现值指标的决策标准

(1) 如果投资方案的净现值大于或等于零，该方案为可行方案。

(2) 如果投资方案的净现值小于零，该方案为不可行方案。

(3) 如果几个方案的投资额相同，项目计算期相等且净现值均大于零，那么净现值最大的方案为最优方案。

所以，净现值大于或等于零是项目可行的必要条件。

4. 净现值评价指标的优缺点

净现值评价指标是一个贴现的绝对值正向指标，其优点在于：①综合考虑了货币时间价值，较合理地反映了投资项目的真正经济价值；②考虑了项目计算期的全部现金净流量，体现了流动性与收益性的统一；③有效地考虑了投资风险，因为贴现率的大小与风险大小有关，风险越大，贴现率就越高。

但是该指标的缺点也是明显的，即无法直接反映投资项目的实际投资收益率水平；当各项目投资额不同时，难以确定最优的投资项目。

（三）净现值率（Net Present Value Rate，NPVR）

上述的净现值是一个绝对数指标，与其相对应的相对数指标是净现值率，净现值率是指投资项目的净现值与原始投资现值的比值。

$$净现值率（NPVR） = \frac{净现值}{原始投资现值} \times 100\%$$

【例6-11】接例6-9和例6-10，分别计算项目投资的NPVR。

在例6-9中，NPV = 4 117，原始投资现值为30 000，则：

$$方案净现值率（NPVR） = \frac{4\,117}{30\,000} \times 100\% = 13.72\%$$

在例6-10中，NPV = 2 382.66，原始投资现值为38 000，则：

$$方案净现值率（NPVR） = \frac{2\,382.66}{38\,000} \times 100\% = 6.27\%$$

（四）现值指数（Present Value Index，PVI）

现值指数又称获利指数，是指项目投产后按一定贴现率计算的在经营期内各年现金净流量的现值总和与原始投资现值的比值，其计算公式为：

$$现值指数（PVI） = \frac{\sum 经营期各年现金净流量现值}{原始投资现值}$$

【例6-12】接例6-9和例6-10，分别计算项目投资的PVI。

计算例6-9现值指数：

$$现值指数(PVI)=\frac{\sum 经营期各年现金净流量现值}{原始投资现值}$$

$$=\frac{9\,000\times(P/A,\ 10\%,\ 5)}{30\,000}=\frac{34\,117}{30\,000}=1.137\,2$$

计算例6-10现值指数：

$$现值指数(PVI)=\frac{\sum 经营期各年现金净流量现值}{原始投资现值}=\frac{40\,382.67}{38\,000}=1.062\,7$$

在例6-9中，方案的现值指数大于1，为可行方案；

在例6-10中，方案的现值指数大于1，同样为可行方案。

净现值率与现值指数有如下关系：

$$现值指数(PVI)=净现值率(NPVR)+1$$

在例6-9中，现值指数(PVI)=净现值率(NPVR)+1=0.137\,2+1=1.137\,2。

在例6-10中，现值指数(PVI)=净现值率(NPVR)+1=0.062\,7+1=1.062\,7。

利用净现值率与现值指数进行决策的依据是：

(1)净现值率大于零，现值指数大于1，表明项目的报酬率高于贴现率，存在额外收益。

(2)净现值率等于零，现值指数等于1，表明项目的报酬率等于贴现率，收益只能抵补资本成本。

(3)净现值率小于零，现值指数小于1，表明项目的报酬率小于贴现率，收益不能抵补资本成本。

所以，对于单一方案的项目来说，净现值率大于或等于零，现值指数大于或等于1，是项目可行的必要条件。当有多个投资项目可供选择时，由于净现值率或现值指数越大，企业的投资报酬水平就越高，所以应采用净现值率或现值指数最大者。

(五)内含报酬率(Internal Rate of Return，IRR)

内含报酬率又称内部收益率，是指使投资项目未来各年的现金净流量现值总和等于原始投资现值的贴现率，即使投资项目的净现值等于零时的贴现率。内含报酬率反映了项目本身的真实报酬率。

内含报酬率法的基本原理是：在计算方案的净现值时，以预期投资报酬率作为贴现率计算，净现值的结果往往是大于零或小于零，这就说明方案实际可能达到的投资报酬率大于或小于预期投资报酬率；而当净现值为零时，说明两种报酬率相等。根据这个原理，内含报酬率法就是要计算出使净现值等于零时的贴现率，这个贴现率就是投资方案的实际可能达到的投资报酬率。

用内含报酬率评价项目可行的必要条件是：内含报酬率大于或等于基准折现率。

1. 经营期内各年现金净流量相等

如果投资方案的各年现金净流量相等，且全部投资均于建设起点一次投入，建设期为零。在符合上述条件情况下，内含报酬率具体的计算程序如下。

（1）根据内含报酬率的定义，有：

经营期每年相等的现金净流量（NCF）×（P/A，IRR，n）-原始投资额=0

将上式移项后得出：

$$(P/A，IRR，n)=\frac{原始投资总额}{每年现金净流量（NCF）}$$

求解满足上式的贴现率i，也就是 IRR。

（2）根据计算出来的年金现值系数与已知的年限n，查年金现值系数表，确定内含报酬率的范围。

（3）用插值法求出内含报酬率。

【例6-13】根据例6-9资料，计算该方案的内含报酬率。

在例6-9中，每年现金流入量相等，可利用年金现值系数计算：

$$9\ 000×(P/A，IRR，5)-30\ 000=0$$

$$(P/A，IRR，5)=\frac{30\ 000}{9\ 000}=3.333\ 3$$

查5年的年金现值系数表，与3.333 3最接近的现值系数3.352 2和3.274 3分别指向15%和16%，采用插值法确定购入甲设备方案的内含报酬率为：

$$IRR=15\%+\frac{3.352\ 2-3.333\ 3}{3.352\ 2-3.274\ 3}×(16\%-15\%)=15.24\%$$

锦辰公司购入甲设备方案的内含报酬率大于企业的资金成本10%，为可行方案。

2. 经营期内各年现金净流量不相等

若投资项目在经营期内各年现金净流量不相等，或建设期不为零，投资额是在建设期内分次投入的情况下，无法应用上述的简便方法，必须按定义采用逐次测试逼近法，计算能使净现值等于零的贴现率，即内含报酬率。计算步骤如下：

（1）估计一个贴现率，用它来计算净现值。如果净现值为正数，说明方案的实际内含报酬率大于预计的贴现率，应提高贴现率再进一步测试；如果净现值为负数，说明方案的内含报酬率小于估计的贴现率，应降低贴现率再进行测算。如此反复测试，寻找出使净现值由正到负或由负到正且接近零的两个贴现率。

（2）根据上述相邻的两个贴现率再用插值法求出该方案的内含报酬率。由于逐次测试逼近法是一种近似方法，因此相邻的两个贴现率不能相差太大，否则误差会很大。

【例6-14】根据例6-10锦辰公司资料，计算该方案的内含报酬率。

（1）先按16%的估计贴现率进行测试，其结果净现值 NPV=-3 522.62元，应调低贴现率。

（2）再按14%的估计贴现率进行测试，其结果净现值 NPV=-1 715.11元，但更接近零，应再次调低贴现率。

（3）再按12%的估计贴现率进行测试，其结果净现值 NPV=246.70元，出现正值，由此再用插值法求解，该项目的报酬率应为12%~14%。

采用逐次测试逼近法计算，如表6-7所示。

表 6-7　锦辰公司购入乙设备方案"逐次测试逼近"计算　　单位：元

年份	现金净流量（NCF）	贴现率=16%		贴现率=14%		贴现率=12%	
		现值系数	现值	现值系数	现值	现值系数	现值
0	（38 000）	1	（38 000）	1	（38 000）	1	（38 000）
1	9 750	0.862 1	8 405.48	0.877 2	8 552.70	0.892 9	8 705.78
2	9 525	0.743 2	7 078.98	0.769 5	7 329.49	0.797 2	7 593.33
3	9 300	0.640 7	5 958.51	0.675 0	6 277.50	0.711 8	6 619.74
4	9 075	0.552 3	5 012.12	0.592 1	5 373.31	0.635 5	5 767.16
5	16 850	0.476 1	8 022.29	0.519 4	8 751.89	0.567 4	9 560.69
∑NCF			34 477.38		36 284.89		38 246.70
NPV			−3 522.62		−1 715.11		246.70

再采用插值法计算购入乙设备方案的内含报酬率为：

$$IRR = 12\% + \frac{246.70 - 0}{246.70 - (-1\ 715.11)} \times (14\% - 12\%) = 12.25\%$$

锦辰公司购入乙设备方案的内含报酬率为 12.25%，也大于资金成本 10%，同样为可行方案。

内含报酬率是个动态相对量正指标，它既考虑了货币时间价值，又能从动态的角度直接反映投资项目的实际报酬率，且不受贴现率高低的影响，比较客观，但该指标的计算过程比较复杂。

四、财务可行性评价

财务可行性评价就是评价某个具体的投资项目是否具有财务可行性，在投资决策的实践中，具体判别标准如下。

(一)判断方案是否完全具备财务可行性的条件

如果某一投资方案的所有评价指标均处于可行区间，即同时满足以下条件时，则可以断定该投资方案无论从哪个方面看都具备财务可行性，或完全具备可行性。这些条件是：

(1)净现值 NPV≥0。

(2)净现值率 NPVR≥0。

(3)内部收益率 IRR≥基准折现率 i_c。

(4)包括建设期的静态投资回收期 PP≤$\frac{n}{2}$（即项目计算期的一半）。

(5)不包括建设期的静态投资回收期 PP′≤$\frac{P}{2}$（即经营期的一半）。

(二)判断方案是否完全不具备财务可行性的条件

如果某一投资项目的评价指标均处于不可行区间，即同时满足以下条件时，则可以断定该投资项目无论从哪个方面看都不具备财务可行性，或完全不具备可行性，应当彻底放弃该投资方案。这些条件是：

（1）NPV<0。

（2）NPVR <0。

（3）IRR<i_c。

（4）PP>$\dfrac{n}{2}$。

（5）PP'>$\dfrac{P}{2}$。

（三）判断方案是否基本具备财务可行性的条件

如果在评价过程中发现某项目的主要指标处于可行区间（如 NPV≥0，NPVR≥0，IRR≥i_c），但辅助指标处于不可行区间$\left(PP>\dfrac{n}{2}, PP'>\dfrac{P}{2} \right)$，则可以断定该项目基本上具有财务可行性。

（四）其他应当注意的问题

在对投资方案进行财务可行性评价过程中，除了要熟练掌握和运用上述判定条件外，还必须明确以下两点。

1. 主要评价指标在评价财务可行性的过程中起主导作用

在对独立项目进行财务可行性评价和投资决策的过程中，当静态投资回收期或投资利润率等次要指标的评价结论与净现值等主要指标的评价结论发生矛盾时，应当以主要指标的结论为准。

2. 利用动态指标对同一个投资项目进行评价，会得出完全相同的结论

在对同一个投资项目进行财务可行性评价时，净现值、净现值率、现值指数和内部报酬率指标的评价结论应该是一致的。

【例6-15】锦辰公司投资项目只有一个备选方案，计算出来的财务可行性评价指标如下：ROI 为 10%，PP 为 6 年，PP' 为 5 年，NPV 为 162.65 万元，NPVR 为 0.170 4，PVI 为 1.170 4，IRR 为 12.73%。项目计算期为 11 年（其中生产经营期为 10 年），基准折现率为 10%。请评价该项目的财务可行性。

根据上述资料，评价该项目财务可行性的程序如下：

NPV = 162.65 万元>0

NPVR = 17.04%>0

PVI = 1.170 4>1

IRR = 12.73%>i_c = 10%

PP = 6>$\dfrac{11}{2}$

PP' = 5 = $\dfrac{10}{2}$

因此，该方案基本上具有财务可行性。

【微课视频】项目投资决策指标和方法（上）

 【即测即评】项目投资决策指标

第四节 项目投资决策方法

一、独立方案投资决策

所谓独立方案是指一组相互独立、互不排斥的方案或者单一的方案，独立方案的决策可以不考虑其他投资方案是否得到采纳和实施，只需评价各方案本身在财务上是否可行。

【例6-16】锦辰公司2024年拟引进一条流水线，投资额110万元，分两年投入。第一年年初投入70万元，第二年年初投入40万元，建设期为2年，净残值10万元，折旧采用直线法。在投产初期投入流动资金10万元，项目使用期满仍可全部回收。该项目可使用10年，每年销售收入为80万元，营业成本45万元。假定企业期望的投资报酬率为10%，不考虑所得税。计算该项目的净现值和内含报酬率，并判断该项目是否可行。

计算如下。

$NCF_0 = -70$（万元）

$NCF_1 = -40$（万元）

$NCF_2 = -10$（万元）

年折旧额 $= (110-10) / 10 = 10$（万元）

$NCF_{3 \sim 11} = 80-45+10 = 45$（万元）

$NCF_{12} = 80-45+10+10 = 55$（万元）

$NPV = 45 \times [(P/A, 10\%, 11) - (P/A, 10\%, 2)] + 55 \times (P/F, 10\%, 12) - [70+40 \times (P/F, 10\%, 1) + 10 \times (P/F, 10\%, 2)] = 45 \times (6.4951-1.7355) + 55 \times 0.3186 - (70+40 \times 0.9091 + 10 \times 0.8264) = 117.08$（万元）

利用逐次测试逼近法和插值法原理，可以求得该项目的 $IRR = 22.85\%$。

计算表明：该项目的净现值为117.08万元，大于零；内含报酬率22.85%，大于贴现率10%，所以该项目在财务上是可行的。

一般来说，用净现值和内含报酬率对独立方案进行评价，不会出现相互矛盾的结论。

二、互斥方案投资决策

互斥方案是指一组互相排斥、不能并存的方案，采纳其中某一个方案，就意味着放弃其他方案。也就是说，互斥方案具有排他性。例如，某企业拟投资增加一条生产线（购置设备），既可以自行生产制造，也可以向国内其他厂家订购，还可以向某外商订货，这一组设备购置方案即为互斥方案，因为在这三个方案中，只能选择其中一个方案。

互斥方案决策的实质在于选择最优方案，属于选择决策。互斥方案决策过程就是在每一个入选方案已具备项目可行性的前提下，运用具体决策方法比较各个方案的优劣，利用评价指标从各个备选方案中最终选出一个最优方案的过程。由于各个备选方案的投资额、项目计算期不相一致，因而要根据各个方案的使用期、投资额相等与否，采用不同的方法做出选择。主要方法包括净现值法、净现值率法、年金净流量法和计算期统一法等具体方法。

（一）净现值法

所谓净现值法，是指通过比较所有已具备财务可行性投资方案的净现值指标的大小来选择最优方案的方法。该法适用于原始投资相同且项目计算期相等的多个互斥方案比较决策。在此方法下，净现值最大的方案为优。

【例6-17】锦辰公司现有资金100万元可用于固定资产项目投资，有A、B、C、D四个互相排斥的备选方案可供选择，这四个方案投资总额均为100万元，项目计算期都为6年，基准贴现率为10%，四个方案的决策指标比较如表6-8所示。采用净现值法进行投资方案决策。

表6-8　锦辰公司A、B、C、D四个方案的决策指标比较　　　单位：万元

方案	A方案	B方案	C方案	D方案
NPV	$NPV_A = 8.225$	$NPV_B = 12.35$	$NPV_C = -2.12$	$NPV_D = 10.46$
IRR	$IRR_A = 13.3\%$	$IRR_B = 16.87\%$	$IRR_C = 8.96\%$	$IRR_D = 15.02\%$
NPVR	$NPVR_A = 8.23\%$	$NPVR_B = 12.35\%$	$NPVR_C = -2.12\%$	$NPVR_D = 10.46\%$

因为C方案净现值为-2.12万元，小于零，内含报酬率为8.96%，小于基准贴现率，不符合财务可行的必要条件，应舍去。

因为A、B、D三个备选方案的净现值均大于零，且内含报酬率均大于基准贴现率10%。所以A、B、D三个方案均符合财务可行的必要条件。

又因为：

$NPV_B = 12.35（万元）> NPV_D = 10.46（万元）> NPV_A = 8.225（万元）$

$IRR_B = 16.87\% > IRR_D = 15.02\% > IRR_A = 13.3\%$

所以B方案为最优，D方案其次，A方案最差，应采用B方案。

（二）净现值率法

所谓净现值率法，是指通过比较所有已具备财务可行性投资方案的净现值率指标的大小来选择最优方案的方法。该法适用于项目计算期相等的多个互斥方案的比较决策。在此方法下，净现值率最大的方案为优。

【例6-18】基本资料同例6-17，请采用净现值率法进行投资方案决策。

依据例6-17资料可以得出：

$NPVR_B = 12.35\% > NPVR_D = 10.46\% > NPVR_A = 8.23\%$

所以B方案为最优，D方案其次，A方案最差，应采用B方案。

在投资额相同的互斥方案比较决策中，采用净现值率法会与净现值法得到完全相同的结论；但投资额不相同时，情况就可能不同。

(三)年金净流量法

年金净流量法又称为年等额净回收额法，是指通过比较所有投资方案的年金净流量(年等额净回收额)指标的大小来选择最优方案的决策方法。该法适用于原始投资不相同、特别是项目计算期不同的多个互斥方案比较决策。

所谓年金净流量(Annual NCF，ANCF)，是指按预计的项目计算期和设定的折现率，将投资项目未来全部现金净流量总额的净现值折算为等额年金的平均现金净流量，实际上是净现值的年金形式。其计算公式为：

$$ANCF = \frac{净现值}{年金现值系数} = \frac{NPV}{(P/A, i, n)}$$

在此方法下，年金净流量大于零，则方案可行；年金净流量最大的方案为最优方案。
年金净流量法的基本步骤为：
(1)计算各方案的净现值 NPV。
(2)计算各方案的年金净流量 ANCF。
(3)比较各方案的年金净流量大小，以年金净流量最大的方案为优。

【例6-19】锦辰公司2024年拟投资建设一个新项目，行业基准折现率为10%，现有三个方案可供选择：

A 方案的原始投资为 12 500 万元，项目计算期为 11 年，净现值为 9 587 万元；

B 方案的原始投资为 11 000 万元，项目计算期为 10 年，净现值为 9 200 万元；

C 方案的净现值为-112 万元。

请采用年金净流量法做出最终投资决策。

(1)判断各方案的财务可行性。

因为 A 方案和 B 方案的净现值大于零，所以这两个方案具有财务可行性；而 C 方案的净现值小于零，所以该方案不具有财务可行性。

(2)计算各个具有财务可行性方案的年金净流量。

A 方案的年金净流量 $= \frac{9\,587}{(P/A, 10\%, 11)} = \frac{9\,587}{6.495\,1} = 1\,476.04$(万元)

B 方案的年金净流量 $= \frac{9\,200}{(P/A, 10\%, 10)} = \frac{9\,200}{6.144\,6} = 1\,497.25$(万元)

(3)比较各方案的年金净流量，做出决策。

由于 B 方案年金净流量 = 1 497.25(万元) > A 方案年金净流量 = 1 476.04(万元)，故 B 方案优于 A 方案。

(四)计算期统一法

计算期统一法是指通过对计算期不相等的多个互斥方案选定一个共同的计算分析期，以满足时间可比性的要求，进而根据调整后的评价指标来选择最优方案。计算期统一法适用于项目计算期不相同的多个互斥方案的比较决策。

以下介绍计算期统一法中常用的最小公倍寿命法。

最小公倍寿命法又称为方案重复法，是将各方案计算期的最小公倍数作为比较方案的计算期，进而调整有关指标，并据此进行多方案比较决策的一种方法。在两个寿命期不等的互斥投资项目比较时，需要将两项目转化成同样的投资期限，才具有可比性。因为按照持续经营假设，寿命期短的项目，收回的投资将重新进行投资。针对各项目寿命期不等的情况，可以找出各项目寿命期的最小公倍期数，作为共同的有效寿命期。

【例6-20】锦辰公司2024年准备购置机床，现有甲、乙方案，所要求的最低投资报酬率为10%，甲机床投资额10 000元，可用2年，无残值，每年产生7 000元现金净流量。乙机床投资额20 000元，可用3年，无残值，每年产生9 000元现金净流量。请在甲、乙方案中做出选择。

由于两个方案的计算期和原始投资额都不同，无法直接进行比较，因此需将两方案的期限调整为最小公倍年数6年，即甲机床6年内周转3次，乙机床6年内周转2次。按最小公倍年数测算，甲方案经历了3次投资循环，乙方案经历了2次投资循环，各方案的相关评价指标为：

（1）甲方案的净现值。

$NPV_甲 = 7\ 000 \times (P/A, 10\%, 6) - [10\ 000 \times (P/F, 10\%, 4) + 10\ 000 \times (P/F, 10\%, 2) + 10\ 000] = 7\ 000 \times 4.355\ 3 - [10\ 000 \times 0.683\ 0 + 10\ 000 \times 0.826\ 4 + 10\ 000] = 30\ 487.1 - 6\ 830 - 8\ 264 - 10\ 000 = 5\ 393.1(元)$

（2）乙方案的净现值。

$NPV_乙 = 9\ 000 \times (P/A, 10\%, 6) - [20\ 000 \times (P/F, 10\%, 3) + 20\ 000] = 9\ 000 \times 4.355\ 3 - [20\ 000 \times 0.751\ 3 + 20\ 000] = 39\ 197.7 - 15\ 026 - 20\ 000 = 4\ 171.7(元)$

上述计算说明，按最小公倍数6年延长寿命期后，两方案投资期限相等，甲方案净现值5 393.1元高于乙方案净现值4 171.7元，故甲方案优于乙方案。

三、固定资产更新决策

固定资产反映了企业的生产经营能力，固定资产更新决策是项目投资决策的重要组成部分。从决策性质上看，固定资产更新决策属于互斥投资方案的决策类型。因此，固定资产更新决策常采用的决策方法是净现值法和年金净流量法，一般不采用内含报酬率法。

（一）寿命期相同

一般来说，用新设备来替换旧设备，如果不改变企业的生产能力，就不会增加企业的营业收入，即使有少量的残值变价收入，也不是实质性收入增加。因此，大部分以旧换新进行的设备重置都属于替换重置。在替换重置方案中，所发生的现金流量主要是现金流出量。如果购入的新设备性能提高，扩大了企业的生产能力，这种设备重置属于扩建重置。

【例6-21】锦辰公司5年前购置一设备，价值78万元，购置时预期使用寿命为15年，残值为3万元。折旧采用直线法，目前已提折旧25万元，账面净值为53万元。利用这一设备，企业每年产生营业收入为90万元，付现成本为60万元。如果现在将旧设备出售，估计售价为10万元。

现在市场上推出一种新设备，价值120万元，购入后即可投入使用，使用寿命10年，预计10年后残值为20万元。该设备由于技术先进，效率较高，预期每年的营业收入为100万元，付现成本为41.67万元。若该企业的资本成本为10%，所得税税率为25%。分析该企业是否应用新设备替换旧设备。

因为旧设备还可使用10年，新设备的项目计算期也为10年，所以新旧设备项目计算期相同，可采用差额法来进行评价。

$$新设备年折旧额 = \frac{120-20}{10} = 10(万元)$$

$$旧设备年折旧额 = \frac{53-3}{10} = 5(万元)$$

（1）若继续使用旧设备，第 1~9 年的 NCF 为：

$$NCF_{1\sim9} = 90 \times (1-25\%) - 60 \times (1-25\%) + 5 \times 25\% = 23.75(万元)$$

使用旧设备第 10 年的 NCF 为：

$$NCF_{10} = 23.75 + 3 = 26.75(万元)$$

（2）若使用新设备，第 1~9 年的 NCF 为：

$$NCF_{1\sim9} = 100 \times (1-25\%) - 41.67 \times (1-25\%) + 10 \times 25\% = 46.25(万元)$$

使用新设备第 10 年的 NCF 为：

$$NCF_{10} = 46.25 + 20 = 66.25(万元)$$

（3）计算设备变价净损失及对所得税的影响。

旧设备的账面净值 = 78 - 25 = 53(万元)

旧设备出售净损失 = 53 - 10 = 43(万元)

变价净损失可抵减所得税 = 43 × 25% = 10.75(万元)

购买新设备比继续使用旧设备增加的投资额 = 120 - 10 = 110(万元)

（4）根据上述资料整理计算 ΔNCF。

$\Delta NCF_0 = -(120-10)$（其中 10 万元为旧设备变价收入）$= -110$（万元）

$\Delta NCF_1 = 46.25 - 23.75 + (53-10) \times 25\%$（变价净损失抵减所得税）$= 33.25$（万元）

$\Delta NCF_{2\sim9} = 46.25 - 23.75 = 22.5$（万元）

$\Delta NCF_{10} = 66.25 - 26.75 = 39.5$（万元）

（5）计算差额净现值。

差额净现值 $= 33.25 \times (P/F, 10\%, 1) + 22.5 \times (P/A, 10\%, 8) \times (P/F, 10\%, 1) + 39.5 \times (P/F, 10\%, 10) - 110 = 33.25 \times 0.909\ 1 + 22.5 \times 5.334\ 9 \times 0.909\ 1 + 39.5 \times 0.385\ 5 - 110 = 44.58$（万元）$> 0$

更换新设备与继续使用旧设备的差额净现值大于零，所以企业应该考虑设备更新。

（二）寿命期不同

寿命期不同的设备重置方案，用净现值指标可能无法得出正确决策结果，应当采用年金净流量法决策。寿命期不同的设备重置方案，在决策时有如下特点。

（1）扩建重置的设备更新后会引起营业现金流入与流出的变动，应考虑年金净流量最大的方案。替换重置的设备更新一般不改变生产能力，营业现金流入不会增加，只需比较各方案的年金流出量即可，年金流出量最小的方案最优。

（2）如果不考虑各方案的营业现金流入量变动，只比较各方案的现金流出量，我们把按年金净流量原理计算的等额年金流出量称为年金成本。替换重置方案的决策标准，是要求年金成本最低。扩建重置方案所增加或减少的营业现金流入也可以作为现金流出量的抵减，并据此比较各方案的年金成本。

其计算公式为：

$$年金成本 = \frac{\sum 各项目现金净流出现值}{(P/A,\ i,\ n)}$$

$$= \frac{原始投资额-残值收入\times复利现值系数+\sum 年运营成本现值}{(P/A,\ i,\ n)}$$

【例6-22】锦辰公司有一旧设备，该企业的工程技术人员提出更新要求，其有关数据资料如表6-9所示，更新设备的生产能力与原设备生产能力相同。

表6-9　锦辰公司新旧设备的生产能力资料　　　　　　　　　单位：元

数据项目	旧设备	新设备
原值	2 200	2 400
预计使用年限/年	10	10
已经使用年限/年	4	0
最终残值	200	300
变现价值	600	2 400
年运行成本	800	400

假设该企业要求的最低报酬率为15%，锦辰公司应该继续使用旧设备还是进行设备更新？

因为新、旧设备生产能力相同，所以取得的营业收入也相同，又因为新、旧设备的项目计算期不相同，所以应采用年金成本比较法。

通常，在收入相同时，认为成本较低的方案是好方案，但旧设备只可以使用6年，而新设备还可以使用10年，两个方案取得的"产出"并不相同。所以应该比较其一年的平均成本，即比较其获得1年的生产能力所付出的代价，并据此来判断方案的优劣。

$$继续使用旧设备年金成本 = \frac{\sum 各项目现金净流出现值}{(P/A,\ i,\ n)}$$

$$= \frac{原始投资额-残值收入\times复利现值系数+\sum 年运营成本现值}{(P/A,\ i,\ n)}$$

$$= \frac{600-200\times(P/F,\ 15\%,\ 6)+800\times(P/A,\ 15\%,\ 6)}{(P/A,\ 15\%,\ 6)}$$

$$= \frac{600-200\times0.432\ 3+800\times3.784\ 5}{3.784\ 5} = 935.70(元)$$

$$使用新设备年金成本 = \frac{\sum 各项目现金净流出现值}{(P/A,\ i,\ n)}$$

$$= \frac{原始投资额-残值收入\times复制现值系数+\sum 年运营成本现值}{(P/A,\ i,\ n)}$$

$$= \frac{2\ 400-300\times(P/F,\ 15\%,\ 10)+400\times(P/A,\ 15\%,\ 10)}{(P/A,\ 15\%,\ 10)}$$

$$= \frac{2\ 400-300\times0.247\ 2+400\times5.018\ 8}{5.018\ 8} = 863.43(元)$$

由于更新设备的年金成本863.43元小于继续使用旧设备的年金成本935.70元，因此

企业应该更新使用新设备。

四、资本限额决策

资本限额是指企业在某一特定时期内的资本支出总量必须在预算约束之内，不能超过预算上限，因此不能投资于所有具备财务可行性的项目。

资本限额情况下，项目比选的基本思想是：在资本限额允许的范围内寻找"令人满意的"或"足够好"的投资组合项目，即选择净现值最大的投资组合。资本限额下投资项目选择的方法有项目组合法、线性规划法等，本书介绍项目组合法。

项目组合法是将所有待选项目组合成相互排斥的项目组，并依次找出满足约束条件的一个最好项目组，它的基本步骤为：

（1）将所有项目组合成相互排斥的项目组，对于相互独立的 n 个项目，共有 2^n-1 个互斥项目组合。

（2）按初始投资从小到大的次序，把第一步得到的项目组排列起来。

（3）按资本约束大小，把凡是小于或者等于投资总额的项目取出，找出净现值合计数或者加权平均现值指数最大的项目组，即最优的项目组合。

【例6-23】锦辰公司可以投资的资本总量为 10 000 元，资本成本为 10%。现有三个可供选择的独立投资项目 A、B、C，有关数据如表6-10所示。请根据资料确定项目组合。

表6-10　锦辰公司独立投资项目资料　　　　　　　　　　　　　单位：元

项目	时间(年末)	0	1	2	现金流入现值	NPV	PVI
	折现系数(10%)	1	0.909 1	0.826 4			
A	现金流量	−10 000	9 000	5 000			
	现值	10 000	8 182	4 132	12 314	2 314	1.23
B	现金流量	−5 000	5 060	2 000			
	现值	−5 000	4 600	1 653	6 253	1 253	1.25
C	现金流量	−5 000	5 000	1 882			
	现值	−5 000	4 546	1 555	6 101	1 101	1.22

（1）该投资有相互独立的 3 个项目，因而共有 $2^n-1=7$ 个项目组合。

（2）在 7 种组合中 AB、AC、ABC 所需的投资额超出资本限额（10 000 元）规定，故 7 种组合中只有 A、B、C、BC 四种符合条件，因此资本限额决策就是在这四种中做出选择。

（3）在资本限额内优先安排现值指数高的项目，即优先安排 B，用掉 5 000 元；下一个应当是 A 项目，但是资金剩余 5 000 元，A 项目投资是 10 000 元，无法安排；接下来安排 C，全部资本使用完毕。因此，应当选择 B 和 C，放弃 A 项目。

进一步分析，如果将 10 000 元全部投入 A 项目，其净现值为 2 314，而将 10 000 投资到 B 和 C 两个项目，二者的净现值合计数为 2 354，大于单纯投入到 A 项目中，所以应选择 B 和 C。

【微课视频】项目投资决策指标和方法(下)

【即测即评】项目投资决策方法

第五节　证券投资决策

一、证券投资概述

(一)证券的概念及特征

证券是指各类记载并代表一定权利的法律凭证，用以证明证券持有人有权依其所持凭证记载的内容而取得应有的权益。证券具有以下特征。

1. 收益性

证券的收益性是指持有证券本身可以获得一定数额的收益，这是投资者转让资本所有权或使用权的回报。证券代表的是对一定数额的某种特定资产的所有权或债权，投资者持有证券也就同时拥有取得这部分资产增值收益的权利，因而证券本身具有收益性。

2. 流动性

证券的流动性是指证券变现的难易程度。证券的流动性可通过到期兑付、承兑、贴现、转让等方式实现，不同证券的流动性是不同的。

3. 风险性

证券的风险性是指实际收益与预期收益的背离，即收益的不确定性。从整体上说，证券的风险与其收益正相关。通常情况下，风险越大的证券，投资者要求的预期收益越高；风险越小的证券，预期收益越低。证券资产是一种虚拟资产，受到公司风险和市场风险的双重影响，不仅发行证券资产的公司业绩影响着证券投资的报酬率，资本市场的平均报酬率变化也会给证券投资带来直接的市场风险。

4. 期限性

债券一般有明确的还本付息期限，以满足不同筹资者和投资者对融资期限以及与此相关的收益率的需求。债券的期限具有法律约束力，是对融资双方权益的保护。股票没有期限，可以视为无期证券。

(二)证券投资的目的

证券投资是指企业为获取利息、股息等投资收益或出于特定经营目的而买卖有价证券的一种投资行为。

不同企业进行证券投资的目的各有不同，但总的来说有以下几个方面。

1. 充分利用闲置资金，获取投资收益

企业正常经营过程中有时会有一些暂时多余的资金闲置，为了充分有效地利用这些资金，可购入一些有价证券，在价位较高时抛售，以获取较高的投资收益。

2. 为控制相关企业，增强企业竞争能力

企业有时从经营战略上考虑需要控制某些相关企业，可通过大量购买该企业股票的方式取得对被投资企业的控制权，以增强企业的竞争能力。

3. 分散资金投向，降低投资风险

投资分散化，即将资金投资于多个相关程度较低的项目，实行多元化经营，能有效地分散投资风险。当某个项目经营不景气而利润下降甚至导致亏损时，其他项目可能会获取较高的收益。与对内投资相比，对外证券投资不受地域、经营范围的限制，投资选择非常广，投资资金的退出和收回也比较容易，是多元化投资的主要方式。

4. 提高资产的流动性，满足季节性经营对现金的需求

资产流动性强弱是影响企业财务安全性的主要因素。除现金等货币资产外，有价证券投资是企业流动性最强的资产，是企业速动资产的主要构成部分。企业经营过程中在某些月份资金有余，而有些月份则会出现短缺，可在资金剩余时购入有价证券，资金短缺时则售出，从而保证企业的现金需求得到满足。

5. 其他目的

企业投资于证券，有时是出于其他目的，比如，企业可能会为了履行某种义务而购买政府发行的债券，或表示对某些非营利性机构的友好与支持，购买其发行的债券。

(三)证券投资的风险

证券投资风险是指投资者在证券投资过程中遭受损失或达不到预期收益率的可能性。从风险与收益的关系来看，证券投资风险可分为系统性风险和非系统性风险两类。

1. 系统性风险

系统性风险又称为市场风险，是指由于外部环境因素变化引起整个资本市场不确定性加大，从而对所有证券都产生影响的共同性风险。系统性风险影响到资本市场的所有证券，无法通过投资多元化的组合而予以消除。系统性风险的构成主要包括以下四类。

(1)宏观经济风险。

由于我国宏观经济形势的变化以及周边国家、地区宏观经济环境和周边证券市场的变化，可能会引起国内证券市场的波动，使投资者存在亏损的可能，投资者将不得不承担由此造成的损失。

(2)政策风险。

有关证券市场的法律法规及相关政策、规则发生变化，可能引起证券市场价格波动，使投资者存在亏损的可能，投资者将不得不承担由此造成的损失。政府的经济政策和管理措施可能会造成证券收益的损失，这在新兴股市表现得尤为突出。经济、产业政策的变化、税率的改变，可以影响到公司利润、债券收益的变化；证券交易政策的变化，可以直接影响到证券的价格。因此，每一项经济政策、法规出台或调整，对证券市场都会有一定的影响，从而引起市场整体的波动。

(3)利率风险。

流入证券市场的资金，在收益率方面往往有一定的标准和预期。一般而言，资金是有成本的，同期银行利率往往是参照标的。当利率提升时，在证券市场中寻求回报的资金要

求获得高过银行利率的收益率水平，如果难以达到，资金将会流出，转向收益率更高的领域。这种反向变动的趋势在债券市场上尤为突出。

(4)购买力风险。

在现实生活中，由于物价的上涨，同样金额的资金未必能买到过去同样的商品。这种物价的变化导致了资金实际购买力的不确定性，称为购买力风险，或通货膨胀风险。在证券市场上，由于投资证券的回报是以货币的形式来支付的，在通货膨胀时期，货币的购买力下降，也就是投资的实际收益下降，将给投资者带来损失的可能。

2. 非系统性风险

非系统性风险是指由于特定经营环境或特定事件变化引起的不确定性，从而对个别证券资产产生影响的特有性风险。非系统性风险源于每个公司自身特有的营业活动和财务活动，与某个具体的证券资产相关联，同整个证券资产市场无关。这种风险主要影响某一种证券，投资者可以通过分散投资的方法来抵消该种风险，也称为可分散风险。非系统风险主要包括以下几类。

(1)违约风险。

违约风险是指证券资产发行者无法按时兑付证券资产利息和偿还本金的可能性。有价证券资产本身就是一种契约性权利资产，经济合同的任何一方违约都会给另一方造成损失。

(2)经营风险。

由于上市公司所处行业整体经营形势的变化、上市公司经营管理等方面的因素，如经营决策重大失误、高级管理人员变更、重大诉讼等都可能引起该公司证券价格的波动。由于上市公司经营不善会导致该公司被停牌、摘牌，这些都使投资者存在亏损的可能。

(3)道德风险。

道德风险主要指上市公司管理者的败德行为。上市公司的股东和管理者是一种委托—代理关系。由于管理者和股东追求的目标不同，尤其在双方信息不对称的情况下，管理者的行为可能会造成对股东利益的损害。

(4)财务风险。

财务风险是指公司因筹措资金而产生的风险，即公司可能丧失偿债能力的风险。公司财务结构的不合理，往往会给公司造成财务风险。

二、债券投资

(一)债券投资的特点

债券投资是企业通过在证券市场上购买各种债券(国债、金融债券、公司债券)进行的投资。与股票投资相比，债券投资的主要特点有以下几方面。

1. 债券投资是债权性投资

债券体现债权债务关系，债务持有人作为发行公司的债权人，定期获得利息并在到期获得本金，但无权参与发行公司的经营管理；股票体现所有权关系，其持有人作为公司股东有权参与公司的经营管理。

2. 债券投资风险较小

债券规定了还本付息日，在企业破产时，对企业剩余资产的索取权位于股东之前。因

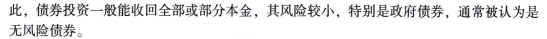

此，债券投资一般能收回全部或部分本金，其风险较小，特别是政府债券，通常被认为是无风险债券。

3. 债券投资收益较稳定

债券投资的收益包括按票面利率和票面价值计算的利息和债券转让的价差，前者一般是固定的，与企业绩效没有直接联系，后者的市场波动也较小，因此，债券投资回报比较稳定。

4. 债券投资流动性较强

债券规定了期限，在到期日前一般不得兑付，但如果债务人信誉高（如政府债券），或者市场较为发达，则债券持有者能将债券迅速变现，也可将其抵押给银行等金融机构申请贷款。

（二）债券投资的风险

一般而言，债券投资的主要风险有系统性风险（如利率风险、购买力风险）和非系统性风险（如违约风险、流动性风险、期限风险）。

1. 系统性风险

（1）利率风险。

由于市场利率的变动而引起债券价格波动，使投资人遭受损失的风险叫利率风险。一般而言，市场利率下降，则债券价格上升；市场利率上升，则债券价格下跌。不同期限的债券，利率风险不一样，期限越长则利率风险越大。

（2）购买力风险。

由于通货膨胀而使债券到期或出售时所获得的货币资金的购买力降低的风险称为购买力风险。在通货膨胀时期，购买力风险对投资者有重要影响。一般而言，随着通货膨胀的发生，变动收益证券比固定收益证券要好。因此，公司债券和其他有固定收入的证券被认为比普通股票有更大的购买力风险。

2. 非系统性风险

（1）违约风险。

债券发行人无法按期支付利息或偿还本金的风险称为违约风险。一般而言，政府债券违约风险小，金融债券次之，公司债券的风险较大。

造成公司债券违约的原因，有以下几个方面：一是政治经济形势发生重大变动；二是发生自然灾害，如水灾、火灾；三是企业经营管理不善、成本高、浪费大；四是企业在市场竞争中失败，主要顾客流失；五是企业财务管理失误，不能及时清偿到期债务。

（2）流动性风险。

投资人想出售有价证券获取现金而不能立即出售的风险叫流动性风险。如果一种资产能在较短期内按市价大量出售，这种资产是流动性较高的资产，流动性风险较小；反之，如果一种资产不能在短时间内按市价大量出售，则属于流动性较低的资产，这种资产的流动性风险较大。例如，购买小公司的债券，想立即出售比较困难，因而流动性风险较大；但若购买国库券，几乎可以立即出售，流动性风险较小。

（三）债券投资的优缺点

1. 债券投资的优点

（1）本金安全性高。

与股票相比，债券投资风险比较小。政府发行的债券由国家信用做后盾，其本金的安全性非常高，通常视为无风险证券。企业债券的持有者有优先求偿权，即当企业破产时，优先于股东分得企业剩余财产，因此其本金损失的可能性小。

（2）收入稳定性强。

债券票面一般都标有固定利息率，债券的发行人有按时支付利息的法律义务。因此在正常情况下，投资于债券都能获得比较稳定的收入。

（3）市场流动性好。

许多债券都具有较好的流动性。政府及大企业发行的债券一般都可以在金融市场上迅速出售，流动性很好。

2. 债券投资的缺点

（1）购买力风险较大。

债券的面值和利息率在发行时就已确定，如果投资期间的通货膨胀率比较高，则本金和利息的购买力将不同程度地受到侵蚀，在通货膨胀率非常高时，投资者虽然名义上有收益，但实际上有损失。

（2）没有经营管理权。

投资于债券只是获得收益的一种手段，无权对债券发行单位施以影响和控制。

三、股票投资

（一）股票投资的特点

股票投资相对于债券投资而言，具有以下特点。

1. 股票投资是股权性投资

股票体现所有权关系，其持有人作为公司股东，有权参与公司的经营管理。债券体现债权债务关系，债券持有人作为发行公司的债权人，无权参与公司的经营管理。

2. 股票投资具有非返还性

股票是一种无期限的有价证券。投资者购入股票后，不能要求发行公司退还其投资入股的本金，只能在股票市场上交易实现其变现。

3. 股票投资收益较高但不稳定

股票持有者有权按公司章程从公司领取股息和红利，获取投资收益。其收益大小取决于公司的盈利水平，一般情况下要高于银行储蓄的利息收入，也高于债券的利息收入。股票持有者还可以获得转让的价差收益和实现货币保值。但是，由于股票投资与企业绩效有直接联系，市价波动风险比较大，因此其收益的稳定性较差。

4. 股票投资的流动性较强

流动性是股票的基本特征之一。股票投资有较完善的交易市场，持有股票类似持有货币，随时可以在二级市场变现。股票的流动性促进了社会资金的有效利用和资金的合理配置。

5. 股票投资风险较大

股票投资的风险性表现在其收益是很不确定的。它随公司的经营状况和盈利水平而波动，也受到股票市场行情的影响。公司经营得好，股票持有者获得的股息和红利就多；否则，能分得的盈利就会减少，甚至无利可分，这样股票市场价格就会下跌，股票持有者也会因股票贬值而遭受损失。此外，如果公司破产，则财产要首先清偿所欠债务，剩余财产才能分配给股东，往往无法偿还本金，甚至可能一无所有。由此可见，股票投资的风险是比较大的。

(二)股票投资的优缺点

1. 股票投资的优点

股票投资是一种具有挑战性的投资，其收益和风险都比较高，股票投资的优点主要有：

(1)投资收益高。

普通股票的价格虽然变动频繁，但从长期看，优质股票的价格总是上涨的居多，只要选择得当，都能取得优厚的投资收益。

(2)购买力风险低。

普通股的股利不固定，在通货膨胀率比较高时，由于物价普遍上涨，股份公司盈利增加，股利的支付也随之增加。因此，与固定收益证券相比，普通股能有效地降低购买力风险。

(3)拥有经营控制权。

普通股股东属于股份公司所有者，有权监督和控制企业的生产经营状况，因此，欲控制一家企业，最好是收购这家企业的股票。

2. 股票投资的缺点

股票投资的缺点主要是风险大，这是因为：

(1)索偿权居后。

普通股对企业资产和盈利的索偿权均居于最后。企业破产时，股东原来的投资可能得不到全额补偿，甚至一无所有。

(2)价格的波动。

普通股的价格受众多因素影响，很不稳定。政治因素、经济因素、投资人心理因素、企业的盈利状况、风险情况都会影响股票价格，这也使得股票价格具有较大的波动性。

(3)收益的不确定。

普通股股利的多少，视企业经营状况和财务状况而定，其有无、多寡均无法律上的保证，其收入的风险也远远大于固定收益证券。

四、基金投资

(一)基金投资的特点

基金投资在美国称为共同基金，在英国称为信托单位，它是一种利益共享、风险共担的集合证券投资方式，由基金发起人发行收益证券形式，汇集一定数量的具有共同投资目的的投资者的资金，委托由投资专家组成的专门投资机构从事股票、债券等投资组合，投资者按出资的比例分享投资收益，并共同承担投资风险。

基金投资作为一种集合投资制度，它的创立和运行主要涉及四个方面：投资人、发起人、管理人和托管人。投资人是出资人，也是受益人，它可以是自然人或者法人，大的投资人往往也是发起人。发起人根据政府主管部门批准的基金章程或基金证券发行办法筹集资金而设立投资基金，将基金委托给管理人管理和经营，委托给托管人保管和进行财务核算。发起人与管理人、托管人之间的权利与义务通过信托契约来规定。

投资基金作为一种有价证券，与债券和股票投资相比具有下列特点。

1. 反映的经济关系不同

股票反映的是一种所有权关系，是一种所有权凭证，投资者购买股票后就成为公司的股东；债券反映的是债权债务关系，是一种债权凭证，投资者购买债券后就成为公司的债权人；基金反映的则是一种信托关系，是一种受益凭证，投资者购买基金份额就成为基金的受益人。

2. 所筹资金的投向不同

股票和债券是直接投资工具，筹集的资金主要投向实业领域；基金是一种间接投资工具，所筹集的资金主要投向有价证券等金融工具或产品。

3. 投资收益与风险不同

通常情况下，股票价格的波动性较大，是一种高风险、高收益的投资品种；债券可以给投资者带来较为确定的利息收入，波动性也较股票要小，是一种低风险、低收益的投资品种；基金投资于众多金融工具或产品，能有效分散风险，是一种风险相对适中、收益相对稳健的投资品种。

（二）投资基金的种类

1. 按组织形式不同，分为契约型基金和公司型基金

（1）契约型基金。

契约型基金又称为单位信托基金，是指投资者、管理人、托管人三者作为基金的当事人，通过签订基金契约的形式发行受益凭证而设立的一种基金。它是基于契约原理而组织起来的代理投资行为，没有基金章程，也没有公司董事会，而是通过基金企业来规范三方当事人的行为。基金管理人负责基金的管理操作。基金托管人作为基金资产的名义持有人，负责基金资产的保管和处置，对基金管理人的运作实行监督。

（2）公司型基金。

公司型基金是按照公司法以公司形态组成的，它以发行股份的方式筹集资金，一般投资者购买该公司的股份即为认购基金，也就成为该公司的股东，享有管理权、收益分配权和剩余财产求索权。基金公司设有董事会，代表投资者的利益行使职权。公司型基金在形式上类似于一般股份公司，不同之处在于，它委托基金管理公司作为专业的财务顾问或管理公司，来经营与管理基金资产。

2. 按照运作方式不同，分为封闭式基金和开放式基金

（1）封闭式基金。

封闭式基金是指基金的发起人在设立基金时，限定了基金单位的发行总额，筹集到这个总额后，基金即宣告成立，并进行封闭，在一定时期内不再接受新的投资。基金单位的流通采取在交易所上市的办法，通过二级市场来进行竞价交易。

（2）开放式基金。

开放式基金是指基金发起人在设立基金时，基金单位的总数是不固定的，可视经营策略和发展需要追加发行。投资者也可以根据市场状况和各自的投资决策，或者要求发行机构按限期净资产值扣除手续费后赎回股份或收益凭证，或者再买入股份或收益凭证，增加基金单位份额的持有比例。

3. 按照投资对象不同，分为国债基金、股票基金、货币市场基金等

（1）国债基金。

国债基金是一种以国债为主要投资对象的证券投资基金。由于国债的年利率固定，因而这类基金的风险较低，适合于稳健型投资者。

（2）股票基金。

股票基金是指以上市股票为主要投资对象的证券投资基金。股票基金的投资目标侧重于追求资本利得和长期资本增值。基金管理人拟定投资组合，将资金投放到一个或几个国家，甚至全球的股票市场，以达到分散投资、降低风险的目的。

（3）货币市场基金。

货币市场基金是以货币市场工具为投资对象的一种基金，其投资对象期限在1年以内，包括银行短期存款、国库券、公司债券、银行承兑票据及商业票据等货币市场工具。货币市场基金的优点是资本安全性高、购买限额低、流动性强、收益较高、管理费用低，有些还不收取赎回费用。因此，货币市场基金通常被认为是低风险的投资工具。

（4）衍生证券投资基金。

衍生证券投资基金是以期权、期货等衍生证券为投资对象的证券投资基金。这种基金的风险较大，因为衍生证券一般是高风险的投资品种。

4. 根据投资目标不同，分为成长型基金、收入型基金和平衡型基金

（1）成长型基金。

成长型基金是以追求资本增值为基本目标，较少考虑当期收入的基金，主要以具有良好增长潜力的股票为投资对象。成长型基金是基金中最常见的一种，该类基金追求资产的长期增值。为了达到这一目标，基金管理人通常将基金资产投资于信誉度较高的、有长期成长前景或长期盈余的公司的股票。

（2）收入型基金。

收入型基金是指以追求平稳的经常性收入为基本目标的基金，该类型基金主要以大盘蓝筹股、公司债券、政府债券等高收益证券为投资对象。收入型基金主要投资于可带来现金收入的有价证券，以获取当期的最大收入为目的。收入型基金资产成长的潜力较小，损失本金的风险相对也较低，一般可分为固定收入型基金和权益收入型基金。

（3）平衡型基金。

平衡型基金则是既注重资本增值又注重当期收入的一类基金。

一般而言，成长型基金的风险大，收益高；收入型基金的风险小，收益也较低；平衡型基金的风险和收益介于成长型基金与收益型基金之间。

5. 按募集对象不同，分为公募基金和私募基金

（1）公募基金。

公募基金是指受我国政府主管部门监管的，向不特定投资者公开发行受益凭证的证券投资基金。例如，目前国内证券市场上的封闭式基金属于公募基金。

（2）私募基金。

私募基金是指非公开宣传的，私下向特定投资者募集资金进行的一种集合投资。

（三）投资基金的估价和收益率

1. 投资基金的估价

基金投资的估价是对基金的内在价值进行评估，有利于反映基金的经营业绩，有利于投资者对基金投资做出正确决定，它涉及三个基本概念：基金价值、基金单位净值、基金报价。

对投资基金进行财务评估的目的是衡量其经营业绩，以便在不同基金之间进行选择，评价所依据的信息来源主要是公开的基金财务报告信息。

（1）基金价值。

基金也是一种证券，与其他证券一样，其内在价值也是指在基金投资上所能带来的现金净流量，但基金内在价值的确定依据与股票、债券有很大的不同。

债券的价值取决于债券投资所带来的利息收入和所收回的本金，股票的价值取决于股份公司净利润的稳定性和增长性。这些利息或股利都是未来收取，也就是说，未来的而不是现在的现金流量决定着债券和股票的内在价值。

而基金的未来收益是不可预测的。投资基金不断变换投资组合对象，再加上资本利得是基金收益的主要来源，变幻莫测的证券价格波动，使得基金未来收益的预测不太现实。既然未来不可预测，投资者能够把握的就是"现在"。因此，基金的价值取决于目前能给投资者带来的现金流量，这种目前的现金流量，就是基金净资产的现有市场价值。

（2）基金单位净值。

基金单位净值也称为单位净资产，基金的价值取决于基金净资产的现在价值。因此基金单位净值是评价基金业绩最基本和最直观的指标，也是开放式基金申购价格、赎回价格以及封闭式基金上市交易价格确定的重要依据。

基金单位净值是在某一时点每一基金单位所具有的市场价值，其计算公式为：

$$\text{基金单位净值} = \frac{（总资产-总负债）}{\text{基金单位总份额}} = \frac{\text{基金净资产价值总额}}{\text{基金单位总份额}}$$

其中，总资产是指基金拥有的所有资产（包括股票、债券、银行存款和其他有价证券等）按照公允价格计算的资产总额。

总负债是指基金运作及融资时所形成的负债，包括应付给他人的各项费用、应付资金利息等。

基金单位总份额是指当时发行在外的基金单位的总量。

注意：这里基金总资产的价值并不是指资产总额的账面价值，而是指资产总额的市场价值。

基金估值是计算基金单位净值的关键。基金往往分散投资于证券市场的各种投资工具,如股票、债券等,由于这些资产的市场价格是不断变动的,因此,只有每日对基金单位净值重新计算,才能及时反映基金的投资价值。基金资产的估值原则:

①上市股票和债券按照计算日的收市价计算,该日无交易的,按照最近一个交易日的收市价计算。

②未上市的股票以其成本价计算。

③未上市国债及未到期定期存款,以本金加计至估值日的应计利息额计算。

④如遇特殊情况而无法或不宜以上述规定确定资产价值时,基金管理人依照国家有关规定办理。

(3)基金报价。

理论上说,基金的价值决定了基金的交易价格,即基金的交易价格是以基金单位净值为基础的,基金单位净值越高,其交易价格也越高。封闭型基金在二级市场上竞价交易,其交易价格由供求关系和基金业绩决定,围绕基金单位净值上下波动。开放式基金的柜台交易价格则完全以基金单位净值为基础,通常采用两种报价形式:认购价(卖出价)和赎回价(买入价)。

$$基金认购价(卖出价)= 基金单位净值+首次认购费$$
$$基金赎回价(买入价)= 基金单位净值-基金赎回费$$

基金认购价是基金公司的卖出价,首次认购费是支付给基金公司的发行佣金。基金赎回价是基金公司的买入价,赎回时一般要收取赎回费,并以此提高赎回成本,防止投资者的赎回,保持基金资产的稳定性。

封闭式基金二级市场上的交易价格与股票和债券的市场价格一样,受基金公司经营业绩及市场供求关系变化的影响。

2. 基金收益率

基金收益率用以反映基金增值的情况,一般通过基金净资产的价值变化来衡量。通常以年增值率来表示。其公式为:

$$基金收益率=\frac{年末基金单位净值×基金持有份额-年初基金单位净值×基金持有份额}{年初基金单位净值×基金持有份额}×100\%$$

如果年末和年初基金持有份额数相同,基金收益率就简化为基金单位净值在年内的变化幅度。

(四)基金投资的优缺点

1. 基金投资的优点

(1)专业化优势。

基金管理公司配备的投资专家,一般都具有深厚的投资分析理论功底和丰富的实践经验,用科学的方法进行组合投资,规避风险。同时投资基金的管理人一般拥有专业投资研究人员对证券市场实行动态跟踪与分析,使普通投资者也能够享受到专业化的投资管理服务,从而降低投资风险、提高投资收益。

(2)集合投资的优势。

和资金有限的单个投资者相比,基金有利于发挥资金的规模优势,以降低投资成本,使中小投资者也能够享受到与机构投资者类似的规模效益。

（3）组合投资、分散风险。

基金通过汇集众多中小投资者的资金，形成雄厚的实力，可以同时分散投资于股票、债券、现金等多种金融产品，分散了对个股集中投资的风险。

（4）严格监管与透明性。

为切实保护投资者的利益，增强投资者对基金投资的信心，各国基金监管部门都对基金业实行严格的监管，对各种有损投资者利益的行为进行严厉的打击，并强制基金进行较为充分的信息披露。

（5）独立托管，保障安全。

证券投资基金的管理人只负责基金的投资操作，本身并不经手基金财产的保管，基金财产的保管由独立于基金管理人的基金托管人负责，这种相互制约、相互监督的制衡机制对投资者的利益提供了重要的保护。

2. 基金投资的缺点

（1）无法获得很高的投资收益。根据风险报酬对等原则，投资基金在投资组合过程中，在降低风险的同时，也丧失了获得巨大收益的机会。

（2）在大盘整体大幅度下跌的情况下，进行基金投资也可能会损失较多，投资人将承担较大风险。

五、期权投资

（一）期权合约的概念和特点

1. 期权合约的概念

期权合约，又称选择权合约，是指合约持有人可以选择在某一特定时期或该日期之前的任何时间以约定价格买入或者卖出标的资产的合约。期权合约购买方既可以选择行权也可以选择不行权。该合约允许买方从市场的变动中受益，但市场朝反方向变动时也不会遭受损失，即期权的买方和卖方获利与损失的机会并不均等，期权的买方通过支付期权合约的购买费用获得了一项仅有权利而没有义务的合约，买方与卖方进行的是零和博弈，两者盈亏正好相反。

2. 期权合约的特点

（1）权利与义务不对等。期权的买方享有权利但不承担相应的义务，而卖方则有义务但不一定享有相应的权利。

（2）收益和风险不对等。当期权合约中标的资产的市场价格向有利于期权买方变动时，买方可能获得巨大收益；而当市场价格向不利于买方变动时，买方可以放弃行权，其最大损失等于所支付的期权费用。

（3）独特的非线性损益结构。期权交易的损益并不随标的资产的价格变化呈线性变化，而是呈现出一种非线性的关系。

（4）双向交易且交易策略多样。期权不仅为投资者提供了双向交易选择，而且交易策略多样，针对标的资产价格上涨、下跌与盘整行情均有对应策略可交易。

（5）具有杠杆功能。期权的杠杆效应是因为期权合约的价格变动的百分比相对于标的资产价格的变动的百分比而言具有非常明显的放大作用，但这也意味着在放大收益的同时也会放大亏损。

（二）期权合约的基本构成要素

1. 标的物

期权合约的标的物是指合约约定的基础资产，可以是股票、股票指数、商品、货币等金融资产或衍生品。标的物决定了期权合约的价值和交易对象。

2. 行权价格

行权价格是买方在到期日可以买入或卖出标的物的价格，也称为执行价格或约定价格。行权价格是期权合约中预先约定的价格，买方在到期日时可以根据市场情况选择是否行使期权。

3. 到期日

期权到期日是期权合约有效的截止日期，也称为到期时间。到期日是买方行使期权的最后期限，卖方在此之前必须履行合约的交割义务。到期日过后，期权合约将自动失效。

4. 期权费用

期权费用是买方在购买期权合约时支付给卖方的费用，也称为期权的权利金。期权费用的数额由市场供需和期权合约的特性决定。期权费用对于买方而言是该项投资的成本，对于卖方而言，则是一项回报。

（三）期权合约的分类

1. 按照期权执行时间的不同，分为欧式期权和美式期权。

欧式期权指买方仅能在到期日执行期权，不可推迟或提前，欧式期权的卖方有权拒绝提前执行合约，如果推迟执行则合约作废。美式期权允许买方在期权到期前的任何时间执行期权合约，包括到期日当天，但如果超过到期日则同样作废。由于美式期权的行权更加自由，因此在同样条件下，美式期权的费用一般也比欧式期权高。

2. 按照期权买方权利的不同，分为看涨期权与看跌期权。

看涨期权也称为买入期权，看涨期权赋予了期权买方在到期日或到期日之前，以固定价格购买标的资产的权利。期权买方购进这种买进期权，是因为他对标的物的价格看涨，将来可获利。看跌期权也称为卖出期权，看跌期权赋予了期权买方在到期日或到期日之前，以固定价格卖出标的资产的权利。如果未来标的资产的市场价格下跌至低于期权约定的价格（执行价格），看跌期权的买方就可以以执行价格（高于当时市场价格）卖出标的资产而获利。

（四）期权到期日价值与净损益的计算

看涨期权或看跌期权赋予了期权买方在到期日或到期日之前以固定价格买入或卖出标的资产的权利，期权卖方在获得期权费用后则需依据合约内容履行相应义务。市场上的投资者既可能成为期权买方，也可能是期权卖方。对于投资者来说，其目的是通过买卖期权对冲投资风险，提升投资收益，因此评估期权的价值尤为重要。期权买卖双方约定的固定价格又称为执行价格或协议价格。期权到期日价值取决于标的资产到期日的市场价格与期权合约约定的执行价格。其中执行价格在买卖期权合约时相当于已知条件，但标的资产到期日的市场价格对于投资者而言并不确定。因此投资者需要结合自身对资产未来价格的预期，审慎进行期权买卖决策。

期权的到期日价值是到期时期权行权取得的净收入，如未行权，则该值为零。期权净损益则指在到期日价值基础上考虑期权费用后的损益值。为简化分析，在此假设，以下提及的期权均未提前执行，即持有至到期，并忽略其他各项交易成本。

1. 买入和卖出看涨期权合约

投资者买入看涨期权，即投资者预测在期权到期日时，标的资产市场价格 A_m 将高于执行价格 X，此时投资者拥有低价购入该项资产的权利，有助于规避标的资产价格上涨的风险。

如果到期日 A_m 大于 X 时，投资者将选择行权，本需要 A_m 价格购入的资产，现仅需 X 即可购入。此时看涨期权到期日价值为资产市场价格 A_m 减去期权执行价格 X。如果到期日 A_m 小于 X，即不符合投资者对于资产价格走势的预测，行权不能提升获利空间，投资者将放弃行权，此时该看涨期权到期日价值为零。可以看到，买入看涨期权到期日价值是"A_m-X"与"0"中的较大值。投资者买入看涨期权时，向期权卖方支付了期权费用。对于买入方而言，该项期权净损益等于从到期日价值中扣减期权费用。买入看涨期权的投资者净损失最多为期权费用，而净收益则没有上限，取决于到期日资产市场价格高出执行价格的程度。其到期日价值和净损益如表 6-11 所示。

表 6-11　买入看涨期权合约的到期日价值和净损益

项目	计算公式
期权到期日价值（V）	$V=\max(A_m-X,\ 0)$ 当 $A_m>X$ 时，期权买方将选择行权，期权到期价值为 A_m-X 当 $A_m<X$ 时，期权买方不会行权，期权到期价值为 0
期权净损益（P）	$P=V-$期权费用 买入看涨期权方的净损失最大为期权费用，净收益则没有上限

卖出看涨期权的投资者主要通过赚取期权费用获益，这些投资者预期看涨期权的买方不会行权，即预期 A_m 将低于执行价格 X。如果到期日 A_m 大于 X，期权买方将选择行权，作为期权卖出方则需要按照约定的执行价格，向期权买方出售资产，即市场价格为 A_m 的资产仅能以价格 X 卖出。此时对于卖出看涨期权的投资者而言，期权到期日价值为"$-(A_m-X)$"。如果到期日 A_m 低于 X，看涨期权买方不会行权，则期权卖方无须按照执行价格向期权买方出售资产，此时期权到期日价值为零。可以看到，卖出看涨期权到期日价值是"A_m-X"与"0"中较大值的相反数。

投资者卖出看涨期权时向买方收取了期权费用，对于卖出期权方而言，该项期权净损益等于到期日价值加上期权费用。卖出看涨期权的投资者净收益最多为期权费用，而净损失则没有下限，取决于到期日资产市场价格高出执行价格的程度。看涨期权卖方与买方为零和博弈，买方获取的收益即为卖方的损失。卖方到期日价值和净损益如表 6-12 所示。

表 6-12　卖出看涨期权合约的到期日价值和净损益

项目	计算公式
期权到期日价值(V)	$V=-\max(A_m-X,\ 0)$ 当 $A_m>X$ 时，期权买方将选择行权，期权到期价值为 $-(A_m-X)$ 当 $A_m<X$ 时，期权买方不会行权，对于卖方而言，期权到期价值为 0
期权净损益(P)	$P=V+$期权费用 卖出看涨期权方的净损失没有下限，净收益最大为期权费用

2. 买入和卖出看跌期权合约

投资者买入看跌期权，即投资者预测在期权到期日时，标的资产市场价格 A_m 将低于执行价格 X，此时投资者拥有高价出售标的资产的权利，有助于规避标的资产价格下跌的风险。当到期日市场价格 A_m 小于执行价格 X 时，投资者将选择行权，仅能以价格 A_m 卖出的资产，可以卖到价格 X。此时看跌期权到期日价值即为期权执行价格 X 减去资产市场价格 A_m。当到期日 A_m 大于 X 时，即不符合投资者对于资产价格走势的预测，行权不会提升获利空间，投资者将放弃行权，此时该看跌期权到期日价值为零。可以看到，买入看跌期权到期日价值是"$X-A_m$"与"0"中的较大值。

投资者买入看跌期权时，向卖出方支付了期权费用。对于买入方而言，该项期权净损益等于从到期日价值中扣减期权费用。买入看跌期权的投资者净损失最大为期权费用，净收益最大为执行价格减去期权费用，即到期日标的资产市场价格为零时。其到期日价值和净损益如表 6-13 所示。

表 6-13　买入看跌期权合约的到期日价值和净损益

项目	计算公式
期权到期日价值(V)	$V=\max(X-A_m,\ 0)$ 当 $A_m<X$ 时，期权买方将选择行权，期权到期价值为 $X-A_m$ 当 $A_m>X$ 时，期权买方不会行权，期权到期价值为 0
期权净损益(P)	$P=V-$期权费用 买入看跌期权方的净损失最大为期权费用，净收益上限为 $X-$期权费用，即标的资产的市场价格降至 0

卖出看跌期权的投资者主要通过赚取期权费用获益，预期看跌期权的买方不会行权，即预期到期日市场价格 A_m 将高于执行价格 X。如果到期日 A_m 小于 X，期权买方将选择行权，作为期权卖出方则需要按照约定的执行价格 X，从期权买方购入资产，即市场价格为 A_m 的资产需要以较高价格 X 买入。此时，对于卖出看跌期权的投资者而言，期权到期日价值为"$-(X-A_m)$"。如果到期日 A_m 大于 X，看涨期权买方不会行权，则期权卖方无须按照执行价格向期权买方购入资产，此时期权到期日价值为零。可以看到，卖出看跌期权到期日价值是"$X-A_m$"与"0"中较大值的相反数。投资者卖出看跌期权时向买方收取了期权费用，对于卖出期权方而言，该项期权净损益等于到期日价值加上期权费用。卖出看跌期权的投资者净收益最多为期权费用，净损失最大为执行价格减去期权费用，即到期日标的资产市场价格为零时。看跌期权卖方与买方为零和博弈，买方获取的收益即为卖方的损失。卖方到期日价值和净损益如表 6-14 所示。

表6-14　卖出看跌期权合约的到期日价值和净损益

项目	计算公式
期权到期日价值（V）	$V=-\max(X-A_m,\ 0)$ 当 $A_m<X$ 时，期权买方将选择行权，对于卖方而言，期权到期价值为$-(X-A_m)$ 当 $A_m>X$ 时，期权买方不会行权，对于卖方而言，期权到期价值为0
期权净损益（P）	$P=V+$期权费用 卖出看跌期权方的净收益最大为期权费用，净损失最大为 $X-$期权费用，即标的资产市场价格 A_m 降至0

【例6-24】某期权交易所在2024年2月2日给出了一份期权报价，标的资产为1股锦辰公司的股票，该期权的到期日为5月2日，期权合约规定的标的股票执行价格为每股25元，一份看涨期权价格为3元，一份看跌期权价格为6.8元。该股票在期权到期日时的市场价格为每股40元。

（1）如果甲买入看涨期权，每份期权到期日价值和净损益为多少？

甲购买了看涨期权，到期日市场价格高于执行价格，因此甲会选择行权，这样可以以25元的价格买入市价为40元的股票。此时：

期权到期日价值＝40－25＝15（元）

期权净收益＝15－3＝12（元）

（2）如果甲卖出看涨期权，每份期权到期日价值和净损益为多少？

甲卖出看涨期权，到期日市场价格高于执行价格，期权买方将选择行权，甲需要以25元的价格将市价为40元的股票出售给期权买方。此时，每份期权到期日价值为－15元，期权净损失为12元。

（3）如果甲买入看跌期权，每份期权到期日价值和净损益为多少？

甲购买了看跌期权，到期日市场价格高于执行价格，甲将选择放弃行权。此时，每份期权到期日价值为0元，期权净损失为6.8元。

（4）如果甲卖出看跌期权，每份期权到期日价值和净损益为多少？

当甲卖出看跌期权时，由于到期日市场价格高于执行价格，看跌期权的买方不会行权，对于卖方甲而言，每份期权到期日价值为0元，期权净收益为赚得的期权费用6.8元。

（五）期权投资的优缺点

1. 期权投资的优点

（1）权利与义务分离。期权的持有者有权但无义务在未来特定时间以特定价格购买或卖出标的资产。这种权利与义务的分离为投资者提供了灵活性和选择权，可以根据市场情况和自身需求灵活应对。

（2）具有杠杆效应。期权交易只需支付一小部分的期权费用作为保证金，就可以控制标的资产的数量。这种杠杆效应使得投资者能够通过少量的资金参与更大规模的交易，放大收益。

（3）风险控制。期权交易提供了多种策略来管理风险。例如，投资者可以通过购买看涨期权来防范市场下跌风险，或者通过同时买入看涨和看跌期权来实施组合交易策略，实现风险对冲。

(4)投资灵活性高。期权的多样性允许投资者根据市场预期和策略需求进行多种交易操作，如买入、卖出、组合、对冲等，从而灵活应对市场波动。

(5)潜在收益无限。对于看涨期权持有者来说，潜在收益是无限的，因为标的资产的价格理论上可以上涨到任意高点。

2. 期权投资的缺点

(1)价格波动风险。期权作为复杂的金融衍生产品，其价格受多种因素影响，包括标的资产价格、市场利率、剩余到期时间等。因此，期权价格可能会出现大幅波动，导致投资者面临亏损的风险。

(2)流动性风险。某些期权合约可能存在交易量小、交易不活跃的情况，这可能导致投资者在需要卖出或买入期权时无法及时以理想价格成交，从而面临流动性风险。

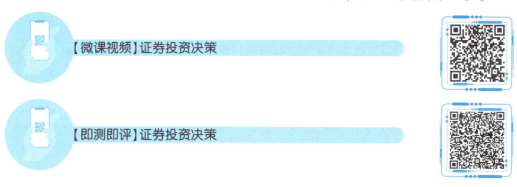

拓—思—悟

拓展阅读：

加强投资项目可行性研究，着力推动投资高质量发展

2023年3月，国家发展改革委印发投资项目可行性研究报告编写大纲及说明(发改投资规〔2023〕304号，以下简称"可研大纲")，包括《政府投资项目可行性研究报告编写通用大纲(2023年版)》(以下简称《通用大纲》)、《企业投资项目可行性研究报告编写参考大纲(2023年版)》(以下简称《参考大纲》)和《关于投资项目可行性研究报告编写大纲的说明(2023年版)》。可研大纲的颁布实施，将为扩大有效投资，促进高质量发展提供有力支撑。

可研大纲指出，企业投资项目可行性研究的主要内容是对项目产出、资源保障、建设规模、工艺路线、设备选型、资金筹措等方案进行策划，从需求、建设、运营、财务、影响及风险管控等角度进行综合研究分析，提出项目是否值得投资以及如何进行建设与运营的结论与建议。可行性研究要围绕投资项目建设必要性、方案可行性及风险可控性三大目标开展系统、专业、深入论证，重点要把握"七个维度"的研究论证内容。

项目建设必要性应重点论证需求可靠性。项目建设必要性应主要从宏观、中观和微观层面展开分析，研究项目建设的依据和理由。对于主要满足社会公共需求的投资项目，应进行社会需求研究。要通过对项目的产出品、投入品或服务的社会容量、供应结构和数量等进行分析，为确定项目的目标受益群体、建设规模和服务方案提供依据。

项目方案可行性应重点论证要素保障性、工程可行性、运营有效性、财务合理性和影响可持续性。其中，要素保障性分析应包括项目选址、土地要素保障，以及水资源、能耗、碳排放强度和污染减排指标控制要求及保障能力等。工程可行性分析应包括技术方案、设备方案、工程方案，并明确建设管理方案等。运营有效性分析应包括运营模式选择、运营组织、安全保障、绩效管理等。财务合理性分析应研究项目投资需求和融资方案，计算有关财务评价指标，评价项目财务盈利能力、偿债能力和财务持续能力。影响可持续性应重视经济社会、资源能源、生态环境等外部影响效果的评价，并注意与节能评价、环境影响评价等专项评价的结果相衔接。

项目风险可控性应重点论证风险管控方案。可行性研究应重视识别项目存在的各种潜在风险因素，并分析评价风险发生的可能性及其危害程度，提出风险管控方案和风险应急预案。重大项目还应当对社会稳定风险进行调查分析，对可能引发"邻避"问题的，应提出综合管控方案。

资料来源：节选自《加强投资项目可行性研究，着力推动投资高质量发展——〈投资项目可行性研究报告编写大纲及说明〉解读之一》。国家发展和改革委员会官方网站：https：//www.ndrc.gov.cn/xxgk/jd/jd/202304/t20230410_1353457.html.

思考： 企业如何完善投资项目的可行性分析，促进企业高质量发展？

体悟： 新发展理念、企业社会责任。

本章小结

投资是指经济主体向一定领域投放资金或实物等货币等价物以获得收益或使资金增值的经济行为。为了便于管理，可以按照不同的标准对投资进行分类。

投资项目的现金流量按流向分为现金流出量、现金流入量和现金净流量；按时间分为初始现金流量、营业现金流量和终结现金流量。项目投资决策采用现金流量而非利润作为评价经济效益的基础，是为了科学地考虑时间价值因素，使投资决策更符合客观实际情况。

项目投资决策的指标通常按是否考虑货币时间价值分为非贴现评价指标和贴现评价指标两类。前者又称静态投资指标，主要有投资利润率和静态投资回收期；后者又称动态投资指标，主要包括动态投资回收期、净现值、净现值率、现值指数、内含报酬率。

项目投资决策方法分为：独立方案投资决策、互斥方案投资决策、固定资产更新决策和资本限额决策等。

证券投资是指企业为获取利息、股息等投资收益或出于特定经营目的而买卖有价证券的投资行为，它是企业对外投资的重要组成部分。证券投资的对象包括股票投资、债券投资、基金投资和期权投资等。股票投资的风险大，预期的收益高；债券投资的风险相对较小，但收益也低；基金投资的收益和风险介于股票和债券之间。期权投资损益具有非线性特征，投资者可以通过不同期权、期权与其他投资工具的组合，构造出具有不同风险收益状况的投资组合。

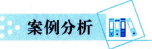

案例分析

紫光集团：兴于并购，困于债务？[①]

一、案例资料

2012年，紫光集团有限公司(以下简称"紫光集团")制定了公司的总体目标及发展战略，那就是"打造世界一流高科技企业"。在那之后，紫光集团开始了一系列金额重大且多元化的投资活动，构筑起"云—网—边—端—芯"的信息产业生态链，甚至在房地产、教育等领域也占有一席之地。

为拓展业务范围，占领行业龙头地位，从2013年开始，紫光集团开始了一路高歌猛进的"并购之旅"：2013年收购在美上市的集成电路芯片公司展讯通信，2014年入主物联网芯片公司锐迪科微电子，2015年接手惠普旗下新华三公司51%的控制权，2018年收购法国智能芯片组件制造商Linxens。此外，还合并成立紫光展锐，组建长江存储，开工武汉存储基地，控股上海宏茂微电子等。仅仅6年时间，紫光集团及下属企业先后对20多家企业发起了并购要约，投入资金超过1 000亿元。

然而，风光的背后，紫光集团债务风险不断加剧。数据显示，截至2020年6月底，集团总负债规模达到2 029.38亿元，其中流动负债为1 192.11亿元，仅短期借款和一年以内到期非流动负债两项合计就高达794.28亿元。2020年10月，紫光集团放弃赎回永续债"15紫光PPN006"，债务危机由此引爆。次年7月，由债权人向法院递交的一份破产重组申请书，将紫光集团资不抵债的问题彻底揭开。

(一)公司简介

紫光集团是清华大学旗下的高新技术公司，总部设立于中国北京市，前身为清华大学科技开发总公司，该公司创立于1988年，到今天已经有30余年的历史，主要从事计算机、集成电路、芯片等相关的技术开发工作。1993年，更名为"清华紫光总公司"，那时候正是紫光集团高速发展的时候，取得了全球IT行业的领先地位。2005年，公司进行了改制，正式变成了有限责任公司，更名为"紫光集团有限公司"。2013年开始，集团和控股公司热衷于大规模投资与并购，截至2018年，总共有500余家子公司被紫光集团纳入合并范围内。

紫光集团在创立之初，就定下了一个宏大的发展目标——成为中国的世界级高科技公司，将整个芯片产业链整合在一起，然后"从芯到云"。这正是紫光集团为什么要大举投资，甚至不惜举债进行过度投资的原因，同时也是紫光集团债务违约的根源之一。

(二)紫光集团的投资情况

2013—2020年，紫光集团的资产规模出现了爆发式的增长，从2013年年初的66.63亿元上升到了2020年6月的2 966.49亿元，其中商誉和固定资产占比很高，这样的变化与紫光集团持续几年的并购潮有关。负债规模也由2012年年底的46.47亿元增长到2020年6月的2 029.38亿元，暴涨到接近2021年年底负债规模的44倍，其中有息债务总额为

① 资料来源：参考周芮(2023)、张赛男和陈慧洁(2021)以及紫光集团历年年报及其他公开资料，由作者整理编写。

1 566.91 亿元，占了负债总额的 77.21%，这将对公司的现金流产生很大的压力。从表 6-15 可以看到，紫光集团的资产总额、无形资产、商誉、固定资产以及长期股权投资都在逐年高速增长，表明紫光集团在 2013—2020 年都在持续进行大额投资。

表 6-15　2013—2020 年 6 月紫光集团主要财务数据汇总　　　　　单位：亿元

年度	资产	无形资产	商誉	固定资产	长期股权投资	负债	营业收入	净利润
2012	66.63	—	—	—	—	46.47	22.05	—
2013	260.83	9.43	75.83	23.61	0.29	182.28	35.54	2.79
2014	489.86	9.13	77.91	24.62	0.45	316.39	123.41	6.37
2015	757.09	14.67	77.97	24.52	1.96	520.88	267.82	21.11
2016	1 669.05	80.57	324.87	83.99	3.77	986.32	446.01	20.9
2017	2 081.36	95.81	422.72	82.26	3.9	1 292.41	575.28	29.86
2018	2 772.83	143.62	543.17	196.28	24.76	2 035.81	799.54	2.61
2019	2 977.62	142.78	539.08	319.71	124.09	2 187.47	769.38	8.21
2020.6	2 966.49	133.75	521.76	356.06	136.04	2 029.38	347.46	-45.44

表 6-16 梳理了紫光集团 2013—2020 年的主要并购交易和投资活动，显而易见，紫光集团在这期间的并购和投资是很频繁的，尤其是并购交易，涉及金额动辄数十亿元。

表 6-16　2013—2020 年紫光集团主要并购交易和投资活动

年份	主要并购交易和投资活动	预计投资金额
2013	并购美国上市公司展讯通信，进军我国集成电路芯片产业	17.8 亿美元
2014	并购美国上市公司锐迪科微电子，目的是提高在集成电路产业领域的整合与协同能力	9.07 亿美元
2014	与英特尔公司联合投资，进行手机方案的合作	90 亿元
2015	与中国集成电路产业投资基金和国家开发银行战略合作，共同建设了我国集成电路行业航母	300 亿元
2015	投资上市公司银润投资 22.49% 股权	8 亿元
2015	通过银润投资收购学大教育，意欲在教育领域开始发展	23 亿元
2015	旗下子公司紫光股份收购中国网络设备及存储器、服务器巨头"新华三"的 51% 股权，实现了云计算的布局	25 亿美元
2015	旗下子公司紫光股份收购西部数据公司，成为其第一大股东	38 亿美元
2016	携手美国西部数据公司组建合资公司紫光西数，涉足大数据存储领域	—
2016	联合多方成立长江存储，并启动了武汉存储基地的建设	—
2016	投资上海宏茂微电子有限公司，并布局半导体封测产业领域	4 836 万元
2017	投资的紫光南京半导体产业基地项目开工	300 亿美元
2017	投资的紫光 IC 国际城建设项目开工	48 亿美元

续表

年份	主要并购交易和投资活动	预计投资金额
2017	注资光宝科技苏州子公司，取得55%股权，以发展包括固态硬盘在内的存储产品	5 500万美元
2018	与重庆相关部门签署战略合作入驻框架协议，投资建设紫光芯云产业城	600亿元
2018	在成都建立紫光芯云中心项目，并定位为科技企业总部办公基地	6亿元
2018	紫光云公司签约天津，双方共建公有云服务平台及软硬件设施	120亿元
2018	与东莞市人民政府签订紫光集团芯云产业城项目暨紫光集团华南区总部项目的具体落地合同	1 000亿元
2018	与上海市人民政府签署战略合作框架协议书	—
2018	收购诚泰财险33%股权，成为其第一大股东	28亿元
2018	收购法国芯片组件商立联信(Linxens)	22亿欧元
2019	与河北广电网络集团签署合作协议，启动"广电云"与"紫光云"双品牌服务项目	—
2019	与重庆市人民政府签署战略合作协议，在两江新区组建成立重庆紫光集成电路产业基金和紫光国芯集成电路股份有限公司	—
2020	与贵阳市人民政府签订了战略合作框架协议，双方合作在贵阳市建设物联网芯片、紫光云节点产业基地，并在大数据中心、数字城市、大数据人才培养等领域开展合作	—
2020	旗下子公司紫光股份有限公司与郑州市相关企业共同出资设立紫光智慧计算公司，成为其控股股东	2.55亿元
2020	与杭州市萧山区人民政府正式签订战略合作协议书，布局数字经济	50亿元

（三）紫光集团的投资历程

1. 第一阶段（2013—2017年）：收购行业知名企业

在这一阶段，紫光集团主要是以集成电路为切入点，通过收购该领域的知名企业，快速进军集成电路芯片产业，实现"从芯到云"的第一步。紫光集团抓住中国芯片发展的机遇，经过三次收购和三次结盟，在几年时间内迅速实现了其在集成电路领域的布局。其中，三次收购分别为收购美国上市公司展讯通信、美国上市公司锐迪科微电子，通过旗下子公司紫光股份获取新华三的51%股份。展讯通信让紫光集团快速进入了集成电路芯片行业；锐迪科微电子使得紫光集团开拓了物联网芯片的市场，进一步完善了在集成电路行业的整合和协同；而作为国内网络设备及存储器、服务器巨头，新华三和紫光股份联手建设了中国信息技术领导公司。而三次结盟分别是：2014年与英特尔公司完成战略合作，共同研究解决手机方案；2015年与惠普签署合作协议，成为其旗下新华三公司的控股股东；2016年与美国西部数据公司合作建立合资公司，涉足大数据存储解决方案和服务。之后，紫光集团又通过收购进军半导体等行业。

2. 第二阶段（2018—2020年）：投资自主建设及涉足多元化领域

在一系列收购之后，紫光集团进入了自主研发的加速发展阶段，随着社会对芯片行业的越来越重视，掌握核心技术成为公司成功的关键。因此，在第二阶段，紫光集团开始在全国各地和当地相关公司或部门建立战略协议，以开展自己的研发活动。同时，由于芯片行业周期长、高投入、高风险且回报慢等特征，紫光集团在短期内未能从相关投资项目中获取足够的回报，所以随着公司规模的扩大，紫光集团还开始追求多元化发展，以求能够在其他领域更快地收获短期回报。

在这个阶段，紫光集团投资活动的资金主要来源还是以债券融资为主，包括公开发行的公司债以及非公开发行的私募债。而通过相关公告可知，发行债券募集到的资金用途主要为进行债务置换、投资产业基金以及补充营运资本，其中用于债务置换的金额最大，说明紫光集团此时已经出现"借新还旧"的问题。

（四）紫光集团债务违约

经过这一系列并购之后，紫光集团的资产和负债也在快速攀升。2012年，紫光集团的总资产只有66.63亿元，总负债也只有46.47亿元。七年时间，在总资产翻番的同时，总负债也同步上涨了40多倍，超过2000亿元。据紫光集团年报披露，截至2017年年末、2018年年末、2019年年末和2020年6月末，公司合并报表资产负债率分别为62.09%、73.42%、73.46%和68.41%，负债率长期居高不下。实际上，在债务危机全面爆发之前，紫光集团就曾集中抛售股权以解燃眉之急。2020年年初，紫光集团集中抛售4家公司的股票，分别是众信旅游、文一科技、西部证券、*ST金泰，预计分别套现1.5亿元、8.84亿元、5.59亿元、2800.14万元。只是对于2000亿元债务来说，无异于杯水车薪。

2020年年底开始，紫光集团连续发生到期债务实质违约，评级机构相继下调紫光集团及相应债券评级。2021年7月，负债2000多亿元的紫光集团被债权人申请进入破产重整程序。

（五）专家观点

"他们都是高杠杆下、无焦点的多元化业务，紫光和方正这类学院系的上市公司，本该两条腿走路。一条腿是技术路径，依托学校良好的科研环境，拿出科研成果，通过企业的方式去应用和对接市场；另一条腿是并购，通过自身金融学院的实力，成立投资基金，进行学术式的投资。实际上国外的一些校园基金投资收益都不错，也就是要么做个工程师，要么做个资本家。但紫光和方正的问题在于，他们以工程师的方式在进行资本投资，他们的投资内容很多元，但是没有沉淀到高精尖领域，没有沉下心来攻克尖端技术难关，而是越来越多元化进入一些低效率领域。同时，为了多元化，他们不断地举债，从而资产越来越重。""紫光和方正这样的企业，最佳的方式是技术创业，轻资产地做研发，不要去追热点。对接产学研，一步步地发挥自身的技术特长，产学研融合的模式。"

——中南财经政法大学数字经济研究院执行院长、教授盘和林在接受《21世纪经济报道》采访时指出。

二、问题提出

1. 结合所学财务分析知识，你认为哪些财务指标体现了紫光集团的投资风险？
2. 结合所学债务筹资知识，分析紫光集团债务违约与投资活动之间的关系。
3. 结合本案例，分析企业投资芯片行业的风险以及应对措施。

同步训练

一、单项选择题

1. 已知某投资项目预计投产第一年的流动资产需用数为 100 万元，流动负债可用数为 40 万元；投产第二年的流动资产需用数为 190 万元，流动负债可用数为 100 万元。则投产第二年新增的流动资金额应为（　　）万元。

A. 150 　　　　　B. 90 　　　　　C. 60 　　　　　D. 30

2. 已知某投资项目的固定资产投资为 2 000 万元，无形资产为 200 万元。预计投产后第 3 年的总成本为 1 000 万元，同年的折旧额为 200 万元、无形资产摊销额为 40 万元，则投产后第 3 年用于计算现金净流量的经营成本为（　　）万元。

A. 1 300 　　　　B. 760 　　　　C. 700 　　　　D. 300

3. 某投资项目各年的预计现金净流量分别为：$NCF_0 = -200$ 万元，$NCF_1 = -50$ 万元，$NCF_{2\sim3} = 100$ 万元，$NCF_{4\sim11} = 250$ 万元，$NCF_{12} = 150$ 万元，则该项目包括建设期的静态投资回收期为（　　）。

A. 2.0 年 　　　　B. 2.5 年 　　　　C. 3.2 年 　　　　D. 4.0 年

4. 某公司拟进行一项固定资产投资决策，设定折现率为 10%，有四个方案可供选择。其中甲方案的净现值率为 -12%；乙方案的内部收益率为 9%；丙方案的项目计算期为 10 年，净现值为 960 万元；丁方案的项目计算期为 11 年，年等额净回收额为 136.23 万元。已知 $(P/A, 10\%, 10) = 6.1446$，最优的投资方案是（　　）。

A. 甲方案 　　　　B. 乙方案 　　　　C. 丙方案 　　　　D. 丁方案

5. 在下列方法中，不能直接用于项目计算期不相同的多个互斥方案比较决策的方法是（　　）。

A. 净现值法 　　　　　　　　　B. 方案重复法

C. 年等额净回收额法 　　　　　D. 最短计算期法

二、判断题

1. 在项目投资决策中，现金净流量是指经营期内每年现金流入量与同年现金流出量之间的差额所形成的序列指标。（　　）

2. 某单纯固定资产投资项目需固定资产投资 30 000 元，建设期为 2 年，投产后每年的现金净流量均为 10 500 元，则包括建设期的静态投资回收期为 5.05 年。（　　）

3. 对某一投资项目分别计算投资利润率与净现值，发现投资利润率小于行业基准折现率，但净现值大于零，则可以断定该方案不具备财务可行性，应拒绝。（　　）

4. 投资项目的经营成本不应包括经营期内固定资产折旧费、无形资产摊销。（　　）

5. 某投资项目的投资总额为 200 万元，达产后预计经营期内每年的利润为 24 万元，适用的企业所得税税率为 25%，则该项目的投资利润率为 14%。（　　）

三、计算分析题

1. 企业拟投资于 A 项目，需一次投入固定资产 1 000 万元，当年投产，投产时需一次性投入配套资金 200 万元（在项目报废时全额收回）。从第一年年末开始，每年取得销售收入 400 万元，付现成本 180 万元，该项目的经营期为 5 年，到期报废时收回残值 50 万元。该项目按直线法计提折旧。企业的所得税税率为 25%。企业要求的投资收益率（或资金成本率）为 10%。

要求：

（1）计算各年的现金净流量 NCF。

（2）计算该项目净现值。

2. 已知甲投资项目建设期投入全部原始投资，其累计各年税后现金净流量如表 6-17 所示。

表 6-17　甲投资项目各年税后现金净流量

时间/年	0	1	2	3	4	5	6	7	8	9	10
NCF/万元	−800	−600	−100	300	400	400	200	500	300	600	700
累计 NCF											
折现系数/%	1	0.909 1	0.826 4	0.751 3	0.683	0.620 9	0.564 5	0.513 2	0.466 5	0.424 1	0.385 5
折现的 NCF											

要求：

（1）填写表中甲项目各年累计的 NCF 和折现的 NCF。

（2）计算包括建设期的静态投资回收期。

（3）计算不包括建设期的静态投资回收期。

（4）确定项目计算期。

（5）确定项目建设期。

（6）计算甲项目的净现值。

3. 某企业准备变卖一台尚可使用 5 年的旧设备，另外购置一套新设备来更换它。旧设备账面的净值为 90 000 元，目前变价收入 80 000 元。新设备的投资额为 200 000 元，预计使用年限为 5 年，到第五年年末新设备与继续使用旧设备的预计净残值相同。新设备投入使用后，每年为企业增加营业收入 70 000 元，增加付现成本 35 000 元。设备使用直线法提取折旧，企业所得税税率为 25%，预期投资收益率为 10%。

要求：通过计算分析是否可以用新设备替换旧设备。

4. 某企业准备投资一个完整工业建设项目，所在的行业基准折现率（资金成本率）为 10%，分别有 A、B、C 三个方案可供选择。

（1）A 方案的有关资料如表 6-18 所示。

表 6-18　A 方案资料　　　　　　　　　　　　　　金额单位：元

计算期	0	1	2	3	4	5	6	合计
现金净流量	−60 000	0	30 000	30 000	20 000	20 000	30 000	—
折现的现金净流量	−60 000	0	24 792	22 539	13 660	12 418	16 935	30 344

已知 A 方案的投资于建设期起点一次投入，建设期为 1 年，该方案年等额净回收额为 6 967 元。

（2）B 方案的项目计算期为 8 年，包括建设期的静态投资回收期为 3.5 年，净现值为 50 000 元，年等额净回收额为 9 370 元。

（3）C 方案的项目计算期为 12 年，包括建设期的静态投资回收期为 7 年，净现值为 70 000 元。

要求：

(1)计算或确定 A 方案的下列指标：

①包括建设期的静态投资回收期；②净现值。

(2)评价 A、B、C 三个方案的财务可行性。

(3)计算 C 方案的年金净流量。

5. 某公司有 A、B、C、D 四个投资项目可供选择，有关资料如表 6-19 所示。

表 6-19　四个投资项目资料　　　　　金额单位：元

投资项目	原始投资	净现值	现值指数
A	130 000	77 000	1.59
B	140 000	63 500	1.45
C	310 000	131 000	1.42
D	160 000	65 000	1.41

要求：当投资总额限定为 45 万元时，做出投资组合决策。

6. 某期权交易所 2024 年 1 月 20 日对锦辰公司的期权报价如下：到期日为 4 月 20 日，执行价格为 36 元，看涨期权价格为 3.6 元，看跌期权价格为 5.75 元。

要求：针对以下互不相干的几个问题进行回答。

(1)若甲投资人购买一项看跌期权，标的股票的到期日市价为 45 元，其此时期权到期日价值为多少，投资净损益为多少？

(2)若乙投资人卖出看跌期权，标的股票的到期日市价为 45 元，其此时空头看跌期权到期日价值为多少，投资净损益为多少？

(3)若甲投资人购买一项看跌期权，标的股票的到期日市价为 35 元，其此时期权到期日价值为多少，投资净损益为多少？

(4)若乙投资人卖出看跌期权，标的股票的到期日市价为 35 元，其此时空头看跌期权到期日价值为多少，投资净损益为多少？

第七章 营运资金管理

🎯 **学习目标**

知识目标：

1. 描述营运资金的概念和特点，解释营运资金的管理原则，识别营运资金管理策略。

2. 分析现金持有动机，描述现金管理的内容，计算最佳现金持有量。

3. 辨别应收账款的成本构成，描述信用政策的内容，阐述应收账款的日常管理与控制措施。

4. 辨别存货的成本构成，应用经济订货批量基本模型和扩展模型。

5. 评价不同的短期债务筹资方式。

能力目标：

1. 能够分析和比较不同类型营运资金管理策略的特点，选择适合的营运资金管理策略。

2. 能够针对具体情景或案例，确定最佳现金持有量、经济订货批量和制定有效的信用政策，初步具备营运资金管理决策的实践能力。

价值塑造：

1. 通过对营运资金管理原则和管理策略的学习，理解营运资金管理对企业财务健康和长远发展的重要性，培养战略思维，增强责任意识。

2. 通过对应收账款管理和商业信用的理解与学习，培养合规意识和诚实守信的契约精神。

3. 通过对存货管理的学习，领悟未雨绸缪的重要性，提升风险意识和危机管理能力。

知识图谱

◆ 营运资金管理

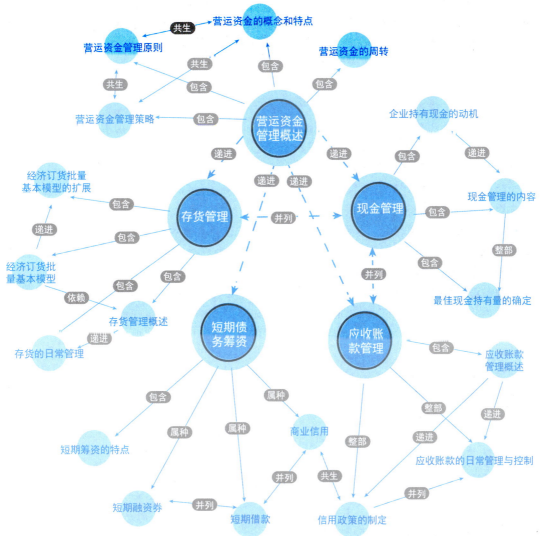

营运资金管理

引导案例

红星美凯龙：建立以商户信用分类为核心的商户管理体系①

2022年11月，商务部举办2022年全国"诚信兴商典型案例"发布会，红星美凯龙家居集团股份有限公司成功入选二十大典型案例。该公司自2012年以来，探索建立"以商户信用分类为核心的家居卖场商户管理模式"，通过严格的商户经营管理、立体的商户信用分级评价、深入的信用数据应用来规范商户经营行为，树立诚信经营标杆，为消费者打造畅购无忧的家居消费体验。

2012年，红星美凯龙首创家居行业全方位信用管理评价体系，发布《红星美凯龙家居集团商场商户信用管理制度》，从顾客喜爱度、质量管理、价格管理、服务管理、履约行为、工厂评价、法人行为七个关键指标对商户进行立体式信用分级评价。通过引入顾客评价指标，让消费者的声音在商户信用评级中发挥重要作用。一是商户信用评价指标，从形象、服务、价格、质量、诚信、黑名单行为等维度进行管理评价。二是商户信用等级评定及奖惩机制，每月评定一次商户五星等级。发生严重损害红星美凯龙品牌及顾客实际利益行为的，作摘星处理；对高星级商户予以鼓励及经营支持；而对低星级商户、摘星商户，则采取相应的整改措施。三是线上线下一体化商户信用展示。线上打造商户信用查询界面，线下创新研发"看得见，摸得着"的商户展厅星级商户推荐门头公示物料。同时建立严格的诚信经营准入审核机制，执行透明的价格管理，优选更绿色的环保家居品牌，打造商品追溯体系，为顾客提供安心的服务体验。

红星美凯龙建立的以商户信用分类为核心的管理模式，将商户信用评级结果应用于对市场主体的管理，让信用状况与市场机会、企业收益正相关，实现了商业成长与诚实守信的融合发展。

思考与讨论：

1. 企业可以从哪些方面对客户的信用进行评价？
2. 红星美凯龙的"诚信兴商案例"，带给其他企业什么启示？

第一节　营运资金管理概述

一、营运资金的概念和特点

营运资金是企业用以维持正常经营所需要的资金，是在企业生产经营活动中占用在流动资产上的资金。营运资金一般有广义和狭义之分，广义的营运资金是指一个企业流动资产的总额；狭义的营运资金是指流动资产减去流动负债后的余额。本书所指的营运资金是指狭义的营运资金，与之相适应，营运资金的管理既包括流动资产的管理，也包括流动负债的管理。

---

① 资料来源：改编自《2022年全国"诚信兴商典型案例"（二）：建立以商户信用分类为核心的家居卖场商户管理模式》，商务部官方网站：http://scjss.mofcom.gov.cn/article/xy/xyjy/202211/20221103367369.shtml。

（一）营运资金的概念和构成

1. 流动资产

流动资产是指可以在 1 年内或超过 1 年的一个营业周期内变现或运用的资产，流动资产在资产负债表上主要包括以下项目：现金、短期投资、应收票据、应收账款、预付费用和存货。它具有占用时间短、周转快、易变现等特点，企业拥有较多的流动资产，可在一定程度上降低财务风险。

流动资产按不同的标准可进行不同的分类，常见分类方式如下。

（1）按占用形态不同分为现金、债权类、存货等。

（2）按在生产经营过程中所处的环节不同分为生产领域、流通领域以及销售领域的流动资产。

（3）按流动资产变动与销售之间的相关关系分为永久性流动资产和波动性流动资产。永久性流动资产是指满足企业长期最低需求的流动资产，其占有量通常相对稳定。波动性流动资产或称临时性流动资产，是指那些由于季节性或临时性的原因而形成的流动资产，其占用量随需求而波动。

2. 流动负债

流动负债是指需要在 1 年或者超过 1 年的一个营业周期内偿还的债务，主要包括以下项目：短期借款、应付票据、应付账款、应付工资、应交税费及未付利润等，流动负债可按下列不同标准作不同分类。

（1）以应付金额是否确定为标准分为应付金额确定的流动负债和应付金额不确定的流动负债。

应付金额确定的流动负债是指那些根据合同或法律规定到期必须偿付，并有确定金额的流动负债。

应付金额不确定的流动负债是指那些要根据企业生产经营状况，到一定时期或具备一定条件才能确定的流动负债，或应付金额需要估计的流动负债。

（2）以流动负债的形成情况为标准分为自然性流动负债和人为性流动负债。

自然性流动负债是指不需要正式安排，由于结算程序或有关法律法规的规定等原因而自然形成的流动负债。

人为性流动负债是指根据企业对短期资金的需求情况，通过人为安排所形成的流动负债，如短期借款。

（3）以是否支付利息为标准分为有息流动负债和无息流动负债。

有息流动负债是明确该项负债需要确定支付利息。

无息流动负债是负债发生或者形成时无须支付利息。

（4）以与生产经营关系为标准分为临时性负债和自发性负债。

临时性负债，又称为筹资性流动负债，是指为了满足临时性流动资金需要所发生的负债，如商业零售企业为满足节日销售需要，超量购入货物而举借的短期银行借款。临时性负债一般只能供企业短期使用。

自发性负债，又称为经营性流动负债，是指直接产生于企业持续经营中的负债，如商业信用筹资和日常运营中产生的其他应付款以及应付职工薪酬、应付利息、应交税费等。

自发性负债可供企业长期使用。

3. 营运资金

营运资金是流动资产减去流动负债（短期负债等）后的余额。公式表示为：

$$营运资金 = 流动资产 - 流动负债$$

营运资金公式表明：

（1）营运资金越少，收益越高，风险越大。

（2）营运资金的多少可以反映偿还短期债务的能力。

从上述可以看到，营运资金是流动资产与流动负债之差，是个绝对数。如果公司之间规模相差很大，绝对数相比的意义很有限。而流动比率是流动资产和流动负债的比值，是个相对数，排除了公司规模不同的影响，更适合公司间以及本公司不同历史时期的比较。

（二）营运资金的特点

为了有效地管理企业的营运资金，必须研究营运资金的特点。营运资金一般具有如下特点。

1. 短期性

企业占用在流动资产上的资金，通常会在 1 年或一个营业周期内收回。根据这一特点，营运资金可以用商业信用、银行短期借款等短期债务筹资方式来加以解决。

2. 变现性

非现金形态的营运资金，如存货、应收账款、短期有价证券，一般具有较强的变现能力。如果遇到意外情况，企业出现资金周转不灵、现金短缺时，便可迅速变卖这些资产，以获取现金。这对财务上应付临时性资金需求具有重要意义。

3. 波动性

流动资产的数量会随企业内外条件的变化而变化，时高时低，波动很大。季节性企业如此，非季节性企业也如此。随着流动资产数量的变动，流动负债的数量也会相应发生变动。

4. 多样性

与筹集长期资金的方式相比，企业筹集营运资金的方式较为灵活多样，通常可以采用银行短期借款、短期融资券、商业信用、应交税金、应交利润、应付工资、应付费用、预收货款、票据贴现等多种内外部融资方式。

5. 转换性

企业营运资金的实物形态是经常变化的，一般按照现金、材料、在产品、产成品、应收账款、现金的顺序转化。为此，在进行流动资产管理时，必须在各项流动资产上合理配置资金数额，做到结构合理，以促进资金周转顺利进行。

6. 一致性

流动资金的循环与企业的生产周期一致，一般是顺次通过采购、生产、销售又回到下一轮的周转中，较快地从产品销售收入中得到补偿。即流动资产的实物耗费与价值补偿是在一个生产经营周期内同时完成的。

二、营运资金的周转

(一)现金周转期

企业的经营周期是从现金投入生产经营开始，到最终转化为现金为止的过程，主要包括：存货周转期(指将原材料转化成产成品并出售所需要的时间)、应收账款周转期(指将应收账款转换为现金所需要的时间)。

企业要购买原材料，但是并不是购买原材料的当天就马上付款，这一延迟的时间段就是应付账款周转期。现金周转期就是指介于公司支付现金与收到现金之间的时间段，也就是存货周转期与应收账款周转期之和减去应付账款周转期。

现金周转期具体循环过程如图7-1所示。

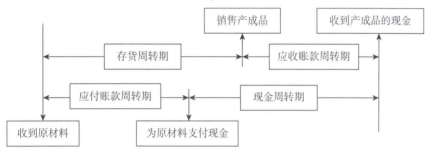

图7-1 现金周转期具体循环过程

用公式来表示就是：

$$现金周转期=存货周转期+应收账款周转期-应付账款周转期$$

$$存货周转期=\frac{平均存货}{每天的销货成本}$$

$$应收账款周转期=\frac{平均应收账款}{每天的销货收入}$$

$$应付账款周转期=\frac{平均应付账款}{每天的购货成本}$$

(二)营运资金周转分析

现金周转期越长，需要的营运资金数额就越大，能够缩短现金周转期的措施，均能够减少营运资金的需要量。我们从上图可以看出影响营运资金数额的因素及规律为存货周转期(同向)、应收账款周转期(同向)、应付账款周转期(反向)。

由此可见，要减少现金周转期，可以从以下方面着手：加快制造与销售产成品来减少存货周转期；加速应收账款的回收来减少应收账款周转期；减缓支付应付账款来延长应付账款周转期。

三、营运资金的管理原则

营运资金的管理就是对企业流动资产和流动负债的管理。它既要保证有足够的资金满足生产经营的需要，又要保证能按时按量偿还各种到期债务。企业营运资金管理的基本要求如下。

（一）确定并控制合理需要量

企业营运资金的需要量取决于生产经营规模和流动资金的周转速度，同时也受市场及供、产、销情况的影响。企业应综合考虑各种因素，合理确定需要量，既要保证企业经营的需要，又不能因安排过量而浪费。平时也应控制营运资金的占用，使其纳入计划预算的良性范围内。因此，企业财务人员应认真分析生产经营状况，综合考虑各种因素，采用科学的方法预测营运资金的需要数量，以满足合理的营运资金需求。

（二）确定营运资金的来源构成

企业筹资过程中不同的筹资渠道和方式取得资金的成本不同，而筹资渠道和方式又可以形成有效组合，借此可以力求以最小的代价谋取最大的经济利益，并使筹资与日后的偿债能力等合理配合。

（三）加快资金周转，提高资金效益

营运资金周转是指企业的营运资金从现金投入生产经营开始，到最终转化为现金的过程。在其他因素不变的情况下，流动资产的周转速度与流动资金的需要量成反向变化，加速营运资金的周转，也就相应地提高了资金的利用效率。因此，企业要尽力加速存货的周转、缩短应收账款的收款期，以便利用有限的资金，取得更好的经济效益。

（四）节约资金使用成本

在营运资金管理中，必须正确处理保证生产经营需要和节约资金使用成本二者之间的关系。营运资金具有流动性强的特点，但是流动性越强的资产收益性越差。如果企业的营运资金持有过多，会降低企业的收益。因此，企业要在保证生产经营需要的前提下控制营运资金的占用，遵守勤俭节约的原则，挖掘资金潜力，科学合理地使用资金。

（五）保持足够的短期偿债能力

企业应合理安排流动资产与流动负债的比例关系，保证企业有足够的短期偿债能力。流动资产、流动负债以及二者之间的关系能较好地反映企业的短期偿债能力。流动负债是在短期内需要偿还的债务，而流动资产则是在短期内可以转化为现金的资产。如果一个企业的流动资产比较多，流动负债比较少，说明企业的短期偿债能力较强；反之，则说明短期偿债能力较弱。但如果企业的流动资产太多，流动负债太少，也并不是正常现象，这可能是因流动资产闲置或流动负债利用不足所致。因此，在营运资金管理中，企业要合理安排好二者的比例关系，从而既节约使用资金，又保证企业有足够的偿债能力。

四、营运资金管理策略

企业必须建立一个框架用来评估营运资金管理中的风险与收益的平衡，包括营运资金的投资和筹资策略，这些策略反映企业的需要以及对风险承担的态度。实际上，一个财务管理者必须做两个决策：一是需要拥有多少营运资金，即流动资产的投资策略；二是如何为营运资金筹资，即流动资产的筹资策略。

在实践中，营运资金管理策略也就拆分为流动资产的投资策略和流动资产的筹资策略，这些决策一般同时进行，并且相互影响。

（一）流动资产投资策略

流动资产投资策略是指当企业的产销规模一定时，流动资产投资规模的选择。流动资

产是企业生产经营活动的必要条件，其投资的核心不在于流动资产本身的多寡，而在于流动资产能否在生产经营中有效地发挥作用，即流动资金的周转与企业的经济效益能否一致。

流动资产投资策略主要涉及存货投资策略和应收账款投资策略两个方面的策略，其决策目标是节省流动资金的使用和占用，提高企业利润水平。

1. 流动资产投资策略的内容

（1）合理的存货投资策略。

存货的规模组成，应该首先按经营业务的需要安排，并综合考虑以下情况：连续性的生产经营活动所需的最低限度的存货量；采购订货和生产的经济规模；为市场特殊需求而生产的库存产品；提前购买以获得季节性的折扣；预判价格变化和供应短缺的情况。

存货在采购、生产和销售之间起着缓冲器的作用。存货投资太少，不足以平衡原材料的供应速度、生产速度和销售速度，会影响企业生产经营活动的连续性；但是，存货投资太多，说明产品或者原料积压太多，造成资金大量闲置而不能用作其他用途，从而影响企业的经济效益。因此，在流动资产投资时，需要有合理的存货投资。

（2）应收账款投资策略。

应收账款是企业经营活动中与客户发生的赊账，它是一种商业信贷，必然要占用一定的资金。在商业信贷中存在着利润与风险两个对立的因素。应收账款多，增加了资金占用，坏账风险也增大，但同时可以促进销售，增加利润。相反，如果应收账款较少，虽然减少资金占用，减少了资金占用的机会成本损失和坏账风险，但是同时也会损失一些客户，降低销售额，从而减少利润。因此，合理的应收账款投资必须取得成本和效益之间的均衡。

2. 流动资产投资策略的类型

一个企业必须选择与其业务需要和管理风格相符合的流动资产投资策略。如果企业管理政策趋于保守，就会选择较高的流动资产水平，保证更高的流动性（安全性），但盈利能力也更低；如果管理者偏向于为了更高的盈利能力而愿意承担风险，那么企业将保持一个低水平的流动资产与销售收入比率。

流动资产的投资策略受资产的风险和报酬、企业经营规模、市场利率高低等因素影响，企业的流动资产投资策略主要有下列三种。

（1）保守型（稳健型）投资策略。

保守型投资策略从稳健经营的角度出发，在安排流动资产时，除保证正常需要量和必要的保险储备量外，还安排一部分额外的储备量，以最大限度地降低企业可能面临的流动性风险。用公式表述为：

$$流动资产的投资＝正常需要量＋保险储备量＋额外储备量$$

式中，正常需要量是指为了满足企业生产经营需要的最低流动资金占用水平；保险储备量是指为应付意外情况发生（例如生产的波动）而储备；额外储备量是指除上述因素外为不可预知的因素而进行的额外储备。

在这种投资策略导引下，企业通常会维持高水平的流动资产与销售收入比率。采用这种政策，在流动负债不变的情况下，流动资产占全部资产的比例越大，流动负债就越有保障，企业偿债能力就越强；但过多的流动资产投资会承担较大的流动资产持有成本，从而提高企业的资金成本，降低企业的收益水平。

（2）配合型（适中型）投资策略。

配合型投资策略是指在保证流动资产正常需要量的情况下，适当保留一定的保险储备量以防不测。用公式表述为：

$$流动资产的投资 = 正常需要量 + 保险储备量$$

（3）激进型（冒险型）投资策略。

激进型投资策略是指企业对流动资产的投资只保证流动资产的正常需要量，不保留或只保留较少的保险储备量，以便最大限度地减少流动资产占用水平，提高企业的运营效率。用公式表述为：

$$流动资产的投资 = 正常需要量$$

该种投资策略意味着：维持较低的流动资产与销售收入比率，也可能伴随着更高的风险（即高收益、高风险）。但只要不可预见事件没有损坏企业的流动性而导致严重的问题发生，紧缩的流动资产投资战略就会提高企业效益。

下面可用图7-2概括三种投资策略。

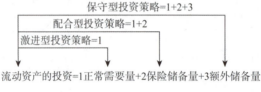

图7-2　三种投资策略示意

3. 流动资产投资策略的影响因素

（1）公司对风险和收益的权衡。制定流动资产投资策略时需要权衡的是资产的收益性与风险性。增加流动资产投资会增加流动资产的持有成本，降低资产的收益性，但会提高资产的流动性。反之，减少流动资产投资会降低流动资产的持有成本，增加资产的收益性，但资产的流动性会降低，短缺成本会增加。因此，从理论上来说，最优的流动资产投资应该是使流动资产的持有成本与短缺成本之和最低。

（2）产业因素。在销售边际毛利较高的产业，如果从额外销售中获得的利润超过额外应收账款所增加的成本，宽松的信用政策可能为企业带来更为可观的收益。

（3）决策者的特征。从对风险的态度而言，稳健的决策者倾向于保守的流动资产投资策略，而风险承受能力较强的决策者则倾向于冒险的流动资产投资策略。从管理者角度的不同而言，运营经理通常喜欢高水平的原材料存货或部分产成品，以便满足生产所需要；销售经理喜欢高水平的产成品存货以便满足顾客的需要，而且喜欢宽松的信用政策以便刺激销售；财务管理者喜欢最小化存货和应收账款，以便使流动资产筹资的成本最小化。

（二）流动资产筹资策略

一个企业对流动资产的需求数量，一般会随着产品销售的变化而变化。例如，产品销售季节性很强的企业，当销售处于旺季时，流动资产的需求一般会更旺盛，可能是平时的几倍；当销售处于淡季时，流动资产需求一般会减弱，可能是平时的几分之一；即使当销售处于最低水平时，也存在对流动资产最基本的需求。在企业经营状况不发生大的变化的情况下，流动资产的最基本的需求具有一定的刚性和相对稳定性，我们可以将其界定为流动资产的永久性水平。当销售发生季节性变化时，流动资产将会在永久性水平的基础上增加或减少。因此，流动资产可以被分解为两部分：永久性部分和波动性部分。划分各项流动资产变动与销售之间的相关关系，将有助于我们较准确地估计流动资产的永久性和波动性部分，便于我们进行应对流动资产需求的筹资政策。

从上可见，流动资产的永久性水平具有相对稳定性，是一种长期的资金需求，需要通过长期负债筹资或权益性资金解决；而波动性部分的筹资则相对灵活，最经济的办法是通过低成本的短期债务筹资解决其资金需求，如1年期以内的短期借款或发行短期融资券等筹资方式。

1. 流动资产筹资策略的类型

（1）期限匹配流动资产筹资策略。

在期限匹配流动资产筹资策略中，短期来源被用来为波动性流动资产筹资，永久性流动资产和非流动资产则由长期资金来源支持，以使资产使用周期和负债的到期日相互配合。这意味着，在给定的时间，企业的筹资数量反映了当时的波动性流动资产的数量。当波动性资产扩张时，信贷额度也会增加以便支持企业的扩张；当资产收缩时，它们的投资将会释放出资金，这些资金将会用于弥补信贷额度的下降。

（2）保守型筹资策略。

保守型筹资策略意味着公司不但以长期资金来融通长期流动性资产和非流动资产，而且还以长期资金满足由于季节性或循环性波动而产生的部分或全部临时性流动资产的资金需求。这种策略通常最小限度地使用短期负债。因为这种策略在需要时将会使用成本更高的长期负债，所以往往比其他途径具有较高的筹资成本，同时风险与收益较低。

（3）激进型筹资策略。

激进型筹资策略又称进取型筹资策略，是指企业全部临时性流动资产和一部分永久性流动资产由短期负债筹集，而另一部分永久性流动资产和全部非流动资产则由长期资金筹措。该策略表明了风险与收益都会较高。

三种流动资产筹资策略可以用表7-1进一步表示。

表7-1 流动资产筹资策略

资产划分	非流动资产	永久性流动资产	波动性流动资产
期限匹配流动资产筹资策略	长期融资方式		短期融资方式
保守型筹资策略	长期融资方式		短期融资方式
激进型筹资策略	长期融资方式		短期融资方式

2. 流动资产筹资策略的影响因素

（1）流动资产筹资策略主要取决于管理者的风险导向，管理者越保守，越依赖长期资金。

（2）流动资产筹资策略还受短期、中期、长期负债的利率差异的影响。财务人员必须知道如下两种筹资方式的筹资成本哪个更为昂贵：一是连续地从银行或货币市场借款；二是通过获得一个固定期限贷款或通过资本市场获得资金，从而将筹资成本锁定在中期或长期的利率上。

【微课视频】营运资金管理概述

 【即测即评】营运资金管理概述

第二节　现金管理

现金有广义、狭义之分。广义的现金是指在生产经营过程中以货币形态存在的资金，包括库存现金、银行存款和其他货币资金等。狭义的现金仅指库存现金。这里所讲的现金是指广义的现金。

在资产中，现金的流动性和变现能力最强，但盈利性最弱，企业基于某些原因需要必须置存现金，但置存数量过大又会带给企业不利的影响。因而企业必须根据实际情况合理安排现金的持有量，提高现金的使用效率。

一、企业持有现金的动机

保持合理的现金水平是企业现金管理的重要内容。现金是变现能力最强的资产，可以用来满足生产经营开支的各种需要，也是还本付息和履行纳税义务的保证。拥有足够的现金对于降低企业的风险，增强企业资产的流动性和债务的可清偿性有着重要的意义。

企业置存现金的原因主要是基于下列动机。

（一）交易性动机

交易性动机是指企业在正常生产经营的日常交易应当保持一定的现金进行支付。

企业为了组织日常生产经营活动，必须保持一定数额的现金余额，如购买原材料、支付人工工资、偿还债务、缴纳税款等。这种需要发生频繁，金额较大，是企业置存现金的主要原因，一般来说，企业为满足交易动机所持有的现金余额主要取决于企业的销售水平。

（二）预防性动机

预防性动机是指企业为预防性需要而置存现金，即企业为应付紧急情况而需要保持的现金支付能力。

由于市场行情的瞬息万变和其他各种不可预测因素的存在，企业通常难以对未来现金流入量和现金流出量做出准确的估计和预期。因此，在正常业务活动现金需要量的基础上，追加一定数量的现金余额以应付未来现金流入和流出的随机波动，是企业在确定必要现金持有量时应当考虑的因素。企业为应付意外的、紧急的情况而需要置存现金，如生产事故、自然灾害、客户违约等打破原先的现金收支平衡。

企业为满足预防动机所持有的现金余额主要取决于企业愿意承担风险的程度、企业临时举债能力的强弱、企业对现金流量预测的可靠程度、企业其他流动资产变现能力等因素。

（三）投机性动机

投机性动机是指企业为抓住突然出现的获利机会而需要持有一定量的现金。

这种机会往往稍纵即逝，如低价购入有价证券、原材料、商品等，企业若没有用于投机的现金，就会错过获取较大利益的机会。

大多数公司持有现金都是出于以上三方面的考虑。但是，由于各种条件的变化，每一种动机需要的现金数量是很难确定的，而且往往一笔现金余额可以服务于多个动机，比如出于预防或投机动机持有的现金就可以在交易需要时用于公司采购。所以公司必须综合考虑多方面因素，合理分析公司的现金状况。

二、现金管理的内容

现金是变现能力最强的非盈利性资产，现金管理的过程就是在现金的流动性与收益性之间进行权衡选择的过程。通过现金管理，使现金收支不但在数量上，而且在时间上相互衔接，对于保证企业经营活动的现金需要、降低企业闲置的现金数量、提高资金收益率具有重要意义。因此企业必须加强对现金的管理，确定持有合理的现金数额，使其在时间上继起，在空间上并存。

现金管理所涉及的内容较广泛，主要包括以下几方面。

（一）编制现金预算表

现金预算描述预算期内企业所有营业活动所产生全部现金收入和全部现金支出的汇总，它通常包括现金收入、现金支出、现金结余或短缺、资金的筹集与运用四个组成部分。

通过现金预算，可确保企业有充足的资金保证企业生产的正常进行。在预计企业现金多余时，企业可适当进行投资活动，减少现金持有成本；而现金预计不足时，可提前安排筹资渠道。

企业的现金预算是在业务预算和专门预算提供的资料基础上编制的，现金预算表主要包括了四大部分，其中现金收入和现金支出又是现金预算表形成的基础。

1. 现金收入

现金预算表中的现金收入主要指由经营业务活动所形成的现金收入，它不是按权责发生制确定的，而是按收付实现制确认，现金收入主要来自期初现金余额和本期产品销售现金收入两部分。

2. 现金支出

现金预算表中现金支出主要来自业务预算表中直接材料、直接人工、制造费用、销售及管理费用、应交税费等以及专门预算表的预算数据中的现金支出。

3. 根据现金收支差额决定现金的筹集与运用

现金收支差额是现金收入合计与现金支出合计之间的差额，资金的筹集和运用主要反映了预算期内向银行借款还款、支付利息以及进行短期投资及投资收回等内容，其关系如下：

$$期初现金余额+现金收入=当期可用现金$$
$$当期可用现金-现金支出=现金余缺$$

差额为正说明现金有多余，可用于偿还过去向银行取得的借款，或用于购买短期证券；差额为负，说明现金不足要向银行取得新的借款。

值得注意的是，如果企业有最低库存现金持有量设定的标准，现金筹集与运用还需考虑最低库存现金数量。

4. 计算现金期末余额

根据现金余缺与相应的现金筹集与运用的数额，计算预算期内的各期及年末现金余额，其计算方法如下：

$$现金余缺+现金筹集与运用=现金期末余额$$

在现金管理中，编制现金预算是现金收支动态管理的一种有效方法。它不仅可以揭示出现金过剩或现金短缺的时期，预测未来企业对到期债务的直接偿付能力，而且可以帮助人们有效地预计未来现金流量，从而未雨绸缪，对其他财务计划提出改进建议。

（二）确定最佳现金持有量

最佳现金持有量，是指既能使企业在现金存量上花费的代价最低，即机会成本最小，又能够相对确保企业现金需求的最佳现金持有量。如果企业的现金持有量太大，在银行利率较低的情况下，企业的利润率也较低；如果企业的现金持有量太小，难以应对突发情况下的必要开支，就有可能使企业蒙受各种损失。这就要求在现金管理中合理、科学测定出最佳现金持有量。

（三）加强现金日常控制

1. 加快现金收款

为了提高现金的使用效率，加快现金周转，企业应尽量加速账款的收回。缩短现金循环可以为企业带来巨大的收益，因为现金循环较快的企业，其现金持有量可以相对较少。企业可采用银行业务集中法、电子划拨系统等措施加快现金回笼。

2. 控制现金付款

与现金的收入管理相反，现金支出管理的主要任务是尽可能延缓现金的支出时间。企业应建立采购与付款业务控制制度，并且根据风险与收益权衡原则选用适当方法延期支付账款。常用策略有：

（1）合理利用"浮游量"。

现金"浮游量"是指由于企业提高收款效率和延长付款时间所产生的企业账户上的现金余额和银行账户上所示的企业存款余额之间的差额，这是由于款项被银行划转的时间比支票签发时间晚所引发的。充分利用"浮游量"是企业广泛采用的一种提高现金利用效率、节约现金支出的有效手段。

（2）分期付款法。

如果企业与客户是一种长期往来关系，相互间已经建立了一定的信用，那么在出现现金周转困难时，可适当地采取分期付款的方法，如采用大额分期付款、小额按时足额支付的方法。

（3）以汇票代替支票。

汇票分为商业承兑汇票和银行承兑汇票。与支票不同的是，承兑汇票并不是见票即付。这就推迟了企业调入资金支付汇票的实际所需时间，可以合法地延期付款，这样企业就只需在银行中保持较少的现金余额。

（4）改进员工工资支付模式。

企业可以为支付工资专门设立一个工资账户，通过银行向职工支付工资。为了最大限度地减少工资账户的存款余额，企业要合理预测开出支付工资的支票到职工去银行兑现的具体时间。

3. 争取现金流出与现金流入同步

企业应尽量使现金流出与流入同步，从而降低交易性现金余额，同时可以减少现金与有价证券转换的次数，节约转换成本。

三、最佳现金持有量的确定

确定最佳现金持有量常见的方法有成本分析模型、随机模型、因素分析法、存货模型。

（一）成本分析模型

1. 成本分析模型的构建

成本分析模型通过分析持有现金的成本，寻找持有成本最低的现金持有量。成本分析模型中企业持有的现金有三种成本：机会成本、管理成本、短缺成本。

（1）机会成本。

现金作为企业的一项资金占用是有代价的，它的机会成本是企业因持有多余现金而失去的再投资收益。现金资产的流动性极佳，但盈利性极差，若持有现金，则不能将其投入生产经营活动，从而失去因此而获得的收益。

企业为了经营业务，有必要持有一定的现金，以应付意外的现金需要。但现金拥有量过多，机会成本代价大幅度上升。机会成本随着现金持有量的增大而增大，一般可按年现金持有量平均值的某一百分比计算，这个百分比是该企业的机会性投资的收益率，一般可用有价证券利率（或资本成本）代替。计算公式为：

$$机会成本 = 现金平均持有量 \times 有价证券利率（或资本成本）$$

例如，锦辰公司的资本成本为5%，年年均持有现金100万元，则锦辰公司每年的现金机会成本为5万元（100×5%）。放弃的再投资收益即机会成本属于变动成本，它与现金持有量的多少密切相关，即现金持有量越大，机会成本越大，反之就越少。

（2）管理成本。

企业拥有现金，会发生管理费用，如管理人员工资、安全措施费等。这些费用是现金的管理成本。管理成本是一种固定成本，在一定范围内与现金持有量之间无明显的比例关系。

（3）短缺成本。

短缺成本是指由于现金持有量不足，不能应付业务开支所需而又无法及时通过有价证券变现加以补充而给企业造成的损失，包括直接损失与间接损失。现金的短缺成本随现金持有量的增加而下降，随现金持有量的减少而上升，即与现金持有量负相关。

成本分析模型是通过分析企业置存现金的各种相关成本，测算相关成本之和最小时的现金持有量的一种方法。在成本分析模型下应分析机会成本、管理成本、短缺成本。其计算公式为：

$$最佳现金持有量 = \min(管理成本 + 机会成本 + 短缺成本)$$

2. 确定最佳现金持有量的步骤

在上式中，管理成本是固定成本，因而是一项无关成本，按理说在决策中不应予以考虑，但本模型下为匡算总成本的大小，仍把它考虑在内，当然对决策结果是不会造成影响的；机会成本是正相关成本；短缺成本是负相关成本，短缺成本随着现金持有量的增大而减少，当现金持有量增大到一定量时，短缺成本将不存在。因此，成本分析模型是要找到机会成本、管理成本和短缺成本所组成的总成本曲线中最低点所对应的现金持有量，把它作为最佳现金持有量。

运用成本分析模型确定最佳现金持有量的步骤是：

（1）根据不同现金持有量测算并确定有关成本数值。

（2）按照不同现金持有量及其有关成本资料编制最佳现金持有量测算表。

（3）在测算表中找出总成本最低时的现金持有量，即最佳现金持有量。

在这种模型下，最佳现金持有量，就是持有现金而产生的机会成本与短缺成本之和最小时的现金持有量。

成本分析模型下的最佳现金持有量可用图解法确定，如图7-3所示。

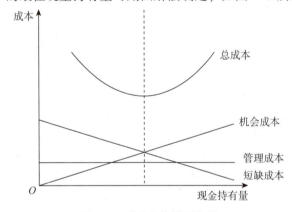

图7-3　成本分析模型曲线

由成本分析模型可知，在直角坐标平面内，以横轴表示现金持有量，以纵轴表示成本，画出各项成本的图像，从上图可以看出：

机会成本是一条由原点出发向右上方的直线，它是正相关成本。如果增加现金持有量，则增加机会成本。

管理成本是一条水平线，是一种固定成本，它在一定范围内和现金持有量之间没有明显的比例关系。

短缺成本是一条由左上方向右下方的直线，它是负相关成本，如果增加现金持有量则减少短缺成本，并且从上图可以看出当持有相当大数额的现金时不再存在短缺成本。

总成本线由各项目成本线纵坐标相加后得到，它是一条上凹的曲线，总成本线最低点处对应的横坐标即为最佳现金持有量。

成本分析模型下的最佳现金持有量也可用编制现金持有成本分析表来确定。

【例7-1】锦辰公司2024年提出甲、乙、丙、丁四种现金持有方案，各方案的现金持有量、机会成本率、管理成本、短缺成本如表7-2所示。请利用成本分析模型确定该公司最佳现金持有量。

表7-2　锦辰公司四种现金持有方案成本　　　　　　　单位：元

方案	现金持有量	机会成本率	管理成本	短缺成本
甲	20 000	8%	2 500	4 000
乙	30 000	8%	2 500	3 500
丙	40 000	8%	2 500	2 000
丁	50 000	8%	2 500	1 000

根据成本分析模型计算，如表7-3所示。

表7-3　锦辰公司四种现金持有方案成本计算　　　　　　单位：元

方案	现金持有量	机会成本	管理成本	短缺成本	总成本
甲	20 000	1 600	2 500	4 000	8 100
乙	30 000	2 400	2 500	3 500	8 400
丙	40 000	3 200	2 500	2 000	7 700
丁	50 000	4 000	2 500	1 000	7 500

由于所有持有方案中丁方案总成本最低，所以选择方案丁为最佳现金持有量。

（二）随机模型（米勒—奥尔模型）

在实际工作中，企业现金流量往往具有很大的不确定性。米勒（Mertor Miller）和奥尔（D. Orr）设计了一个在现金流入、流出不稳定情况下确定现金最优持有量的模型。他们假定每日现金净流量的分布接近正态分布，每日现金流量可能低于也可能高于期望值，其变化是随机的。由于现金流量波动是随机的，只能对现金持有量确定一个控制区域，定出上限和下限。当企业现金余额在上限和下限之间波动时，表明现金持有量处于合理水平；当现金余额达到上限时，则将部分现金转换为有价证券；当现金余额下降到下限时，则卖出部分证券。

如图7-4所示，随机模型有两条控制线和一条回归线。最低控制线 L 取决于模型之外的因素，其数额一般是由财务经理在综合考虑短缺现金的风险程度、公司借款能力、公司日常周转所需资金、银行要求的补偿性余额等因素的基础上确定的。

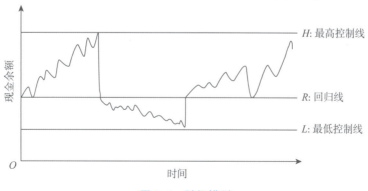

图7-4　随机模型

回归线 R 可按下列公式计算：

$$R = \left(\frac{3b \times \delta^2}{4i}\right)^{1/3} + L$$

式中 b——证券转换为现金或现金转换为证券的成本；

     δ——公司每日现金流变动的标准差；

     i——以日为基础计算的现金机会成本。

最高控制线 H 的计算公式为：

$$H = 3R - 2L$$

【例7-2】锦辰公司2024年持有有价证券的年收益率为9%，每次固定转换成本为50元。现金部经理认为任何时候其现金余额（L 值）不应低于2 000元，估计公司现金流量标准差 δ 为800元，请确定公司的最佳现金持有量。

根据随机模型，计算如下。

$$i = \frac{9\%}{360} = 0.000\ 25$$

$$R = \left(\frac{3 \times 50 \times 800^2}{4 \times 0.000\ 25}\right)^{\frac{1}{3}} + 2\ 000 = 4\ 579 + 2\ 000 = 6\ 579（元）$$

现金最高控制线 $H = 3R - 2L = 3 \times 6\ 579 - 2 \times 2\ 000 = 15\ 737（元）$

这样，当锦辰公司的现金余额达到15 737元时，即应以9 158元（15 737-6 579）的现金去投资有价证券，使现金持有量回落到6 579元；当现金余额降至2 000元时，则应转让4 579元（6 579-2 000）的有价证券，使现金持有量回升为6 579元。

运用随机模型求最佳现金持有量符合随机思想，即企业现金支出是随机的，收入是无法预知的，所以，适用于所有企业最佳现金持有量的测算。另外，随机模型建立在企业的现金未来需求总量和收支不可预测的前提下，因此，计算出来的现金持有量比较保守。

（三）因素分析法

因素分析法是根据企业上年现金实际占用额以及本年有关因素的变动情况，对不合理的现金占用进行调整，从而确定最佳现金持有量的一种方法。这种方法在实际工作中具有较强的实用性，而且比较简便易行。

一般来说，现金持有量与企业的业务量呈正比关系，业务量增加，现金需要量也会随之增加。因此，因素分析法可按以下计算公式表示：

最佳现金持有量 =（上年现金平均占用额 － 不合理占用额）×

（1±预计业务量变动百分比）

【例7-3】锦辰公司2024年的现金实际平均日占用额为8万元，其中不合理的现金占用额为1万元。2025年预计公司销售额可比上年增长10%。请利用因素分析法确定该公司2025年的最佳现金持有量。

根据因素分析法的计算公式，锦辰公司2025年的最佳现金持有量为：

最佳现金持有量 =（8-1）×（1+10%）= 7.7（万元）

（四）存货模型

存货模型最早由美国学者威廉·鲍莫尔（William Baumol）提出，又称鲍莫尔模型。

存货模型是借用存货的经济订货批量公式来确定最佳现金持有量的一种方法，它通过权衡现金持有成本(机会成本)与转换成本(交易成本)，使二者总成本最低时的现金余额即为最佳现金持有量。

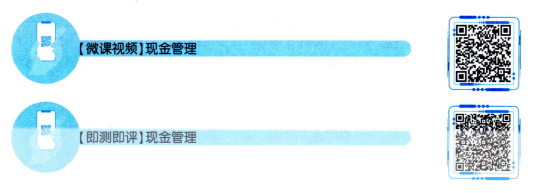

第三节 应收账款管理

一、应收账款管理概述

应收账款是企业对外赊销产品、材料，提供劳务及其他原因应向购货或接受劳务的单位及其他单位收取的款项。当代经济中，商业信用的使用日趋增多，应收账款的规模也日趋增大，成为流动资金管理中的重要内容。

(一)应收账款的功能

1. 扩大市场占有率或开拓新市场

企业为了扩大市场占有率或开拓新的市场领域，一般都会采用较优惠的信用条件推进销售，以提高竞争力。当企业力图占领某一市场领域时，就可能把有利的信用条件作为有效手段来提高产品市场份额。

2. 增加销售

在市场经济条件下，只要产品不是垄断的，就必然会面临同行的竞争。企业的竞争除了产品质量、价格、售后服务等竞争外，势必也有销售方式的竞争。

赊销除了向客户提供产品外，同时提供了商业信用，即向客户提供了一笔在一定期限内无偿使用的资金。客户的财务实力是参差不齐的，如果企业否定赊销方式，那么必然会把一部分暂时缺乏财务支付能力的客户拒之门外而使其转向其他同类企业，这无疑会阻断企业的产品销路，缩减产品的市场份额，在同行竞争中处于劣势；反之，适时灵活地运用赊销方式能增加销售，增加企业的市场竞争能力。因此为了增加销售、获取更多的利润，企业一般都会采取赊销的政策，而这就必须对应收账款进行投入。

3. 削减存货

企业的资金运动过程往往会滞留在企业的销售环节而使得资金无法正常周转，由于赊销方式能增加销售，因而也促成库存产成品存货的减少，使存货转化成应收账款从而增加企业收回资金的可能性。

4. 加速资金周转

在产品的销售淡季，企业的产成品存货积压较多，企业持有产成品存货，要支付管理费、财产税和保险费等成本费用；相反，企业持有应收账款则无须支付上述费用。这些企业在淡季一般会采用较优惠的信用条件进行销售，以便把存货转化为应收账款，降低各种费用的支出。因而减少存货能降低仓储、保险等管理费用支出以及存货变质等损失，有利于加速资金周转。

（二）应收账款的成本

采取赊销方式就必然产生应收账款，由此产生的主要有三项成本：机会成本、管理成本和坏账成本。

1. 机会成本

应收账款的机会成本是指企业的资金被应收账款占用所丧失的潜在收益，它与应收账款的数额、占用时间以及参照利率有关。参照利率可用两种思维方法确定，假定资金没被应收账款占用，即应收账款款项已经收讫，那么：

（1）这些资金可用于投资，取得投资收益，参照利率就是投资收益率，一般可按有价证券利率计算。

（2）这些资金可扣减筹资数额，供企业经营中使用而减少筹资用资的资金成本，参照利率就是企业的平均资本成本率。

因此应收账款的机会成本，即因资金投放在应收账款上而丧失其他收入的机会。这一成本的大小通常与企业维持赊销业务所需要的资金数量（即应收账款金额）、资金成本率有关。

应收账款机会成本可通过以下公式计算得出：

$$应收账款机会成本＝维持赊销业务所需资金×资本成本率$$
$$维持赊销业务所需资金＝应收账款平均余额×变动成本率$$
$$应收账款平均余额＝平均每日赊销额×平均收账天数$$

例如，锦辰公司每天的赊销额为 10 万元，平均收账天数为 15 天，则应收账款的平均余额就是 150 万元；如果平均收账天数为 25 天，应收账款的平均余额就是 250 万元。

$$应收账款平均每日赊销额＝\frac{年赊销额}{360（天）}$$

平均收账天数一般按客户各自赊销额占总赊销额比重为权数的所有客户收账天数的加权平均数计算。

因此应收账款机会成本可直接用下列公式计算：

$$应收账款机会成本＝\frac{年赊销额}{360（天）}×平均收账天数×变动成本率×资本成本率$$

【例7-4】锦辰公司 2024 年度销售收入净额为 9 000 万元，赊销比例 80%，应收账款平均收账天数为 40 天，变动成本率为 40%，企业的资本成本率为 8%。一年按 360 天计算。

要求：计算下列指标：

（1）2024 年度赊销额。

（2）2024 年度应收账款的平均余额。

（3）2024 年度维持赊销业务所需要的资金额。

（4）2024 年度应收账款的机会成本。

计算过程如下。

（1）2024 年度赊销额。

赊销占收入净额的比率为 80%，所以 2024 年赊销额 = 9 000×80% = 7 200（万元）。

（2）2024 年度应收账款的平均余额。

$$应收账款的平均余额 = 平均每日赊销额 \times 平均收账天数$$

$$= \frac{7\ 200}{360} \times 40 = 20 \times 40 = 800（万元）$$

（3）2024 年度维持赊销业务所需要的资金额。

$$维持赊销业务所需资金 = 应收账款平均余额 \times 变动成本率$$

$$= 800 \times 40\% = 320（万元）$$

（4）2024 年度应收账款的机会成本。

$$应收账款机会成本 = 维持赊销业务所需资金 \times 资本成本率$$

$$= 320 \times 8\% = 25.6（万元）$$

或者

$$应收账款机会成本 = \frac{9\ 000 \times 80\%}{360（天）} \times 40 \times 40\% \times 8\% = 25.6（万元）$$

2. 管理成本

应收账款的管理成本是指企业对应收账款进行管理而发生的开支，它主要包括对客户的信用调查费用、应收账款记录分析费用、委托专业催收公司所支付的费用等。在应收账款一定数额范围内管理成本一般为固定成本。

3. 坏账成本

坏账成本是指应收账款无法收回而给企业带来的损失。坏账成本一般与应收账款的数额大小有关，与应收账款的拖欠时间有关。坏账成本与应收账款数量同方向变动，即应收账款越多，坏账成本也越多。

$$应收账款的坏账成本 = 赊销额 \times 预计的坏账损失率$$

（三）应收账款的管理目标

应收账款具有双重性：一方面企业可以通过商业信用扩大销售规模，增加收入，削减企业存货，提高企业市场占有率；另一方面较高的应收账款会导致较高的成本发生。同时较高的应收账款，会导致企业坏账损失规模的扩大。

因而应收账款的管理目标就是根据企业的实际情况和客户的信誉情况制定企业合理的信用政策，并在这种信用政策所增加的销售盈利和采用这种信用政策预计要担负的成本间做出权衡，以达到风险尽可能最小化，利益尽可能最大化。

同时，应收账款管理还包括企业未来销售前景和市场情况的预测和判断及对应收账款安全性的调查。如企业销售前景良好，应收账款安全性高，则可进一步放宽其收款信用政策，扩大赊销量，获取更大利润。相反，则应严格其信用政策，或对不同客户的信用程度进行适当调整，确保企业获取最大收入的情况下，又使可能的损失降到最低。

二、信用政策的制定

信用政策即应收账款的管理政策，是指企业为应收账款投资进行规划与控制而确立的基本原则与行为规范，包括信用标准、信用条件和收账政策三部分内容。

（一）信用标准

信用标准是企业用来衡量客户是否有资格享受商业信用的基本条件。客户达到了信用标准，则可享受赊销条件；达不到信用标准，不能享受赊销，必须要支付现金。

1. 信用标准

信用标准是指客户获得本企业商业信用所应具备的最低条件，通常以预期的坏账损失率表示。如客户达不到信用标准，则企业将不给信用优惠，或只给较低的信用优惠。信用标准定得过高，会使销售减少并影响企业的市场竞争力；信用标准定得过低，会增加坏账风险和收账费用。

制定信用标准的定量依据是估量客户的信用等级和坏账损失率，定性依据是客户的资信程度。

决定客户资信程度的因素有五个方面（也称"5C"标准）。

（1）品质（Character）。

品质是指个人申请人或企业申请人的诚实和正直表现。品质反映了个人或企业在过去的还款中所体现的还款意图和愿望。例如，以往是否有故意拖欠账款和赖账的行为，有否商业行为不端而受司法判处的前科，与其他供货企业的关系是否良好等。

（2）能力（Capacity）。

能力反映的是企业或个人在其债务到期时可以用于偿债的当前和未来的财务资源。分析客户的财务报表、资产与负债的比率、资产的变现能力、现金流等以判断、评价申请人的还款能力和偿付能力。

（3）资本（Capital）。

资本，主要用于观察、考量客户的经济实力和财务状况。如果企业或个人当前的现金流不足以还债，资本即是在短期和长期内可供使用的财务资源。

（4）抵押（Collateral）。

抵押是指当企业或个人不能满足还款条款时，可以用作债务担保的资产或其他担保物，这对不知底细或信用状况有争议的客户尤为重要。

（5）条件（Condition）。

条件是指影响顾客还款能力和还款意愿的经济环境。评价这些条件以决定是否给其提供信用。这些条件包括企业发展前景、行业发展趋势、市场需求变化等，对其进行分析，预测其对企业经营效益的影响。例如，在经济不景气的条件下或者信用普遍较差的区域，企业的信用标准可能较高，以避免发生坏账损失大的概率。

2. 影响因素

信用标准低有利于扩大销售，提高市场竞争力和占有率，但导致坏账损失风险加大和收账费用增加。因此，企业应当在成本与收益比较原则的基础上，确定适宜的信用标准。确定信用标准应考虑的基本因素包括：

（1）同行业竞争对手的情况。

（2）企业承担风险的能力。

（3）客户的资信程度。通常从信用品质、偿付能力、资本、抵押品和经济状况五个方面进行评估。

（二）信用条件

信用条件是销货企业要求赊购客户支付货款的条件以及可以享受的优惠条件，由信用期限、现金折扣率和折扣期限三个要素组成。信用条件经常表示为(2/15，N/40)，它的含义是：如果客户在 15 日内付款，可以享受 2% 的价格折扣；在 40 日内付款则不享受折扣而按发票全额支付。

1. 信用期限

信用期限是指企业允许客户从购货到支付货款的时间间隔。通常，延长信用期限，可以在一定程度上扩大销售量，从而增加毛利。但不恰当地延长信用期限，会给企业带来不良后果，它会导致平均收账期延长，占用在应收账款上的资金相应增加，引起机会成本增加，同时也会引起坏账损失和收账费用的增加。

信用期限过短不足以吸引客户，不利于扩大销售；信用期限过长会引起机会成本、管理成本、坏账成本的增加。因此信用期限优化的要点是：延长信用期限增加的销售利润是否超过增加的成本费用。企业是否给客户延长信用期限，应视延长信用期限增加的边际收入是否大于增加的边际成本而定。

【例 7-5】锦辰公司 2024 年拟定 A、B 两种信用方案：

A 方案信用期限为 20 天，赊销量为 50 万件，收账费用为 10 万元，预计发生的坏账损失为 4 万元。

B 方案信用期限延长到 50 天，赊销量可增加到 60 万件，但由于延长信用期导致企业收账费用为 14 万元，预计发生的坏账损失为 6 万元。

假定该企业投资报酬率为 9%，产品单位售价为 4 元，单位变动成本为 1.2 元，固定成本为 20 万元。确定该企业应选择哪一个信用期限。

为计算分析方便，将 A、B 方案汇表计算，如表 7-4 所示。

表 7-4　锦辰公司 A、B 信用方案对比计算表　　　　单位：万元

信用期	20 天	50 天
销售额	200(4×50 万件)	240(4×60 万件)
销售成本： 变动成本 固定成本	60(50 万件×1.2) 20	72(60 万件×1.2) 20
毛利	120	148
收账费用	10	14
坏账损失	4	6

增加销售利润 = 148 - 120 = 28(万元)

注：销售利润的增加是指毛利的增加，在固定成本总额不变的情况下也就是边际贡献的增加。由于固定成本在一定范围内固定不变，因此是与信用决策无关的成本，上例也可以这样计算：

增加销售利润 = 168 - 140 = 28(万元)

增加机会成本 $= \dfrac{240}{360} \times 50(天) \times \dfrac{72}{240}(变动成本率) \times 9\% - \dfrac{200}{360} \times 20(天) \times \dfrac{60}{200}(变动成本率) \times 9\% = 0.9 - 0.3 = 0.6(万元)$

增加管理成本 $= 14 - 10 = 4(万元)$

增加坏账成本 $= 6 - 4 = 2(万元)$

增加净收益 $= 28 - (0.6 + 4 + 2) = 21.4(万元)$

结论：应选择信用期为 50 天的 B 方案。

分析本例我们可以发现：延长信用期，会使销售额增加，产生有利影响；与此同时，应收账款、收账费用和坏账损失增加，会产生不利影响。当前者大于后者时，可以延长信用期，否则不宜延长。

2. 现金折扣条款

延长信用期限会增加应收账款的占用额及收账期，从而增加机会成本、管理成本和坏账成本。企业为了既能扩大销售，又能及早收回款项，往往在给客户以信用期限的同时推出现金折扣条款。

现金折扣是企业给予客户在规定时期内提前付款能按销售额的一定比率享受折扣的优惠政策，它包括折扣期限和现金折扣率两个要素。（2/15，N/40）表示信用期限为 40 天，如客户能在 15 天内付款，可享受 2% 的折扣，超过 15 天，则应在 40 天内足额付款。其中 15 天是折扣期限，2% 是现金折扣率。

在信用条件优化选择中，现金折扣条款能降低机会成本、管理成本和坏账成本，但同时也需付出一定的代价，即现金折扣成本。现金折扣条款有时也会影响销售额（比如有的客户会因享受现金折扣条款来购买本企业产品），造成销售利润的改变。

现金折扣成本也是信用决策中的相关成本，在有现金折扣的情况下，信用条件优化的要点是：增加的销售利润能否超过增加的机会成本、管理成本、坏账成本和折扣成本四项之和。因而如果加速收款带来的机会收益能够补偿现金折扣成本，企业就可以采取现金折扣或进一步改变当前的折扣方针；如果加速收款的机会收益不能补偿现金折扣成本，现金优惠条件便被认为是不恰当的。

【例 7-6】根据例 7-5 资料，锦辰公司在采用 50 天的信用期限的同时，向客户提供（1/10，N/50）的现金折扣，预计将有占销售额 60% 的客户在折扣期内付款，而收账费用和坏账损失均比信用期为 50 天的方案下降 10%。请判断该企业应否向客户提供现金折扣。

在例 7-5 中已判明 50 天信用期优于 20 天信用期，因此本例只需在 50 天信用期的前提下将有现金折扣方案和无现金折扣方案比较。

由于采用 50 天的信用期限的同时，又向客户提供（1/10，N/50）的现金折扣，采用现金折扣并没有提高产品的销售数量，所以：

增加销售利润 $= 168 - 168 = 0(万元)$

也即提供现金折扣没有增加销售利润。

由于提供了现金折扣期限，所以收账时间为加权的收款期。

平均收账期 $= 10 \times 60\% + 50 \times 40\% = 26(天)$

增加机会成本 $= \dfrac{240}{360} \times 26(天) \times \dfrac{72}{240}(变动成本率) \times 9\% - \dfrac{240}{360} \times 50(天) \times \dfrac{72}{240}(变动成$

本率)× 9% = 0.47 - 0.90 = - 0.43(万元)

增加管理成本 = 14 × (- 10%) = - 1.4(万元)

增加坏账成本 = 6 × (- 10%) = - 0.6(万元)

增加折扣成本 = 240 × 60% × 1% = 1.44(万元)

增加净收益 = 0 - (- 0.43 - 1.4 - 0.6 + 1.44) = 0.99(万元)

由于在 50 天的信用期限中提供了现金折扣,使得企业的信用收益为 0.99 万元,因而企业可以采用向客户提供现金折扣的信用政策。

需要强调的是,信用条件决策的基本原理就是成本与收益分析。在前例中,没有涉及固定成本增加的问题,但如果企业的信用条件很宽松,导致销售量(从而生产量)大量增加,突破了固定成本的相关范围,则需要考虑固定成本的增加问题。即在计算信用成本前收益时,应减去增加的固定成本,此时固定成本即成为与决策相关的成本项目。

(三)收账政策

收账政策是指企业针对客户违反信用条件,拖欠甚至拒付账款所采取的收账策略与措施。收账政策有积极型和消极型两种,积极型收账政策是指对超过信用期限的客户通过派人催收等措施加紧收款,必要时行使法律程序;消极型收账政策是指对超过信用期限的客户通过发函催收或等待客户主动偿还。

企业一般为了收回款项总会投入一定收账费用以减少坏账的发生。一般来说,随着收账费用的增加,坏账损失会逐渐减少,但收账费用不是越多越好,因为收账费用增加到一定数额后,坏账损失不再减少,说明在市场经济条件下不可能绝对避免坏账。

企业的收账政策有偏紧的收账政策和偏松的收账政策,不同的收账政策对于有关成本的影响是不同的。偏紧的收账政策的优点有利于及早收回货款,减少坏账损失,减少应收账款上占用的资金,从而减少机会成本,但会增加收账费用;偏松的收账政策收账费用低,但坏账损失和机会成本高。

制定收账政策就是要在增加收账费用与减少坏账损失、减少应收账款机会成本之间进行权衡,若前者小于后者,则说明制定的收账政策是可取的。因此企业确定收账政策,应考虑下列内容。

(1)影响收账政策的成本:坏账损失、机会成本和收账费用。关于这三项成本,机会成本的计算方法与前面介绍的相同,坏账损失根据坏账损失率计算,收账费用一般是已知条件。

(2)收账政策决策的原则:收账总成本(包括机会成本、坏账损失、年收账费用)最低。

【例 7-7】锦辰公司的年赊销收入为 7 200 万元,平均收账期为 60 天,坏账损失为赊销额的 3%,年收账费用为 90 万元。该公司认为通过增加收账人员等措施,年收账费投入 160 万元,可以使平均收账期降为 30 天,坏账损失下降为赊销额的 2%。假设公司的资金成本率为 10%,变动成本率为 60%。请问企业是否应改变收账政策的方案?根据以上资料整理计算分析,如表 7-5 所示。

表7-5 锦辰公司收账政策分析评价 单位：万元

项目	现行收账政策	拟改变的收账政策
赊销额	7 200	7 200
应收账款平均收账天数	60	30
应收账款平均余额	7 200÷360×60＝1 200	7 200÷360×30＝600
应收账款占用的资金	1 200×60%＝720	600×60%＝360
收账成本：		
应收账款机会成本	720×10%＝72	360×10%＝36
坏账损失	7 200×3%＝216	7 200×2%＝144
年收账费用	90	160
收账总成本	378	340
收账总成本的增加		－38（节约）

增加应收账款机会成本 ＝ 36 － 72 ＝ － 36（万元）

增加坏账损失 ＝ 144 － 216 ＝ － 72（万元）

增加年收账费用 ＝ 160 － 90 ＝ 70（万元）

增加收账总成本 ＝ （－ 36 － 72） ＋ 70 ＝ － 38（万元）

计算结果表明，拟改变的收账政策总成本低于现行收账总成本，因此，改变收账政策的方案是可以接受的。

三、应收账款的日常管理与控制

应收账款的管理难度比较大，在确定合理的信用政策之后，还要做好应收账款的日常管理与控制工作，主要包括对客户的信用调查和信用评估、应收账款的监控、应收账款的催收等。

（一）客户的信用调查

信用调查是指收集和整理反映客户信用状况的有关资料的工作，这是正确评价客户信用的前提条件。企业对客户进行信用调查主要通过两种方法：直接调查、间接调查。

1. 直接调查

直接调查是指调查人员直接与被调查单位接触，通过当面采访、询问、观看、记录等方式获取信用资料的一种方法。直接调查能保证搜集资料的准确性和及时性，但若不能得到被调查单位的合作则会使调查资料不完整。

2. 间接调查

间接调查是指以被调查单位以及其他单位保存的有关原始记录和核算资料为基础，通过加工整理获得被调查单位信用资料的一种方法。这些资料主要来自以下几个方面。

（1）财务报表。有关单位的财务报表是信用资料的重要来源，通过对财务报表进行分析，基本上能掌握一个企业的财务状况和盈利状况。

（2）信用评估机构。专门的信用评估部门，因为它们的评估方法先进，评估调查细致，评估程序合理，所以可信度较高。

（3）银行。银行是信用资料的一个重要来源，许多银行都设有信用部，为其客户服务，并负责对其客户信用状况进行记录、评估。但银行的资料一般仅愿意在内部及同行进行交流，而不愿向其他单位提供。

（4）其他途径。如财税部门、工商管理部门、消费者协会等机构都可能提供相关的信用状况资料。

（二）客户的信用评估

搜集好信用资料以后，就需要对这些资料进行分析、评估。对客户的信用评估可以采用信用评分法。它是对客户的一系列财务比率和信用情况指标进行评分，然后进行加权平均，计算出客户的综合信用分数，并据此进行信用评估的方法。

信用评分法的计算公式为：

$$Y = a_1 x_1 + a_2 x_2 + \cdots + a_n x_n$$

式中　Y——客户的信用评分；

　　　a_i——第 i 种财务比率或信用指标的权数；

　　　x_i——代表第 i 种财务比率或信用指标的评分。

客户的信用评估如表 7-6 所示。

表 7-6　客户的财务比率和信用品质的分析评价表示例

项　目	信用指标	客户企业指标	分数	权数
流动比率	2.2	2.0	90	0.20
资产负债率	40%	…	80	0.10
销售利润率	20%	…	85	0.10
资产周转率	2.8	…	90	0.10
信用评估等级	AAA	AA	85	0.20
付款历史	良好	…	80	0.20
回款率（应收款额）	100%	…	80	0.05
其他因素 （不良记录 违约记录）	一般	…	70	0.05
合计	…	…	…	1

在进行信用评分时，分数在 80 分以上的，说明企业信用状况良好；分数在 60~80 分的，说明信用状况一般；分数在 60 分以下的，说明信用状况较差。

客户信用评估应该动态进行，因为客户信用是不断变化的，有的客户信用在上升，有的则在下降。如果不对客户信用进行动态评估，并根据评估结果调整销售政策，就可能由于没有对信用上升的客户采取宽松的政策而导致不满，也可能由于没有发现客户信用下降而导致货款回收困难。

（三）应收账款的监控

1. 应收账款周转天数

应收账款周转天数或平均收账期是衡量应收账款管理状况的指标。将企业当前的应收账款周转天数与规定的信用期限、历史趋势以及行业正常水平进行比较，可以反映企业整体的收款效率。然而，应收账款周转天数可能会被销售量的变动趋势和销售季节性所破坏。

【例7-8】锦辰公司2024年6月底应收账款平均余额为300 000元，信用条件为60天内按全额付清货款，过去三个月的赊销情况为：4月，90 000元；5月，100 000元；6月，115 000元。计算锦辰公司应收账款周转天数，并分析应收账款平均逾期天数。

$$平均日销售额 = \frac{90\ 000 + 100\ 000 + 115\ 000}{90(天)} = 3\ 388.89(元)$$

$$应收账款周转天数 = \frac{应收账款余额}{平均日销售额} = \frac{300\ 000}{3\ 388.89} = 88.52(天)$$

$$应收账款平均逾期天数 = 应收账款周转天数 - 平均信用期天数 = 88.52 - 60 = 28.52(天)$$

2. 账龄分析表

账龄分析表将应收账款划分为未到信用期的应收账款和以30天为间隔的逾期应收账款，这是衡量应收账款管理状况的另外一项指标。企业既可以按照应收账款总额进行账龄分析，也可以分客户进行账龄分析。账龄分析法可以确定逾期应收账款，随着逾期时间的增加，应收账款收回的可能性变小。假定信用期限为30天，表7-7所示的账龄分析表反映出50%的应收账款为逾期账款。

表7-7　应收账款账龄分析表

应收账款账龄	账户数量	金额/万元	比重/%
信用期内	90	95	50
超过信用期1月内	20	25	13.16
超过信用期2月内	40	30	15.79
超过信用期3月内	30	20	10.53
超过信用期半年内	20	10	5.26
超过信用期1年内	10	5	2.63
超过信用期1年以上	20	5	2.63
合计	230	190	100

从账龄分析表可以看出，企业的应收账款在信用期内及超过信用期各时间档次的金额与比重，即账龄结构。一般而言，账款的逾期时间越短，收回的可能性越大，即发生坏账损失的程度相对越小；反之，收账的难度及发生坏账损失的可能性也就越大。

通过账龄结构分析，做好信用记录，可以研究与制定新的信用政策和收账政策。企业对应收账款要落实专人做好备查记录，通过编制应收账款账龄分析表，实施应收账款账龄分析和追踪分析。

应收账款账龄分析就是考察研究应收账款的账龄结构，即各账龄应收账款的余额占应收账款总计余额的比重。

应收账款一旦为客户所欠，赊销企业就必须考虑如何足额收回的问题。要达到这一目的，赊销企业就有必要在收账之前，对该项应收账款的运行过程进行追踪分析。

3. 应收账款账户余额模式

账龄分析表可以用于进一步建立应收账款账户余额模式，这是重要的现金流预测工具。应收账款账户余额模式反映一定期间(如一个月)的赊销额,在发生赊销的当月月末及随后的各月仍未偿还的百分比。

企业收款的历史决定了其正常的应收账款余额的模式,企业管理部门通过将当前的模式和过去的模式进行对比来评价应收账款余额模式的任何变化。企业还可以运用应收账款账户余额模式来计划应收账款金额水平,衡量应收账款的收账效率以及预测未来的现金流。

【例7-9】锦辰公司2024年4~6月的销售额分别为25 000元、30 000元、40 000元,预计7月销售为70 000元,该公司的应收账款收款模式为(为了简便体现,假设没有坏账费用):

销售的当月收回销售额的5%,销售后的第一个月收回销售额的40%,销售后的第二个月收回销售额的35%,销售后的第三个月收回销售额的20%,合计100%。

请计算分析:

(1)锦辰公司6月底未收回应收账款余额。

(2)锦辰公司7月现金流入估计。

根据锦辰公司应收账款收款模式编制应收账款账龄分析表,如表7-8所示。

表7-8 锦辰公司应收账款账龄分析表　　　　　金额单位:元

月份	销售额	各月销售中于6月底未收回的百分比	各月销售中于6月底未收回的金额
4月	25 000	= 100%-(5%+40%+35%) = 20%	5 000
5月	30 000	= 100%-(5%+40%) = 55%	16 500
6月	40 000	= 100%-5% = 95%	38 000
7月	70 000		

(1)计算锦辰公司6月底未收回应收账款余额。

6月底未收回的应收账款余额 = 5 000 + 16 500 + 38 000 = 59 500(元)

(2)锦辰公司7月现金流入估计。

7月现金流入估计 = 5%×70 000+40%×40 000+35%×30 000+20%×25 000 = 35 000(元)

4. 应收账款 ABC 分析法

ABC分析法是现代经济管理中广泛应用的管理思路,它源于"八二原则",即"少数的往往是重要的"思路,又称重点管理法。企业的时间资源有限,不能将时间资源平均分配,企业将有限的时间集中在极少数而又重要的对象上,这就是ABC分析法。

应收账款的ABC分析法是将企业的所有欠款客户按其金额的多少进行分类排队,然后分别采用不同的收账策略的一种方法。它一方面能加快应收账款收回,另一方面能将收账费用与预期收益联系起来。

【例7-10】锦辰公司的应收账款逾期金额为260万元,为了及时收回逾期货款,企业采用ABC分析法来加强应收账款回收的监控并编制分析表,具体数据如表7-9所示。请对该公司应收账款进行ABC分类管理。

表7-9 锦辰公司应收账款ABC分析表

顾客	逾期金额/万元	逾期期限	逾期金额占比/%	类别
A	72	7个月	27.69	
B	59	7个月	22.69	
C	34	6个月	13.08	A
小计	165		63.46	
D	24	6个月	9.23	
E	19	4个月	7.31	
F	15.5	4个月	5.96	
G	11.5	3个月	4.42	B
H	10	3个月	3.85	
小计	80		30.77	
I	6	70天	2.31	
J	4	66天	1.54	
K	3	30天		C
…	…	…	…	
小计	15		5.77	
总计	260		100	

利用ABC分析法管理应收账款的步骤如下。

(1)按所有客户应收账款逾期金额的多少分类排队，并累计逾期总额。

(2)计算出每家客户占总逾期金额的比重。

(3)根据逾期金额占比将客户分为A、B、C三类，分别采取不同的收款策略。

由表7-9可知，A类客户数量少，仅有3家，但逾期的应收账款金额占全部逾期金额的63.46%，因此对A类客户，应加强催收管理。可以发出措词较为严厉的信件催收，或派专人催收，或委托收款代理机构处理，甚至可通过法律途径解决。

B类客户有5家，其逾期金额占应收账款逾期金额总数的30.77%，对B类客户则可以多发几封信函催收，或打电话催收。

C类客户为数较多，但其逾期金额仅占应收账款逾期金额总数的5.77%，对C类客户只需要发出通知其付款的信函即可。

(四)应收账款的催收

加强对应收账款的催收有利于企业减少坏账损失和机会成本，企业可以采用定期对账制度，每隔三个月或半年就必须同客户核对一次账目，对过期的应收账款应按其拖欠的账龄及金额进行排队分析，确定优先收账的对象。同时应分清债务人拖延还款是否属故意拖欠，对故意拖欠的应考虑通过法律途径加以追讨。但同时催收会产生一定的成本，企业应在催账收益和成本之间做出权衡。

【微课视频】应收账款管理

【即测即评】应收账款管理

第四节 存货管理

一、存货管理概述

存货是指企业在生产经营过程中为销售或耗用而储备的物资，它涉及的范围广，包括原材料、燃料、低值易耗品、在产品、半成品、产成品等。

(一)存货管理的目标

存货管理是财务管理的一项重要内容。存货是企业生产和销售的必要储备，在企业的流动资产中占据很大比重；但存货又是一种变现能力较差的流动资产，并且过多的存货要占用较多资金，增加企业的费用开支。因此，存货管理的重点在于提高存货效益和控制存货成本。存货管理的目标，就是在保证生产经营或销售需要的前提下，最大限度地降低存货成本，具体包括以下几个方面。

1. 保证生产正常进行

生产过程中需要的原材料和在产品，是生产的物质保证。为保障生产的正常进行，必须储备一定量的原材料，否则可能会造成生产中断、停工待料现象。

2. 促进销售，扩大市场占有率

一定数量的存货储备能够增加企业销售上的机动性和适应市场变化的能力。当企业市场需求量增加时，若产品储备不足就有可能失去销售良机。同时，客户为节约采购成本和其他费用一般可能成批采购，企业为了达到运输上的最优批量也会组织成批发运，所以保持一定量的存货有利于满足客户的需求和提高市场销售能力。

3. 维持均衡生产，降低产品成本

有些产品属于季节性产品或者需求波动较大的产品，此时若根据需求状况组织生产，则可能有时生产能力得不到充分利用，有时又超负荷生产，造成产品成本的上升。为了降低生产成本，实现均衡生产，就要储备一定的产成品存货，并相应地保持一定的原材料存货。

4. 降低存货取得成本

一般情况下，企业采购时的进货总成本与采购物资的单价和采购次数有密切关系。而

许多供应商为鼓励客户多购买其产品，往往在客户采购量达到一定数量时给予价格折扣。所以企业通过大批量集中进货，既可以享受价格折扣，降低购置成本，也因减少订货次数，降低了订货成本，使总的取得成本降低。

5. 防止意外事件的发生

企业面临的市场环境瞬息万变，在采购、运输、生产和销售过程中，都可能发生意料之外的事故。因此企业保持必要的存货保险储备可以应对可能出现的不利情况，避免和减少因意外事件所致的损失。

(二) 存货的成本

存货的成本一般由下列内容构成，在不同的存货决策中会使用不同的成本构成项目。

1. 购置成本 (采购成本)

购置成本是指为购买存货本身所支出的成本，即存货本身的价值。在无商业折扣的情况下，购置成本是不随采购次数等变动而变动的，在基本模型中是存货决策的一项无关成本。购置成本计算公式为：

$$采购成本\ DU = D \times U$$

式中　D ——存货年需要量；

　　　U ——存货单价。

2. 订货成本

订货成本亦称进货费用，是指从发出订单到收到存货整个过程中所付出的成本，如订单处理成本 (包括办公成本和文书成本)、运输费、保险费以及装卸费等。订货成本中有一部分与订货次数无关，如常设采购机构的基本开支等，称为订货的固定成本；另一部分与订货次数有关，如差旅费、邮资等，称为订货的变动成本。订货成本的计算公式为：

$$订货成本 = F_1 + \frac{D}{Q}K$$

式中　K ——每次订货的变动成本；

　　　F_1 ——订货的固定成本；

　　　D ——存货年需要量；

　　　Q ——每次订货批量。

购置成本加上订货成本，就等于存货的取得成本，用 TC_a 表示。

其公式可表达为：

取得成本 = 购置成本 + 订货成本 = 购置成本 + 订货固定成本 + 订货变动成本

$$TC_a = DU + F_1 + \frac{D}{Q}K$$

3. 储存成本

储存成本是指存货在储存过程中发生的支出。储存成本有一部分是固定性的，与存货数量的多少无关，如仓库折旧费、仓库员工的固定工资等，这类成本与存货决策无关。

储存成本中另一部分为与存货储存数额成正比的变动成本，如存货资金的应计利息、存货损失、变质损失、存货保险费等，这类变动性的储存成本是决策中的相关成本。

储存成本的计算公式为：

$$\text{储存成本} = \text{储存固定成本} + \text{储存变动成本}$$

$$TC_c = F_2 + \frac{Q}{2}K_c$$

式中　TC_c——储存成本；

$\quad F_2$——储存固定成本；

$\quad K_c$——单位储存变动成本；

$\quad Q$——每次订货批量。

4　缺货成本

缺货成本是指由于存货供应中断而造成的损失，包括材料供应中断造成的停工损失、产成品库存缺货造成的拖欠发货损失、丧失销售机会的损失及商誉损失等。如果生产企业以紧急采购代用材料解决库存材料中断之急，那么缺货成本表现为紧急额外购入成本。缺货成本中有些是机会成本，只能作大致的估算。当企业允许缺货时，缺货成本随平均存货的减少而增加，它是存货决策中的相关成本。缺货成本用 TC_s 表示。

如果以 TC 来表示储备存货的总成本，它的计算公式为：

$$TC = TC_a + TC_c + TC_s = DU + \left(F_1 + \frac{D}{Q}K\right) + \left(F_2 + \frac{Q}{2}K_c\right) + TC_s$$

企业存货的最优化，就是使企业存货总成本即上式中 TC 值最小。

二、经济订货批量基本模型

(一)基本模型的前提假设

经济订货批量模型是所有存货模型的基础，它是建立在一系列严格假设基础上的，这些假设包括：

(1)企业一定时期的存货需求量可以较为准确地预测。

(2)存货集中到货，而非陆续入库。

(3)存货的价格稳定，且不存在数量折扣。

(4)仓储条件及所需现金不受限制。

(5)不允许出现缺货，即无缺货成本。

(6)所需存货市场供应充足，不会因买不到所需存货而影响其他方面。

(7)企业能够及时补充存货，每当存货量降为零时，下一批存货均能立即到位。

存货水平的变化如图 7-5 所示。

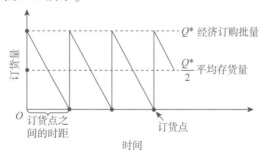

图 7-5　存货水平的变化

（二）经济订货批量基本模型

【例 7-11】锦辰公司 2024 年全年需要 A 零件 1 200 件，每次的订货成本为 400 元，每件年储存成本为 6 元，请计算分析最佳采购数量的总成本。

为了便于认识经济订货批量模型，我们选取了几个采购点进行分析比较，如表 7-10 所示。

表 7-10　锦辰公司采购点分析　　　　　　　　　单位：元

每次订货量	1 200	600	400	300	240
年订货次数	1	2	3	4	5
年订货成本	1×400＝400	2×400＝800	3×400＝1 200	4×400＝1 600	5×400＝2 000
年库存成本	600×6＝3 600	300×6＝1 800	200×6＝1 200	150×6＝900	120×6＝720
总成本	4 000	2 600	2 400	2 500	2 720

通过随机选取（1 200，600，400，300，240）几个采购数量进行测试可以看到，在采购成本和库存成本相等的时候，确定的点为最佳采购数量点（400 件），此时总成本为 2 400，为所有点中最低的，因此，根据上述相关资料我们可以确定 400 件为最佳采购数量。

下面我们就最佳采购数量点利用数学模型进行一般性分析。

在上述严苛的前提假设条件下，存货基本模型的总成本 TC 只由两项相关成本构成：变动性订货成本和变动性储存成本。其他均为与决策无关成本因素。由此例，我们可抽象出经济订货批量模型。存货的总成本为：

$$TC = \frac{D}{Q} \times K + \frac{Q}{2} \times K_c$$

式中　TC——与订货批量有关的每期存货的总成本；

D —— 每期对存货的总需求；

Q —— 每次订货批量；

K —— 每次订货的变动成本；

K_c——每期单位存货的储存变动成本。

使 TC 最小的订货批量 Q 即为经济订货批量 EOQ。利用数学知识，可推导出：

$$经济订货批量\ EOQ = \sqrt{\frac{2KD}{K_c}}$$

此时，总成本 $TC = \sqrt{2KD\,K_c}$

对于例 7-11，有：

$$EOQ = \sqrt{\frac{2KD}{K_c}} = \sqrt{\frac{2 \times 1\,200 \times 400}{6}} = 400（件）$$

$$TC = \sqrt{2KD\,K_c} = \sqrt{2 \times 400 \times 1\,200 \times 6} = 1\,200（元）$$

订货批量与存货总成本、订货成本、储存成本的关系如图 7-6 所示。

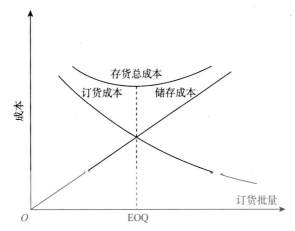

图7-6 订货批量与存货总成本、订货成本、储存成本的关系

由图7-6可以看出，存货成本曲线由三部分构成：一条是订货成本，另一条是储存成本，以及由订货成本与储存成本所决定的存货总成本。每次订货数量减少时，储存成本会随之降低，但必然导致订货次数增多，引起订货成本增大；反之，每次订货数量增加时，则储存成本随之上升，但可使订货次数减少，导致订货成本降低。可见，每次订货量太多或太少对企业控制成本都是不利的。

存货管理就是要寻求最优的订货批量EOQ，使全年存货相关总成本TC达到最小值。这个EOQ实际就是订货成本和储存成本相等时所确定的均衡点。

三、经济订货批量基本模型的扩展

立足于经济订货批量基本模型，逐步放宽其假设条件，可以得到适用范围更广的其他扩展模型。

(一)再订货点(订货提前期)

通常，企业的存货不可能做到随用随补，因此需要在库存降为零之前就发出订货需求。再订货点就是在提前订货的情况下，为确保存货用完时订货刚好入库，企业再次发出订货单时应该持有的库存量，它的数量等于平均交货时间和每日平均需要使用量的乘积。

$$ROP = L \times d$$

式中　ROP——再订货点；

　　　L——平均交货时间；

　　　d——每日平均需用量。

【例7-12】锦辰公司采购A零部件的经济订货批量为500件，每天正常耗用10件，交货提前期为20天。请确定锦辰公司的再订货点。

$$ROP = L \times d = 20 \times 10 = 200(件)$$

再订货点示意如图7-7所示。

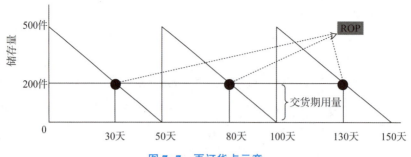

图 7-7　再订货点示意

从图 7-7 可以看出，锦辰公司当存货存量耗用下降到 200 件时，就应当再次订货，等到下批订货到达时（再次发出订货单 20 天后），原有库存刚好用完。可见，订货提前期对经济订货量没有影响，每次订货批量、订货次数、订货间隔时间等与瞬时补充相同。

（二）陆续到货模型

经济订货批量模型是假设存货一次全部入库的。事实上，各批存货一般都是陆续入库的，库存量陆续增加。特别是产成品入库和在产品转移，几乎总是陆续供应和陆续耗用的。在此情况下就需要对经济订货批量基本模型做一些修正。

假设每批订货数为 Q，每日送货量为 P，则该批货全部送达所需日数即送货期为：

$$送货期 = \frac{Q}{P}$$

假设每日耗用量为 d，则送货期内的全部耗用量为：

$$送货期耗用量 = \frac{Q}{P} \times d$$

由于零件边送边用，所以每批送完时，送货期内平均库存量为：

$$送货期内平均库存量 = \frac{1}{2}\left(Q - \frac{Q}{P} \times d\right)$$

假设存货年需用量为 D，每次订货的变动成本为 K，单位存货储存变动成本为 K_c，则与存货批量有关的总成本为：

$$TC(Q) = \frac{D}{Q}K + \frac{1}{2} \times \left(Q - \frac{Q}{P} \times d\right) \times K_c = \frac{D}{Q}K + \frac{Q}{2} \times \left(1 - \frac{d}{P}\right) \times K_c$$

在订货变动成本与储存变动成本相等时，$TC(Q)$ 有最小值，故存货陆续到货的经济订货量公式为：

$$\frac{D}{Q} \times K = \frac{Q}{2} \times \left(1 - \frac{d}{P}\right) \times K_c$$

$$EOQ = \sqrt{\frac{2KD}{K_c} \times \frac{P}{P-d}}$$

将这一公式代入上述 $TC(Q)$ 公式，可得出存货陆续到货的经济订货量相关总成本公式为：

$$TC(Q) = \sqrt{2KD\,K_c \times \left(1 - \frac{d}{P}\right)}$$

【例 7-13】锦辰公司某配件需用量为每年需要外购某材料 108 000 件，从明达公司购买该材料每次订货费用为 6 050 元，年单位材料变动储存成本为 30 元/件，材料陆续到货和使用，每日送货量为 400 件，每日耗用量为 300 件。计算该配件的经济订货量和相关总成本。

将例中数据代入上述公式，解得：

$$EOQ = \sqrt{\frac{2 \times 6\,050 \times 108\,000}{30} \times \frac{400}{400-300}}$$

$$= \sqrt{43\,560\,000 \times 4} = \sqrt{174\,240\,000} = 13\,200(\text{件})$$

$$TC(Q) = \sqrt{2 \times 6\,050 \times 108\,000 \times 30 \times \left(1 - \frac{300}{400}\right)} = \sqrt{39\,204\,000\,000 \times \left(\frac{1}{4}\right)}$$

$$= \sqrt{9\,801\,000\,000} = 99\,000(\text{元})$$

（三）折扣点决策

为了鼓励客户购买更多的商品，销售企业通常会给予不同程度的价格优惠，即实行商业折扣或称价格折扣。此时，进货企业对经济订货批量的确定，除了考虑订货成本与储存成本外，还应考虑存货的采购成本。

即在实行数量折扣的条件下，存货单位进价与进货数量的大小有直接的联系，属于决策的相关成本。存在数量折扣时的存货相关总成本可按下式计算：

存货相关总成本 = 采购成本 + 相关订货成本 + 相关存储成本

实行数量折扣的经济订货批量具体确定步骤为：

（1）按照基本经济订货批量模式确定经济订货批量。

（2）计算按经济订货批量订货时的存货相关总成本。

（3）计算按给予数量折扣的订货批量订货时的存货相关总成本。

例如，如果给予数量折扣的订货批量是一个范围，如进货数量在 1 000～1 999 千克之间可享受 2% 的价格优惠，此时按给予数量折扣的最低订货批量，即按 1 000 千克计算存货相关总成本。因为在给予数量折扣的订货批量范围内，无论订货量是多少，存货单位进价都是相同的，而相关总成本的变动规律是订货批量越小，相关总成本就越低。

（4）比较不同订货批量的存货相关总成本，最低存货相关总成本对应的订货批量，就是实行数量折扣时的最佳经济订货批量。

【例 7-14】锦辰公司 2024 年甲材料全年需要量为 16 000 件，每件标准价为 20 元。供货企业信鑫公司规定：

客户每批购买量不足 1 000 件的，按照标准价格计算；

每批购买量 1 000 件以上，2 000 件以下的，价格优惠 1%；

每批购买量 2 000 件以上的，价格优惠 5%。

已知每批进货费用 600 元，单位材料的年储存成本 30 元。

要求：

（1）按照基本模型计算经济订货批量及其相关总成本。

（2）计算确定实行数量折扣的经济订货批量。

（3）确定锦辰公司每次最佳的订货数量。

存在数量折扣的情况下，企业实际上面临着三种选择：不享受折扣，按照计算出的最佳批量采购，但按此数量采购企业有可能无法获取折扣；如果按照供应商提出 1 000 件的批量采购则能享受1%的折扣；如果按照供应商提出2 000件的批量采购则能享受5%的折扣。因此确定经济订货批量，需要比较这三个方案的相关总成本，最低的即为最优批量。

（1）按经济订货批量基本模型确定的经济订货批量为：

$$经济订货批量 EOQ = \sqrt{\frac{2KD}{K_c}} = \sqrt{\frac{2 \times 16\ 000 \times 600}{30}} = 800（件）$$

每次进货800件时的存货相关总成本为：

$$存货相关总成本 = 16\ 000 \times 20 + \frac{16\ 000}{800} \times 600 + \frac{800}{2} \times 30$$

$$= 320\ 000 + 12\ 000 + 12\ 000 = 344\ 000（元）$$

（2）计算每次进货1 000件时的存货相关总成本：

$$存货相关总成本 = 16\ 000 \times 20 \times (1 - 1\%) + \frac{16\ 000}{1\ 000} \times 600 + \frac{1\ 000}{2} \times 30$$

$$= 316\ 800 + 9\ 600 + 15\ 000 = 341\ 400（元）$$

（3）计算每次进货2 000件时的存货相关总成本：

$$存货相关总成本 = 16\ 000 \times 20 \times (1 - 5\%) + \frac{16\ 000}{2\ 000} \times 600 + \frac{2\ 000}{2} \times 30$$

$$= 304\ 000 + 4\ 800 + 30\ 000 = 338\ 800（元）$$

（4）通过比较发现，锦辰公司每次进货为2 000件时的存货相关总成本最低，所以考虑到有折扣点时其最佳经济订货批量为2 000件。

四、存货的日常管理

（一）存货归口分级管理

存货归口分级管理是指按照使用资金和管理资金相结合、物资管理和资金管理相结合的原则，将存货资金定额按各职能部门所涉及的业务归口管理，各职能部门再将资金定额计划层层分解落实到车间、班组乃至个人，实行分级管理。

（二）ABC分类管理

当企业存货品种繁多、单价高低悬殊、存量多寡不一时，使用ABC控制法可以分清主次、抓住重点、区别对待，使存货管理更方便有效。

存货的ABC分类管理是"八二原则"在存货管理中的应用。这种方法的要点是把企业种类繁多的存货，依据其重要程度、价值大小或者资金占用等标准分为三大类：

A类存货品种数量占整个存货的10%~15%，但价值占全部存货的50%~70%；B类存货品种数量占整个存货的20%~25%，价值占全部存货的15%~20%；C类存货品种数量多，占整个存货的60%~70%，价值占全部存货的10%~35%。

根据上述的划分，对不同类别的存货采取不同的管理方法。对A类存货实行重点控制，严格管理，对B类存货进行次重点管理，对C类存货只进行一般管理。

【例7-15】锦辰公司有10种材料，共占用资金50万元，相关的数据资料如表7-11所示。公司按占用资金多少顺序排列后，根据ABC控制法原则划分为A、B、C三类。

表 7-11 锦辰公司存货分类控制

材料品种 （用编号替代）	占用资金数额/ 元	类别	各类存货品种 数量/种	占存货品种总 数的比重/%	各类存货占用 资金数量/元	占存货总资金 的比重/%
1	200 000	A	2	20	380 000	76
2	180 000					
3	50 000	B	3	30	80 000	16
4	20 000					
5	10 000					
6	8 000	C	5	50	40 000	8
7	8 000					
8	8 000					
9	8 000					
10	8 000					
合计	500 000		10	100	500 000	100

对于 A 类物资应经常检查库存，严格管理，科学地制定其资金定额并按经济订货批量模型合理进货。对于 B 类物资采取比较严格的管理，视具体情况部分参照 A 类，部分参照 C 类控制。

（三）适时制库存控制系统

适时制库存控制系统，又称零库存管理、看板管理系统，最早是由丰田公司提出并将其应用于实践。它是指制造企业事先与供应商和客户协调好，只有当制造企业在生产过程中需要原料或零件时，供应商才会将原料或零件送来，而每当产品生产出来就被客户拉走。这样，制造企业的库存水平就可以大大下降。显然，适时制库存控制系统需要的是稳定而标准的生产程序以及供应商的诚信，否则，任何一环出现差错将导致整个生产线的停止。目前，已有越来越多的公司利用适时制库存控制系统减少甚至消除对库存的需求，即实行零库存管理。适时制库存控制系统进一步的发展被应用于企业整个生产管理过程中，集开发、生产、库存和分销于一体，大大提高了企业运营管理效率。

【微课视频】存货管理

【即测即评】存货管理

第五节　短期债务筹资

一、短期债务筹资的特点

短期债务筹资是指筹集在 1 年以内或者超过 1 年的一个营业周期内到期资金的活动。短期债务筹资主要有短期借款、商业信用以及短期融资券三种形式，这类筹资的主要特点有：

（1）筹资速度快，更易得。

由于债权人承担的风险相对较低，且资金在较短时间内即可归还，不需要对债务人进行复杂的信用调查，因此，短期负债资金比长期负债更容易筹集。

（2）筹资弹性好。

相对于长期负债而言，短期负债的限制性条件和约束性条款较少，使得筹资方在资金的使用和配置上更具灵活性，富有弹性。

（3）筹资成本低。

由于债权人承担的风险较小，因此，债权人要求的报酬率较低，且筹资费用也较小，所以，短期负债的筹资成本通常较低。

（4）筹资风险大。

由于要在较短时期内偿还负债，导致筹资者承担较高的筹资风险。因此要求企业保持较高的资产流动性来偿还即将到期的债务，对企业的短期偿债能力要求高，否则极易导致企业陷入财务危机。

二、短期借款

（一）短期借款及种类

短期借款是指企业为解决短期资金需求而向银行或其他金融机构借入的、还款期限在一年以下（含一年）的各种借款。

短期借款主要有经营周转借款、临时借款、结算借款、票据贴现借款等。

（二）短期借款的信用条件

1. 信贷额度

信贷额度亦即贷款限额，是借款企业与银行在协议中规定的借款最高限额。信贷额度的有效期限通常为 1 年。一般情况下，在信贷额度内，企业可以随时按需要支用借款。但是，银行并不承担必须贷款的义务。如果企业信誉恶化，即使在信贷限额内，企业也可能得不到借款。此时，银行不会承担法律责任。

2. 周转信贷协定

周转信贷协定又叫"循环贷款协定"，是银行具有法律义务地承诺提供不超过某一最高限额的贷款协定。在协定的有效期内，只要企业的借款总额未超过最高限额，银行必须满足企业任何时候提出的借款要求。同时，企业享用周转信贷协定，通常要对贷款限额的未使用部分付给银行一笔承诺费。

【例7-16】锦辰公司与银行商定的周转信贷额度为10 000万元，年度内实际使用了8 000万元，承诺费率为0.5%，企业应向银行支付的承诺费为：

信贷承诺费 =（10 000 － 8 000）× 0.5% = 10（万元）

3. 补偿性余额

补偿性余额又称为最低存款余额，是指企业向银行借款时，银行要求借款企业以低息或者无息形式，在银行中按贷款限额或实际使用额保持一定百分比的最低存款余额。最低存款余额一般占借款额的10%左右。

补偿性余额有助于银行降低贷款风险，补偿其可能遭受的损失；对借款企业来说，补偿性余额则提高了借款的实际利率，加重了企业的利息负担。

【例7-17】锦辰公司向银行借款8 000万元，利率为7%，银行要求保留15%的补偿性余额，则企业实际可动用的贷款为6 800万元，该贷款的实际利率为：

$$借款实际利率 = \frac{8\ 000 \times 7\%}{8\ 000 \times (1 - 15\%)} = \frac{7\%}{1 - 15\%} = 8.24\%$$

（三）短期借款成本

短期借款成本主要包括利息、手续费等，短期借款成本的高低主要取决于借款利率的高低和利息的支付方式。

一般来说，短期借款利息的支付方式有收款法、贴现法和加息法三种，付息方式不同，则借款成本计算也会有所不同。

1. 收款法

收款法是在借款到期时向银行支付利息的方法。银行向企业贷款大都采用这种方法收取利息。采用收款法时，短期借款的实际利率就是名义利率。

2. 贴现法

贴现法又称折价法，是指银行向企业发放贷款时，先从本金中扣除利息部分，到期时借款企业偿还全部贷款本金的一种计息方法。采用这种方法，企业可以利用的贷款只有本金减去利息部分后的差额，因此贷款的实际利率要高于名义利率。

【例7-18】锦辰公司某企业从银行取得借款2 000万元，期限1年，利率6%，利息120万元。按贴现法付息，企业实际可动用的贷款为1 880万元，该借款的实际利率为：

$$借款实际利率 = \frac{2\ 000 \times 6\%}{1\ 880} = \frac{6\%}{1 - 6\%} = 6.38\%$$

3. 加息法

加息法是银行发放分期等额偿还贷款时采用的利息收取方法。在分期等额偿还贷款情况下，银行将根据名义利率计算的利息加到贷款本金上，计算出贷款的本息和，要求企业在贷款期内分期偿还本息之和的金额。由于贷款本金分期均衡偿还，借款企业实际上只平均使用了贷款本金的一半却支付了全额利息，这样企业所负担的实际利率大约是名义利率的2倍。

$$借款实际利率 = \frac{利息}{实际取得可供使用的借款} \times 100\%$$

【例7-19】锦辰公司从银行取得借款50万元，期限1年，利率6%，分12个月等额偿还本息，该借款的实际利率为：

$$借款实际利率 = \frac{50 \times 6\%}{50/2} \times 100\% = 12\%$$

（四）短期借款筹资评价

1. 优点

（1）短期借款筹资方便快捷，不需要长期借款或者发行债券那样严格的审批手续，借款时间快。

（2）短期借款筹资具有较好的弹性，可以根据企业对流动资金的需要进行借款。

2. 缺点

（1）资金成本相对于商业信用而言较高。

（2）借款条件有一定限制，例如银行会较多关注企业短期偿债指标，要求企业保持一定的流动资产，对企业的资本性支出有一定的限制。

 【微课视频】短期债务筹资（上）

三、商业信用

商业信用是公司之间由于商品和货币在时间上和空间上分离而形成的直接信用行为。其表现形式有应付账款、应付票据和预收货款，其中，应付账款是典型的商业信用的表现形式。

商业信用是短期债务筹资的最主要方式。由于它的形成与商品交易直接联系，手续简便，因此很容易成为公司短期资金来源。在西方国家，商业信用占短期债务筹资的比重约为40%，在我国这一比重更高。当然，这与我国特殊的信用环境、企业制度有关。一般来说，当筹资渠道不多、经济处于紧缩期、市场上资金供应不足时，商业信用的规模会大些，商业信用在短期债务筹资中的比重会更高些。

商品交易中，购货方可以利用应付账款、应付票据等商业信用筹集短期负债性资本，而供货方可以利用预收账款商业信用筹集短期负债性资本。

（一）应付账款

应付账款是企业因购买材料、商品或接受劳务等经营活动应支付的款项，即卖方允许买方在购货后一定时期内支付货款的一种形式。

应付账款是供应商给企业提供的一个商业信用。由于购买者往往在到货一段时间后才付款，商业信用就成为企业短期资金来源。如企业规定对所有账单均见票后若干日付款，商业信用就成为随生产周转而变化的一项内在的资金来源。当企业扩大生产规模，其进货和应付账款相应增长，商业信用就提供了增产需要的部分资金。

1. 商业信用条件

（1）有信用期，但无现金折扣。如"N/40"表示40天内按发票金额全数支付。

（2）有信用期和现金折扣。如"1/10，N/40"表示10天内付款享受现金折扣1%，若买方放弃折扣，40天内必须付清款项。

供应商在信用条件中规定有现金折扣，目的主要在于加速资金回收。企业在决定是否享受现金折扣时，应仔细考虑。通常，放弃现金折扣的成本是高昂的。

2. 商业信用的决策

（1）放弃现金折扣的信用成本。

倘若买方企业购买货物后在卖方规定的折扣期内付款，可以获得免费信用，这种情况下企业没有因为取得延期付款信用而付出代价。例如，某应付账款规定付款信用条件为"2/10，N/30"，是指买方在10天内付款，可获得2%的付款折扣，若在10~30天内付款，则无折扣；允许买方付款期限最长为30天。

放弃现金折扣的信用成本为：

$$放弃现金折扣的信用成本率 = \frac{折扣率}{1-折扣率} \times \frac{360 大}{付款期（信用期）-折扣期} \times 100\%$$

公式表明，放弃现金折扣的信用成本率与折扣百分比大小、折扣期长短和付款期长短有关，与货款额和折扣额没有关系。如果企业在放弃折扣的情况下，推迟付款的时间越长，其信用成本便会越小，但展期信用的结果是企业信誉恶化导致信用度的严重下降，日后可能招来更加苛刻的信用条件。

【例7-20】锦辰公司向恒远公司购入价值20 000元的原材料，恒远公司提出了"2/10，N/30"的付款条件。

要求：

①确定锦辰公司10天内付款的商业信用成本。

②确定锦辰公司10天后30天内付款的商业信用成本。

计算如下。

①锦辰公司10天内付款免费获得19 600元的信用资金，并获得400元的现金折扣。

②锦辰公司10天后30天内付款的商业信用成本：

$$放弃现金折扣的信用成本率 = \frac{2\%}{1-2\%} \times \frac{360}{30-10} \times 100\% = 36.73\%$$

【例7-21】接例7-20资料，假设锦辰公司还面临另一家供应商众泰公司提供的信用条件"2/20，N/50"，其他条件均相同。确定锦辰公司应当选择的供应商。

首先确定20天内付款的商业信用成本：免费获得19 600元的信用资金，并获得400元的现金折扣。

然后确定20天后50天内付款的商业信用成本：

$$放弃现金折扣的信用成本率 = \frac{2\%}{1-2\%} \times \frac{360}{50-20} = 24.49\%$$

最后比较信用成本决策。根据计算结果，"2/20，N/50"信用条件下的信用成本率更低，因此，应选择信用条件为"2/20，N/50"的供应商。

（2）放弃现金折扣的信用决策。

企业放弃应付账款现金折扣的原因，可能是企业资金暂时的缺乏，也可能是为了将资金用于临时性短期投资，以获得更高的投资收益。如果企业将应付账款额用于短期投资时所获得的投资报酬率高于放弃折扣的信用成本率，则应当放弃现金折扣。

【例7-22】锦辰公司采购一批材料，供应商报价为10 000元，付款条件为"3/10，2.5/30，1.8/50，N/90"。目前企业用于支付账款的资金需要在90天时才能周转回来，如果要在90天内付款，只能通过银行借款解决。假设银行利率为13%，请确定锦辰公司材料采购款的付款时间。

根据放弃现金折扣的信用成本率计算公式进行计算。

①10天付款方案。

$$放弃现金折扣的信用成本率 = \frac{3\%}{1 - 3\%} \times \frac{360}{90 - 10} = 13.92\%$$

②30天付款方案。

$$放弃现金折扣的信用成本率 = \frac{2.5\%}{1 - 2.5\%} \times \frac{360}{90 - 30} = 15.38\%$$

③50天付款方案。

$$放弃现金折扣的信用成本率 = \frac{1.8\%}{1 - 1.8\%} \times \frac{360}{90 - 50} = 16.50\%$$

由于各种方案放弃折扣的信用成本率均高于借款利息率13%，因此初步结论是应取得现金折扣，借入银行借款以偿还货款。

①10天付款方案。

得折扣 = 10 000×3% = 300（元）

用资 = 10 000-300 = 9 700（元）

实际借款天数 = 90-10 = 80（天）

$$利息 = 9\ 700 \times \frac{13\%}{360} \times 80（天）= 280.22（元）$$

净收益 = 300-280.22 = 19.78（元）

②30天付款方案。

得折扣 = 10 000×2.5% = 250（元）

用资 = 10 000-250 = 9 750（元）

实际借款天数 = 90-30 = 60（天）

$$利息 = 9\ 750 \times \frac{13\%}{360} \times 60（天）= 211.25（元）$$

净收益 = 250-211.25 = 38.75（元）

③50天付款方案

得折扣 = 10 000×1.8% = 180（元）

用资 = 10 000-180 = 9 820（元）

实际借款天数 = 90-50 = 40（天）

$$利息 = 9\ 820 \times \frac{13\%}{360} \times 40（天）= 141.84（元）$$

净收益 = 180-141.84 = 38.16（元）

可见，锦辰公司第30天付款是最佳方案，其净收益最大。

(二)应付票据

应付票据是指企业在商品购销活动和对工程价款进行结算中,因采用商业汇票结算方式而产生的商业信用。商业汇票是指由付款人或存款人(或承兑申请人)签发,由承兑人承兑,并于到期日向收款人或被背书人支付款项的一种票据,包括商业承兑汇票和银行承兑汇票。商业汇票的支付期最长不超过 6 个月。应付票据按是否带息分为带息应付票据和不带息应付票据两种。

(三)预收货款

预收货款是销货方按照合同或协议规定,在发出商品之前向购货方预先收取部分或全部货款的信用行为。对于卖方来说,预收货款相当于卖方向买方先借入一笔款项,然后用商品归还。预收货款通常是买方在购买紧缺商品时乐意采用的一种方式,以便取得对货物的要求权。而卖方对于生产周期长、售价高的商品,经常要向买方预收货款,以缓和公司资金占用过多的矛盾。

(四)商业信用筹资评价

1. 商业信用筹资的优点

(1)使用方便。

商业信用与商品买卖同时进行,属于一种自发性筹资,不用进行非常正规的安排,而且不需办理手续,一般也不附加条件,使用比较方便。

(2)成本低。

如果没有现金折扣或公司不放弃现金折扣,则利用商业信用筹资没有实际成本。

(3)限制少。

商业信用的使用灵活且具有弹性。如果公司利用银行借款筹资,银行往往对贷款的使用规定一些限制条件,而商业信用则限制较少。

2. 商业信用筹资的缺点

(1)商业信用筹资成本高。

商业信用的筹资成本是一种机会成本,如果放弃现金折扣,则要付出较大的资本成本。由于商业信用筹资属于临时性筹资,其筹资成本比银行信用要高。

(2)容易恶化企业的信用水平。

商业信用的期限筹资短,还款压力大,对企业现金流量管理的要求很高。如果应付账款的金额较大、发生较频繁,容易带来财务支付风险。而长期和经常性地拖欠账款,又会造成企业的信誉恶化。

(3)受外部环境影响较大。

商业信用筹资受商品市场和金融市场环境的影响。例如,当商品市场求大于供时,卖方可能停止提供信用。

四、短期融资券

(一)短期融资券及其分类

短期融资券是由企业依法发行的无担保短期本票。在中国,短期融资券是指具有法人资格的非金融企业依照《银行间债券市场非金融企业债务融资工具管理办法》的条件和程序，在银行间债券市场发行和交易并约定在1年内还本付息的债务融资工具，由中国人民银行对融资券的发行、交易、登记、托管、结算、兑付进行监督管理。短期融资券按不同标准可作不同分类。

1. 按发行人分类

短期融资券分为金融企业的融资券和非金融企业的融资券。在我国，目前发行和交易的是非金融企业的融资券。

2. 按发行方式分类

短期融资券分为经纪人承销的融资券和直接销售的融资券。非金融企业发行融资券一般采用间接承销方式进行，金融企业发行融资券一般采用直接发行方式进行。根据我国《银行间债券市场非金融企业债务融资工具管理办法》，我国非金融企业发行短期融资券应由符合条件的承销机构承销。

（二）我国发行短期融资券的相关规定

（1）发行人为非金融企业，发行企业均应经过在中国境内工商注册且具备债券评级能力的评级机构的信用评级，并将评级结果向银行间债券市场公示。

（2）发行和交易的对象是银行间债券市场的机构投资者，不向社会公众发行和交易。

（3）融资券的发行由符合条件的金融机构承销，企业不得自行销售融资券，发行融资券募集的资金用于本企业的生产经营。

（4）融资券采用实名记账方式在中央国债登记结算有限责任公司（简称中央结算公司）登记托管，中央结算公司负责提供有关服务。

（5）债务融资工具发行利率、发行价格和所涉费率以市场化方式确定，任何商业机构不得以欺诈、操纵市场等行为获取不正当利益。

（三）短期融资券筹资评价

1. 短期融资券筹资的优点

（1）筹资成本较低。

相对于发行公司债券筹资而言，发行短期融资券的筹资成本较低。

（2）数额较大。

相对于银行借款筹资而言，短期融资券的一次性筹资数额比较大。

（3）能提高企业信誉和知名度。

如果一个公司能发行自己的短期融资券，通常说明该公司有较好的信誉；同时，随着所发行的短期融资券被投资者所了解，公司的声望和知名度也会提高。

2. 短期融资券筹资的缺点

（1）条件比较严格。

必须是具备一定信用等级的实力强的企业，才能发行短期融资券筹资。

（2）风险比较大。

它的性质是约定在1年内还本付息的债务融资工具，如果企业经营不善，则无法偿还。

【微课视频】短期债务筹资(下)

 【即测即评】短期债务筹资

拓—思—悟

拓展阅读：

关于推动商务信用体系建设高质量发展的指导意见

商务信用体系是社会信用体系的重要组成部分，是商务工作的重要基础。加强商务信用体系建设，有利于促进供需衔接，提升流通效率，改善营商和消费环境，推动高水平对外开放。为贯彻落实党的二十大精神，按照《中共中央办公厅 国务院办公厅关于推进社会信用体系建设高质量发展 促进形成新发展格局的意见》相关要求，推动商务信用体系建设高质量发展，商务部、国家发展改革委和金融监管总局联合发布《关于推动商务信用体系建设高质量发展的指导意见》，提出发展高水平商务信用经济。

(一)积极发展信用销售

研究完善信用销售保障机制，鼓励企业积极使用信用报告、信用保险、保理、担保等信用工具。支持国内贸易信用保险发展，鼓励有条件的地方探索建立风险补偿机制；梳理企业信息，支持保险机构开展精准服务。更好发挥出口信用保险作用，优化承保和理赔条件。

(二)促进信用消费发展

推动金融机构与商贸流通企业开展合作，合理增加对消费者购买汽车、家电、家居等产品的消费信贷支持，持续优化利率和费用水平。鼓励商贸流通企业在风险可控的前提下，积极打造面向消费者的信用应用场景，向消费者提供先用后付、减免押金等灵活交易安排。

(三)支持发展信用融资

鼓励金融机构以销售数据、应收账款、信用保险保单等为基础，开发适合中小微商贸流通企业的专项信贷产品，缓解融资难融资贵问题。积极运用全国一体化融资信用服务平台网络，以多种方式为外贸企业融资提供增信支持，鼓励金融机构加大对中小微外贸企业进出口信贷投放。

(四)规范发展信用评价

以公共信用综合评价为基础，探索制定商务领域信用评价指引或标准，完善信用评价基本原则、主要内容和披露规范，引导相关机构建立科学、公平、透明的信用评价规则。

引导商圈、步行街、电子商务平台开展商户信用管理，建立多维度、全过程的评价体系，为消费者以信用评价作为消费决策依据创造条件。

（五）提升企业信用建设水平

鼓励企业建立健全内部信用管理体系，通过建立健全客户信用记录、加强信用评估和应收账款管理等方式，充分发挥信用在开展交易决策、制定交易条件中的基础性作用。充分运用公共信用信息，科学应用各种信用产品和信用服务，采用大数据、互联网等新技术，提升风险管控能力，管理和维护企业自身信用。

资料来源：节选自《关于推动商务信用体系建设高质量发展的指导意见》，中国政府网：https://www.gov.cn/zhengce/zhengceku/202308/content_6900101.htm

思考： 商业信用的基本内涵是什么？数字经济时代如何有效利用商业信用促进企业发展？

体悟： 诚实守信。

本章小结

营运资金是企业用以维持正常经营所需要的资金，它是在企业生产经营活动中占用在流动资产上的资金。营运资金具有短期性、变现性、波动性、多样性、转换性、一致性等特点。影响营运资金周转的因素包括存货周转期、应收账款周转期和应付账款周转期。

营运资金的管理就是对企业流动资产和流动负债的管理。因此，营运资金管理策略可分为流动资产的投资策略和流动资产的筹资策略。

现金是营运资金中流动性最强的资金。任何企业在任何时候出于交易性、预防性、投机性等动机都会持有一定数量的现金，然而现金持有量的大小又会不同程度地影响持有现金的成本，进而影响企业的盈利水平。企业可以利用成本分析模型、随机模型、因素分析法和存货模型等确定最佳的现金持有量。

应收账款产生的原因主要是赊销，赊销既能促进销售，减少存货占用，也会产生一定的成本。采取赊销方式就必然产生应收账款，企业持有应收账款主要有三项成本：机会成本、管理成本和坏账成本。因此，企业必须注重应收账款的管理，制定科学合理的信用政策，包括信用标准、信用条款和收账政策三部分内容。

存货是指企业在生产经营过程中为销售或耗用而储备的物资。存货管理的重点在于提高存货效益和控制存货成本。存货的成本包括购置成本、订货成本、储存成本和缺货成本。存货管理的主要问题是如何确定企业存货的最优订货批量。

短期债务筹资是指筹集在1年以内或者超过1年的一个营业周期内到期资金的活动，具有筹资速度快、弹性好、成本低、风险大的特点。短期债务筹资的方式主要有短期借款、商业信用以及短期融资券等，不同的筹资方式具有不同的优点和缺点。

格力电器的 OPM 战略①

一、案例资料

（一）公司简介

珠海格力电器股份有限公司（以下简称"格力电器"）成立于 1991 年，是一家多元化、科技型的全球工业制造集团，产业覆盖家用消费品和工业装备两大领域，产品远销 190 多个国家和地区。格力电器自初创期就重视技术研发，狠抓产品质量，实施"精品战略"，推行"零缺陷工程"，以"消费者满意是最高标准"，通过自主研发、采购、生产、销售和服务，巩固和产业链上下游企业的关系，使得格力电器的产品在质量上具备了强大的竞争优势，在消费者中树立了良好的口碑，也为其做大、做强奠定了良好的发展基础。

从 1991 年成立至今，格力电器通过三十多年的艰苦奋斗成为中国制造业的一张靓丽名片。据世界权威市场调研机构欧睿国际的调查数据显示，格力电器的家用空调 2023 年全球市场占有率高达 20%，已连续 18 年位居全球首位。2023 年，公司凭借突出的综合实力再次上榜《福布斯》"全球企业 2 000 强"，荣登"2023 中国民营企业 500 强榜单"，入围"2022 年度中国轻工业二百强企业名单""2022 年度中国轻工业科技百强企业名单"。在 2024 年中国品牌价值评价信息中，格力电器以 1 882.53 亿元的品牌价值，名列轻工组前三、家电行业第一。正是多年来始终坚持自主创新，以核心科技服务美好生活，不断为消费者提供优质产品，才能使格力电器在激烈的市场竞争中脱颖而出，成为大家信赖的国民品牌。

（二）格力电器 OPM 战略实施

OPM 战略（Other People's Money）实质就是企业占用外部资金用于自身生存发展，该战略不仅能有效缓解企业的融资困境，还能以较低成本占用供应链中其他企业资金，来缓解企业自身的营运压力。可见，企业实施 OPM 战略的关键在于企业是否具有较强竞争优势以获得商业信用。企业竞争优势越大，获取商业信用能力越强，占用外部资金数额相应也会增加，才能更好地实施 OPM 战略。因此，实施 OPM 战略需要企业不断培育技术、渠道、品牌等竞争优势，增强与上游供应商和下游经销商企业的议价能力，通过延期支付上游供应商，预先收取下游经销商的款项来占用资金，减少自身营运成本，提高营运资金管理效率。

我国家电行业已经呈现供过于求的局面，买方占据市场主导地位，消费者成为竞争焦点，生产高质量的满足消费者喜好的产品已经成为企业发展的核心理念。同时，格力还面临着海尔、美的等强有力的竞争对手。因此，格力电器深知，要想维持和扩大市场份额，必须不断开拓创新，培育竞争优势，打造自身核心竞争力。为此，格力电器不断加大研发投入，打造技术优势，创新营销模式，增加客户信赖。

首先，通过持续研发创新打造技术优势。格力电器秉承"科技改变生活、科技创造生活"的理念，坚持"核心技术自主研发"，坚信只有真正掌握核心科技，才能掌握企业的命

---

① 资料来源：作者根据格力电器历年年报及相关新闻报道等公开资料整理编写。

运，实现企业的自主发展。同时，格力电器搭建起"企业为主体、市场为导向、产学研相结合"的技术创新体系，坚持创新驱动，培养创新人才队伍，实施领先者战略，在制冷领域不断巩固其全球领先地位。公司 2022 年年报披露，格力电器围绕新能源环境、智能装备、冷冻冷藏、洗涤等技术建有 16 个研究院，152 个研究所，1 411 个实验室以及 1 个国家重点实验室；拥有全球最大的空调研发中心，包括 5 个国家级科研平台、1 个院士工作站、超千个实验室。通过不断创新，格力电器自主研发并且逐步改进技术，正是这些全球领先的核心自主产权技术，一步步将格力电器推向家电行业龙头老大的位置。

格力电器持续研发核心科技，为企业的发展奠定了良好的基础。格力电器董事长兼总裁董明珠认为，企业要有掌握核心部件研发与制造的能力，好比饭碗要端在自己手上，才能打破他人束缚。董明珠的这种理念深深根植于格力的发展过程当中，坚持全产业链自主可控、自主研发，筑牢企业成长之基。表 7-12 报告了 2017—2022 年格力电器研发资金投入情况。通过持续的大额研发投入，格力电器获得了技术竞争优势。自 2016 年起，格力电器发明专利授权量连续六年稳居全国前十，截至 2023 年 6 月，格力电器累计申请专利111 301 件，拥有 39 项"国际领先"技术，累计获得国家科技进步奖 2 项、国家技术发明奖2 项、中国专利金奖 3 项、中国外观设计金奖 3 项、日内瓦发明展金奖 14 项、纽伦堡发明展金奖 9 项。

表 7-12　2017—2022 年格力电器研发资金投入情况

项目	2017	2018	2019	2020	2021	2022
研发投入/亿元	57.87	72.68	60.11	62.11	65.28	64.29
研发投入占营业收入比例	3.89%	3.67%	3.03%	3.69%	3.48%	3.40%

数据来源：根据格力电器 2017—2022 年年报整理计算。

其次，创新营销模式，增加客户信赖度。1997 年格力电器史无前例地推出了一种全新的销售模式"股份制区域经销"。"股份制区域经销"模式源自格力电器与国美在合作过程中产生问题而终止合作的时候。格力凭借自身强大的产品竞争力和品牌效应，挑选各地区实力最强的经销商，与其共同出资组成格力自己的销售公司。这些销售公司都由格力电器控股，经销商则根据自己的出资比例获得分红。这种独特的营销模式将格力电器的利益和经销商的利益牢牢地捆绑在了一起，使得区域内的各方能够齐心协力，协同合作将产品销售出去。在成立了股份制区域销售公司后，格力电器可以借助本地经销商原有的销售渠道迅速打开市场，减少自建销售渠道带来的各种费用，大大减少了格力电器在销售环节所产生的成本。为了能进一步绑住经销商，格力电器还将 10% 的股份转让给各地区核心经销商，使得这些经销商成为格力电器的战略投资者。这样一来，格力电器和经销商更加休戚与共。

这种独特的营销模式不仅使格力电器的货物与资金得以高速流转，而且通过这种方式占据了经销商大量的资金，形成大量的预收款项，格力电器 2021 年年末和 2022 年年末的预收款项（合同负债）分别高达 155.05 亿元和 149.72 亿元。根据年报披露，格力电器的预收款项作为其流动负债的主要组成部分，其产生的原因多是因为格力电器"先付款后出货"的销售策略，即经销商先付款，企业收到货款后再发货。预收账款作为无息负债，能帮助格力电器占用经销商的资金，从而降低资金成本。由于预收账款没有任何利息，所以格力电器的流动负债中出现了大量的无息负债，这为企业的经营发展提供了营运资金。另外，格力电器的货币资金在流动资产中的占比持续增加，原因是格力电器近几年更多地要求经销商以现金形式支付货款。而格力电器之所以能够成功采取这种销售策略，主要得益于其股份制区域销售公司的成立和其自身的品牌效应。

可见，格力电器多年来不断加强技术研发、创新营销模式，提升客户对企业的信赖，形成了优质的品牌形象，使得格力电器在行业发展中获得了无可比拟的优势。凭借自身强大的行业竞争优势，格力电器在和供应商和经销商议价时更具"讨价还价"的能力和底气，加之格力电器采用"集中采购"和"先款后货"的策略，延迟支付货款，提前收回销售款，占用更多上下游资金，更好地实施 OPM 战略。年报数据显示，格力电器 2021 年和 2022 年年末应付票据和应付账款占总流动负债的比重均超过 30%。

法国著名作家小仲马的《金钱问题》中有这样一句台词："做商业是十分简单的事，它就是借用别人的资金。"大部分人对负债天然有一种抵触心理，一想到自己欠了别人的钱，就会夜不能寐。但是，财务高手懂得借鸡生蛋，用别人的钱让自己的生意越做越大。格力电器凭借自身竞争优势，通过实施 OPM 战略，合理利用无息债务，大量占用供应商和经销商的资金，为企业带来了充足的现金流，加快了营运资金的周转效率，提高了营运资金管理水平。并且，格力电器将最大程度回流到公司内部的现金，用于研发核心技术与拓展市场份额，进一步巩固自身竞争优势，不断提升核心竞争力，确保企业在激烈的市场竞争中占据有利地位。

二、问题提出

1. 企业实施 OPM 战略应具备哪些条件？

2. 对于实施 OPM 战略中可能存在的风险，你认为应如何解决？

同步训练

一、单项选择题

1. 运用成本模型计算最佳现金持有量时，下列公式中，正确的是（　　）。

A. 最佳现金持有量＝min（管理成本＋机会成本＋转换成本）

B. 最佳现金持有量＝min（管理成本＋机会成本＋短缺成本）

C. 最佳现金持有量＝min（机会成本＋经营成本＋转换成本）

D. 最佳现金持有量＝min（机会成本＋经营成本＋短缺成本）

2. 现金周转期和存货周转期、应收账款周转期和应付账款周转期都有关系。一般来说，下列会导致现金周转期缩短的是（　　）。

A. 存货周转期变长　　　　　　　　B. 应收账款周转期变长

C. 应付账款周转期变长　　　　　　D. 应付账款周转期变短

3. 锦安公司预测的年销售额为 2 000 万元，应收账款平均收账天数为 45 天，变动成本率为 60%，资金成本率为 8%，一年按 360 天计算，则应收账款占用资金应计利息为（　　）万元。

A. 250   B. 200   C. 15   D. 12

4. 锦安公司拟以"2/20，N/40"的信用条件购进原料一批，则该公司放弃现金折扣的机会成本率为（　　）。

A. 2%   B. 36.73%   C. 18%   D. 36%

5. 锦安公司在筹资时，对全部非流动资产和部分永久性流动资产采用长期筹资方式，据此判断，该公司采取的筹资战略是（　　）。

A. 保守型筹资策略   B. 激进型筹资策略

C. 稳健型筹资策略   D. 期限匹配型筹资策略

二、判断题

1. 企业评价客户等级，决定给予或拒绝客户信用的依据是信用条件。（　　）

2. 企业之所以持有一定数量的现金，主要是出于三个方面的动机：交易动机、预防动机、投机动机。（　　）

3. 短期借款属于自然性流动负债。（　　）

4. 锦安公司将所有欠款客户按其金额的多少进行分类排队，然后分别采用不同的收账策略。该公司采用的这种做法属于 ABC 分析法。（　　）

5. 在现金管理总成本中，机会成本是正相关成本。如果增加现金持有量，则增加机会成本。（　　）

三、计算题

1. 锦安公司的年赊销收入为 720 万元，平均收账期为 60 天，坏账损失为赊销额的 10%，年收账费用为 5 万元。该公司认为通过增加收账人员等措施，可以使平均收账期降为 50 天，坏账损失下降为赊销额的 7%。假设公司的资金成本率为 6%，变动成本率为 50%。

要求：为使上述变更在经济上合理，计算新增收账费用的上限（一年按 360 天计算）。

2. 锦安公司全年耗用甲种材料 1 800 千克，该材料单价 20 元，年单位储存成本 4 元，一次订货成本 25 元。

请计算：

(1) 经济订货批量。

(2) 最小相关总成本。

(3) 最佳订货次数。

(4) 最佳订货周期。

(5) 最佳存货资金占用额。

3. 锦安公司全年需用甲零件 10 000 件。每次变动性订货成本为 50 元，每件甲零件年平均变动性储存成本为 4 元。当采购量小于 600 件时，单价为 10 元；当采购量大于或等于 600 件，但小于 1 000 件时，单价为 9 元；当采购量大于或等于 1 000 件时，单价为 8 元。

要求：计算最优采购批量及全年最小相关总成本。

4. 锦丰公司是一个商业企业，由于目前的信用条件过于严厉，不利于扩大销售，该公司正在研究修改现行的信用条件，现有甲、乙、丙三个放宽信用条件的备选方案，有关数据如表 7-13 所示。

表7-13　锦丰公司放宽信用条件的备选方案

项目	甲方案 N/60	乙方案 N/90	丙方案 2/30，N/90
年赊销额/万元	1 440	1 530	1 620
年收账费用/万元	20	25	30
固定成本/万元	32	35	40
坏账损失率	2.5%	3%	4%

已知锦丰公司的变动成本率为80%，资金成本率为10%。坏账损失率指预计年度坏账损失和赊销额的百分比。考虑到有一部分客户会拖延付款，因此预计在甲方案中，应收账款平均收账天数为90天，在乙方案中应收账款平均收账天数为120天，在丙方案中，估计有40%的客户会享受现金折扣，有40%的客户会在信用期内付款，另外的20%客户会延期60天付款。

要求：

(1)计算丙方案的应收账款的平均收账天数、应收账款的机会成本、现金折扣。

(2)通过计算选择一个最优的方案。

第八章　利润分配管理

🎯 **学习目标**

知识目标：

1. 识别利润分配的内容，描述股利支付的形式和程序。

2. 阐述股利无关理论和股利相关理论的主要内容。

3. 分析影响股利政策的因素，区分不同类型股利政策的特点。

4. 定义股票分割和股票回购，解释股票分割和股票回购的动机，列举常见的回购方式。

5. 评价和比较股权激励的不同模式。

能力目标：

1. 能够比较不同股利支付方式的影响，选择恰当的股利支付方式。

2. 能够针对具体情景或案例，分析和评估不同股利政策的影响，初步具备股利政策决策的实践能力。

价值塑造：

1. 通过对利润分配程序的学习，理解遵纪守法的重要性，培养诚信经营、依法纳税的社会责任感。

2. 通过对股利分配理论和股利政策实践的学习，认识平衡股东利益与企业长远发展需求的重要性，树立兼顾效率与公平、短期利益与长期价值的大局意识，培养战略思维。

知识图谱

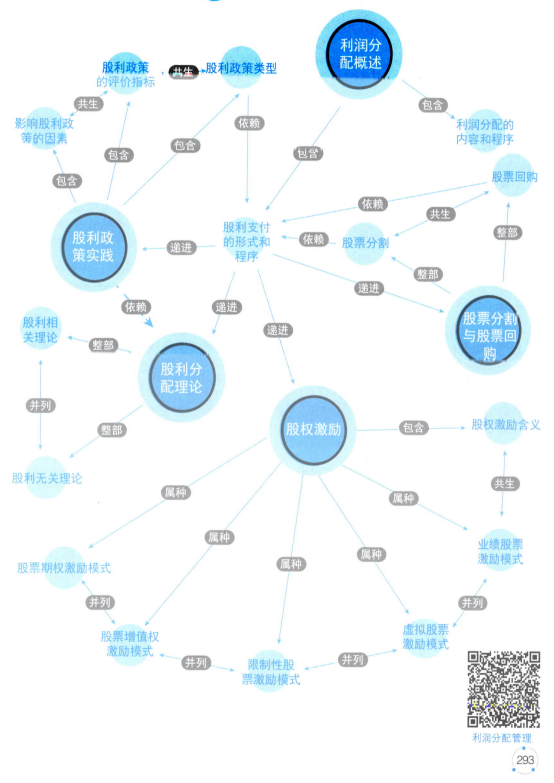

利润分配管理

利润分配管理

引导案例

监管问询发力，"铁公鸡"吉林高速宣布分红[①]

2024 年 4 月 12 日晚，吉林高速公示了 2023 年度利润分配预案：公司拟不进行利润分配，不进行现金分红、不实施送股和资本公积金转增股本。

4 月 14 日，上交所向吉林高速下发了关于该公司利润分配方案的监管问询函，要求吉林高速结合近年盈利水平、资金使用情况，补充说明公司在货币资金余额较高且多年盈利的背景下，连续多年不分红或少现金分红的原因及合理性，是否存在大额资金闲置的情况；同时要求详细列示留存资金的具体使用规划，包括具体运营资金预算、偿债安排、对外投资的具体方向等。

吉林高速被问询，主要源于其近几年不断增长的净利润和不断下降的利润分配力度。数据显示，2019—2023 年，吉林高速持续盈利，归母净利润分别为 1.89 亿元、0.99 亿元、3.18 亿元、3.94 亿元和 5.46 亿元，但是公司仅于 2021 年进行了 0.32 亿元的现金分红，不免有"铁公鸡"之嫌。

监管压力下，吉林高速终于"改口"分红。4 月 18 日晚，吉林高速宣布调整 2023 年度利润分配预案，决定每 10 股派发现金股利 0.9 元（含税），共计派发现金股利 1.7 亿元（现金分红比例约 31.14%）。

被监管问询后火速分红，吉林高速并非特例。2024 年 3 月末，方大特钢也因归母净利润数亿却官宣不分红而收到问询函，公司迅即对其分红方案进行了调整，并在回复中给出了详细说明。

事实上，"严监管"是证监会 2024 年工作主基调之一，而"分红题"则是今年监管问询的重点。随着 4 月初国务院印发《关于加强监管 防范风险 推动资本市场高质量发展的若干意见》（新"国九条"），明确提出"强化上市公司现金分红监管，推动一年多次分红、预分红、春节前分红"，可以预见，针对上市公司分红方案的问询，未来或将增加。中国资本市场将进入强金融监管、更加有效保护投资者的高质量发展阶段。

思考与讨论：

1. 为什么上市公司的利润分配方案会受到监管层的高度关注？
2. 上市公司应如何平衡好股东分红与公司可持续发展的关系？

第一节　利润分配概述

一、利润分配的内容和程序

（一）利润的概念

利润是企业一定时期的经营成果，是收入弥补成本费用后的余额。由于成本费用包括的内容与表现的形式不同，利润所包含的内容与形式也有一定的区别。如果成本费用不包

[①] 资料来源：作者根据公开资料整理编写。

括利息和所得税，则利润表现为息税前利润；如果成本费用包括利息而不包括所得税，则利润表现为利润总额；如果成本费用包括利息和所得税，则利润表现为净利润。

利润分配是企业按照国家有关法律、法规以及企业章程的规定，在兼顾股东与债权人及其他利益相关者的利益关系基础上，将实现的利润在企业与企业所有者之间、企业内部的有关项目之间、企业所有者之间进行分配的活动。

(二)利润分配的程序

这里的利润分配是指对净利润的分配，它主要包括法定分配和企业自主分配两大部分。按照《中华人民共和国公司法》《企业财务通则》及相关财务法规的规定，企业交纳所得税后的净利润，除国家另有规定外，应按以下顺序分配。

1. 弥补以前年度亏损

企业在提取法定公积金之前，应先用当年利润弥补亏损。企业发生的年度亏损，可以用下一年度的税前利润弥补；下一年度弥补不足的，可以在5年内用税前利润连续弥补；5年内不足弥补的，则用税后利润弥补。其中，税后利润弥补亏损可以用当年实现的净利润，也可以用盈余公积转入。

2. 提取法定公积金

提取法定公积金的目的是增加企业内部积累，以利于企业扩大再生产。根据《中华人民共和国公司法》的规定，法定公积金按照当年税后利润(扣除弥补企业以前年度亏损后)的10%提取。若法定公积金累积额已达注册资本的50%以上的，可以不再提取。法定公积金提取后，根据企业的需要，可用于弥补亏损，扩大企业生产经营或转增企业注册资本。但转增资本后，企业法定公积金的余额不得低于转增前公司注册资本的25%。

3. 提取任意公积金

根据《中华人民共和国公司法》的规定，公司从税后利润中提取法定公积金后，经股东会决议，还可以从税后利润中提取任意公积金。这是为了满足企业经营管理的需要，控制向投资者分配利润的水平，以及调节各年度利润分配的波动。

4. 向投资者分配利润

企业弥补亏损和提取公积金后所余税后利润，形成可供分配给投资者的利润。企业当年无利润时，不得分配股利。一般而言，有限责任公司按照股东实缴的出资比例分取红利，全体股东另有约定除外；股份有限公司按照股东持有的股份比例分取红利，公司章程另有规定除外。企业向投资者分配多少利润，取决于企业的利润分配政策。企业应根据法律规定、股东要求以及企业经营需要等因素加以确定。对股份有限公司，应按照支付优先股股利、提取任意公积金、支付普通股股利的顺序进行分配。

二、股利支付的形式与程序

(一)股利支付的形式

股份公司支付股利一般有现金股利、股票股利、财产股利和负债股利等方式，但后两种方式应用较少。

1. 现金股利

现金股利是以现金支付的股利，它是股利支付的主要方式。公司选择发放现金股利除了要有足够的留存收益（特殊情况下可用弥补亏损后的公积金支付）外，还要有足够的现金，而现金充足与否往往会成为公司发放现金股利的主要制约因素。

现金股利操作简便，易于为股东接受，也不会改变企业原有的股权结构，但发放现金股利会导致公司的资产结构发生变化，负债比例上升，偿债能力下降。同时发放现金股利，股东需要缴纳个人所得税，从而减少了股东净利润。

2. 股票股利

股票股利是公司以增发股票的方式所支付的股利，我国实务中通常称其为"红股"。

（1）股票股利对公司的影响。公司支付股票股利，不会发生现金流出，也不会导致公司的资产的减少或负债的增加，而只是将公司的留存收益转化为股本和资本公积。发放股票股利会增加流通在外的股票数量，同时降低股票的每股价值。它虽然不改变公司股东权益总额的账面价值，但会引起股东权益各项目的结构发生变化。

【例8-1】锦辰公司在2024年发放股票股利前的资产负债表如表8-1所示。

表8-1　锦辰公司发放股票股利前的资产负债表　　　　单位：万元

资产	120 000	负债	40 000
		普通股（面值1元，发行在外10 000万股）	10 000
		资本公积	20 000
		盈余公积	20 000
		未分配利润	30 000
		股东权益合计	80 000
资产总计	120 000	负债与股东权益合计	120 000

现锦辰公司宣布发放10送2的股票股利，即现有股东每持有10股，即可获赠2股普通股。若锦辰公司股票当时的市价为每股10元，随着股票股利的发放，需从"未分配利润"项目划转出的资金为：

$$10\ 000 \times 20\% \times 10 = 20\ 000（万元）$$

由于股票面值不变，因此，增发的2 000万股普通股，"普通股"账户只应增加2 000万元，其余的18 000万元（20 000-2 000）应作为股票溢价转至"资本公积"账户，而公司资产负债表中的股东权益总额不变，仍是120 000万元。股票股利发放后对资产负债表中各账户的影响如表8-2所示。

表8-2　锦辰公司发放股票股利后的资产负债表　　　　单位：万元

资产	120 000	负债	40 000
		普通股（面值1元，发行在外12 000万股）	12 000
		资本公积	38 000
		盈余公积	20 000
		未分配利润	10 000
		股东权益合计	80 000
资产总计	120 000	负债与股东权益合计	120 000

可见，发放股票股利并没有改变公司股东权益总额的账面价值，但会增加市场上流通

股的数量。因此，发放股票股利会使公司的每股收益下降。在市盈率保持不变的情况下，发放股票股利后的股票价格，应当按发放的股票股利的比例而成比例下降。如在上例中，锦辰公司在发放股票股利后，理论上该公司的股票在除息日之后的市场价格应降至8.33元(10÷1.2)。

（2）股票股利对股东的影响。对于股东而言，发放股票股利并不会改变公司股东的持股比例，只是增加了股东所拥有的股票数量。但由于发放股票股利后公司的股票价格下降，因此，股东在股利分配前后持股总价值不变。

【例8-2】在派发股票股利之前，投资者张某持有锦辰公司的股票20万股，那么，他所拥有的股权比例为：

20万股 ÷ 10 000万股 = 0.2%

持股总价值为：

20万股 × 10元 = 200万元

派发股票股利之后，投资者张某所拥有的股票数量为：

20万股 ×（1+20%）= 24万股

拥有的股权比例为：

24万股 ÷ 12 000万股 = 0.2%

持股总价值为：

24万股 × 8.33元 = 200万元

可见，发放股票股利并不会改变股东的持股比例，也不能直接带来股东财富的增加。但如果公司在发放股票股利之后，还能发放现金股利，且能维持每股现金股利不变；或者股票价格在除权（息）日后并没有随着股票数量的增加而同比例下降，即股票能够填权[①]，走出填权行情，股东的财富就会增长。

从纯粹经济的角度看，发放股票股利既不直接增加股东财富与公司的价值，也不改变财富的分配，仅仅是增加了股份数量，但对股东和公司都有特殊意义。

对股东来讲，股票股利的优点主要有：

①派发股票股利后，理论上每股市价会成比例下降，但实务中这并非必然结果。因为市场和投资者普遍认为，发放股票股利往往预示着公司会有较大的发展和成长，这样的信息传递会稳定股价或使股价下降比例减少甚至不降反升，股东便可以获得股票价值相对上升的好处。

②由于股利收入和资本利得税率的差异，如果股东把股票股利出售，还会给他带来资本利得纳税上的好处。

对公司来讲，股票股利的优点主要有：

①发放股票股利有利于保持公司的流动性。向股东分派股票股利本身并未发生现金的流出，仅仅改变了股东权益的内部结构。在再投资机会较多的情况下，适当发放一定数量的股票股利可以使股东在分享公司盈余的同时也使现金留存在企业内部，作为营运资金或用于其他用途，从而有助于公司的发展。

②发放股票股利可以降低公司股票的市场价格。在盈余和现金股利不变的情况下，发

---

① 在除权或除息后一段时间内，如果多数投资者对该股看好，使得该股股价上涨，其价格高于除权或除息报价，这种情况称为填权。

放股票股利可以降低每股价值，使股价保持在合理的范围之内，既有利于促进股票的交易和流通，又有利于吸引更多的投资者。

③发放股票股利可以用较低的成本向市场传递公司未来发展前景良好的信息。通常管理者在公司前景看好时，才会发放股票股利。外部人会把股票股利的发放视为利好信号，从而增强投资信心，在一定程度上稳定股票价格。股票股利是公司以增发股票的方式所支付的股利，我国实务中通常称其为"红股"。公司支付股票股利，不会发生现金流出，也不会导致公司的财产减少，而只是将公司的留存收益转化为股本和资本公积。但股票股利会增加流通在外的股票数量，同时降低股票的每股价值。它虽然不改变公司股东权益的账面价值，但会改变股东权益的构成。

3. 财产股利

财产股利是以现金以外的其他资产支付的股利，主要是以公司所拥有的其他企业的有价证券，如债券、股票等，作为股利支付给股东。

4. 负债股利

负债股利是以公司的负债作为股利支付给股东，通常以公司的应付票据支付给股东，也有发行公司债券抵付股利的。

财产股利与负债股利实际上是现金股利的替代。这两种股利方式目前在我国公司实务中很少使用。

（二）股利支付的程序

公司股利的支付必须遵循法定的程序，按照日程安排来进行。一般先由董事会根据公司盈利水平和股利政策提出分配预案，然后提交股东大会审议，通过后才能生效。股东大会决议通过分配预案之后，公司方可对外发布股利分配公告，向股东宣布股利分配方案，并确定股权登记日、除息日和股利支付日等重要日期，具体实施分配方案。

1. 股利宣告日

股利宣告日即公司董事会将股东大会通过的股利分配方案予以公告的日期。公告中将宣布每股派发股利、股权登记日、除息日、股利支付日以及派发对象等事项。在股利宣告日，所宣告的股利就成为公司的一项实际负债，应体现在公司的会计记录中。

2. 股权登记日

股权登记日即有权领取本期股利的股东资格登记截止日期。因为股票具有流通性，其所有权随时可能变更，所以确定股权登记日非常重要。只有在股权登记日这一天登记在册的股东（即在此日期及之前持有或买入股票的股东），才有资格领取本期股利，而在这一天之后登记在册的股东，即使是在股利支付日之前买入的股票，也无权领取本期分配的股利。

凡是在此指定日期收盘之前取得公司股票，成为公司在册股东的投资者都可以作为股东享受公司分派的股利。在这一天之后取得股票的股东则无权领取本次分派的股利。

3. 除息日

除息日也称除权日，即领取股利的权利与股票分离的日期。在除息日之前购买的股票才能领取本次股利，而在除息日当天及以后购买的股票，则不能领取本次股利。我国上市公司的除息日通常是在登记日的下一个交易日。

除息日是一个非常重要的日期，对股票价格有明显的影响。由于在除息日之前的股票价格中包含了本次派发的股利，而自除息日起的股票价格中不再包含本次股利，所以在除息日股票价格一般会下降。理论上，如果不考虑税收及交易成本等因素的影响，除息日股票的开盘价约等于前一天的收盘价减去每股股利。

4. 股利支付日

股利支付日即公司按照公布的分红方案向股权登记日在册的股东正式支付股利的日期。在股利支付日，公司会通过资金清算系统或其他方式将股利支付给股东。

【例 8-3】以下是上海汽车集团股份有限公司 2022 年年度权益分派实施公告(证券代码：600104)的节选材料：

上海汽车集团股份有限公司 2022 年年度权益分派实施公告(节选)

一、通过分配方案的股东大会届次和日期

本次利润分配方案经公司 2023 年 6 月 15 日的 2022 年年度股东大会审议通过。

二、分配方案

1. 发放年度：2022 年年度

2. 分派对象：截至股权登记日下午上海证券交易所收市后，在中国证券登记结算有限责任公司上海分公司(以下简称"中国结算上海分公司")登记在册的本公司全体股东

根据《中华人民共和国公司法》《中华人民共和国证券法》《上海证券交易所上市公司自律监管指引第 7 号—回购股份》等相关规定，公司回购专用证券账户持有的股份不参与公司本次利润分配。

3. 差异化分红送转方案

(1)差异化分红方案根据公司 2022 年年度股东大会审议通过的利润分配方案以及公司于上海证券交易所网站 www.sse.com.cn 发布的《上海汽车集团股份有限公司关于 2022 年度利润分配方案调整每股分配金额的公告》(临 2023—036)，以公司享有利润分配权的总股本 11 491 960 004 股为基准，每股派送现金红利 0.337 10 元(含税)，共计 3 873 939 717.35 元(含税)。本次不进行资本公积金转增。

(2)本次差异化分红除权除息的计算依据…………(此处略去部分内容)

三、相关日期

股份类别 A 股，公司本次权益分派股权登记日为 2023 年 7 月 18 日，除息日为 2023 年 7 月 19 日，现金红利发放日为 2023 年 7 月 19 日…………(此处略去部分内容)

上海汽车集团股份有限公司　董事会
2023 年 7 月 12 日

从公告可知，2023 年 7 月 12 日为股利宣告日，7 月 18 日是股权登记日，除息日为 7 月 19 日，股利支付日为 7 月 19 日。公司的股利支付形式为现金股利，每股派送现金红利 0.337 10 元(含税)。

【微课视频】利润分配概述

第二节　股利分配理论

股利分配的核心问题是如何权衡公司股利支付决策与未来长期增长之间的关系，以实现企业的财务管理目标。股利理论主要研究两个问题：一是股利的支付是否能影响公司股价或公司价值；二是如果有影响的话，股利的支付是如何影响公司股价的。围绕着这两个问题，主要有两类不同的股利理论：股利无关论和股利相关论。

股利无关论认为，企业的股利政策不会对公司的股票价格产生任何影响。其代表性观点是 MM 理论。股利相关论认为，企业的股利政策会影响公司股票的价格，其代表性观点主要有"在手之鸟"理论、信号传递理论、税收差异理论、代理成本理论等。

一、股利无关理论

1961 年，美国学者默顿·米勒（Merton H. Miller）和弗兰科·莫迪利安尼（Franco Modigliani）共同发表了《股利政策、增长和股票价值》①一文，提出了股利无关论，又称为 MM 理论。

股利无关论建立在一系列严密的假设条件下，包括：第一，完全市场假设，即不存在公司和个人所得税，不存在股票的发行费用或交易费用，任何股东都不可能通过其自身交易影响或操纵股票的市场价格；第二，信息对称假设，即公司所有的股东均能准确地掌握公司的情况，对于将来的投资机会，股东和管理者拥有相同的信息，不存在代理成本；第三，公司的投资政策既定并已经为投资者所了解，不会随着股利政策的改变而改变；第四，股东对现金股利和资本利得不存在偏好。上述假设描述的是一种完美无缺的资本市场，因而股利无关论又被称为完全市场理论。

在这些假设的基础上，股利无关论认为，股利政策对公司的股票价格和股东财富没有实质性影响，股利支付可有可无、可多可少。

首先，投资者并不关心公司股利的分配。理解这一结论的关键在于投资者可以通过买卖公司的股票创造出自己的"股利头寸"。在公司的投资政策既定时，如果公司留存较多的利润用于再投资，会导致公司股票价格上升；尽管此时股利较低，但需用现金的投资者可以出售手中的股票换取现金创造"股利"。相反，如果公司发放较多的现金股利，则投资者可以用获得的现金股利再购买一些股票以扩大投资。也就是说，投资者对股利和资本利得并无偏好，因此也不会关心公司的股利分配政策。

其次，股利的支付比率不影响公司的价值。既然投资者不关心股利的分配，公司的价值就完全取决于公司所选择的投资政策的获利能力和风险，公司的利润在股利和留存收益

---

① Merton H. Miller, Franco Modigliani. Dividend policy, growth and the valuation of shares [J]. Journal of Business, 1961(34)：411-423.

之间的分配并不影响公司的价值，既不会使公司价值增加，也不会使公司价值降低。

股利无关论是以完美资本市场假设为前提的。在现实生活中，这些假设并不存在，因此，股利无关论在现实条件下并不一定有效。但股利无关论对股利政策的研究建立在严谨的数学方法之上，也是理论界第一次对股利政策的性质和影响进行系统的分析。此后学术界关于股利理论的研究正是在逐步放松股利无关论的一系列假设的基础上完成的。

二、股利相关理论

股利相关论认为，在现实世界中股利无关理论的一些假设得不到满足，因而股利政策就会显现出对公司价值或股票价格的影响。因此，股利政策不是被动性的，而是一种主动的理财计划与策略。由于关注点的不同，股利相关论又形成了不同的理论分支。

（一）"在手之鸟"理论

股利无关论的重要假设之一是股东对现金股利和资本利得不存在偏好。"在手之鸟"理论正是建立在对这一假设的批判之上。

该理论认为，股东的投资收益来自当期股利和资本利得两个方面，一般情况下，股利收益属于相对稳定的收入，而资本利得具有较大的不确定性。由于大部分股东是厌恶风险的，他们会认为现实的现金股利要比未来的资本利得更为可靠，更偏好于确定的股利收益，而不愿将收益留存在公司内部，去承担未来的投资风险。所以，公司的股利政策与公司的股票价格密切相关，当公司支付较高的股利时，公司的股票价格会随之上升。根据这一理论，公司在制定股利政策时应维持较高的股利支付率。

"在手之鸟"理论的代表人物是戈登（Gordon）和林特纳（Lintner）。戈登形象地指出：未来的资本利得就像林中的鸟一样，不一定能抓得到；眼前的股利则犹如手中的鸟一样飞不掉，"双鸟在林，不如一鸟在手"。所以这一理论被称为"在手之鸟"理论。

（二）信号传递理论

信号传递理论放松了股利无关论中完全信息这一假设，在信息不对称的前提下分析股利政策的信号揭示功能。

该理论认为，在现实条件下，企业经理人员比外部投资者拥有更多的企业经营状况与发展前景的信息，这说明在内部经理人员与外部投资者之间存在信息不对称。这种信息分布不均衡状态使得经理人员与其他外部人士之间有着潜在的利益冲突，并可能导致二者之间的对立关系。为了消除或至少部分地消除经理人员与其他外部人士之间的可能冲突，就需要建立一种信息传递机制，而股利政策可以作为经理人员向外界传递其掌握的内部信息的一种手段。如果企业经理人员预计公司的发展前景良好，未来业绩有大幅度增长时，就会通过增加股利的方式将这一信息及时告诉现有股东和潜在的股东；相反，如果预计到公司的发展前景不太好，未来盈余不理想时，他们往往会维持甚至降低现有股利水平，这等于向现有股东和潜在股东发出了不利信号。

根据信号传递理论，公司实行的股利政策包含了关于公司价值的信息，因而与公司的股票价格是相关的，投资者可以据此对公司的经营状况与发展前景做出自己的判断。如果某公司的股利政策一直很稳定，而现在却有所变动，那么投资者会把这种现象视为公司的未来收益发生变化的信号，从而影响到公司股票的价格。股利支付水平上升，表明经理人员预期公司未来创造现金的能力增强，公司的股价会随之上升；股利支付水平下降，意味着公司经营状况可能变坏，公司的股价也会下降。

显然，信号传递理论支持高股利支付率的股利政策。

（三）税收差异理论

股利无关论假设不存在税收，但在现实条件下，现金股利税与资本利得税不仅是存在的，而且还存在差异性。税收差异理论强调了税收在股利分配中对股东财富的重要作用。

税收差异理论由利兹伯格（Lizenberger）和拉马斯瓦米（Ramaswamy）于1979年提出。该理论指出：在通常情况下，股利收益的所得税税率高于资本利得的所得税税率，这样，资本利得对于股东更为有利。即使股利与资本利得按相同的税率征税，由于纳税时间的差异，股利收益在收取股利的当时纳税，而资本利得只有在股票出售时才需纳税，考虑到货币的时间价值，这种税收延期的特点给资本利得提供了优惠。因此，该理论认为：如果不考虑股票交易成本，低股利支付率的股票比高股利支付率的股票能够为股东带来更高的税后投资报酬率，企业应采取低股利支付率的分配政策，以提高留存收益再投资的比率，使股东在实现未来的资本利得中享有税收节省。

根据税收差异理论，高股利支付率将导致股价下跌，低股利支付率则会使股价上涨。所以，公司在制定股利政策时应采取低股利支付率的政策。当股利为零时，公司的股票价格达到最大。

（四）代理成本理论

股利无关论隐含的一个重要假设是：公司的管理者与股东之间的利益完全一致，即管理者和股东之间不存在利益冲突。然而这种假设在所有权和经营权相分离的现代公司中实际上是不可能的。代理成本理论就是放松这一隐含假设而发展起来的。

该理论认为，股东和经理人之间存在委托—代理问题，并引发了代理成本，包括股东对经理人的监督和激励支出。股利政策有助于减缓经理人与股东之间的代理冲突，股利的支付能够有效地降低代理成本。首先，股利的支付减少了经理人对自由现金流量的支配权，这在一定程度上可以抑制公司经理人的过度投资或在职消费行为，从而提高了资金的使用效率，保护外部投资者的利益。其次，大额现金股利的发放，使得公司内部资本由留存利润供给的可能性减小，为了满足新投资的资金需求，公司必须寻求外部融资，从而公司将接受资本市场上更多、更严格的监督和检查。这样，新资本的供应者实际上帮助老股东监控了经理人员，股利支付成为一种间接约束经理人员的监控机制。

根据代理成本理论，高股利支付率将迫使公司接受资本市场的监督，从而在一定程度上降低代理成本，公司应实行高水平的股利政策。

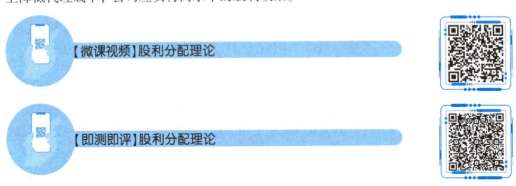

第三节　股利政策实践

一、股利政策的评价指标

投资者在购买股票进行投资时，通常会对公司的股利政策做出评价。用来评价公司股利政策的指标主要有两个：股利支付率和股利收益率。

（一）股利支付率

股利支付率，也称股息发放率，是指净利润中股利所占的比重。它反映公司的股利分配政策和股利支付能力。

其计算公式为：

$$股利支付率=每股股利÷每股净利润×100\%$$

或：

$$股利支付率=年度股利支付额÷年度净利润总额×100\%$$

股利支付率用来评价公司实现的净利润中有多少用于给股东分派红利。但应注意，根据股利分配理论，股利支付率的高低并不是区分股利政策优劣的标准。基于各种原因，不同的公司会选择不同的股利支付率。通常初创公司、小公司的股利支付率较低，而公用企业的股利支付率较高。股利分配比例高表明公司不需要更多的资金进行再投入。

股利支付与利润留存之间存在着此消彼长的关系。

$$股利支付率+利润留存率=1$$

另外，传统的股利支付率反映的是股利与净利润的关系，并不能反映股利的现金来源和可靠程度。因此，公司理财理论对该指标进行了修正：

$$现金股利支付率=现金股利或分配的利润÷经营现金净流量×100\%$$

现金股利支付率反映本期经营现金净流量与现金股利的关系，比率越低，企业支付现金股利的能力就越强。

（二）股利收益率

股利收益率又称获利率，指股份公司年度每股股利与股票市场价格的比率。该收益率可用于计算已得的股利收益率，也可用于预测未来可能的股利收益率。

其计算公式为：

$$股利收益率=每股股利÷每股市价×100\%$$

股利收益率是投资者评价公司股利政策的重要指标，它反映了投资者进行股票投资所取得的红利收益的高低。较高的股利收益率说明公司股票具有较好的回报，因而对投资者有较大的吸引力。

二、影响股利政策的因素

股利政策是指公司股东大会或董事会对一切与股利有关的事项所采取的方针和策略的

总称，涉及公司是否发放股利、发放多少股利以及何时发放股利等方面。支付给股东的利润与留在企业的留存收益，存在此消彼长的关系，减少股利分配，会增加留存收益，所以，股利分配既决定给股东分配多少红利，也决定有多少净利润留在企业。股利政策的决策不仅会影响股东的利益，而且会影响公司的正常运营和未来发展，甚至会影响到整个证券市场的健康运行。

实践中，公司在进行股利分配时应结合自身具体实际情况选用合适的股利政策。在现实生活中，公司的股利分配决策要受到诸多主观与客观因素的影响和制约，主要包括以下几个方面。

（一）法律因素

为了维护与公司股利分配有关各方的经济利益，各国的法律都对公司的股利分配有所规范，公司必须在法律许可的范围内进行股利分配。这些法律上的约束通常有以下几方面。

1. 资本保全约束

资本保全约束，即规定公司不能用资本（包括实收资本或股本和资本公积）发放股利。其目的在于维护公司资本的完整性，保证公司完整的产权基础，防范股利的发放对资本可能产生的侵蚀，保障债权人的利益。

2. 公司积累约束

公司积累约束，即规定公司必须按照一定的比例和基数提取各种公积金，股利只能从企业的可供分配利润中支付。这里的可供分配利润包含公司当期的净利润按照规定提取各种公积金后的余额和以前累积的未分配利润。其目的在于保证公司有足够的留存收益用于扩大生产经营、完善职工福利或增加公司资本。

3. 净利润约束

净利润约束，即规定公司年度累计净利润必须为正数时才能用来发放股利，以前年度亏损必须足额弥补。其目的在于防止股东以发放股利作为转移资金的方法来实现自身财富的增加。

4. 超额累积利润约束

超额累积利润约束，即规定公司不得超额累积利润，一旦公司的保留盈余超过法律认可的水平，将被加征额外的税款。其目的在于防止公司通过延迟分配的方式避税，因为股东获得股利缴纳的所得税要高于其进行股票交易的资本利得税。

5. 偿债能力约束

偿债能力约束，即规定禁止无偿债能力的公司支付现金股利。这项规定是基于对债权人的利益保护，要求公司考虑现金股利分配对偿债能力的影响。如果公司已经无力偿还负债，或股利支付会导致公司失去偿债能力，则不能支付股利。其目的在于确保公司在分配后仍能保持较强的偿债能力，以维持公司的信誉和借贷能力，保证公司的正常资金周转。

（二）公司因素

公司内部影响股利分配的因素主要有以下几方面。

1. 盈余的稳定性

盈利是公司支付股利的前提。公司是否能获得长期稳定的盈余，是其股利决策的重要基础。一般来讲，公司的盈余越稳定，其股利支付水平也就越高。盈余稳定的公司面临的经营风险和财务风险较小，筹资能力较强，这些都是其股利支付能力的保证。这类公司在选择股利政策时比较灵活。而盈余不稳定的公司一般只能采取低股利政策，以减少股价大幅波动的风险。

2. 资产的流动性

这里的流动性是指公司及时满足财务应付义务的能力。保持一定的流动性，不仅是企业正常运转的必备条件，也是公司在实施股利分配方案时需要权衡的。过多发放现金股利会减少公司的现金持有量，使资产的流动性降低，影响未来的支付能力。因此，资产流动性强、现金充足的公司，现金股利支付可多些；反之，现金股利支付应受到限制。

3. 筹资能力

支付现金股利后，公司的筹资能力会下降，严重的可能会导致破产。因此，具有较强筹资能力的公司因为能够及时地筹措到所需的现金，倾向于采取相对宽松的股利政策；而筹资能力弱的公司为了保持必要的支付能力，往往选择限制股利支付和多保留盈余。

4. 投资机会

有着良好投资机会的公司，需要有强大的资金支持，因而往往将利润的大部分用于投资，从而减少了股利的支付额。缺乏良好投资机会的公司，保留大量现金会造成资金的闲置，于是倾向于支付较高的股利。正因为如此，处于高速成长中的公司多采用低股利政策，发展减慢、缺乏良好投资机会的公司则多采取高股利政策。

5. 资本成本

资本成本是公司选择筹资方式的基本依据。留存收益是企业内部筹资的一种重要方式，与发行新股或举债相比，留存收益不需花费筹资费用，同时增加了公司权益资本的比重，降低了财务风险，是一种比较经济的筹资渠道。因此，为了使公司资本成本最低、价值最大，当公司需要扩大资金规模时，应当采取低股利政策。

6. 偿债需要

公司如果有债务到期，既可以通过举借新债、发行新股筹集资金偿还债务，也可以直接用留存收益还债。当外部筹资有困难或资本成本较高时，公司就只能依靠留存收益，这时股利支付将会减少。

7. 其他内部因素

由于股利的信号传递作用，公司不宜经常改变其利润分配政策，应保持一定的连续性和稳定性。此外，利润分配政策还会受到其他公司内部因素的影响，比如不同发展阶段、不同行业的公司股利支付比例会有系统性差异。

（三）股东因素

公司的股利政策最终由代表股东利益的董事会决定，并且必须经过股东大会的决议通过才能够实施，因此，股东的意愿对股利政策的选择有着举足轻重的影响。

1. 稳定的收入和避税

不同公司股东的收入水平存在差异。一方面，一些依靠股利维持生活的股东往往要求公司支付稳定的股利，他们认为通过保留盈余引起股价上涨而获得资本利得是有风险的。若公司留存较多的利润，将受到这部分股东的反对。另一方面，一些股利收入较多的股东出于避税的考虑，又往往倾向于较低的股利支付水平，反对公司发放较多的股利。当前一种股东占大多数时，公司就倾向于支付较高股利。

2. 股东控制权的稀释

现有股东往往将股利政策作为维持其控制地位的工具。若公司发放较多的现金股利，就会导致留存盈余减少，可能造成未来资金紧缺，这意味着将来发行新股的可能性加大，而发行新股必然稀释公司的控制权，这是在公司拥有控制权的股东们所不愿看到的局面。因此，如果他们拿不出更多的资金购买新股，为了维持在公司的控制权，宁肯少分配甚至不分配股利。

（四）其他因素

除了上述的因素以外，还有其他一些因素也会影响公司的股利政策选择。

1. 债务契约的约束

公司对外借债时，要签订债务合同，尤其是长期债务。债权人为了防止股东、公司管理者滥用权力，保证自己的利益不受侵害，通常都会在合同中加入一些关于借款企业股利政策的限制性条款，如限制最高股利数额，限制流动比率、速动比率、利息保障倍数等财务指标的最低数额，限制营运资金的最低数额等。这些限制都会使公司的股利政策受到影响，使公司只能采取低股利政策。

2. 通货膨胀

在通货膨胀的情况下，由于货币购买力下降，公司计提的折旧不能满足固定资产重置的需要，需要通过留存收益补足重置固定资产的资金。因此在通货膨胀时期公司的股利政策往往偏紧，股利支付率较低。

三、股利政策类型

股利政策的核心问题是确定利润分配与留存的比例关系，即股利支付率问题。在股利分配实务中，公司经常采用的股利政策可以分为以下几种类型。

（一）剩余股利政策

剩余股利政策是指公司在有良好的投资机会时，可以少分配甚至不分配股利，而将税后利润用于公司再投资。这是一种投资优先的股利政策。

实施剩余股利政策时，公司应根据一定的目标资本结构（最佳资本结构），测算出投资所需的权益资本额，先从税后净利润中留用，然后将剩余的净利润作为股利来分配，即净利润首先满足公司的资金需求，如果还有剩余，就派发股利，如果没有，则不派发股利。具体步骤为：

（1）根据选定的最佳投资方案，确定投资所需的资金数额。

（2）设定公司的目标资本结构，在此资本结构下，公司的加权平均资本将达到最低水平。

（3）确定公司的最佳资本预算，预计资金需求中所需增加的权益资本数额。

（4）最大限度地使用留存收益来满足投资需要增加的权益资本数额。

（5）将满足投资需要后的剩余利润作为股利向股东分配。

剩余股利政策的理论依据是 MM 股利无关论。MM 理论认为，在理想状态下的完全资本市场中，公司的股利政策与普通股每股市价无关，故而股利政策只需随着公司投资、融资方案的制定而自然确定。

【例 8-4】锦辰公司 2024 年的税后净利润为 5 000 万元，目前的资本结构为：债务资本 40%，股东权益资本 60%。该资本结构也是下一年度的目标资本结构。如果 2025 年该公司有一个很好的投资项目，需要投资 6 000 万元，若采用剩余股利政策，该如何融资？分配给股东的股利和股利支付率分别是多少？

根据目标资本结构的要求，公司需要筹集的权益资本数额为：

$$6\ 000\times60\% = 3\ 600（万元）$$

公司 2024 年的税后净利润为 5 000 万元，除了满足上述投资方案所需的权益资本数额外，还有剩余可用于发放股利。当年公司可以发放的股利金额为：

$$5\ 000-3\ 600 = 1\ 400（万元）$$

股利支付率为：

$$1\ 400\div5\ 000\times100\% = 28\%$$

剩余股利政策的优点在于留存收益优先保证再投资的需要，有助于降低再投资的资本成本，保持最佳的资本结构，实现企业价值的长期最大化。但是，若完全遵照剩余股利政策执行，每年的股利发放额就会随着投资机会和盈利水平的变动而变动。某个年度可能因投资项目多或公司资金需求量大而不发放股利，另一个年度又可能因相反的原因而发放巨额股利，使股东未来可获得的收益带有很大的不确定性和随意性。因此，采用剩余股利政策的先决条件是投资机会的预期报酬率要高于股东要求的必要报酬率，并且股东对于公司的未来获利能力有良好的预期，能够接受这种股利的经常性变动。

剩余股利政策通常适用于公司初创阶段。一般公司很少会机械地照搬剩余股利政策，而是运用这种理论帮助建立股利的长期目标支付率，即通过预测公司未来 5~10 年的盈利情况，确定在这些年度公司的长期股利支付率，从而维持股利政策的相对稳定性。

（二）固定股利支付率政策

固定股利支付率政策是指公司确定一个股利占盈余的比率，并且长期按此百分比支付股利的政策。这个百分比通常称为股利支付率，股利支付率一经确定，一般不得随意变更。在固定股利支付率政策下，只要公司的税后利润一经计算确定，所派发的股利也就相应确定了。各年股利额随公司经营状况的好坏而上下波动，获得较多盈余的年度股利额就高，获得较少盈余的年度股利额就低。固定股利支付率政策如图 8-1 所示。

固定股利支付率政策的理论依据是"在手之鸟"理论。该理论认为，现在的股利收入是确定的，而留存收益进行投资带来的未来收益具有较大的不确定性。因此，企业应先考虑派发股利，再考虑留存收益，这与剩余股利政策的决策思路正好相反。

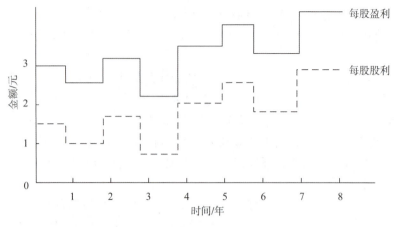

图 8-1　固定股利支付率政策

主张实行固定股利支付率的人认为，这样做能使股利与公司盈余紧密地配合，体现了"多盈多分、少盈少分、无盈不分"的分配原则，才算真正公平地对待了每一位股东。从企业支付能力的角度来看，这也是一种稳定的股利政策。但是，大多数公司每年的收益很难保持稳定，导致不同年度的股利额波动较大，由于股利的信号传递作用，很容易给投资者带来企业经营状况不稳定、投资风险较大的不良印象，对于稳定股票价格不利。并且，固定股利支付率容易使公司面临较大的财务压力。这是因为公司实现的盈利多，并不能代表公司有足够的现金流用来支付较多的股利额。此外，确定合理的固定股利支付率也有相当的难度。

固定股利支付率政策一般适用于那些处于稳定发展阶段且财务状况也较稳定的公司。在实务中，由于公司每年面临的投资机会、筹资渠道都不同，而这些都可能影响到公司的股利分配，一成不变地奉行固定股利支付率政策的公司并不多见。

（三）固定或稳定增长股利政策

固定或稳定增长股利政策是指公司将每年发放的股利额固定在某一相对稳定的水平上，然后在一段时间内维持不变。只有当公司认为未来盈余会显著地、不可逆转地增加，足以使它能够将股利维持在一个更高的水平时，才会提高每股股利的发放额。固定或稳定增长股利政策如图 8-2 所示。

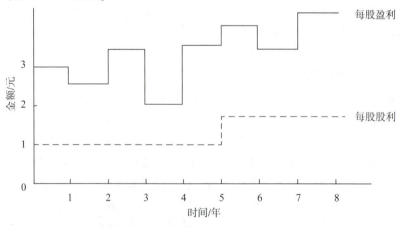

图 8-2　固定或稳定增长股利政策

固定或稳定增长股利政策主要依据"在手之鸟"理论和信号传递理论，即认为公司所采用的股利政策能够将公司的经营状况等信息传递给投资者。如果公司支付的股利稳定，就说明公司的经营业绩比较稳定，经营风险较小，这样可以使股东要求的必要报酬率降低，有利于使股票价格维持在一个相对高位。

固定或稳定增长股利政策的优点在于：①由于股利政策本身的信息含量，稳定的股利向市场传递着公司正常发展的信息，有利于树立公司的良好形象，增强投资者对公司的信心，稳定股票的价格。②对于那些打算进行长期投资并对股利收入有很高依赖性的投资者，稳定的股利额有助于他们有规律地安排股利收入和支出，而股利忽高忽低的股票，则不会受这些股东的欢迎，股票价格会因此而下降。③稳定的股利政策可以避免股利支付的大幅、无序波动，有助于预测现金流出量，便于公司事先进行资金的安排和调度。

尽管这种股利政策有股利稳定等优点，但由于股利的支付与企业当年的盈余相脱节，即不论公司盈利多少，均要支付固定的股利，这可能会导致企业资金紧缺，财务状况恶化；同时，它不能像剩余股利政策那样保持较低的资本成本。此外，在企业无利可分的情况下，若依然实施固定或稳定增长的股利政策，也是违反《中华人民共和国公司法》的行为。

固定或稳定增长股利政策一般适用于经营状况比较稳定或正处于成长期的公司。采用这种股利政策，要求公司对未来的盈利和支付能力能做出准确的判断。一般来说，公司确定的固定股利额不宜太高，以免陷入无力支付的被动局面。

（四）低正常股利加额外股利政策

低正常股利加额外股利政策是指公司事先设定一个较低的正常股利额，一般情况下公司按此正常股利额向股东发放股利，在公司盈余较多、资金较为充裕的年份，再根据实际情况向股东发放额外股利。但是，额外股利并不固定化，不意味着公司永久地提高了股利支付率。低正常股利加额外股利政策如图 8-3 所示。

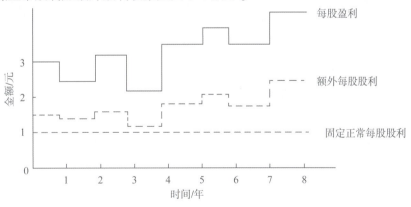

图 8-3　低正常股利加额外股利政策

低正常股利加额外股利政策的理论依据仍然是"在手之鸟"理论和信号传递理论。由于公司通常发放的股利维持在一个较低的水平上，所以在公司的盈利较少或有很好的投资机会需要保留较多资金时，公司仍然能够按照既定的股利水平发放股利，而不会给公司造成较大的财务压力，体现"在手之鸟"理论，维持现有的股票价格。一旦公司盈利较多并且不需要保留投资资金时，就可以向股东发放额外的股利，体现信号理论，公司发放额外股利的信息传递给投资者，有利于公司股票价格的上升。

低正常股利加额外股利政策是介于稳定的股利政策和变动的股利政策之间的一种折中的股利政策，它吸收了稳定的股利政策的优点，同时又弥补了其在灵活性上的不足。首先，这种股利政策使公司在股利发放上留有余地和保持弹性。公司可以视每年的具体情况制定不同的政策，选择不同的股利发放水平，以稳定和提高股价，实现公司价值最大化。其次，对于股东而言，当公司盈余较少或投资需用较多资金时，可以维持较低的正常股利，股东不会有股利跌落感；而当公司盈余有较大幅度增加时，股东将得到更多的经济利益，对公司的信心也会增强。特别是对于那些依靠股利度日的股东来说，虽然每年可以得到的股利收入较低，但股利发放比较稳定，从而也具有相当的吸引力。

然而，低正常股利加额外股利政策也有它的不足：①由于各年公司盈余的波动，使得额外股利不断变化，导致发放的股利不同，容易给投资者造成收益不稳定的印象。②如果公司在较长时间内持续发放额外股利，可能会被股东误认为是"正常股利"，一旦不再发放额外股利，传递出的信号可能会使股东误认为这是公司财务状况恶化的表现，进而导致股价下跌。

低正常股利加额外股利政策一般适用于盈余和现金流量经常变动并不易准确预测的公司，如季节性经营公司或受经济周期影响较大的公司。在美国，通用汽车公司、杜邦公司等长期以来都采用这种股利政策。

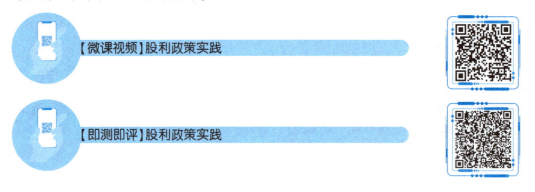

第四节　股票分割与股票回购

一、股票分割

（一）股票分割的含义

股票分割又称拆股，是指将原来的一股股票拆分成若干股新的股票的行为。就会计角度而言，股票分割对公司的权益资本账户不产生任何影响，但会使公司股票面值降低、股票数量增加。从这一点上看，股票分割与发放股票股利非常相似：两者都使流通在外的普通股股数增加，但都没有增加现金流量，也没有改变股东权益总额。所不同的是，股票股利虽然不会引起股东权益总额的改变，但会使股东权益的内部结构发生变化，并且必须以当期的未分配利润进行股利支付；而股票分割之后，股东权益总额及其内部结构都不会发生任何变化，变化的只是股票面值，即使公司当期没有未分配利润，仍然可以进行股票分割。

从实践效果来看，由于股票分割与股票股利非常接近，所以一般要根据证券管理部门的具体规定对两者加以区分。例如，有的国家证券交易机构规定，发放25%以上的股票股利即属于股票分割。

（二）股票分割的动机

就公司管理层而言，实行股票分割的最主要动机是降低股票价格，并进而实现以下三个目的。

1. 增强股票的流动性

公司的股票价格有一个合理的区间，如果股票价格过高，将不利于股票的交易活动，原因是一些中小投资者受资金量的限制不愿意购买高价股票。通过股票分割，可以使每股市价降低，买卖该股票所需资金量减少，从而促进股票的流通和交易。流动性的提高和股东数量的增加，会在一定程度上加大恶意收购的难度。

2. 为发行新股做准备

股票价格过高会使许多潜在的投资者不敢轻易对公司股票进行投资。在新股发行之前，利用股票分割降低股票价格，有利于吸引更多的投资者，提高股票的可转让性，促进新股的发行。

3. 向投资者传递信息

由于股票分割往往是处于成长阶段的公司的行为，此举可以向市场和投资者传递"公司发展前景良好"的信号，有助于提振投资者对公司股票的信心，在短期内提高股价。

与股票分割相反，如果公司认为自己的股票价格过低，不利于其在市场上的声誉和未来的再筹资时，为提高股票的价格，会采取反分割措施。反分割又称股票合并或逆向分割，是指将多股股票合并为一股股票的行为。反分割显然会降低股票的流通性，提高公司股票投资的门槛，它向市场传递的信息通常都是不利的。

【例8-5】锦辰公司当前股票市价为30元，2023年年末资产负债表上的股东权益账户情况如表8-3所示。

表8-3 锦辰公司2023年年末股东权益账户　　　　　　　　　　　单位：万元

普通股（面值1元，发行在外10 000万股）	10 000
资本公积	30 000
盈余公积	30 000
未分配利润	150 000
股东权益合计	220 000

（1）假设该公司宣布发放10%的股票股利，即现有股东每持有10股可获赠1股普通股。发放股票股利后，股东权益有何变化？每股净资产是多少？

（2）假设该公司按照1∶5的比例进行股票分割。股票分割后，股东权益有何变化？每股净资产是多少？

根据上述资料，分析计算如下。

（1）随着股票股利的发放，需从"未分配利润"项目划转出的资金为：

$$10\ 000 \times 10\% \times 30 = 30\ 000（万元）$$

其中，转入"普通股"账户1 000万股×1元=1 000万元，转入"资本公积"账户29 000万元。

锦辰公司2024年发放股票股利后的股东权益账户情况如表8-4所示。

表8-4　锦辰公司2024年发放股票股利后的股东权益账户　　　　单位：万元

普通股(面值1元，发行在外11 000万股)	11 000
资本公积	59 000
盈余公积	30 000
未分配利润	120 000
股东权益合计	220 000

每股净资产为：220 000÷11 000=20(元/股)。

(2)随着股票的分割，每股普通股的面值由1元减少为0.2元，流通在外的普通股股数由10 000万股增加为50 000万股，股本总额和股东权益总额不变。

锦辰公司2024年股票分割后的股东权益账户情况如表8-5所示。

表8-5　锦辰公司2024年股票分割后的股东权益账户　　　　单位：万元

普通股(面值0.2元，发行在外50 000万股)	10 000
资本公积	30 000
盈余公积	30 000
未分配利润	150 000
股东权益合计	220 000

每股净资产为：220 000÷50 000=4.4(元/股)。

二、股票回购

(一)股票回购的含义

股票回购是指上市公司出资将其发行在外的普通股以一定价格购买回来予以注销或作为库存股①的一种运作方式。根据2023年12月29日新修订的《中华人民共和国公司法》第一百六十二条，公司不得收购本公司股份。但是，有下列情形之一的除外：

(1)减少公司注册资本。

(2)与持有本公司股份的其他公司合并。

(3)将股份用于员工持股计划或者股权激励。

(4)股东因对股东大会做出的公司合并、分立决议持异议，要求公司收购其股份。

(5)将股份用于转换公司发行的可转换为股票的公司债券。

(6)上市公司为维护公司价值及股东权益所必需。

近年来，股票回购已成为公司向股东分配利润的一种重要形式。公司以现金进行股票

---

① 库存股是指公司将自己已经发行的股票重新购回存放，且尚未注销的股票。库存股既不参与股利分配，又不享有投票权。

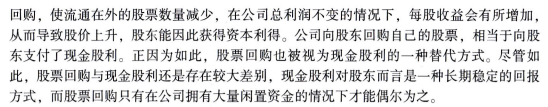

回购，使流通在外的股票数量减少，在公司总利润不变的情况下，每股收益会有所增加，从而导致股价上升，股东能因此获得资本利得。公司向股东回购自己的股票，相当于向股东支付了现金股利。正因为如此，股票回购也被视为现金股利的一种替代方式。尽管如此，股票回购与现金股利还是存在较大差别，现金股利对股东而言是一种长期稳定的回报方式，而股票回购只有在公司拥有大量闲置资金的情况下才能偶尔为之。

（二）股票回购的动机

对公司而言，进行股票回购的最终目的是增加公司的价值。主流财务理论对公司股票回购的动机做出了多种解释。

1. 分配公司的超额现金

现金股利政策会对公司产生未来的派现压力，而作为其替代方式的股票回购则不会。如果公司持有的现金明显超过投资项目所需要的现金，就可以用自由现金流量进行股票回购，将现金分配给股东。这样，股东可以根据自己的需要选择继续持有股票或出售获得现金。股票回购既可以分配公司过多的现金，又有助于增加每股盈利水平，进而提升股价。同时，公司自由现金流量的减少也降低了管理层的代理成本。

2. 传递股价被低估的信息

由于信息不对称和预期差异，公司股价可能会被外部投资者低估，而过低的股价将会对公司产生负面影响。此时，公司可以通过股票回购，向市场传递股价被低估的信号。投资者一般认为股票回购传递了公司认为其股票价值被低估的信息，因此，在股票回购公告发布之后，股票价格通常会上涨。

3. 改善公司的资本结构

无论是现金回购还是举债回购股份，都会提高公司的财务杠杆水平，改变公司的资本结构。如果公司认为其股东权益资本所占的比例过大、资本结构不合理时，就可能对外举债，并用举债获得的资金进行股票回购，以实现公司资本结构的合理化。为了调整资本结构而进行股票回购，可以在一定程度上降低加权平均资本成本。

4. 基于控制权的考虑

控股股东为了保证其控制权，往往采取直接或间接的方式回购股票，从而巩固既有的控制权。当公司现有股东的控制权受到威胁时，采取股票回购可以使流通在外的股份数量减少，股票价格上升，从而在一定程度上防止恶意收购，降低公司被收购的风险。

但是，股票回购也可能会对上市公司产生消极影响，主要表现在：①股票回购需要大量资金，容易造成资金紧张，降低资产流动性，影响公司正常的生产经营和发展。②股票回购是公司资本的减少，从而在一定程度上削弱了对债权人利益的保护。③股票回购容易导致内幕交易。允许上市公司回购本公司股票，容易导致其利用内幕消息对本公司股票进行炒作，损害投资者的利益。因此，各国对股票回购都有严格的法律限制，只有满足相关法律规定的情形才允许股票回购。

（三）股票回购的方式

股票回购的方式主要有以下三种。

1. 公开市场回购

公开市场回购是指上市公司通过证券交易所在公开的证券市场回购自身发行的股票，

并需要根据证券法和公司法的相关规定，披露购回股票的意图、数量等，又称为集中竞价回购。公开市场回购是股票回购中最常用的方式。但是采用这种方式会推高股价，从而增加回购成本。

2. 要约回购

要约回购是指公司在特定期间向股东发出以高于当前市价的某一价格回购既定数量股票的要约，并根据要约内容进行回购。在要约回购限定的期限内，如果各股东愿意出售的股票总数多于公司计划购买的数量，则公司可自行决定购买部分或全部股票。相反，如果要约出价未能购买到公司原定回购的数量，则公司可以通过公开市场回购不足的数量。在公司想回购大量股票时，要约回购方式比较适用。

3. 协议回购

协议回购方式指公司直接与一个或几个特定股东签订协议，回购其持有的股票。在此种方式下，公司同样必须公开披露回购股票的目的、数量等信息，并向其他股东保证公司的购买价格是公平的，以避免公司向特定股东输送利益，损害其他股东的利益。协议回购方式是公开市场回购方式的补充，适用于回购股票的数量较大时，多作为大宗交易在场外进行。

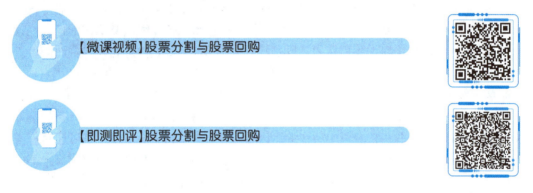

【微课视频】股票分割与股票回购

【即测即评】股票分割与股票回购

第五节　股权激励

一、股权激励含义

股权激励是对企业经营者和员工进行长期激励的一种制度，起源于 20 世纪 50 年代。1952 年，美国辉瑞制药为了解决高管现金薪酬过高所带来的高额个人所得税问题，设计并推出了世界上第一个股票期权计划。随后，1956 年，路易斯·凯尔索（Louis Kelso）进一步发展了员工持股的概念，促进了现代股权激励制度的发展。

股权激励通过让经营者（和核心员工）获得公司股权的形式，给予其一定的经济权利，使他们能够以股东的身份参与企业决策、分享利润、承担风险，从而勤勉尽责地为公司的长期发展服务。股权激励本质上是企业所有者与经营者（和核心员工）订立的一种合约，在一定期限后，如果合约中规定的条件达到了，后者就可以通过不同的模式获得约定的激励。通过这种方式，让企业经营者和核心员工与企业形成利益共同体，降低委托代理成

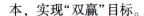

本，实现"双赢"目标。

随着资本市场的发展和公司治理的完善，公司股权日益分散，管理技术日益复杂。为了合理激励公司管理人员，留住核心骨干员工，很多上市公司推行了形式多样的股权激励模式。现阶段应用较为普遍的股权激励模式主要有：股票期权激励模式、限制性股票激励模式、股票增值权激励模式、业绩股票激励模式和虚拟股票激励模式等。

二、股票期权激励模式

（一）股票期权激励的概念

股票期权激励，是指公司授予激励对象在未来一定期限内以预先设定的价格（即行权价格）和条件，购买本公司一定数量股票的权利。根据《上市公司股权激励管理办法》，激励对象获授的股票期权不得转让、不得用于担保或偿还债务。

股票期权实质上是公司给予激励对象的一种激励报酬，但能否取得该报酬取决于以经理人为首的相关人员是否通过努力实现公司的目标。在行权期内，如果股票市价高于行权价格，激励对象可以通过行权获得潜在收益（行权价格与行权时市场价之差）；反之，如果在行权期股票市价低于行权价格，则激励对象可以放弃行权。《上市公司股权激励管理办法》规定，股票期权授权日与获授股票期权首次可行权日之间的间隔不得少于12个月。在股票期权有效期内，上市公司应当规定激励对象分期行权，每期时限不得少于12个月，后一行权期的起算日不得早于前一行权期的届满日。每期可行权的股票期权比例不得超过激励对象获授股票期权总额的50%。

（二）股票期权激励模式评价

1. 股票期权激励模式的优点

（1）具有长期激励效果。

股票期权将经营者的报酬与公司的长期利益联系在一起，从而降低了委托—代理成本，实现了经营者与资产所有者利益的高度一致性，并使二者的利益紧密联系起来，把对经营者的外部激励与约束变成自我激励与自我约束。经营者要想实现个人利益最大化，就必须努力经营，选择有利于公司长期发展的战略，注重长期价值的创造，使公司的股价在市场上持续看涨，进而达到"双赢"的目标。

（2）可以锁定激励对象的风险。

激励对象作为股票期权的持有人，事先并没有支付成本或支付的成本很低，如果行权期内公司股票价格下跌，激励对象可以放弃行权，没有任何额外的损失，从而锁定了风险。

（3）有利于减轻公司的现金压力，降低激励成本。

股票期权是公司赋予经营者的一种选择权，是在不确定的市场中实现的预期收入。实施股票期权激励，公司不会因此而发生任何现金支出，有利于公司降低激励成本。这也是企业以较低成本吸引和留住人才的方法。

2. 股票期权激励模式的不足

（1）影响现有股东的权益。

激励对象行权将会分散股权，改变公司的总资本和股本结构，会影响到现有股东的权益，可能导致产权和经济纠纷。

（2）可能遭遇来自股票市场的风险。

由于股票市场的价格波动性和不确定性，持续的牛市会产生"收入差距过大"的问题；在期权人行权但尚未售出购入的股票时，如果股价下跌至行权价以下，期权人将同时承担行权后纳税和股票跌破行权价的双重损失的风险。

（3）可能带来经营者的短期行为。

由于股票期权的收益直接与行权之日股票市价高于行权价格的差额挂钩，这可能诱使公司的经营者过分追求股价的短期提升，而忽略了那些对公司长期发展至关重要的投资机会。

（4）对激励对象的约束性较弱。

股票期权是典型的权利义务不对称激励方式，激励程度较高，但对激励对象的约束力较弱。由于激励对象拥有行权的自主选择权，只有行权获益的权利，而无须承担必须行权的义务。如果股价下跌或者期权计划预设的业绩指标未能实现，激励对象只是无法行权，并不会由此造成实际的资金损失。

股票期权模式比较适合那些初始资本投入较少、资本增值较快、处于成长初期或扩张期的企业，如互联网、高科技等风险较高的企业等。由于这类企业本身的运营和发展对现金的需求很大，企业无法拿出大量的现金实现即时激励；同时企业未来的成长潜力巨大，通过发行股票期权，将激励对象的未来收益与未来二级市场的股价波动紧密联系，从而既降低了企业当期的激励成本，又达到了激励员工的目的，真正实现一举两得。

三、限制性股票激励模式

（一）限制性股票激励的概念

限制性股票激励是指上市公司按照股权激励计划规定的条件，授予激励对象转让等部分权利受到限制的本公司股票。根据《上市公司股权激励管理办法》，限制性股票激励模式在解除限售前不得转让、用于担保或偿还债务。

在限制性股票激励模式下，公司为了实现某一特定目标，按照提前设定的条件无偿将一定数量的企业股票赠予或以较低价格授予激励对象，但这些股票的转让权利受到限制。只有满足预定条件时（如完成设定的业绩考核目标或股票市价达到一定水平），激励对象才可抛售手中的限制性股票并从中获利；如果预定条件不能满足，公司有权将授予的限制性股票收回或以激励对象的购买价格回购。

《上市公司股权激励管理办法》规定，限制性股票授予日与首次解除限售日之间的间隔不得少于 12 个月。在限制性股票有效期内，上市公司应当规定分期解除限售，每期时限不得少于 12 个月，各期解除限售的比例不得超过激励对象获授限制性股票总额的 50%。

（二）限制性股票激励模式评价

限制性股票激励模式的主要特点表现为以下几方面。

1. 获得条件有限制

采用限制性股票激励模式的主要目的是留住关键人才，因此在激励对象的选择上有比较严格的限制。在我国，一般公司在决定授予限制性股票时会明确规定激励对象的工作年限和业绩达标条件等。

2. 出售条件有限制

激励对象出售公司限制性股票的条件受到限制，且该限制是设计限制性股票的重点指向。根据拟实施激励公司的不同需求，限制条件可设定出售股票市价条件、年限条件、业绩条件等，具有较大的灵活性。我国上市公司授予激励对象限制性股票，应当在股权激励计划中明确规定禁售期限（即锁定期）。

3. 权利义务具有对称性

与股票期权相比，限制性股票的权利与义务是对称的，激励对象在享有行权获益权利的同时，需要承担实现业绩考核目标的相应义务。并且，激励对象获得股权之后，股权价格的涨跌会直接增加或减少限制性股票的价值，进而影响激励对象的利益。

4. 激励作用有限

与股票期权相比，限制性股票对激励对象的约束作用较强，但激励作用有限。限制性股票缺乏一个能推动企业股价上涨的激励机制，即使企业股价下跌，激励对象仍能获得股份，这样可能达不到预期的激励效果，并使股东遭受损失。

限制性股票的风险相对较小，在服务期限和业绩上对激励对象有较强的约束，该激励模式主要适用于处于成熟期的企业。由于股价的上涨空间有限，成熟型企业可以采用限制性股票激励模式促使经营者将更多的时间精力投入到某个或某些长期战略目标中，从而实现企业的持续发展。

四、股票增值权激励模式

（一）股票增值权激励的概念

股票增值权激励是指上市公司授予激励对象一种权利，在规定的期限内，公司股票价格上升或业绩上升，激励对象就可以按一定比例获得这种由股价上升或业绩提升所带来的差额收益，收益额为行权价与行权日二级市场股价之间的差价或净资产的增值额。激励对象不用为行权支付现金，行权后由公司支付现金、股票或股票和现金的组合。

（二）股票增值权激励模式评价

股票增值权激励模式易于操作，股票增值权持有人在行权时，直接兑现股票升值部分即可。这种模式审批程序简单，无须考虑股票来源问题。但由于激励对象只拥有可能获得差额收益的权利，并不能获得真正意义上的股票，也不拥有股票的所有权及与之相关的表决权和配股权，因此激励的效果相对较差，并且在一定程度上可能会诱使经营者操控股价。此外，公司需要为授予股票增值权提取奖励基金，从而加大公司的现金支付压力。因此，股票增值权激励模式较适合现金流量比较充裕且比较稳定的公司。

五、业绩股票激励模式

（一）业绩股票激励的概念

业绩股票激励指公司在年初确定一个合理的年度业绩目标和一个科学的绩效评估体系，如果激励对象经过努力后，在年末实现了预定的年度业绩目标，则公司授予其一定数量的股票，或奖励其一定数量的奖金来购买本公司的股票。业绩股票在锁定一定年限以后才可以兑现。因此，这种激励模式是根据被激励者完成业绩目标的情况，以普通股作为长期激励形式支付给经营者的激励机制。

（二）业绩股票激励模式评价

1. 业绩股票激励模式的优点

（1）激励效果明显。

业绩股票不仅能激励公司高管人员努力完成业绩目标，而且激励对象获得业绩股票后便成为公司的股东，与原股东拥有共同利益，会更加努力地提升公司的业绩，进而获得因公司股价上涨带来的更多收益。因此，业绩股票能够发挥滚动激励、滚动约束的良好作用，激励效果明显。

（2）实施成本较低。

业绩股票受到的政策限制较少，只要公司股东大会通过即可实施，可操作性强，实施成本较低。

（3）具有较强的约束作用。

业绩股票的激励收入是在将来逐步兑现的。如果激励对象未通过年度考核，或出现有损公司行为、非正常调离等，激励对象将遭受风险抵押金的惩罚或被取消激励股权，退出成本较大。

2. 业绩股票激励模式的缺点

（1）公司业绩目标确定的科学性很难保证，容易导致公司高管人员为获得业绩股票而弄虚作假，操纵财务数据。

（2）激励成本较高，有可能造成公司支付现金的压力。

业绩股票激励模式只对公司的业绩目标进行考核，不要求股价的上涨，因此比较适合业绩稳定的上市公司及其集团公司、子公司。

六、虚拟股票激励模式

（一）虚拟股票激励的概念

虚拟股票激励是指上市公司授予激励对象一种虚拟的股权，激励对象可以根据被授予虚拟股权的数量参与公司的分红并享受股价升值收益，但没有所有权和表决权，也不能转让和出售，且在离开公司时自动失效。

（二）虚拟股票激励模式评价

虚拟股票激励模式的主要特点有以下几方面。

1. 股东权益的不完整性

虚拟股票的持有者只能享有分红收益权，即按照持有虚拟股权的数量，按比例享受公司税后利润分配的权利，而不能享受普通股股东的其他权益（如表决权、分配权等），所以持有者会更多地关注企业经营状况及企业利润的情况。

2. 不影响现有股东的权益

虚拟股票并不是真实的股票，公司向特定员工派发一定数量的虚拟股票既不会改变现有的股权结构，也无须考虑股权的来源问题。具体操作上也比较简单，只拟定一个内部协议即可。

3. 激励对象无须出资

与购买实有股权不同，虚拟股票由公司无偿赠予或以奖励的方式发放给激励对象，无须激励对象出资。

4. 受证券市场波动影响小

与股票期权相比，虚拟股票的激励作用受证券市场的波动性影响较小，因为激励对象总是可以在公司效益好时获得分红。虚拟股票避免了以变化不定的股票市价为标准去衡量公司业绩和激励员工，尤其是在这些波动不是由于公司业绩变化造成，而是由于投机或其他宏观因素等经营者不可控因素引起时。

5. 可能增加公司的现金支付压力

由于股权激励方案一旦兑现，公司需支付一定数量的现金，这可能会增加企业的现金支出，毕竟并不是所有企业都能保证持续的高增长和高利润。另外，如何考核参与虚拟股票计划的人员也是风险之一。

虚拟股票激励模式比较适合现金流量较为充裕的公司。

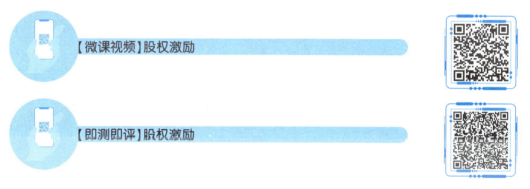

拓—思—悟

拓展阅读：

证监会发布《上市公司监管指引第 3 号——上市公司现金分红（2023 年修订）》等规范性文件

为进一步健全上市公司常态化分红机制，提高投资者回报水平，2023 年 12 月，证监会发布《上市公司监管指引第 3 号——上市公司现金分红（2023 年修订）》（以下简称《现金分红指引》），以及《关于修改〈上市公司章程指引〉的决定》（以下简称《章程指引》），自公布之日起施行。沪深证券交易所同步修改完善规范运作指引，明确操作性要求。

《现金分红指引》修订内容主要有三个方面：一是进一步明确鼓励现金分红导向，推动提高分红水平。对不分红的公司加强披露要求等制度约束督促分红。对财务投资较多但分红水平偏低的公司进行重点监管关注，督促提高分红水平，专注主业。二是简化中期分红程序，推动进一步优化分红方式和节奏。鼓励公司在条件允许的情况下增加分红频次，结合监管实践，允许上市公司在召开年度股东大会审议年度利润分配方案时，在一定额度内审议批准下一年中期现金分红条件和上限，便利公司进一步提升分红频次，让投资者更好规划资金安排，更早分享企业成长红利。三是加强对异常高比例分红企业的约束，引导合理分红。强调上市公司制定现金分红政策时，应综合考虑自身盈利水平、资金支出安排和债务偿还能力，兼顾投资者回报和公司发展。对资产负债率较高且经营活动现金流量不佳，存在大比例现金分红情形的公司保持重点关注，防止对企业生产经营、偿债能力产生不利影响。

《章程指引》相关条款修改主要有两个方面：一是鼓励上市公司增加现金分红频次，引导形成中期分红习惯，稳定投资者分红预期。同时，增加对中期分红的完成时限要求。二是督促公司在章程中细化分红政策，明确现金分红的目标，更好稳定投资者预期。同时，引导公司在章程中制定分红约束条款，防范企业在利润不真实等情形下实施分红。

《现金分红指引》和《章程指引》的实施，将有助于推动上市公司增强投资者回报，更好引导公司专注主业，促进市场平稳健康发展。下一步，证监会将在尊重公司自治的基础上，更好发挥监管的引导约束作用，推动上市公司不断增强分红意识，优化分红方式，培育分红习惯，提高分红水平，同时约束异常分红，促进上市公司整体分红水平稳中有升。

资料来源：《证监会发布〈上市公司监管指引第 3 号——上市公司现金分红（2023 年修订）〉等规范性文件》，中国证券监督管理委员会官方网站：http://www.csrc.gov.cn/csrc/c100028/c7449654/content.shtml.

思考：上市公司如何持续优化股利政策，践行社会责任，提升企业价值？

体悟：企业社会责任、依法办事。

本章小结

股份公司支付股利一般有现金股利、股票股利、财产股利和负债股利等方式。现金股利是股利支付的主要方式，需要公司有充足的现金。股票股利是公司以增发股票的方式支付的股利，不会导致现金的真正流出。股利的支付必须遵循法定的程序，确定股权登记日、除息日和股利支付日等。

股利理论主要探讨股利政策对公司股价或公司价值有无影响，包括股利无关论和股利相关论。股利无关论认为，企业的股利政策不会对公司的股票价格产生任何影响，其代表性观点是 MM 理论。股利相关论认为，企业的股利政策会影响公司股票的价格，其代表性观点主要有"在手之鸟"理论、信号传递理论、税收差异理论、代理成本理论等。

评价公司股利政策的指标主要有股利支付率和股利收益率。股利政策的主要类型有：剩余股利政策、固定股利支付率政策、固定或稳定增长股利政策、低正常股利加额外股利政策。法律因素、公司因素、股东因素和其他因素等会影响公司的股利分配决策。

股票分割是指将原来的一股股票拆分成若干股新的股票的行为。实行股票分割的最主要动机是降低股票价格。股票回购是指上市公司将其发行在外的普通股以一定价格购买回来予以注销或作为库存股。公司进行股票回购的最终目的是增加公司的价值。股票回购的方式主要有公开市场回购、要约回购、协议回购三种。

随着资本市场的发展和公司治理的完善，公司股权日益分散化，管理技术日益复杂化。为了合理激励公司管理人员，创新激励方式，很多上市公司推行了形式多样的股权激励模式。现阶段，股权激励模式主要有：股票期权激励模式、限制性股票激励模式、股票增值权激励模式、业绩股票激励模式和虚拟股票激励模式等。

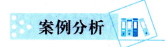

案例分析

君实生物的股权激励方案分析①

一、案例资料

上海君实生物医药科技股份有限公司（以下简称"君实生物"）成立于 2012 年 12 月，经营范围包括生物医药的研发，并提供相关的技术开发、技术咨询等，是一家以创新为驱动，致力于创新疗法的发现、开发和商业化的生物制药公司。君实生物 2015 年在新三板挂牌，并分别于 2018 年和 2020 年在港交所、科创板上市，为国内首家实现"A+H"两地上市的创新型医药企业。

（一）股权结构

君实生物股权结构明晰，前十大股东情况如表 8-6 所示。其中，熊凤祥和熊俊为父子关系，是公司控股股东和实际控制人，持股占比 13.12%；熊俊、熊凤祥与瑞源盛本、周玉清为一致行动关系人，实控人（熊俊、熊凤祥）及其一致行动人合计持有该公司 19.76% 股权。熊俊持有瑞源盛本的执行事务合伙人深圳前海源本股权投资基金管理有限公司的 40% 股权，周玉清持有瑞源盛本 5.1% 的合伙份额。

表 8-6 君实生物前十大股东情况

排名	股东	持有数量/股	持股比例/%
1	HKSCC NOMINEES LIMITED	219 291 230	22.31
2	熊俊	87 854 018	8.94
3	上海檀英投资合伙企业（有限合伙）	76 590 000	7.79
4	苏州瑞源盛本生物医药管理合伙企业（有限合伙）	43 584 000	4.43
5	熊凤祥	41 060 000	4.18
6	周玉清	21 680 800	2.21
7	招商银行股份有限公司—华夏上证科创板 50 成份交易型开放式指数证券投资基金	16 755 320	1.70
8	香港中央结算有限公司	16 477 159	1.68
9	冯辉	13 160 000	1.34
10	王振花	11 572 057	1.18

（二）员工结构

截至 2022 年年底，君实生物有职工 2 961 人，其中技术人员共计 995 人，在员工总数中所占比例为 33.60%；生产人员共计 561 人，在员工总数中所占比例为 18.95%；销售人员共计 989 人，在员工总数中所占比例为 33.40%。同时，君实生物本科及本科以上学历

---

① 作者根据君实生物历年年报及相关新闻报道等公开资料整理编写。

的员工为 2 259 人，占君实生物员工总数的 76.29 %。由此可见，君实生物的人员构成有着知识密集型和技术密集型的特征。

(三)君实生物股权激励计划实施动因

生物医药行业是科创板的重要代表性行业之一，该板块允许还未盈利的生物、医药企业上市，为生物医药公司走向二级市场提供了政策利好。同时，生物医药行业属于需要长期投入资金、盈利相对滞后的行业，多数企业无法提供高水平的现金支付来稳定核心研发团队，容易陷入难以招纳到尖端人才的窘境。因此，为争夺高端人才，各家药企纷纷通过股权激励计划缓解用人成本对公司现金流的压力。

君实生物作为一家正在发展中的生物制药企业，研发费用开支巨大，企业收入无法覆盖研发支出，以致其净利润始终为负值，目前仍处于持续亏损状态。

2016—2022 年君实生物营业收入、研发费用及利润情况如表 8-7 所示。

表 8-7　2016—2022 年君实生物营业收入、研发费用及利润情况　　单位：亿元

年份	2016	2017	2018	2019	2020	2021	2022
营业收入	0.06	054	0.03	7.75	15.95	40.25	14.53
净利润	−1.36	−3.18	−7.23	−7.48	−16.69	−7.31	−25.84
各年度研发投入金额	1.22	2.75	5.38	9.46	17.78	20.69	23.84
研发费用增长率	135%	126%	95%	76%	88%	16%	15%

资料来源：君实生物历年年报。

并且，君实生物经营活动的现金流始终为负值，截至 2022 年仍处在一个净流出的状态；其投资活动现金流也多为负值，除 2017 年是净流入，其他年份均为净流出的状态。这说明，君实生物的生产经营活动要靠融资所获得的资金才能得以维系，融资需求量较大。在此形势下，选择对员工进行股权激励不仅可以调动管理人员和关键技术人员的积极性，提升企业核心竞争力，还可以实现部分融资，一定程度上缓解用人成本对企业现金流造成的压力。

(四)君实生物股权激励方案内容

2018 年 5 月，君实生物通过了《上海君实生物医药科技股份有限公司 2018 年股权激励方案》。2020 年 9 月，公司又推出了《上海君实生物医药科技股份有限公司 2020 年限制性股票激励计划》，主要内容节选如下：

本激励计划的目的为进一步完善公司法人治理结构，建立、健全公司长效激励约束机制，吸引和留住公司管理人员、核心技术人员以及其他人员，充分调动其积极性和创造性，有效提升核心团队凝聚力和企业核心竞争力，有效地将股东、公司和核心团队三方利益结合在一起，使各方共同关注公司的长远发展，确保公司发展战略和经营目标的实现，在充分保障股东利益的前提下，按照收益与贡献对等的原则，根据有关法律制定本激励计划。

(1)激励模式与股票来源。

本激励计划采取的激励形式为限制性股票(第二类限制性股票)。股票来源为公司向激励对象定向发行的本公司人民币 A 股普通股股票。

(2)激励数量与价格。

本激励计划拟授予激励对象的限制性股票数量为 3 573.65 万股，占本激励计划草案公

告日公司股本总额 87 127.65 万股的 4.10%。其中，首次授予限制性股票 2 858.95 万股，占本激励计划草案公告日公司股本总额的 3.28%，占本激励计划拟授予限制性股票总数的80.00%；预留 714.70 万股，占本激励计划草案公告日公司股本总额的 0.82%，预留部分占本激励计划拟授予限制性股票总数的 20.00%。

公司 2018 年的股票期权一次性授出，并未预留相关权益，但在 2020 年的激励计划中却设置了预留权益，这为未来激励对象留足了激励空间。

在实际运作中，君实生物于 2020 年 11 月 16 日发出公告：71 名激励对象因离职失去激励资格或因其他原因自愿放弃激励资格，公司董事会根据股东大会的授权，对 2020 年限制性股票激励计划首次授予激励对象人数及拟授予数进行调整。调整后，激励计划首次授予人数由 2 004 人调整为 1 933 人，首次授予限制性股票数量由 2 858.95 万股调整为2 851.90 万股，预留部分数量由 714.70 万股调整为 712.90 万股，限制性股票授予总数由3 573.65 万股调整为 3 564.80 万股，具体如表 8-8 所示。

表 8-8　君实生物 2020 年股权激励计划的激励数量与价格

项目	激励模式	激励数量/万股	价格/(元·股$^{-1}$)	占公司总股本比例/%
2020 年股权激励计划	首次授予的第二类限制性股票	2 851.90	55.50	3.27%
	预留的第二类限制性股票	712.90	—	0.82%

资料来源：根据君实生物 2018—2020 年股权激励草案整理。

（3）激励对象。

2020 年股权激励计划授予的激励对象为 1 933 人，包括公司公告本激励计划时在公司（含子公司，下同）任职的董事、高级管理人员、核心技术人员以及董事会认为需要激励的其他人员，不含君实生物独立董事、监事，如表 8-9 所示。

预留激励对象指本计划获得股东大会批准时尚未确定但在本计划存续期间纳入激励计划的激励对象，由本计划经股东大会审议通过后 12 个月内确定。预留激励对象的确定标准参照首次授予的标准确定。

表 8-9　股权激励计划的激励对象

	职务类型	人数	限制性股票	各自占比
股权激励计划	董事、高级管理人员、核心技术人员	13	764	26.79%
	其他激励对象	1 920	—	73.21%

资料来源：根据君实生物 2018—2020 年股权激励草案整理。

（4）有效期与禁售期、等待期。

本激励计划的有效期为自限制性股票授予之日起至激励对象获授的限制性股票全部归属或作废失效之日止，最长不超过 48 个月。禁售期均不得短于自授予日起算的 12 个月。激励对象为公司董事和高级管理人员的，其在任职期间每年转让的股份不得超过其所持有本公司股份总数的 25%；在离职后半年内，不得转让其所持有的本公司股份。

（5）解锁（行权）安排。

预留部分的限制性股票归属安排如表 8-10 所示。

表 8-10　预留部分的限制性股票归属安排

归属安排	归属期间	归属比例
第一个归属期	自预留授予部分限制性股票授予日起 12 个月后的首个交易日起至预留授予部分限制性股票授予日起 24 个月内的最后一个交易日当日止	40%
第二个归属期	自预留授予部分限制性股票授予日起 24 个月后的首个交易日起至预留授予部分限制性股票授予日起 36 个月内的最后一个交易日当日止	30%
第三个归属期	自预留授予部分限制性股票授予日起 36 个月后的首个交易日起至预留授予部分限制性股票授予日起 48 个月内的最后一个交易日当日止	30%

（6）考核条件。

在股权激励当中，激励对象需完成企业预设的考核条件方可行权。其中，第一期激励计划并未设置具体业绩考核条件，第二期激励计划相关解锁（行权）条件如表 8-11 所示。

表 8-11　君实生物 2020 年股权激励计划公司业绩考核条件

第二期激励计划 归属条件	激励对象须在公司任职 12 个月以上，并在 2020—2022 年这一期间，分年度完成企业设定的业绩考核指标。具体设置了 A、B、C 三个考核指标，对应归属系数 100%，80%，60%。 （1）营业收入：2021—2022 年度的公司累积营业收入不低于 14.5 亿元、36 亿元、66 亿元 （2）临床前项目：2020 年度，申报并获得受理的公司占有不低于 50% 权益的药物 IND 申请不少于 2 个、9 个、16 个 （3）临床开发：2020 年度，申报并获得受理的公司占有不低于 50% 权益的新药物 NDA 或者扩展适应症（sNDA）不少于 2 项、6 项、11 项

对激励对象的个人考核，按照君实生物企业内部绩效考核的有关规定执行。君实生物将个人考核和评价结果划分成了四个等级，对应归属情况如表 8-12 所示。

表 8-12　君实生物 2020 年股权激励计划个人绩效考核条件

评价标准	优秀	良好	合格	不合格
个人归属系数	100	80	60	0

（五）君实生物 2020 年股权激励方案的主要变化

君实生物在 2018 年和 2020 年先后两次推行股权激励计划，和 2018 年相比，2020 年的股权激励计划在激励模式、范围、规模和考核指标等方面都有变化，具体分析如下。

1. 激励模式变化

君实生物 2018 年的股权激励计划使用的是股票期权，2020 年股权激励计划则选择了以第二类限制性股票来对相关人员进行激励。在这种股票激励模式下，当激励对象通过努力达到了预定条件，便可将股份流通获取收益，这极大地降低了激励对象的出资压力，更受员工青睐，体现了君实生物对于人才的重视和关照。

2. 激励范围拓宽

君实生物 2018 年股权激励对象涉及高管和核心技术人员等员工在内的 268 人，占授予当年公司员工总数的 44.67%；2020 年股权激励方案则将激励对象范围拓宽至 1 933 人，占授予当年公司员工总数的 78.80%。第二期股权激励总人数及占比相较于第一期均有所

上升，表明君实生物进一步加大了对于核心技术人员的激励力度。

3. 授予规模扩大

君实生物 2018 年股权激励计划向相关人员授予 602.3 万股，约为公司总股本的 0.77%；2020 年股权激励计划涉及的激励股票数为 3 564.80 万股，是总股本数的 4.09%。可见，2020 年股权激励计划的激励力度、授予规模均大幅扩大，增强了公司与激励对象之间的利益关联度。此外，2020 年股权激励计划还设置了预留权益，为未来新人留足了激励池子。

4. 考核指标优化

在 2020 年的激励计划中，公司设置了营收、研发项目等考核指标，激励计划的考核指标更多元、科创特色更足。结合君实生物两期股权激励计划所设定的业绩指标完成情况来看，考核均为合格。但从具体角度而言，两期计划的业绩考核指标设定比较容易实现，总体呈现"福利型"特点。

总之，在实施股权激励之后，君实生物持续增加了研发投入，但研发产出没能体现出同幅度的变化，君实生物股权激励对公司研发创新效率和产出能力的提升效应还有待进一步论证考查。

二、问题提出

1. 股权激励包括哪些类型，各有什么特点？

2. 科创板公司通常采用什么类型的股权激励？

3. 请运用所学知识，结合案例及收集的其他资料，评价君实生物实施股权激励的效果。

同步训练

一、单项选择题

1. 以下关于利润分配的描述中，正确的是(　　)。

A. 公司在提取法定公积金之前，应当先用当年利润弥补亏损

B. 法定公积的提取比例为当年税后利润(弥补亏损后)的 20%

C. 公司不能从税后利润中提取公积金

D. 有限责任公司和股份有限公司股东都按照实缴的出资比例分取红利

2. 股利的支付可减少管理层可支配的自由现金流量，在一定程度上可抑制管理层的过度投资或在职消费行为。这种观点体现的股利理论是(　　)。

A. 股利无关理论　　　　　　　　　　B. 信号传递理论

C. "在手之鸟"理论　　　　　　　　　D. 代理成本理论

3. 下列各项政策中，最能体现"多盈多分、少盈少分、无盈不分"股利分配原则的是(　　)。

A. 剩余股利政策　　　　　　　　　　B. 低正常股利加额外股利政策

C. 固定股利支付率政策　　　　　　　D. 固定或稳定增长的股利政策

4. 在确定企业的股利分配政策时，应当考虑相关因素的影响，其中"偿债能力约束"属于(　　)。

A. 股东因素
B. 公司因素

C. 法律因素
D. 债务契约因素

5. 下列各项中，不影响股东权益总额变动的股利支付形式是（　　）。

A. 现金股利　　　　　B. 股票股利　　　　　C. 负债股利　　　　　D. 财产股利

6. 下列各项中，不属于股票分割动机的是（　　）。

A. 增强股票的流动性
B. 为发行新股做准备

C. 传递"公司发展前景良好"的信号
D. 向股东分配红利

二、判断题

1. 在除息日之前，股利权利从属于股票。从除息日开始，新购入股票的投资者不能分享本次已宣告发放的股利。　　　　　　　　　　　　　　　　　　　　　　（　　）

2. 在其他条件不变的情况下，股票分割会使发行在外的股票总数增加，进而降低公司资产负债率。　　　　　　　　　　　　　　　　　　　　　　　　　　　　（　　）

3. 上市公司不能用自己的产品给股东发放股利。　　　　　　　　　　　　（　　）

4. 盈利少的公司股利发放肯定少于盈利多的公司。　　　　　　　　　　　（　　）

5. 股票回购肯定会提升公司股票的价格。　　　　　　　　　　　　　　　（　　）

三、计算题

锦辰股份有限公司 2022 年、2023 年税后利润分别为 3 000 万元和 3 800 万元，公司于 2023 年 5 月 10 日向股东分配现金股利 1 500 万元。2024 年年初，公司拟投资一个新项目，经测算，新项目需资金 3 500 万元。该公司目前的资本结构为：股东权益资本 70%，债务资本 30%。请分别回答以下问题：

（1）若该公司执行固定股利支付率政策，资本结构不变，计算公司为上新项目需要筹集的权益资金。

（2）若该公司执行固定股利政策，资本结构不变，计算公司为上新项目需要筹集的权益资金。

（3）若该公司执行剩余股利政策，目标资本结构变为"股东权益资本 65%，债务资本 35%"，计算公司 2024 年可以发放的现金股利。

附　录

附录1　即测即评参考答案

第一章　财务管理概论

1.1　财务管理的基本概念

一、单选题

A

二、多选题

ABCD

三、判断题

×

1.2　财务管理的目标

一、单选题

1. A　2. A

二、多选题

ABD

1.3　财务管理的环境

一、单选题

C

二、多选题

1. ACD　2. ABD

第二章　财务估值基础

2.1.1　复利终值、现值

单选题

1. B　2. B　3. B

2.1.2　年金终值、现值

一、单选题

1. D　2. A　3. A　4. B

5. B

二、多选题

1. BD　2. AC　3. ABC

2.1.3　利率的计算

一、单选题

1. A　2. C

二、判断题

×

2.2　风险与收益

单选题

1. C　2. D　3. D　4. A

2.3　证券估值

单选题

1. B　2. B　3. D

第三章　财务分析

3.1　财务分析概述

单选题

1. D　2. A　3. B

3.2.1　偿债能力分析

一、单选题

1. B　2. B

二、多选题

ABC

3.2.2　营运能力分析

一、单选题

C

二、多选题

1. AD　2. CD

3.2.3　盈利能力、发展能力分析

一、单选题

1. C　2. A

二、多选题

ABE

3.2.4　上市公司财务指标分析

单选题

1. A　2. B　3. B

3.3　财务综合分析

一、单选题

1. D　2. A

二、多选题

ABD

第四章　长期筹资

4.1　长期筹资概述

一、单选题

1. B　2. C

二、判断题

1. √　2. ×

4.2　股权筹资

单选题

1. B　2. D　3. A

4.3　债务筹资

一、单选题

1. B　2. A

二、多选题

ACDE

三、判断题

×

4.4 混合筹资

一、单选题

1. C　2. B

二、多选题

1. ACD　2. BD

三、判断题

1. ×　2. ×

第五章　资本结构决策

5.1.1 个别资本成本的计算

一、单选题

1. D　2. A　3. B

二、判断题

×

5.1.2 综合资本成本的计算

一、单选题

1. B　2. A

二、多选题

CD

5.2 杠杆效应

单选题

1. B　2. D　3. A

5.3 资本结构

单选题

1. A　2. D　3. C　4. B

第六章　投资决策

6.1 投资决策概述

一、单选题

D

二、判断题

1. ×　2. √

6.2 现金流量分析

一、单选题

1. D　2. A　3. D

二、判断题

√

6.3 项目投资决策指标

一、单选题

1. C　2. A　3. B

二、多选题

1. CD　2. AD

6.4 项目投资决策方法

一、单选题

C

二、多选题

AB

三、判断题

1. √　2. ×

6.5 证券投资决策

单选题

1. C　2. D　3. B　4. C

第七章　营运资金管理

7.1 营运资金管理概述

一、单选题

1. C　2. D　3. B　4. D

二、判断题

×

7.2 现金管理

一、单选题

1. C　2. A　3. A　4. A

二、判断题

√

7.3 应收账款管理

一、单选题

1. D　2. A　3. D　4. A

二、多选题

ABD

7.4 存货管理

一、单选题

1. B　2. A　3. C　4. B

二、多选题

ABCD

7.5 短期债务筹资

一、单选题

1. C　2. D　3. D　4. A

二、多选题

BCD

第八章　利润分配管理

8.1 利润分配概述

一、单选题

1. B　2. A　3. C　4. B

二、多选题

AD

8.2 股利分配理论

一、单选题

1. D　2. A

二、多选题

ABC

三、判断题

1. √　2. ×

8.3 股利政策实践

一、单选题

1. B　2. B

二、多选题

AB

三、判断题

1. √　2. √

8.4 股票分割与股票回购

一、单选题

1. D　2. D

二、多选题

1. ABD　2. CD　3. CD

8.5 股权激励

一、单选题

1. A　2. D

二、多选题

ABCD

三、判断题

1. √　2. √

附录2 财务管理系数表

复利终值系数(F/P, i, n)表

期数	1%	2%	3%	4%	5%	6%	7%	8%	9%	10%	11%	12%	13%	14%	15%	16%	17%	18%	19%	20%	21%	22%	23%	24%	25%	26%	27%	28%	29%	30%
1	1.01	1.02	1.03	1.04	1.05	1.06	1.07	1.08	1.09	1.1	1.11	1.12	1.13	1.14	1.15	1.16	1.17	1.18	1.19	1.2	1.21	1.22	1.23	1.24	1.25	1.26	1.27	1.28	1.29	1.3
2	1.020 1	1.040 4	1.060 9	1.081 6	1.102 5	1.123 6	1.144 9	1.166 4	1.188 1	1.21	1.232 1	1.254 4	1.276 9	1.299 6	1.322 5	1.345 6	1.368 9	1.392 4	1.416 1	1.44	1.464 1	1.488 4	1.512 9	1.537 6	1.562 5	1.587 6	1.612 9	1.638 4	1.664 1	1.69
3	1.030 3	1.061 2	1.092 7	1.124 9	1.157 6	1.191	1.225	1.259 7	1.295	1.331	1.367 6	1.404 9	1.442 9	1.481 5	1.520 9	1.560 9	1.601 6	1.643	1.685 2	1.728	1.771 6	1.815 8	1.860 9	1.906 6	1.953 1	2.000 4	2.048 4	2.097 2	2.146 7	2.197
4	1.040 6	1.082 4	1.125 5	1.169 9	1.215 5	1.262 5	1.310 8	1.360 5	1.411 6	1.464 1	1.518 1	1.573 5	1.630 5	1.689	1.749	1.810 6	1.873 9	1.938 8	2.005 3	2.073 6	2.143 6	2.215 3	2.288 9	2.364 2	2.441 4	2.520 5	2.601 4	2.684 4	2.769 2	2.856 1
5	1.051	1.104 1	1.159 3	1.216 7	1.276 3	1.338 2	1.402 6	1.469 3	1.538 6	1.610 5	1.685 1	1.762 3	1.842 4	1.925 4	2.011 4	2.100 3	2.192 4	2.287 8	2.386 4	2.488 3	2.593 7	2.702 7	2.815 3	2.931 6	3.051 8	3.175 8	3.303 8	3.436	3.572 3	3.712 9
6	1.061 5	1.126 2	1.194 1	1.265 3	1.340 1	1.418 5	1.500 7	1.586 9	1.677 1	1.771 6	1.870 4	1.973 8	2.082	2.195	2.313	2.436 4	2.565 2	2.699 6	2.839 8	2.986	3.138 4	3.297 3	3.462 8	3.635 2	3.814 7	4.001 5	4.195 9	4.398	4.608 3	4.826 8
7	1.072 1	1.148 7	1.229 9	1.315 9	1.407 1	1.503 6	1.605 8	1.713 8	1.828	1.948 7	2.076 2	2.210 7	2.352 6	2.502 3	2.66	2.826 2	3.001 2	3.185 5	3.379 3	3.583 2	3.797 5	4.022 7	4.259 3	4.507 7	4.768 4	5.041 9	5.328 8	5.629 5	5.944 7	6.274 9
8	1.082 9	1.171 7	1.266 8	1.368 6	1.477 5	1.593 8	1.718 2	1.850 9	1.992 6	2.143 6	2.304 5	2.476	2.658 4	2.852 6	3.059	3.278 4	3.511 5	3.758 9	4.021 4	4.299 8	4.595	4.907 7	5.238 9	5.589 5	5.960 5	6.352 8	6.767 5	7.205 8	7.668 6	8.157 3
9	1.093 7	1.195 1	1.304 8	1.423 3	1.551 3	1.689	1.838 5	1.999	2.171 9	2.357 9	2.558	2.773 1	3.004	3.251 9	3.517 9	3.803	4.108 4	4.435 5	4.785 4	5.159 8	5.559 9	5.987	6.443 9	6.931	7.450 6	8.004 5	8.594 8	9.223 4	9.892 5	10.604 5
10	1.104 6	1.219	1.343 9	1.480 2	1.628 9	1.790 8	1.967 2	2.158 9	2.367 4	2.593 7	2.839 4	3.105 8	3.394 6	3.707 2	4.045 6	4.411 4	4.806 8	5.233 8	5.694 7	6.191 7	6.727 5	7.304 6	7.925 9	8.594 4	9.313 2	10.085 7	10.915 3	11.805 9	12.761 4	13.785 8
11	1.115 7	1.243 4	1.384 2	1.539 5	1.710 3	1.898 3	2.104 9	2.331 6	2.580 4	2.853 1	3.151 8	3.478 5	3.835 9	4.226 2	4.652 4	5.117 3	5.624	6.175 9	6.776 7	7.430 1	8.140 3	8.911 7	9.748 9	10.657	11.641 5	12.708	13.862 5	15.111 6	16.462 2	17.921 6
12	1.126 8	1.268 2	1.425 8	1.601	1.795 9	2.012 2	2.252 2	2.518 2	2.812 7	3.138 4	3.498 5	3.896	4.334 5	4.817 9	5.350 3	5.936	6.580 1	7.287 6	8.064 2	8.916 1	9.849 7	10.872 2	11.991 2	13.214 8	14.551 9	16.012	17.605 3	19.342 8	21.236 2	23.298 1
13	1.138 1	1.293 6	1.468 5	1.665 1	1.885 6	2.132 9	2.409 8	2.719 6	3.065 8	3.452 3	3.883 3	4.363 5	4.898	5.492 4	6.152 8	6.885 8	7.698 7	8.599 4	9.596 4	10.699 3	11.918 2	13.264 1	14.749 1	16.386 3	18.189 9	20.175 2	22.358 8	24.758 8	27.394 7	30.287 5
14	1.149 5	1.319 5	1.512 6	1.731 7	1.979 9	2.260 9	2.578 5	2.937 2	3.341 7	3.797 5	4.310 4	4.887 1	5.534 8	6.261 3	7.075 7	7.987 5	9.007 5	10.147 2	11.419 8	12.839 2	14.421	16.182 2	18.141 4	20.319 1	22.737 4	25.420 7	28.395 7	31.691 3	35.339 1	39.373 8
15	1.161	1.345 9	1.558	1.800 9	2.078 9	2.396 6	2.759	3.172 2	3.642 5	4.177 2	4.784 6	5.473 6	6.254 3	7.137 9	8.137	9.265 5	10.538 7	11.973 7	13.589 5	15.407	17.449 4	19.742 3	22.314	25.195 6	28.421 7	32.030 1	36.062 5	40.564 8	45.587 5	51.185 9
16	1.172 6	1.372 8	1.604 7	1.873	2.182 9	2.540 4	2.952 2	3.425 9	3.970 3	4.595	5.310 9	6.130 4	7.067 3	8.137 2	9.357 6	10.748	12.330 3	14.129	16.171 5	18.488 4	21.113 8	24.085 6	27.446 2	31.242 6	35.527 1	40.357 9	45.799 4	51.923	58.807 9	66.541 7
17	1.184 3	1.400 2	1.652 8	1.947 9	2.292	2.692 8	3.158 8	3.7	4.327 6	5.054 5	5.895 1	6.866	7.986 1	9.276 5	10.761 3	12.467 7	14.426 5	16.672 2	19.244 1	22.186 1	25.547 7	29.384 4	33.758 8	38.740 8	44.408 9	50.851	58.165 2	66.461 4	75.862 1	86.504 2
18	1.196 1	1.428 2	1.702 4	2.025 8	2.406 6	2.854 3	3.379 9	3.996	4.717 1	5.559 9	6.543 6	7.69	9.024 3	10.575 2	12.375 5	14.462 5	16.879	19.673 3	22.900 5	26.623 3	30.912 7	35.849	41.523 3	48.038 6	55.511 2	64.072 2	73.869 8	85.070 6	97.862 2	112.455 4
19	1.208 1	1.456 8	1.753 5	2.106 8	2.527	3.025 6	3.616 5	4.315 7	5.141 7	6.115 9	7.263 3	8.612 8	10.197 4	12.055 7	14.231 8	16.776 5	19.748 4	23.214 4	27.251 6	31.948	37.404 3	43.735 8	51.073 7	59.567 9	69.388 9	80.731	93.814 7	108.890 4	126.242 2	146.192
20	1.220 2	1.485 9	1.806 1	2.191 1	2.653 3	3.207 1	3.869 7	4.661	5.604 4	6.727 5	8.062 3	9.646 3	11.523 1	13.743 5	16.366 5	19.460 8	23.105 6	27.393	32.429 4	38.337 6	45.259 3	53.357 6	62.820 6	73.864 1	86.736 2	101.721	119.144 6	139.379 7	162.852 4	190.049 6
21	1.232 4	1.515 7	1.860 3	2.278 8	2.786	3.399 6	4.140 6	5.033 8	6.108 8	7.400 2	8.949 2	10.803 8	13.021 1	15.667 6	18.821 5	22.574 5	27.033 6	32.323 8	38.591	46.005 1	54.763 7	65.096 3	77.269 3	91.591 5	108.420 2	128.168 5	151.313 7	178.406	210.079 6	247.064 5
22	1.244 7	1.546	1.916 1	2.369 9	2.925 3	3.603 5	4.430 4	5.436 5	6.658 6	8.140 3	9.933 6	12.100 3	14.713 8	17.861	21.644 7	26.186 4	31.629 3	38.142 1	45.923 3	55.206 1	66.264 1	79.417 5	95.041 3	113.573 5	135.525 3	161.492 4	192.168 3	228.359 6	271.002 7	321.183 9
23	1.257 2	1.576 9	1.973 6	2.464 7	3.071 5	3.819 7	4.740 5	5.871 5	7.257 9	8.954 3	11.026 3	13.552 3	16.626 6	20.361 6	24.891 5	30.376 2	37.006 2	45.007 6	54.648 7	66.247 4	80.179 5	96.889 4	116.900 8	140.831 2	169.406 6	203.480 4	244.053 8	292.300 3	349.593 5	417.539 1
24	1.269 7	1.608 4	2.032 8	2.563 3	3.225 1	4.048 9	5.072 4	6.341 2	7.911 1	9.849 7	12.239 2	15.178 6	18.788 1	23.212 2	28.625 2	35.236 4	43.297 3	53.109	65.032	79.496 9	97.017 2	118.205	143.788	174.630 6	211.758 2	256.385 3	309.948 3	374.144 4	450.975 6	542.800 8
25	1.282 4	1.640 6	2.093 8	2.665 8	3.386 4	4.291 9	5.427 4	6.848 5	8.623 1	10.834 7	13.585 5	17.000 1	21.230 5	26.461 9	32.919	40.874 2	50.657 8	62.668 6	77.388 1	95.396 2	117.390 9	144.210 1	176.859 2	216.542	264.697 8	323.045 4	393.644 4	478.904 9	581.758 5	705.641
26	1.295 3	1.673 4	2.156 6	2.772 5	3.555 7	4.549 4	5.807 4	7.396 4	9.399 2	11.918 2	15.079 9	19.040 1	23.990 5	30.166 6	37.856 8	47.414 1	59.269 7	73.949	92.091 8	114.475 5	142.042 9	175.936 4	217.536 9	268.512 1	330.872 2	407.037 3	499.915 7	612.998 2	750.468 5	917.333 3
27	1.308 2	1.706 9	2.221 3	2.883 4	3.733 5	4.822 3	6.213 9	7.988 1	10.245	13.11	16.738 7	21.324 9	27.109 3	34.389 9	43.535 3	55.000 4	69.345 5	87.259 8	109.589 3	137.370 6	171.871 9	214.642 4	267.570 4	332.955	413.590 4	512.867	634.892 9	784.637 7	968.104 4	1 192.533 3
28	1.321 3	1.741	2.287 9	2.998 7	3.920 1	5.111 7	6.648 8	8.627 1	11.167 1	14.421	18.579 9	23.883 9	30.633 5	39.204 5	50.065 6	63.800 4	81.134 2	102.966 6	130.411 2	164.844 7	207.965 1	261.863 7	329.111 5	412.864 2	516.987 9	646.212 4	806.314	1 004.336 3	1 248.854 6	1 550.293 3
29	1.334 5	1.775 8	2.356 6	3.118 7	4.116 1	5.418 4	7.114 3	9.317 3	12.172 2	15.863 1	20.623 7	26.749 9	34.615 8	44.693 1	57.575 5	74.008 9	94.927 1	121.500 5	155.189 3	197.813 6	251.637 9	319.473 7	404.807 2	511.951 6	646.234 9	814.227 6	1 024.018 7	1 285.550 4	1 611.022 5	2 015.381 3
30	1.347 8	1.811 4	2.427 3	3.243 4	4.321 9	5.743 5	7.612 3	10.062 7	13.267 7	17.449 4	22.892 3	29.959 9	39.115 9	50.950 2	66.211 8	85.849 9	111.064 7	143.370 6	184.675 3	237.376 3	304.481 6	389.757 9	497.912 9	634.819 9	807.793 6	1 025.926 7	1 300.503 8	1 645.504 6	2 078.219	2 619.995 6

复利现值系数（P/F, i, n）表

期数	1%	2%	3%	4%	5%	6%	7%	8%	9%	10%	11%	12%	13%	14%	15%	16%	17%	18%	19%	20%	21%	22%	23%	24%	25%	26%	27%	28%	29%	30%
1	0.990 1	0.980 4	0.970 9	0.961 5	0.952 4	0.943 4	0.934 6	0.925 9	0.917 4	0.909 1	0.900 9	0.892 9	0.885	0.877 2	0.869 6	0.862 1	0.854 7	0.847 5	0.840 3	0.833 3	0.826 4	0.819 7	0.813	0.806 5	0.8	0.793 7	0.787 4	0.781 3	0.775 2	0.769 2
2	0.980 3	0.961 2	0.942 6	0.924 6	0.907	0.89	0.873 4	0.857 3	0.841 7	0.826 4	0.811 6	0.797 2	0.783 1	0.769 5	0.756 1	0.743 2	0.730 5	0.718 2	0.706 2	0.694 4	0.683	0.671 9	0.661	0.650 4	0.64	0.629 9	0.62	0.610 4	0.600 9	0.591 7
3	0.970 6	0.942 3	0.915 1	0.889	0.863 8	0.839 6	0.816 3	0.793 8	0.772 2	0.751 3	0.731 2	0.711 8	0.693 1	0.675	0.657 5	0.640 7	0.624 4	0.608 6	0.593 4	0.578 7	0.564 5	0.550 7	0.537 4	0.524 5	0.512	0.499 9	0.488 2	0.476 8	0.465 8	0.455 2
4	0.961	0.923 8	0.888 5	0.854 8	0.822 7	0.792	0.762 9	0.735	0.708 4	0.683	0.658 7	0.635 5	0.613 3	0.592	0.571 8	0.552 3	0.533 7	0.515 8	0.498 7	0.482 3	0.466 5	0.451 4	0.436 9	0.423	0.409 6	0.396 8	0.384 4	0.372 5	0.361	0.350 1
5	0.951 5	0.905 7	0.862 6	0.821 9	0.783 5	0.747 3	0.713	0.680 6	0.649 9	0.620 9	0.593 5	0.567 4	0.542 8	0.519 4	0.497 2	0.476 1	0.456 1	0.437 1	0.419	0.401 9	0.385 5	0.37	0.355 2	0.341 1	0.327 7	0.314 9	0.302 7	0.291	0.279 9	0.269 3
6	0.942	0.888	0.837 5	0.790 3	0.746 2	0.705	0.666 3	0.630 2	0.596 3	0.564 5	0.534 6	0.506 6	0.480 3	0.455 6	0.432 3	0.410 4	0.389 8	0.370 4	0.352 1	0.334 9	0.318 6	0.303 3	0.288 8	0.275 1	0.262 1	0.249 9	0.238 3	0.227 4	0.217	0.207 2
7	0.932 7	0.870 6	0.813	0.759 9	0.710 7	0.665 1	0.622 7	0.583 5	0.547	0.513 2	0.481 7	0.452 3	0.425 1	0.399 6	0.375 9	0.353 8	0.333 2	0.313 9	0.295 9	0.279 1	0.263 3	0.248 6	0.234 8	0.221 8	0.209 7	0.198 3	0.187 7	0.177 6	0.168 2	0.159 4
8	0.923 5	0.853 5	0.789 4	0.730 7	0.676 8	0.627 4	0.582	0.540 3	0.501 9	0.466 5	0.433 9	0.403 9	0.376 2	0.350 6	0.326 9	0.305	0.284 8	0.266	0.248 7	0.232 6	0.217 6	0.203 8	0.190 9	0.178 9	0.167 8	0.157 4	0.147 8	0.138 8	0.130 4	0.122 6
9	0.914 3	0.836 8	0.766 4	0.702 6	0.644 6	0.591 9	0.543 9	0.500 2	0.460 4	0.424 1	0.390 9	0.360 6	0.332 9	0.307 5	0.284 3	0.263	0.243 4	0.225 5	0.209	0.193 8	0.179 9	0.167	0.155 2	0.144 3	0.134 2	0.124 9	0.116 4	0.108 4	0.101 1	0.094 3
10	0.905 3	0.820 3	0.744 1	0.675 6	0.613 9	0.558 4	0.508 3	0.463	0.422 4	0.385 5	0.352 2	0.322	0.294 6	0.269 7	0.247 2	0.226 7	0.208	0.191	0.175 6	0.161 5	0.148 6	0.136 9	0.126 2	0.116 4	0.107 4	0.099 2	0.091 6	0.084 7	0.078 4	0.072 5
11	0.896 3	0.804 3	0.722 4	0.649 6	0.584 7	0.526 8	0.475 1	0.428 9	0.387 5	0.350 5	0.317 3	0.287 5	0.260 7	0.236 6	0.214 9	0.195 4	0.177 8	0.161 9	0.147 6	0.134 6	0.122 8	0.112 2	0.102 6	0.093 8	0.085 9	0.078 7	0.072 1	0.066 2	0.060 7	0.055 8
12	0.887 4	0.788 5	0.701 4	0.624 6	0.556 8	0.497	0.444	0.397 1	0.355 5	0.318 6	0.285 8	0.256 7	0.230 7	0.207 6	0.186 9	0.168 5	0.152	0.137 2	0.124	0.112 2	0.101 5	0.092	0.083 4	0.075 7	0.068 7	0.062 5	0.056 8	0.051 7	0.047	0.042 9
13	0.878 7	0.773	0.681	0.600 6	0.530 3	0.468 8	0.415	0.367 7	0.326 2	0.289 7	0.257 5	0.229 2	0.204 2	0.180 7	0.162 5	0.145 2	0.129 9	0.116 3	0.104 2	0.093 5	0.083 9	0.075 4	0.067 8	0.061	0.055	0.049 6	0.044 7	0.040 4	0.036 5	0.033
14	0.87	0.757 9	0.661	0.577 5	0.505 1	0.442 3	0.387 8	0.340 5	0.299 2	0.263 3	0.232	0.204 6	0.180 7	0.159 7	0.141 3	0.125 2	0.111	0.098 5	0.087 6	0.077 9	0.069 3	0.061 8	0.055 1	0.049 2	0.044	0.039 3	0.035 2	0.031 6	0.028 3	0.025 4
15	0.861 3	0.743	0.641 9	0.555 3	0.481	0.417 3	0.362 4	0.315 2	0.274 5	0.239 4	0.209	0.182 7	0.159 9	0.140 1	0.122 9	0.107 9	0.094 9	0.083 5	0.073 6	0.064 9	0.057 3	0.050 7	0.044 8	0.039 7	0.035 2	0.031 2	0.027 7	0.024 7	0.021 9	0.019 5
16	0.852 8	0.728 4	0.623 2	0.533 9	0.458 1	0.393 6	0.338 7	0.291 9	0.251 9	0.217 6	0.188 3	0.163 1	0.141 5	0.122 9	0.106 9	0.093	0.081 1	0.070 8	0.061 8	0.054 1	0.047 4	0.041 5	0.036 4	0.032	0.028 1	0.024 8	0.021 8	0.019 3	0.017	0.015
17	0.844 4	0.714 2	0.605	0.513 4	0.436 3	0.371 4	0.316 6	0.270 3	0.231 1	0.197 8	0.169 6	0.145 6	0.125 2	0.107 8	0.092 9	0.080 2	0.069 3	0.06	0.052	0.045 1	0.039 1	0.034	0.029 6	0.025 8	0.022 5	0.019 7	0.017 2	0.015	0.013 2	0.011 6
18	0.836	0.700 2	0.587 4	0.493 6	0.415 5	0.350 3	0.295 9	0.250 2	0.212	0.179 9	0.152 8	0.13	0.110 8	0.094 6	0.080 8	0.069 1	0.059 2	0.050 8	0.043 7	0.037 6	0.032 3	0.027 9	0.024 1	0.020 8	0.018	0.015 6	0.013 5	0.011 8	0.010 2	0.008 9
19	0.827 7	0.686 4	0.570 3	0.474 6	0.395 7	0.330 5	0.276 5	0.231 7	0.194 5	0.163 5	0.137 7	0.116 1	0.098	0.082 9	0.070 3	0.059 6	0.050 6	0.043 1	0.036 7	0.031 3	0.026 7	0.022 9	0.019 6	0.016 8	0.014 4	0.012 4	0.010 7	0.009 2	0.007 9	0.006 8
20	0.819 5	0.673	0.553 7	0.456 4	0.376 9	0.311 8	0.258 4	0.214 5	0.178 4	0.148 6	0.124	0.103 7	0.086 8	0.072 8	0.061 1	0.051 4	0.043 3	0.036 5	0.030 8	0.026 1	0.022 1	0.018 7	0.015 9	0.013 5	0.011 5	0.009 8	0.008 4	0.007 2	0.006 1	0.005 3
21	0.811 4	0.659 8	0.537 5	0.438 8	0.358 9	0.294 2	0.241 5	0.198 7	0.163 7	0.135 1	0.111 7	0.092 6	0.076 8	0.063 8	0.053 1	0.044 3	0.037	0.030 9	0.025 9	0.021 7	0.018 3	0.015 4	0.012 9	0.010 9	0.009 2	0.007 8	0.006 6	0.005 6	0.004 8	0.004
22	0.803 4	0.646 8	0.521 9	0.422	0.341 8	0.277 5	0.225 7	0.183 9	0.150 2	0.122 8	0.100 7	0.082 6	0.068	0.056	0.046 2	0.038 2	0.031 6	0.026 2	0.021 8	0.018 1	0.015 1	0.012 6	0.010 5	0.008 8	0.007 4	0.006 2	0.005 2	0.004 4	0.003 7	0.003 1
23	0.795 4	0.634 2	0.506 7	0.405 7	0.325 6	0.261 8	0.210 9	0.170 3	0.137 8	0.111 7	0.090 7	0.073 8	0.060 1	0.049 1	0.040 2	0.032 9	0.027	0.022 2	0.018 3	0.015 1	0.012 5	0.010 3	0.008 6	0.007 1	0.005 9	0.004 9	0.004 1	0.003 4	0.002 9	0.002 4
24	0.787 6	0.621 7	0.491 9	0.390 1	0.310 1	0.247	0.197	0.157 7	0.126 4	0.101 5	0.081 7	0.065 9	0.053 2	0.043 1	0.034 9	0.028 4	0.023 1	0.018 8	0.015 4	0.012 6	0.010 3	0.008 5	0.007	0.005 7	0.004 7	0.003 9	0.003 2	0.002 7	0.002 2	0.001 8
25	0.779 8	0.609 5	0.477 6	0.375 1	0.295 3	0.233	0.184 2	0.146	0.116	0.092 3	0.073 6	0.058 8	0.047	0.037 8	0.030 4	0.024 5	0.019 7	0.016	0.012 9	0.010 5	0.008 5	0.007	0.005 7	0.004 6	0.003 8	0.003 1	0.002 5	0.002 1	0.001 7	0.001 4
26	0.772	0.597 6	0.463 7	0.360 7	0.281 2	0.219 8	0.172 2	0.135 2	0.106 4	0.083 9	0.066 3	0.052 5	0.041 7	0.033 1	0.026 4	0.021 1	0.016 9	0.013 5	0.010 9	0.008 7	0.007	0.005 7	0.004 6	0.003 7	0.003	0.002 5	0.002	0.001 6	0.001 3	0.001 1
27	0.764 4	0.585 9	0.450 2	0.346 8	0.267 8	0.207 4	0.160 9	0.125 2	0.097 6	0.076 3	0.059 7	0.046 9	0.036 9	0.029 1	0.023	0.018 2	0.014 4	0.011 5	0.009 1	0.007 3	0.005 8	0.004 7	0.003 7	0.003	0.002 4	0.001 9	0.001 6	0.001 3	0.001	0.000 8
28	0.756 8	0.574 4	0.437	0.333 3	0.255 1	0.195 6	0.150 4	0.115 9	0.089 5	0.069 3	0.053 8	0.041 9	0.032 6	0.025 5	0.02	0.015 7	0.012 3	0.009 7	0.007 7	0.006 1	0.004 8	0.003 8	0.003	0.002 4	0.001 9	0.001 5	0.001 2	0.001	0.000 8	0.000 6
29	0.749 3	0.563 1	0.424 3	0.320 7	0.242 9	0.184 6	0.140 6	0.107 3	0.082 2	0.063	0.048 5	0.037 4	0.028 9	0.022 4	0.017 4	0.013 5	0.010 5	0.008 2	0.006 4	0.005 1	0.004	0.003 1	0.002 5	0.002	0.001 5	0.001 2	0.001	0.000 8	0.000 6	0.000 5
30	0.741 9	0.552 1	0.412	0.308 3	0.231 4	0.174 1	0.131 4	0.099 4	0.075 4	0.057 3	0.043 7	0.033 4	0.025 6	0.019 6	0.015 1	0.011 6	0.009	0.007	0.005 4	0.004 2	0.003 3	0.002 6	0.002	0.001 6	0.001 2	0.001	0.000 8	0.000 6	0.000 5	0.000 4

年金终值系数（F/A，i，n）表

期数	1%	2%	3%	4%	5%	6%	7%	8%	9%	10%	11%	12%	13%	14%	15%	16%	17%	18%	19%	20%	21%	22%	23%	24%	25%	26%	27%	28%	29%	30%
1	1	1	1	1	1	1	1	1	1	1	1	1	1	1	1	1	1	1	1	1	1	1	1	1	1	1	1	1	1	1
2	2.01	2.02	2.03	2.04	2.05	2.06	2.07	2.08	2.09	2.1	2.11	2.12	2.13	2.14	2.15	2.16	2.17	2.18	2.19	2.2	2.21	2.22	2.23	2.24	2.25	2.26	2.27	2.28	2.29	2.3
3	3.0301	3.0604	3.0909	3.1216	3.1525	3.1836	3.2149	3.2464	3.2781	3.31	3.3421	3.3744	3.4069	3.4396	3.4725	3.5056	3.5389	3.5724	3.6061	3.64	3.6741	3.7084	3.7429	3.7776	3.8125	3.8476	3.8829	3.9184	3.9541	3.99
4	4.0604	4.1216	4.1836	4.2465	4.3101	4.3746	4.4399	4.5061	4.5731	4.641	4.7097	4.7793	4.8498	4.9211	4.9934	5.0665	5.1405	5.2154	5.2913	5.368	5.4457	5.5242	5.6038	5.6842	5.7656	5.848	5.9313	6.0156	6.1008	6.187
5	5.101	5.204	5.3091	5.4163	5.5256	5.6371	5.7507	5.8666	5.9847	6.1051	6.2278	6.3528	6.4803	6.6101	6.7424	6.8771	7.0144	7.1542	7.2966	7.4416	7.5892	7.7396	7.8927	8.0484	8.207	8.3684	8.5327	8.6999	8.87	9.0431
6	6.152	6.3081	6.4684	6.633	6.8019	6.9753	7.1533	7.3359	7.5233	7.7156	7.9129	8.1152	8.3227	8.5355	8.7537	8.9775	9.2068	9.442	9.683	9.9299	10.183	10.4423	10.708	10.980	11.2588	11.5442	11.8366	12.1359	12.4423	12.756
7	7.2135	7.4343	7.6625	7.8983	8.142	8.3938	8.654	8.9228	9.2004	9.4872	9.7833	10.089	10.4047	10.7305	11.0668	11.4139	11.772	12.1415	12.5227	12.9159	13.3214	13.7396	14.1708	14.6153	15.0735	15.5458	16.0324	16.5339	17.0906	17.5828
8	8.2857	8.583	8.8923	9.2142	9.5491	9.8975	10.2598	10.6366	11.0285	11.4359	11.8594	12.2997	12.7573	13.2328	13.7268	14.2401	14.7733	15.327	15.902	16.4991	17.1189	17.7623	18.4301	19.123	19.8419	20.5876	21.3612	22.1634	22.9953	23.8577
9	9.3685	9.7546	10.1591	10.5828	11.0266	11.4913	11.978	12.4876	13.021	13.5795	14.164	14.7757	15.4157	16.0853	16.7858	17.5185	18.2847	19.0859	19.9234	20.7989	21.7139	22.67	23.669	24.7125	25.8023	26.9404	28.1287	29.3692	30.6639	32.015
10	10.4622	10.9497	11.4639	12.0061	12.5779	13.1808	13.8164	14.4866	15.1929	15.9374	16.722	17.5487	18.4197	19.3373	20.3037	21.3215	22.3931	23.5213	24.7089	25.9587	27.2738	28.6572	30.1129	31.6434	33.2529	34.9449	36.7235	38.5926	40.5564	42.6195
11	11.5668	12.1687	12.8078	13.4864	14.2068	14.9716	15.7836	16.6455	17.5603	18.5312	19.5614	20.6546	21.8143	23.0445	24.3493	25.7329	27.1999	28.7551	30.4035	32.1504	34.0013	35.9618	38.0389	40.2379	42.5661	45.0306	47.6388	50.3985	53.3178	56.4053
12	12.6825	13.4121	14.192	15.0258	15.9171	16.8699	17.8885	18.9771	20.1407	21.3843	22.7132	24.1331	25.6502	27.2707	29.0017	30.8502	32.8239	34.9311	37.1802	39.5805	42.1416	44.8737	47.7878	50.895	54.2077	57.7386	61.5013	65.510	69.78	74.327
13	13.8093	14.6803	15.6178	16.6268	17.713	18.8821	20.1406	21.4953	22.9534	24.5227	26.2116	28.0291	29.9847	32.0887	34.3519	36.7862	39.404	42.2187	45.2445	48.4966	51.9913	55.7459	59.779	64.1097	68.7596	73.7506	79.1066	84.8529	91.0061	97.625
14	14.9474	15.9739	17.0863	18.2919	19.5986	21.0151	22.5505	24.2149	26.0192	27.975	30.0949	32.3926	34.8827	37.5811	40.5047	43.672	47.1027	50.818	54.8409	59.1959	63.9095	69.01	74.5281	80.4961	86.9495	93.9258	101.4654	109.6117	118.4108	127.9125
15	16.0969	17.2934	18.5989	20.0236	21.5786	23.276	25.129	27.1521	29.3609	31.7725	34.4054	37.2797	40.4175	43.8424	47.5804	51.6595	56.11	60.9653	66.2607	72.0351	78.3305	85.1922	92.6696	100.8151	109.6868	119.3465	129.8611	141.3029	153.75	167.2863
16	17.2579	18.6393	20.1569	21.8245	23.6575	25.6725	27.8881	30.3243	33.0034	35.9497	39.1899	42.7533	46.6717	50.9804	55.7175	60.925	66.6488	72.939	79.8502	87.4421	95.7799	104.9345	114.9836	126.0108	138.1085	151.3766	165.9236	181.8677	199.3374	218.4722
17	18.4304	20.0121	21.7616	23.6975	25.8404	28.2129	30.8402	33.7502	36.9737	40.5447	44.5008	48.8837	53.7391	59.1176	65.0751	71.673	78.9792	87.068	96.0218	105.9306	116.8937	129.0201	142.4298	157.2534	173.6357	191.7345	211.7229	233.7907	258.1453	285.0139
18	19.6147	21.4123	23.4144	25.6454	28.1324	30.9057	33.999	37.4502	41.3013	45.5992	50.3959	55.7497	61.7251	68.3941	75.8364	84.1407	93.4056	103.7403	115.2659	128.1167	142.4413	158.4045	176.1887	195.9942	218.0446	242.5855	269.8881	300.2521	334.0074	371.518
19	20.8109	22.8406	25.1169	27.6712	30.539	33.76	37.379	41.4463	46.0185	51.1591	56.9395	63.4397	70.7494	78.9692	88.2118	98.6032	110.2846	123.4135	138.1664	154.74	173.354	194.2535	217.7121	244.0328	273.5558	306.6571	343.7579	385.3227	431.8696	483.9734
20	22.019	24.2974	26.8704	29.7781	33.066	36.7856	40.9955	45.762	51.1601	57.275	64.2028	72.0524	80.9468	91.0249	102.4436	115.3797	130.0329	146.628	165.418	186.688	210.7584	237.9893	268.7859	303.6006	342.9447	387.3887	437.5726	494.2131	558.1118	630.1655
21	23.2392	25.7833	28.6765	31.9692	35.7193	39.9927	44.8652	50.4229	56.7645	64.0025	72.2651	81.6987	92.4699	104.7684	118.8101	134.8405	153.1385	174.021	197.8474	225.0256	256.0176	291.3469	330.6067	377.4648	429.6809	489.1088	556.7172	633.5927	720.9642	820.2151
22	24.4716	27.299	30.5368	34.248	38.5052	43.3923	49.0057	55.4568	62.8733	71.4027	81.2143	92.5026	105.491	120.436	137.6316	157.415	180.1721	206.3448	236.4385	271.0307	310.7813	356.4432	408.8762	469.0563	538.1011	617.2783	708.0308	811.9987	931.0438	1067.2796
23	25.7163	28.845	32.4529	36.6179	41.4305	46.9958	53.4361	60.8933	69.5319	79.543	91.1479	104.6029	120.2048	138.297	159.2764	183.6014	211.8013	244.4868	282.3618	326.2369	377.0454	435.8607	503.9177	582.6298	673.6264	778.7707	900.1991	1040.3583	1202.0465	1388.4635
24	26.9735	30.4219	34.4265	39.0826	44.502	50.8156	58.1767	66.7648	76.7898	88.4973	102.1742	118.1552	136.8315	158.6586	184.1678	213.9776	248.8076	289.4945	337.0105	392.4842	457.2249	532.7501	620.8188	723.461	843.0329	982.251	1144.2529	1332.6586	1551.64	1806.0026
25	28.2432	32.0303	36.4593	41.6459	47.7271	54.8645	63.249	73.1059	84.7009	98.3471	114.4133	133.3339	155.6196	181.8708	212.793	249.214	292.1049	342.6035	402.0425	471.9811	554.2422	650.9551	764.6071	898.0916	1054.7912	1238.6363	1454.2012	1706.8031	2002.6156	2348.8033
26	29.5256	33.6709	38.553	44.3117	51.1135	59.1564	68.6765	79.9544	93.324	109.1818	127.9988	150.3339	176.8501	208.3327	245.712	290.0883	342.7627	405.2721	479.4306	567.3773	671.6331	795.1653	941.4667	1114.634	1319.489	1561.6816	1847.8355	2185.7079	2584.3741	3054.4443
27	30.8209	35.3443	40.7096	47.0842	54.6691	63.7058	74.4838	87.3508	102.7231	121.0999	143.0786	169.374	200.8406	238.4993	283.5688	337.5024	402.0323	479.2211	571.5224	681.8528	813.6759	970.1016	1159.0021	1383.1457	1650.3612	1968.7192	2347.7511	2798.7061	3334.8426	3971.7776
28	32.1291	37.0512	42.9309	49.9676	58.4026	68.5281	80.6977	95.3388	112.9682	134.2099	159.8173	190.6989	227.9499	272.8892	327.1041	392.5028	471.3778	566.4809	681.1116	819.2233	985.5479	1185.744	1426.5749	1716.1007	2063.9515	2481.586	2982.6444	3583.3438	4302.947	5164.3109
29	33.4504	38.7922	45.2189	52.9663	62.3227	73.6398	87.3465	103.9659	124.1354	148.6309	178.3972	214.5828	258.5834	312.0937	377.1697	456.3032	552.5121	669.4475	811.5228	984.068	1193.5129	1447.6077	1755.6871	2128.9648	2580.9394	3127.7983	3788.9583	4587.6801	5551.8016	6714.6042
30	34.7849	40.5681	47.5754	56.0849	66.4388	79.0582	94.4608	113.2832	136.3075	164.494	199.0209	241.3327	293.1992	356.7868	434.7451	530.3117	647.439	790.948	966.7122	1181.8816	1445.1507	1767.0813	2160.4951	2640.9164	3227.1743	3942.026	4812.9763	5873.2306	7162.8241	8729.9855

年金现值系数（P/A, i, n）表

期数	1%	2%	3%	4%	5%	6%	7%	8%	9%	10%	11%	12%	13%	14%	15%	16%	17%	18%	19%	20%	21%	22%	23%	24%	25%	26%	27%	28%	29%	30%
1	0.990 1	0.980 4	0.970 9	0.961 5	0.952 4	0.943 4	0.934 6	0.925 9	0.917 4	0.909 1	0.900 9	0.892 9	0.885	0.877 2	0.869 6	0.862 1	0.854 7	0.847 5	0.840 3	0.833 3	0.826 4	0.819 7	0.813	0.806 5	0.8	0.793 7	0.787 4	0.781 3	0.775 2	0.769 2
2	1.970 4	1.941 6	1.913 5	1.886 1	1.859 4	1.833 4	1.808	1.783 3	1.759 1	1.735 5	1.712 5	1.690 1	1.668 1	1.646 7	1.625 7	1.605 2	1.585 2	1.565 6	1.546 5	1.527 8	1.509 5	1.491 5	1.474	1.456 8	1.44	1.423 5	1.407 4	1.391 6	1.376 1	1.360 9
3	2.941	2.883 9	2.828 6	2.775 1	2.723 2	2.673	2.624 3	2.577 1	2.531 3	2.486 9	2.443 7	2.401 8	2.361 2	2.321 6	2.283 2	2.245 9	2.209 6	2.174 3	2.139 9	2.106 5	2.073 9	2.042 2	2.011 4	1.981 3	1.952	1.923 4	1.895 6	1.868 4	1.842	1.816 1
4	3.902	3.807 7	3.717 1	3.629 9	3.546	3.465 1	3.387 2	3.312 1	3.239 7	3.169 9	3.102 4	3.037 3	2.974 5	2.913 7	2.855	2.798 2	2.743 2	2.690 1	2.638 6	2.588 7	2.540 4	2.493 6	2.448 3	2.404 3	2.361 6	2.320 2	2.28	2.241	2.203	2.166 2
5	4.853 4	4.713 5	4.579 7	4.451 8	4.329 5	4.212 4	4.100 2	3.992 7	3.889 7	3.790 8	3.695 9	3.604 8	3.517 2	3.433 1	3.352 2	3.274 3	3.199 3	3.127 2	3.057 6	2.990 6	2.926	2.863 6	2.803 5	2.745 4	2.689 3	2.635	2.582 7	2.532	2.483	2.435 6
6	5.795 5	5.601 4	5.417 2	5.242 1	5.075 7	4.917 3	4.766 5	4.622 9	4.485 9	4.355 3	4.230 5	4.111 4	3.997 5	3.888 7	3.784 5	3.684 7	3.589 2	3.497 6	3.409 8	3.325 5	3.244 6	3.166 9	3.092 3	3.020 5	2.951 4	2.885	2.821	2.759 4	2.7	2.642 7
7	6.728 2	6.472	6.230 3	6.002 1	5.786 4	5.582 4	5.389 3	5.206 4	5.033	4.868 4	4.712 2	4.563 8	4.422 6	4.288 3	4.160 4	4.038 6	3.922 4	3.811 5	3.705 7	3.604 6	3.507 9	3.415 5	3.327	3.242 3	3.161 1	3.083 3	3.008 7	2.937	2.868 2	2.802 1
8	7.651 7	7.325 5	7.019 7	6.732 7	6.463 2	6.209 8	5.971 3	5.746 6	5.534 8	5.334 9	5.146 1	4.967 6	4.798 8	4.638 9	4.487 3	4.343 6	4.207 2	4.077 6	3.954 4	3.837 2	3.725 6	3.619 3	3.517 9	3.421 2	3.328 9	3.240 7	3.156 4	3.075 8	2.998 6	2.924 7
9	8.566	8.162 2	7.786 1	7.435 3	7.107 8	6.801 7	6.515 2	6.246 9	5.995 2	5.759	5.537	5.328 2	5.131 7	4.946 4	4.771 6	4.606 5	4.450 6	4.303	4.163 3	4.031	3.905 4	3.786 3	3.673 1	3.565 5	3.463 1	3.365 7	3.272 5	3.184 2	3.099 7	3.019
10	9.471 3	8.982 6	8.530 2	8.110 9	7.721 7	7.360 1	7.023 6	6.710 1	6.417 7	6.144 6	5.889	5.650 2	5.426 2	5.216 1	5.018 8	4.833 2	4.658 6	4.494 1	4.338 9	4.192 5	4.054	3.923 2	3.799 3	3.681 9	3.570 5	3.464 8	3.364 4	3.268 9	3.178 1	3.091 5
11	10.367 6	9.786 8	9.252 6	8.760 5	8.306 4	7.886 9	7.498 7	7.139	6.805 2	6.495 1	6.206 5	5.937 7	5.686 9	5.452 7	5.233 7	5.028 6	4.836 4	4.656	4.486 5	4.327 1	4.176 9	4.035 4	3.901 8	3.775 7	3.656 4	3.543 5	3.436 5	3.335 1	3.238 8	3.147 3
12	11.255 1	10.575 3	9.954	9.385 1	8.863 3	8.383 8	7.942 7	7.536 1	7.160 7	6.813 7	6.492 4	6.194 4	5.917 6	5.660 3	5.420 6	5.197 1	4.988 4	4.793 2	4.610 5	4.439 2	4.278 4	4.127 4	3.985 2	3.851 4	3.725 1	3.605 9	3.493 3	3.386 8	3.285 9	3.190 3
13	12.133 7	11.348 4	10.635	9.985 6	9.393 6	8.852 7	8.357 7	7.903 8	7.486 9	7.103 4	6.749 9	6.423 5	6.121 8	5.842 4	5.583 1	5.342 3	5.118 3	4.909 5	4.714 7	4.532 7	4.362 4	4.202 8	4.053	3.912 4	3.780 1	3.655 5	3.538 1	3.427 2	3.322 4	3.223 3
14	13.003 7	12.106 2	11.296 1	10.563 1	9.898 6	9.295	8.745 5	8.244 2	7.786 2	7.366 7	6.981 9	6.628 2	6.302 5	6.002 1	5.724 5	5.467 5	5.229 3	5.008 1	4.802 3	4.610 6	4.431 7	4.264 6	4.108 2	3.961 6	3.824	3.694 9	3.573 3	3.458 7	3.350 7	3.248 7
15	13.865 1	12.849 3	11.937 9	11.118 4	10.379 7	9.712 2	9.107 9	8.559 5	8.060 7	7.606 1	7.190 9	6.810 9	6.462 4	6.142 2	5.847 4	5.575 5	5.324 2	5.091 6	4.875 9	4.675 5	4.489	4.315 2	4.153	4.001 3	3.859 5	3.726 1	3.601	3.483 4	3.372 6	3.268 2
16	14.717 9	13.577 7	12.561 1	11.652 3	10.837 8	10.105 9	9.446 6	8.851 4	8.312 6	7.823 7	7.379 2	6.974	6.603 9	6.265 1	5.954 2	5.668 5	5.405 3	5.162 4	4.937 7	4.729 6	4.536 4	4.356 7	4.189 4	4.033 3	3.887 4	3.750 9	3.622 8	3.502 6	3.389 6	3.283 2
17	15.562 3	14.291 9	13.166	12.165 7	11.274	10.477 3	9.763 2	9.121 6	8.543 6	8.021 6	7.548 8	7.119 6	6.729 1	6.372 9	6.047 2	5.748 7	5.474 6	5.222 3	4.989 7	4.774 6	4.575 5	4.390 8	4.219	4.059 1	3.909 9	3.770 5	3.64	3.517 7	3.402 8	3.294 8
18	16.398 3	14.992	13.753 5	12.659 3	11.689 6	10.827 6	10.059 1	9.371 9	8.755 6	8.201 4	7.701 6	7.249 7	6.839 9	6.467 4	6.128	5.817 8	5.533 9	5.273 2	5.033 3	4.812 2	4.607 9	4.418 7	4.243 1	4.079 9	3.927 9	3.786	3.653 6	3.529 4	3.413	3.303 7
19	17.226	15.678 5	14.323 8	13.133 9	12.085 3	11.158	10.335 6	9.603 6	8.950 1	8.364 9	7.839 3	7.365 8	6.938	6.550 4	6.198 2	5.877 5	5.584 5	5.316 2	5.07	4.843 5	4.634 6	4.441 5	4.262 7	4.096 7	3.942 4	3.798 5	3.664 2	3.538 6	3.421	3.310 5
20	18.045 6	16.351 4	14.877 5	13.590 3	12.462 2	11.469 9	10.594	9.818 1	9.128 5	8.513 6	7.963 3	7.469 4	7.024 8	6.623 1	6.259 3	5.928 8	5.627 8	5.352 7	5.100 9	4.869 6	4.656 7	4.460 3	4.278 6	4.110 3	3.953 9	3.808 3	3.672 6	3.545 8	3.427 1	3.315 8
21	18.857	17.011 2	15.415	14.029 2	12.821 2	11.764 1	10.835 5	10.016 8	9.292 2	8.648 7	8.075 1	7.562	7.101 6	6.687	6.312 5	5.973 1	5.664 8	5.383 7	5.126 8	4.891 3	4.675	4.475 6	4.291 6	4.121 2	3.963 1	3.816	3.679 2	3.551 4	3.431 9	3.319 8
22	19.660 4	17.658	15.936 9	14.451 1	13.163	12.041 6	11.061 2	10.200 7	9.442 4	8.771 5	8.175 7	7.644 6	7.169 5	6.742 9	6.358 7	6.011 3	5.696 4	5.409 9	5.148 6	4.909 4	4.69	4.488 2	4.302 1	4.13	3.970 5	3.822 3	3.684 4	3.555 8	3.435 6	3.323
23	20.455 8	18.292 2	16.443 6	14.856 8	13.488 6	12.303 4	11.272 2	10.371 1	9.580 2	8.883 2	8.266 4	7.718 4	7.229 7	6.792 1	6.398 8	6.044 2	5.723 4	5.432 1	5.166 8	4.924 5	4.702 5	4.498 5	4.310 6	4.137 1	3.976 4	3.827 3	3.688 5	3.559 2	3.438 4	3.325 4
24	21.243 4	18.913 9	16.935 5	15.247	13.798 6	12.550 4	11.469 3	10.528 8	9.706 6	8.984 7	8.348 1	7.784 3	7.282 9	6.835 1	6.433 8	6.072 6	5.746 5	5.450 9	5.182 2	4.937	4.712 8	4.507	4.317 6	4.142 8	3.981 1	3.831 2	3.691 8	3.561 9	3.440 6	3.327 2
25	22.023 2	19.523 5	17.413 1	15.622 1	14.093 9	12.783 4	11.653 6	10.674 8	9.822 6	9.077	8.421 7	7.843 1	7.33	6.872 9	6.464 1	6.097 1	5.766 2	5.466 9	5.195 1	4.947 6	4.721 3	4.513 9	4.323 2	4.147 4	3.984 9	3.834 2	3.694 3	3.564	3.442 3	3.328 6
26	22.795 2	20.121	17.876 8	15.982 8	14.375 2	13.003 2	11.825 8	10.81	9.929	9.160 9	8.488 1	7.895 7	7.371 7	6.906 1	6.490 6	6.118 2	5.783 1	5.480 4	5.206	4.956 3	4.728 4	4.519 6	4.327 8	4.151 1	3.987 9	3.836 7	3.696 3	3.565 6	3.443 7	3.329 7
27	23.559 6	20.706 9	18.327	16.329 6	14.643	13.210 5	11.986 7	10.935 2	10.026 6	9.237 2	8.547 8	7.942 6	7.408 6	6.935 2	6.513 5	6.136 4	5.797 5	5.491 9	5.215 1	4.963 6	4.734 2	4.524 3	4.331 6	4.154 2	3.990 3	3.838 7	3.697 9	3.566 9	3.444 7	3.330 5
28	24.316 4	21.281 3	18.764 1	16.663 1	14.898 1	13.406 2	12.137 1	11.051	10.116 1	9.306 6	8.601 6	7.984 4	7.441 2	6.960 7	6.533 5	6.152	5.809 9	5.501 6	5.222 8	4.969 7	4.739	4.528 1	4.334 6	4.156 6	3.992 3	3.840 2	3.699 1	3.567 9	3.445 5	3.331 2
29	25.065 8	21.844 4	19.188 5	16.983 7	15.141 1	13.590 7	12.277 7	11.158 4	10.198 3	9.369 6	8.650 1	8.021 8	7.470 1	6.983	6.550 9	6.165 6	5.820 4	5.509 8	5.229 2	4.974 7	4.743	4.531 2	4.337 1	4.158 5	3.993 8	3.841 4	3.700 1	3.568 7	3.446 1	3.331 7
30	25.807 7	22.396 5	19.600 4	17.292	15.372 5	13.764 8	12.409	11.257 8	10.273 7	9.426 9	8.693 8	8.055 2	7.495 7	7.002 7	6.566	6.177 2	5.829 4	5.516 8	5.234 7	4.978 9	4.746 3	4.533 8	4.339 1	4.160 1	3.995	3.842 4	3.700 9	3.569 3	3.446 6	3.332 1

参 考 文 献

［1］BAXTER N D, Cragg J G. Corporate choice among long-term financing instruments［J］. Review of Economics & Statistics, 1970, 52(3)：225-235.

［2］BOOTH L, AIVAZIAN V, DEMIRGUC-KUNT A, MAKSIMOVIC V. Capital structures in developing countries［J］. The Journal of Finance, 2001, 56(1)·87-130.

［3］DEANGELO H, Masulis R W. Optimal capital structure under corporate and personal taxation ［J］. Journal of Financial Economics, 1980, 8(1)：3-29.

［4］HARRIS M, RAVIV A. The theory of capital structure［J］. The Journal of Finance, 1991, 46 (1)：297-355.

［5］JENSEN M C, MECKLING W H. Theory of the firm：managerial behavior, agency costs and ownership structure［J］. Journal of Financial Economics, 1976, 3(4)：305-360.

［6］MARSH P. The choice between equity and debt：an empirical study［J］. The Journal of Finance, 1982, 37(1)：121-144.

［7］MILLER M H, MODIGLIANI F. Dividend policy, growth, and the valuation of shares［J］. Journal of Business, 1961, 34(4)：411-433.

［8］MODIGLIANI F, Miller M H. The cost of capital, corporation finance, and the theory of investment［J］. American Economic Review, 1958, 48(3)：261- 297.

［9］MYERS S C. The capital structure puzzle［J］. The Journal of Finance, 1984, 39(3)：574-592.

［10］MYERS S C, Majluf N S. Corporate financing and investment decisions when firms have information that investors do not have ［J］. Journal of Financial Economics, 1984, 13(2)：187-221.

［11］RAJAN R G, ZINGALES L. What do we know about capital structure? some evidence from international data［J］. The Journal of Finance, 1995, 50(5)：1421- 1460.

［12］SHARPE W F. Capital asset prices：a theory of market equilibrium under conditions of risk ［J］. The Journal of Finance, 1964, 19(3)：425-442.

［13］TITMAN S, WESSELS R. The determinants of capital structure choice［J］. The Journal of Finance, 1988, 43(1)：1-19.

［14］(美)詹姆斯 C 范霍恩(James C Van Horne), 小约翰 M 瓦霍维奇(John M Wachowicz,). 财务管理基础［M］. 13 版. 刘曙光, 等译. 北京：清华大学出版社, 2009.

［15］(美)罗伯特 C 希金斯(Robert C Higgins), 珍妮弗 L 科斯基(Jennifer Koski), 托德·米顿(Todd Mitton). 财务管理分析［M］. 12 版. 沈艺峰, 等译. 北京：北京大学出版社, 2022.

[16]（美）斯蒂芬 A 罗斯（Stephen A Ross），伦道夫 W 威斯特菲尔德（Randolph W Wester-field），布拉德福德 D 乔丹（Bradford D Jordon）．财务管理[M]．10 版．张敦力，等译．北京：机械工业出版社，2021．

[17]（英）理查德 A 布雷利（Richard A Brealey），斯图尔特 C 迈尔斯（Stewart C. Myers），弗兰克林·艾伦（Franklin Allen）．公司金融[M]．12 版．赵冬青，译．北京：机械工业出版社，2017．

[18]财政部会计资格评价中心．财务管理[M]．北京：中国财政经济出版社，2024．

[19]财政部企业司．《企业财务通则》解读[M]．北京：中国财政经济出版社，2007．

[20]陈玉菁，宋良荣．财务管理[M]．5 版．北京：清华大学出版社，2022．

[21]成其谦．投资项目评价[M]．6 版．北京：中国人民大学出版社，2021．

[22]冯根福，吴林江，刘世彦．我国上市公司资本结构形成的影响因素分析[J]．经济学家，2000（5）：59-66．

[23]郭鹏飞，孙培源．资本结构的行业特征：基于中国上市公司的实证研究[J]．经济研究，2003（5）：66-73．

[24]洪锡熙，沈艺峰．我国上市公司资本结构影响因素的实证分析[J]．厦门大学学报（哲学社会科学版），2000（3）：114-120．

[25]刘淑莲．公司理财[M]．3 版．北京：中国人民大学出版社，2022．

[26]陆正飞，辛宇．上市公司资本结构主要影响因素之实证研究[J]．会计研究，1998（8）：34-37．

[27]陆正飞，辛宇，朱凯，等．财务管理学：中国视角 [M]．北京：中国人民大学出版社，2022．

[28]裴益政，柴斌峰．财务管理案例[M]．4 版．大连：东北财经大学出版社，2022．

[29]唐国正，刘力．公司资本结构理论——回顾与展望[J]．管理世界，2006（5）：158-169．

[30]王化成，刘俊彦，荆新．财务管理学[M]．9 版．北京：中国人民大学出版社，2021．

[31]肖泽忠，邹宏．中国上市公司资本结构的影响因素和股权融资偏好[J]．经济研究，2008（6）：119-134．

[32]张赛男，陈慧洁．紫光集团重整拉开序幕：2000 亿负债背后的野心、运气与宿命[N]．21 世纪经济报道，2021-07-15．

[33]张涛．财务管理学[M]．5 版．北京：经济科学出版社，2022．

[34]中国注册会计师协会．财务成本管理[M]．北京：中国财政经济出版社，2024．

[35]中华人民共和国财政部．管理会计应用指引[M]．上海：立信会计出版社，2019．

[36]中华人民共和国财政部．企业财务通则[M]．北京：中国财政经济出版社，2006．

[37]中华人民共和国财政部．企业会计准则（2024 年版）[M]．上海：立信会计出版社，2024．

[38]中华人民共和国财政部．企业会计准则应用指南（2024 年版）[M]．上海：立信会计出版社，2024．

[39]中华人民共和国财政部，中国证券监督管理委员会，中华人民共和国审计署，国家金融监督管理总局．企业内部控制基本规范 企业内部控制配套指引（2024 年版）[M]．上海：立信会计出版社，2024．